河南省社会科学院哲学社会科学创新工程试点项目

中原学术文库·青年丛书

清代省级司法
与国家治理研究

RUMINATION ON PROVINCIAL JUDICATURE AND
NATIONAL GOVERNANCE IN QING DYNASTY

魏淑民 / 著

社会科学文献出版社
SOCIAL SCIENCES ACADEMIC PRESS (CHINA)

国家哲学社会科学基金青年项目
"清前期省级司法与地方行政、君臣关系互动研究"
结项成果（20193695）

序

魏淑民的新作《清代省级司法互动研究》就要付梓，作为老师的我又收获了一份由衷的喜悦。2006 年淑民考入中国人民大学清史研究所攻读博士学位，所选论文题目为《清代乾隆朝省级司法职能研究》，由此开启了她的清代法律史研究之路。淑民本科学的是经济，2002 年进入清史所读研究生，属于跨专业学习历史，但她凭借机敏且笃行善思的个性再加上对学术的锲而不舍，故能在博士毕业后的十余年间，长期聚焦于清朝省级司法的研究领域，在砥砺前行中取得一项项成就，新作就是其一。

在新作中，淑民将清代政治作为司法研究的宏大背景，从交叉的视角持续深入。以其敏锐的观察与思辨，将司法与行政紧密地结合在一起，以古代中国政区及地方行政制度变迁规律为历史线索，以上下两编、九章的篇幅，围绕着清朝的司法制度与司法实践中的君臣互动，将研究的触角从君臣关系的切面，深入官僚政治体系下的国家治理中，研究时段上也从乾隆朝逐渐拓展到整个清代。而注重政治过程与动态的研究，将"四书五经"等儒家文化原典作为中国传统国家司法行政的源头并予以深入解读，则是其一大亮点。总之，该书在研究选材、学术观点与方法路径上都有向前推进之处。

其一，申明"司法是行政的应有之义"，并以省级司法中督抚与按察使的权力关系，解析司法行政一体的原义所在。

在法律史研究领域，对中华传统法系基本特征的认识，涉及"行政与司法合一""诸法合体、民刑不分"等方面。即中国古代行政与司法不分，实行行政与司法合一的制度。但也有学者提出不同意见，认为"司法只是地方行政应有的一种职责""中国自古以来就没有过与'行政'相对的'司法'"等。①

淑民立足于古今中外，以宏大的视野辨析了司法、行政、政治三个相关概念的内涵与关系。明确指出"司法是行政的应有之义"，核心观点是"清代省级司法在地方行政体制之中"。这是符合清人对当朝时政及刑名谳狱认知的。《清实录》云："刑名为国家之要务，上关天和，下系民命。"②魏源所编《清经世文编》中，"刑名"是被视作国家六政之一的"刑政"，且在六部各设四司的建制下，独刑部与户部最为繁复，户部设有十四司，刑部又在其上，设十七司。而在各省的行政建制上，一级行政对应一级司法，各级政府的正印官，诸如知县、知州、知府，同时也是各级司法行政的最高长官，而各省则总于督抚，督抚对君主负责，司法行政体制与君主集权制融为一体。书中的结论，正是来自对清人文献的解读与领悟。

督抚司法权力的行使过程，是淑民诠释省级司法与行政关系的线索与脉络。书中指出，在清代司法链条构成中，省级司法承上启下，关系重大。同时，在清代的集权政治体系中，省级则寄权于督抚，督抚的封疆大吏身份，不仅主一省之行政，也是省级最高大法官。因此，按照司法权力，按察使虽是一省刑名总汇，经手办理诸多刑名事宜，但督抚的司法行政权却在按察使之上。在司法程序上，一省的司法案件定夺，不仅需要督抚从行政大局统筹，且在程序上最终的呈报与发布权也掌于督抚。正所谓"秋谳大典由督抚主持而且官员位次均是严格按照行政级排列，命盗重案的具题和秋审汇题也是以督抚的名义奏报，各省遇有捐钱赎罪案例由并且只能由督抚奏请君上恩准"③。所以，一旦督抚与臬司在地方刑名谳狱上出现分歧，最终都要由督抚拍板定夺。正如《清史稿》所言："外省刑名，遂总汇于按察使司，而督抚受成焉。"④这个"受成"当是指省级司法权力的总汇。

督抚作为行政长官参与司法，是由清朝的官僚体制所决定，也即司法

① 参见郑秦《清代司法审判制度研究》，湖南教育出版社，1988，第35页；吴吉远《清代地方政府的司法职能研究》，中国社会科学出版社，1998，第3~48页；林乾《中国古代权力与法律》，中国政法大学出版社，2004，第274~275、283页。
② 《清世宗实录》卷一六"雍正二年二月壬申"。
③ 参见本书《绪论》有关"司法、行政、政治关系辨析及本书研究的内在理路"部分。另见魏淑民《清代乾隆朝省级司法职能研究：一种地方行政和君臣政治关系的视角》，中国人民大学博士学位论文，2009。
④ 赵尔巽等：《清史稿》卷一四四《刑法三》，中华书局，1977。

是在行政制度的框架内，服从于国家政体的需要。早在康熙时圣祖玄烨就把地方司法行政的最高权力寄予督抚，他明确说："朕即位五十年，于刑名最加慎重。凡督抚陛辞之时，每以钦恤刑狱训谕再三。"①该书正是抓住了这一点，用了四至五章的篇幅，阐述了省级司法行政中督抚的核心作用，提出"在各直省地方具体的司法实践中，已然超越就司法论司法的窠臼，渐次上行到地方行政以至君臣政治、中央与地方关系的高度"的观点。

而且该书还指出，司法权力就是政治权力。督抚虽不直接负责案件的调查审理，更多是对逐级上报的案件进行覆核。但正由于司法属于行政的范畴，皇权通过政治权力管理司法，又以司法管理社会秩序，整饬吏治民风。即国家行政的重心是官僚的守法和社会秩序的安定。而"督抚司法职能的真正意义并不在于覆审刑案时每案都必须再一一原情定罪，而是从整体上掌控一省士习民风、社会治安的好坏及各承审衙门有无徇纵枉法"。进一步阐明清朝的司法行政完全置于国家行政体制之内的观点。

其二，以君臣关系为全书主线，阐述与分析督抚与皇帝在对待同一司法案件时各自的态度与立场及其背后的深意。

既然司法隶属于行政，那么督抚与皇权之间的关系，在司法体系中便体现在权力集中于君主。所谓"刑法者，帝王御世之大权"②。"督抚依律具奏，乃其分也。若核其情由，酌量处置，皆出自上裁。"③世宗胤禛说得更明确："各省督抚臬司，执法科罪。而九卿详情平反，或九卿据法定议，而朕酌夺从宽，如此方合政体。"④但在现实中，皇帝的意志并非都能够得到顺利的贯彻。在政治运行过程中，官僚与皇帝一致的远期政治目标并非都能在近期达成一致，督抚为维护自身利益需要规避处分，故而在司法行政中徇私滥权、化大为小的现象呈现出多发性，甚至在一定空间内脱离了皇权的监控。而此种权力现象，正是官僚政治的一种常态。

该书以大量的文献资料，列举出在缉拿逃犯、狱中重囚的毙命与越狱、秋审结案等司法案例中清代君臣互动的政治过程，并进行了细致的描述和

---

① 《清圣祖实录》卷二三九"康熙四十八年九月乙未"。

② 张朝珍：《详定刑律疏》，载贺长龄、魏源《皇朝经世文编》卷九一《刑政二》，中华书局，1992。

③ 《清圣祖实录》卷二一七"康熙四十三年八月乙未"。

④ 《清世宗实录》卷一三六"雍正十一年十月壬子"。

分析。指出尽管皇帝对缉拿脱逃人犯等案件反复降旨督催，督抚在奏折中的态度也似百般努力，但实际却往往为规避处分，借故拖延、回护，甚或欺蒙，而致案件"劳"无所获，最终不了了之。面对秋审案件，督抚与皇帝之间通常进行着徇隐与质疑、辩解与伤责的过程。皇帝担心督抚宽纵行事、市恩枉法，督抚则极尽揣情摩之意，左右逢源，奉行虚词惶恐、化大为小甚至不了了之等行为策略。因此，"乾纲独断"更多体现在决策领域，在决策后的执行过程中，督抚的表现往往是各行其道的"反行为"。

此外，该书还指出，权力顶端的皇帝往往从具体而微的刑名事件发端，深究外省吏治的问题，借刑名小事掀起政治大风波，譬如乾隆朝江苏捐赎案引发巡抚庄有恭的仕途际遇，刑部书办疏漏死刑勾决人犯而引发的直隶官场冲击波等。① 这些事例再一次说明，在康雍乾三朝，乾纲独断的政治风格一直渗透于司法行政的各个方面，皇帝的最高司法权绝不容许官员以任何形式僭越。

其三，独具特色的省例研究。书中首次指出清代省例兼有立法与司法、行政三重意义，并且从儒家原典出发剖析其立法基础。

在传统中国，虽由国家行使立法权，但地方立法实践源远流长，因之符合国家治理因地制宜、因俗而治的实际需要。对此，学界的研究侧重于地方行政立法性质，省例立法的基本范式（如含义、性质、产生、编纂刊刻、立法主体、公布方式等）以及地方制定法与国家法的关系等。② 书中指出，清代是中国传统国家治理集大成阶段，产生了最有特色、数量最为可观的地方性法规。并且认为，清代省例兼具地方行政、立法和司法三重意义，"作为立法形式，省例不仅是清代地方各省此前司法和行政实践的总结，又将指导随后的司法和行政实践"。

在对省例的研究中，她从地方立法权出发，全面考察历史上国家与地方的关系。并且在总结前人研究成果的基础上概括性提出，清代各地省例整体上以统一于国家法框架内为基本前提，同时又是对国家法的补充和发展，这是两者关系的主体方面。但在处理地方事务的过程中，地方法则多有变通，甚或与国家法有较大偏离，从而形成某种程度的地方离心力。究

---

① 事例详见本书第六章第三节、第五章第一节相关内容。
② 参见本书第七章第一节相关内容。

其根源，在于不同地域存在社风民俗的差异、因地制宜的需要，也与官员的个体经验及利益诉求密切相关。

书中还就不同时期中央对地方离心力掌控能力的不同，由源悉委地进行了讨论。指出，康雍乾时期，这种地方离心力处于皇权和中央政府的基本控制之下。迨至晚清，清朝中央集权政治逐渐衰落，地方司法权力伴随地方督抚势力崛起，如太平天国事发、咸丰军兴之际，"就地正法"制度开始出现，形式上是对逐级审转覆核法律制度的破坏，本质上是地方离心力在司法权限上打开的缺口，是地方对国家司法权力的侵夺。而清末民初，从按察使到提法使的艰难转型，无疑也是当时复杂政治时局的集中映射。由此作者得出的结论是，上述现象仍然源于司法行政嵌于国家行政框架的体制问题。

此外，从《论语》《诗经》等儒家原典思考清朝立法、重点阐述清代省例的立法基础，也是该书尝试的创新点。清代省例的立法基础，首先是"因地立法、制与事宜"的基本原则。同时，也有学者指出省例并非各地社风民俗的集中反映，更多体现了官员个人及其群体的利益和经验。对此，淑民匠心独运，从儒家元典出发进行了独特的阐述。她选择《福建省例》作为文本，并以此与他省之省例进行比较，发现督抚、臬司等省级司法主体对民风习俗很重视，相关告示、禁约等多基于儒家伦理而发，具有浓郁的教化色彩。而基于儒家原典进行文本细读，"以求与历史当事人的精神世界同频共振"，也被淑民称之为历史研究的"培根铸魂"之举。而这一点恰是对中华文明溯本求源的治史之路，也是将史学研究立足于本土化的不二之举。

学术研究是在不断地探索中寻求突破，这需要有持之以恒的精神和理性思辨，讲好司法案例中的故事，提高问题意识，仍是学人为之努力的方向。而独立的思想、精准的论断，更需要在不断的历练中濡养。兹序以同勉！

刘凤云

2022 年 1 月于中国人民大学静园

目　录

| 下　编 |

辖，省制自此形成。① 行中书省，意在加强中央对地方的控制，故在划省时突破以山川地理等自然环境区分疆界的故套，而以便于中央掌控为主旨，以去险破固为要点，防止地方势力恃险割据，甚或拥兵自重对抗中央。因此，这时的区划"合河南、河北为一，而黄河之险失；合江南、江北为一，而长江之险失；合湖南、湖北为一，而洞庭之险失；合浙东、浙西为一，而钱唐（原文如此）之险失；淮东、淮西，汉南、汉北州县错隶，而淮汉之险失；汉中隶秦，归州隶楚，又合内江、外江为一，而蜀之险失"。② 这种区划规制多被后世继承，并有所发展。

明初一承元制，地方设行中书省。洪武九年（1376），在未废朝廷中书省的情况下，率先废除地方行中书省，改制为承宣布政使司，意即上承皇帝旨意，推行宣布君上颁发的政令，旨在进一步强化中央权力，加大对地方的控制。永乐十八年（1420）后，全国定制为两个直隶区（北京、南京），在地方设置 13 个布政使司（山东、山西、河南、陕西、四川、湖广、浙江、江西、福建、广东、广西、云南、贵州），布政使司所辖地区与元之行省略同而稍有分割，虽不以省命名，其实与省无异，民间俗称甚或官方公文往来仍称"省"。

有清一代在明制基础上逐渐调整确定全国为十八省，包括直隶、山东、山西、河南、安徽、江西、福建、江苏、浙江、湖北、湖南、陕西、甘肃、四川、广东、广西、云南、贵州等。清代十八省的体制自康熙六年（1667）起，沿袭至光绪八年（1882）不变，形成所谓"中国本部十八省"③ 的概念。光绪十年（1884），新疆置行省、设巡抚。光绪十一年（1885），分福建省台湾府建行省。光绪三十三年（1907），奉天、吉林、黑龙江三地改为行省。因此，终清之世为 23 行省。④ 清末民初之际，省制不断改易、变动不仅反映了省制本身从传统到现代转型的困境，更关乎中央政权的稳定、社会的安宁与国家的统一。⑤

---

① 韦庆远、柏桦编著《中国政治制度史》，中国人民大学出版社，2005，第 270 页。
② 魏源：《圣武记》卷一二《武事余记·掌故考证》，中华书局，1984。
③ 清代是历史上规模空前的统一多民族国家。除本部十八省外，在东北龙兴之地及新疆、外蒙地区设立将军、都统、参赞大臣、办事大臣等，西藏地区设立驻藏大臣，这些都在清政府直接管辖之下。
④ 周振鹤：《中国地方行政制度史》，上海人民出版社，2014，第 138～139 页。
⑤ 翁有为：《中国近代制度转型中的省制刍议》，《史学月刊》2019 年第 3 期。

绪　论

本书名为"清代省级司法与国家治理研究"，基于中国传统国家治理理念与实践中司法、行政、政治三者的内在关联，重点阐发清代省级司法与地方行政、君臣关系的互动运行状态。名不正则言不顺，故而有必要首先对涉及的基本概念、研究对象与思路的由来进行基本的交代。并且，本书力求基于更为开阔的历史视野，而非就清代论清代，就司法说司法。因此，"绪论"将重点探讨三个问题，首先介绍中国古代地方政区变迁视野下的清代"省"制，继而阐发中国古代地方行政制度变迁视野下的清代基本法律制度，最后在古今中外视野下剖析司法、行政、政治三个相关概念的内涵与关系，并申明课题研究的内在理路。

一　中国古代地方政区变迁视野下的清代"省"制

（一）"省"由官署到政区的演变

"省"本系官署名，诸如尚书省、中书省、门下省等等，最初设于宫禁之内。为加强对地方的控制并集中处理某些政务，魏晋时曾经将总揽朝廷政务的尚书台部分官署临时派驻地方，称为"行台"。隋朝及唐代初期的尚书省亦曾设行台于外。金、元之际，在全国重要地带设行尚书省或行中书省，作为中央临时派出机关集中管理某一地区的事务。迨至元世祖忽必烈时期，为了有效控制全国，将行省变为固定的行政区。行省即行中书省，简称为"省"。元代除大都周围（时称"腹里"）由中书省直辖、吐蕃和诸王封地由宣政院管辖之外，在全国设立了河南、江浙、江西、湖广、陕西、四川、辽阳、甘肃、云南、岭北、征东等11个行省①，以实现对国土的管

---

① 据周振鹤的观点，元代地方行省定制10个，并无"征东"，而且河南为"河南江北行省"。参见氏著《中国地方行政制度史》，上海人民出版社，2014，第123～126页。

图表目录

需要说明的是，清代"省"名有三重含义。首先是经国家正式规定的地方高层政区的名称，其次是清人对省级官员衙门、省会的称呼。作为地方高层政区名称的省名的存在，也为后面两种称呼的广泛使用奠定了基础。① 本书主要研究对象是作为高层政区的"省"。此外，需要辨析"省"与"行省""直省"的异同。省是行省的简称，包括内地本部直辖十八省（简称"直省"）。专门以"直省"名之，是强调与"外藩"各部的对应关系。故而，本书研究对象以本部直省为主，准确说是督抚藩臬等"省"级司法主体的作为。

（二）从"省"制出发探求中国古代行政区划变迁的基本规律

"行政区划"是一个近世舶来的新概念，现代政治学对其定义如下："系国家行政机关实行分级管理而进行的区域划分。国家为了管理的方便，在中央统一领导下，将全国领土分级划成若干区域，并建立相应的地方各级国家机关，实行分层管辖的区域结构。"② 中国古代行政区划的实践源远流长，似可追溯到黄帝时代，班固《汉书·地理志》开篇有云："昔在黄帝，作舟车以济不通，旁行天下，方制万里，画野分州，得百里之国万区。"《周礼》每章开篇均有"体国经野，设官分职"等固定表述，不难看出和"行政区划"的现代概念多有耦合，因此也成为后世划分行政区域的雅称。需要特别强调的是，商周时期是"封邦建国"式的分土而治，周天子、诸侯和卿大夫在自己的辖区内各自为政，疆域内并无所谓政区。严格意义上的行政区划是与中央集权制紧密联系的，唯有国君将自己直接管辖的领土进行分层次的区划，采用集权的统治方式，派遣定期更换的官员，方有真正意义上的行政区划，因其本质属性是临民而不分土。我国历史上行政区划从萌芽、出现到完全确立和全面推行，即从春秋初期至秦始皇统一六国全面推行郡县制，大致经历了500年的漫长历程。其过程与中央集权

---

① 傅林祥：《政区·官署·省会——清代省名含义辨析》，《中国历史地理论丛》2011年第1期。需要说明的是，学界对于"省"是否为清代高层政区名称尚存有分歧，如侯杨方认为清代的"省"不是正式的政区，更非一级政区，而只是对一些大于府州辖区的通称，参见氏著《清代十八省的形成》，《中国历史地理论丛》2010年第3期。
② 《中国大百科全书·政治学卷》"行政区划"条目，中国大百科全书出版社，1992，第409页。另见《中国大百科全书·法学卷》"行政区划"条目，中国大百科全书出版社，1992，第675页。

制度的萌芽、出现和完全确立几乎是同步的。[①]

在中国古代政区变迁史中，曾有过国、省、道、路、府、州、郡、县等行政区划名称。中国古代地方行政制度变迁的核心即是政区和政府组织层级的变化，这一变化集中体现了中央集权与地方分权之间此消彼长的历程。按照层级的变化情况，可以把秦朝到民国初年划分为三个阶段。第一个阶段是秦汉魏晋南北朝时期，地方组织从两级制（郡—县）变成三级制（州—郡—县）。其后隋唐五代宋金时期是第二阶段，重复了从两级制（州【郡】—县）到三级制（道【路】—州—县）的循环。宋元明清以降是第三阶段，从复合多级制逐渐简化到三级制（省—府—县），以至短时的二级制（省—县）。以上，约略而言可以概括为"两千年三循环"。[②] 具体情况，可以参见表 0－1：

表 0－1　中国古代政区与地方政府层级演变一览表

时期	高层政区	统县政区	县级政区
秦		郡	县、道
汉		郡、王国	县、道、邑、侯国
魏晋南北朝	州	郡、王国	县、侯国
隋、唐前期		府、州（郡）	县
唐后期、五代	道（方镇）	府、州	县
辽	道	府、节度州|州	县
宋	路	府、州、军、监	县、军、监
金	路	府、州	县
元	省	路|府|州	县
明	布政使司（省）	府、直隶州|州	县

[①] 邹逸麟：《从我国历史上地方行政区划制度的演变看中央和地方权力的转化》，《历史教学问题》2001 年第 2 期。

[②] 对于历代政区演变规律的概括，谭其骧院士曾总结为郡县、州郡县、州县、道州县、路州县和行省六个时期，邹逸麟教授归纳为郡县、州郡县、道路、行省四个阶段，刘君德教授则归纳为三个发展阶段，周振鹤教授提出"两千年三循环"学说，均自成一家之言，影响较大。转引自华林甫《中国政区演变层级之两大循环说》，《江汉论坛》2014 年第 1 期。这里主要采择周振鹤的观点，参见氏著《中国地方行政制度史》，上海人民出版社，2014，第 58～84 页，以及《中国历代行政区划的变迁》《中国行政区划通史》等相关著述。

续表

时期	高层政区	统县政区	县级政区
清	省	府、直隶厅、直隶州	县、州、厅
民国初年	省	道	县、设治局

资料来源：周振鹤：《中国地方行政制度史》，上海人民出版社，2014，第81页。括号内名称为互称或等称。统县政区中以竖线间隔者，除了其统县的共同特征外，相互之间还可以有统属关系。

以上，历代政区层级变化的规律在于：由中央而地方，从高到低；由临时到常设，由虚入实，并且以渐变为常态，包括省在内的高层政区尤其如此。其一，由高而低。作为中央派驻地方的少数临时监察机构，所有高层政区随着历史的进展，幅员渐次缩减，数目随之增多，级别逐层下降，最后归于消亡，尤以"州"的变迁最为明显。州刺史原是中央派驻地方的临时监察官，最初只有13个，管辖范围大者相当于现今两三个省的地域，小者也有半省规模。隋初，州数达到300多个，幅员只有数县大小，级别已降为统县政区。元明时期，大部分州降至与县相当，清代的散州则完全与县同级，即所谓州县是也。民国初年最终废州为县，于是州从行政区划体系中消失。新中国成立后，才重新使用作为第二级民族地方自治区域的名称。其二，由虚入实。历史上高层政区多是由监察区或军区演变而来，由临时派遣到固定常设，其长官也由临时差遣的中央官员转变为固定常设的地方官，州、道、路、省莫不由此。[①] 这种行政区划由虚入实的变化，正是中央与地方关系变化的起点和征兆。[②] 其三，以渐变为常态。虽存在个别突

---

① 周振鹤：《中国地方行政制度史》，上海人民出版社，2014，第82~84页。唐代的"道"与汉代的"州"情况有所不同。"道"是由监察和军事合成演变的，具有很大的独立性，很快成为坐镇一方的政治势力。明代和清初的"道"原来也是监察分区，并且有守道和巡道之分，本系定期不定期巡视所属州县，后来清代乾隆朝因为有了专门管辖的区域和治所，颇具地方行政区划的性质，并在行政运作中发挥了重要作用，虽然明清官书中对于是否将其视为一级行政区划尚有歧异。需要说明的是，清代省级衙门中另有一些管理专门事务的道员，如督粮、屯田、驿传、盐法、钱法、河道、海关等等，辅佐督抚藩臬办理专门政务，并非地方行政单位。清末官制改革，1908年以后各省陆续增设巡警、劝业二道，并裁撤行之多年的守巡道，道级行政区划宣告终结。参见韦庆远、柏桦编著《中国政治制度史》，中国人民大学出版社，2005，第280~282页。

② 能够将兆头变成现实，最终取决于军事实力。汉代十三部州御史真正有实力专权并割据于地方，是在东汉晚期黄巾起义之后。正是在镇压农民起义的过程中，刺史与郡守典兵成为制度，并且所领之部曲皆是私人武装。总体而言，历史时期制约中央与地方关系的因素包括：社会经济、文化共同性与差异、地理环境与行政区划、中央与地方官府的（转下页注）

变如王莽改制、南北朝时"州"的增置滥置，然而渐变是常态。以具体事实而论，晚清发生塞防危机，光绪十年新疆建省；次年发生海防危机，台湾从福建析出独立建省；东北遭遇俄、日觊觎，催生1907年奉天、吉林、黑龙江建省。每个新省的诞生，都具有特定的历史场景。①

质而言之，行政区划是国家权力的空间配置过程。历史时期政区层级变迁的历程无疑是中央与地方之间权力分配、调整的映射，是中央与地方之间矛盾运动的反映，实质上更是中央与地方政府之间的权限划分以及中央对各级地方的掌控问题。每次中央与地方关系的较大调整多会伴随地方行政层级的变动，而地方行政层级的变化也反向影响着中央与地方关系的面貌，一部地方行政层级调整史几乎就是中央与地方关系的变迁史。政区的设置与变迁，首先而且必须服从王朝的政治需要，方便王朝的政治统治。两千年以来地方组织和行政区划诸要素（包括层级、幅员、边界等）往往伴随中央与地方关系的不断调整而变化。中央与地方的权力分配格局，大体可以归结为三种情形，即"外重内轻"、"内重外轻"和"轻重相维"。"内重外轻"意味着中央集权的力量大于地方分权，朝廷足以驾驭地方，这也是历代王朝孜孜以求的理想目标；"外重内轻"则意味着地方分权大于中央集权，朝廷失去了对地方的控制。以上过犹不及，相对理想的状态当属"轻重相维"，即在中央集权的前提下地方适度分权，然而要实现两者权力关系的长期均衡并非易事，多数时段仍表现为此轻彼重或此重彼轻。中央与地方的关系就是在"平衡—不平衡—平衡—不平衡"的矛盾运动中不断向前发展的，总体趋向是中央集权的不断强化和地方权力的逐渐削弱，即"内重外轻"趋势不断加重，但也不排除个别历史时期由"轻重相维"转向"外重内轻"，在政区层级设置上表现为由"二级制"转

（接上页注②）权力机构、君主专制等等，它们形成合力，共同塑造各个王朝中央与地方关系的基本面貌和特色。比较而言，社会经济、文化共同性与差异、地理环境等方面是基础性、客观性的因子，其对中央和地方关系的模塑是缓慢、渐进而相对稳定的。而中央与地方官府的权力结构、君主专制等往往体现统治者的政策和意志，具有较大随意性和可变性，而且它们要依赖社会经济、文化共同性与差异、地理环境等基础因素。以上，请参见李治安主编《唐宋元明清中央与地方关系研究》，南开大学出版社，1996，第99~100、456页。

① 薛亚玲、华林甫：《渐变与突变：中国历史上高层政区演变的分析》，《开发研究》2016年第2期。

向"三级制"。①

（三）与清代省制相表里的督抚制度

督抚制度和行省制度一样，最初源于中央临时差遣，始于明朝，迨至清代，督抚逐渐成为常设的地方最高军政长官，作为封疆大吏主政一方。明初用兵时派部院主官总督军务，事毕即罢。明英宗正统六年（1441），因用兵云南朝廷临时命兵部尚书王骥总督军务，或是明代向地方派遣总督的开端。② 景泰二年（1451），两广地方"苗患"多年不靖，遂命左都御史王翱总督军务，此时朝廷因事临时派遣的总督有了明确的节制区域，故而具有了中央向地方派出机构的性质。③ 明后期，随着南北边疆战事兴起、农民起义不断爆发，在原设总督之外，临时因事而设的总督数量激增，同时辖区也越来越大，彼此之间往往事权交错重叠。此外，另有经略、督师、经理等类似职衔，以致体制纷乱。终明一代，总督均属临时派遣性质，却为清代总督成为地方大吏奠定了基础。④

清初总督的设置，也多"因事设置，随地分并，员额多寡不一"⑤。顺治朝督抚设置的主要特征是不仅依战争的进程而变化，而且总督设置的时间也先后不一，总督统辖的区域不断发生变化。康熙初年，大规模的抗清斗争基本结束，中央政府面临的主要任务是完善体制，巩固统治。于是康熙朝总督的设置趋势是从临时差遣性质向常设方向发展，并为清前期八总督格局的形成奠定了基础。雍正朝总督的设置充分彰显了皇权至高无上，可以因人因事而随意设置，也可以因人因事而扩大辖区。前者如直隶总督、浙江总督、河东总督，后者如云南、贵州、广西总督。乾隆朝总督设置的一个重大变化是增设四川总督。总之，迨至乾隆二十五年（1760），各总督设置俱已成为定制⑥，最终形成了八总督格局，即湖广、两江、直隶、四

---

① 刘道伟、王明德：《从历史时期政区层级的变化看中央与地方关系的调整》，《湖北社会科学》2008 年第 3 期。
② 《明史》卷一七一《王骥传》，中华书局，1974。
③ 《明史》卷一七七《王翱传》，中华书局，1974。
④ 李霞：《清前期督抚制度研究》，博士学位论文，中央民族大学，2006，第 6 ~ 10 页。
⑤ 雍正朝《大清会典》卷二二三《都察院一》，（台北）文海出版社《近代中国史料丛刊三编》第 77 辑，1970。
⑥ 《清史稿》卷一六〇《职官三》，中华书局，1977。

川、两广、云贵、陕甘、闽浙总督。

明清时期巡抚的设置沿革也表现出类似的从临时差遣到固定常设演变的特点。明洪武年间，在各地废行中书省而设置承宣布政使司、提刑按察使司、都指挥使司。但由于三司鼎足而立，分别由朝廷垂直领导，在实际政务中经常出现遇事处理不及时、互相推诿塞责等问题。为及时处理重大事务，强化对地方的控制，明永乐年间开始派官员巡抚广西。① 从宣德元年（1426）开始，朝廷陆续派官员巡抚地方。② 宣德五年（1430），吏部右侍郎赵新、户部右侍郎赵伦、礼部右侍郎吴政、兵部右侍郎于谦、刑部右侍郎曹弘、工部右侍郎周忱等人被分往各省巡抚，由此巡抚长期固定于一地。③ 此后，巡抚不再与布政使合署办公，而是建立专门的巡抚衙署，并且向都察院系统转移，多带有都御史的职衔，称巡抚都御史。④ 清初顺治年间，由于战火连绵不断，巡抚也主要是因应战争形势的发展变化而设，并且设置时间先后不一。康熙朝大规模的军事征战后，重在巩固地方统治，根据政治需要对巡抚设置进行了大量调整，朝着一省设一巡抚、巡抚系一省最高行政长官的方向发展。其后雍正、乾隆两朝继续完善了康熙朝巡抚一省一设的格局。乾隆朝每省设一巡抚的制度基本未变，然而总督兼管巡抚事务的情况越来越多，导致巡抚额数在雍正朝基础上继续缩减。如此一来，乾隆中期以后便形成了除直隶、四川、甘肃三省巡抚由总督兼任外，其余每省设一位巡抚的制度，一直延续到嘉道年间并无太大变化。除了东北、蒙古、新疆、西藏等边疆地区以外，全国十八行省共计八大总督、十五巡抚的格局渐趋稳定。

在督抚的设置逐渐固定化的同时，其地位和职权不断上升，集中表现于两个方面。其一，布、按两司降为督抚属吏。清初在承袭明代布政使司行政区划的同时，把明朝具有临时差遣性质的总督、巡抚逐渐转变为地方常设大员。顺治朝初期，督抚制度尚未成型，特别是巡抚的设置相当混乱，与各省的设置不完全吻合，故而巡抚不可能是代表一省的最高行政长官。康熙帝即位后，按行省的区划设置巡抚，每省固定设置一位巡抚，布政使

① 《明史》卷七三，中华书局，1974，第 1768 页。
② 刘伟：《晚清督抚政治——中央与地方关系研究》，湖北教育出版社，2003，第 11 页。
③ 龙文彬：《明会要》卷三四《职官六》，中华书局，1998。
④ 靳润成：《明朝总督巡抚辖区研究》，天津古籍出版社，1996，第 3 页。

的行政地位开始有所下降。至康熙中叶，布政使实际上已成为督抚手下专管一省财政、民政的属官。康熙二十四年（1685），在审理穆尔赛贪污案时，康熙帝曾明确说："布、按二司皆系巡抚属员。"① 乾隆十三年明确规定："外官官制向以布政使司领之，但督抚总制百官，布按二司皆其属吏，应首列督抚，次列布按。"② 这样一来，布、按两司职权未变，然而已经成为督抚属员。其二，道员正式成为督抚属员。原为布按两司属员的分守道和分巡道逐渐成为督抚属员，督抚最终成为统领地方文武各官的封疆大吏。③ 总之，清代督抚作为主政一方的封疆大吏，既是清代高度强化的中央集权和君主专制制度在地方的映射，也是疆域空前、人口不断膨胀的有清一代王朝政治运转的重要依托，它有效克服了明代三司并立、事权分散的弊端，大大提高了行政效率，然而政治权力的过分集中以及相关制衡机制的迟滞，也是贪腐大案频发、惩贪不力以至所谓形成"越反越贪"怪圈的基本原因。

以上，纵观中国古代政区递嬗沿革视野下"省"制以及相关督抚制度的形成完善过程，虽然从表象看萌芽、形成、完善于少数民族入侵中原之际（金、元、清），然而却基本秉承了历史上政区及职官设置上由中央而地方、由虚而实、由临时而常设的基本规律。

二　中国古代地方行政制度变迁视野下的清代法律制度

行政区划和地方政府组成共同构成地方行政制度。中国古代地方行政制度的变迁，又常常通过息息相关的具体法律制度映射、呈现。故此，本部分将基于中国古代地方行政制度变迁的大视野，阐述清代逐级审转覆核制等基本的法律制度。④

从秦代开始，地方行政区划的等级同时也是司法审判等级，地方行政长官同时也是司法审判长官。司法审判权操于各级主要行政长官之手，君

---

① 《康熙起居注》第二册"康熙二十四年十一月初二日戊午"。
② 光绪朝《清会典事例》卷二三《吏部·官制》。
③ 李霞：《清前期督抚制度研究》，博士学位论文，中央民族大学，2006，第14页。
④ 此外，清代法律制度还包括诉讼制度、拘捕制度、证据制度、缉捕制度、审讯制度、辩护制度以及监狱制度等。参见韦庆远、柏桦编著《中国政治制度史》，中国人民大学出版社，2005，第321~368页。当然，这些术语多是从现代法学角度向前追溯而命名、区分，当时俱在传统刑名范畴内。

上掌握最高立法权和司法权，乃是中国古代司法审判制度的重要特点。而且地方各级主官的审理权、判决权、执行权等等诸种司法权限，自秦汉中经唐宋迄至明清逐渐上移，再次坐实了此间中央集权和君主专制不断强化并达到顶峰的一般规律。

就乡一级而言，唐代以前乡里基层组织有"主诉讼""捕盗贼"以及连坐等职权，有权接受诉讼、逮捕人犯、了解案情、实行刑讯，然而人犯必须押解到县进行审判。宋代以后，乡里的辞讼和刑讯权被收回，虽然其对民间的田土户婚纠纷还有调解的职责。县一级司法权限的缩减更为典型。县令长的主要职责之一就是听讼理狱，秦汉时虽然设置县丞主管具体刑名事务，并且设有分管的属史如辞曹、法曹、狱史，然而所有判罚都要经过县令长判署，并且县令长的权力较大，有权判决死刑，虽然原则上死囚须解往郡中执行，但县令长仍有就地执行的权力。魏晋时，重大案件必须申报到郡，由郡守派人案验方可定案。两晋以后出现了"鞫谳分司"制，从中央到地方，审问官员不能检法定刑，而检法定刑官员不能审问，在互相监督的情况下，将权力集中于上。隋唐时期，进一步明确规定县仅能决断"杖"及以下的刑罚，"杖"以上的刑罚均需上报，其上级州（郡）仅能决断徒刑及以下的案件，中央司法部门仅能决断流刑及以下的案件，宰相有决断流刑的权力（并且必须覆奏），死刑裁决权一律由皇帝掌控。自宋代以后，地方初审官的权力不断被削减，以至只能处置户婚、田土、钱债等民间纠纷并判决笞杖及以下的刑罚。对于命盗要案（今刑事案件），即使是笞杖类的罪责，初审官仅能出具"看语"上报，等待上级乃至中央的覆批下来，才能进行判决。延续到清代，形成较为完备的逐级审转覆核制度。[①]

清代逐级审转覆核制是司法审判的基本制度。清代徒刑及以上案件（自动）逐级向上申报，构成上一级审判的基础。徒刑及以上案件在州县初审以后，详报府、司、督抚以至中央等审级覆核，每一审级都将不属于自己权限的案件主动上报，层层审转，直到有权作出判决的审级批准后方能终结。一般而言，寻常（无关人命）徒罪案件督抚即可批结，有关人命徒罪案件及军流案件由刑部批结，死刑的最后裁决权则操于君上之手。以上过程在清代的法律术语中叫作"审转"，所以该制度称作"逐级审转覆核

① 韦庆远、柏桦编著《中国政治制度史》，中国人民大学出版社，2005，第 327~329 页。

制度"①。正如日本学者滋贺秀三所指出的，逐级审转覆核制是根据案件裁决权的重要性程度不同而归属于不同层级的统治机关所有，在到达具有案件裁决权的层级之前，案件以未决的形式不断地被送往上级机关接受反复覆审。② 其主要特征是自动向上审转，与当事人是否提起上诉没有必然联系。其本质不是对当事人负责，而是对上司负责，相关诉讼案卷就像其他公文一样向上逐级申报，完成上下级官府间的公事。上行到地方行政层面，是一级行政一级司法在刑事审判中的体现。深入政治层面，则是各级官员和专制君主宣示政治权力的过程。后来各省大员"就地正法"权力的出现无疑是对清代逐级审转覆核制度的破坏，尤其是对皇帝之死刑最后裁决权的极大侵越，深刻体现了中央与地方、君上与督抚之间权力关系的调整变化。③

三 司法、行政、政治关系辨析及本书研究的内在理路

作为跨专业的交叉研究，本书系从司法、行政和君臣政治互动的角度研究清代省级司法问题的成果。因此，首先有必要廓清古今中外不同时段、地域视野下司法、行政和政治的不同概念内涵以及彼此之间的区别与融通，同时阐明三者之间互动研究的必要性和重要性，最后交代基于地方行政和君臣关系角度研究清代省级司法的内在理路。

（一）司法、行政、政治的概念沿革与异同

1. 古今中外不同语境下的"司法"

中国古代，"司法"一词与主管刑名事宜的职官名称有关，并在现代论著中指代历史上包括诉讼、督捕、审判、行刑、监狱、保甲等等在内的关系地方安全稳定、民众冤抑平反的种种刑名事务，与"钱粮"一起构成地

---

① 郑秦：《清代司法审判制度研究》，湖南教育出版社，1988，第 153 页。

② 〔日〕滋贺秀三：《清代中国の法と裁判》，创文社，1984，第 23～24 页。娜鹤雅：《清朝末年的刑事审判程序——以审级制度为视角》，《中州学刊》2014 年第 4 期。

③ 关于清代地方审级划分，参见魏淑民《清代地方审级划分的再思考——乾隆朝行政实践下的动态变通性和相对稳定性》，《清史研究》2009 年第 4 期。此外，对于"就地正法"，学界多认为其起源于咸丰年间尤其是镇压太平天国运动时期，但也有学者指出"就地正法"并非始于晚清，而是贯穿于有清一代之始终。认为清代刑事法律制度本身的局限性决定了"就地正法"实施的不可避免性，相对于通常的死刑审判覆核监督制度而言，它是特殊事态下的特殊制度，两者共同构成了清代的死刑审判制度。参见娜鹤雅《清末"就地正法"操作程序之考察》，《清史研究》2008 年第 4 期。

方行政两项基本要务。作为职官名称："唐制在府曰法曹参军，在州曰司法参军。宋沿唐制，诸州置司法参军。元废。"①除此而外，各个朝代均设置有不同级别的职官主司刑名事宜，然而地方各级政府最后判署权多掌握在行政首脑手中。秦汉魏晋时期，县一级设县丞主管司法，并有辞曹、法曹、狱吏等不同属吏，但所有判罚均要经过县令长的判署。郡一级设有主管司法的诸曹掾史，州设主管司法的诸曹从事史或参军事，负责具体审判拟罪事宜，最后的判决签署权则由州刺史和郡守掌握。隋唐的州（郡）虽然也设有司法参军、法曹参军等负责具体审判事务，各级行政长官仍是地方最高法官。宋代州设判官、推官、司理参军和司法参军等具体负责司法事务，最后由知州或通判进行宣判。元代县及以上各级行政区划分设推官"专治刑狱"，判官兼捕盗贼，录事（警巡院）主管治安巡查，司狱执掌狱政，同样是各级行政主官对案件拥有决断权。明清时期更是明确规定地方各级衙署只有正印官才有审判权，虽然也设有主管刑狱的佐贰官和书吏，但是唯有正印官才能问案定谳并负主体责任，省级设有按察使主司刑名按劾，是为一省"刑名总汇"，然而督抚作为地方最高行政首脑拥有最高司法权。全国最高司法权以及立法权，最后汇总掌握于君上手中。其实，"溥天之下，莫非王土；率土之滨，莫非王臣"，所谓"司法"多是后世在职业分化现状下回望、研究历史的后发概念，在古帝王看来种种事务俱是"王天下"之举。地方各级行政主官统管包括司法在内的地方各类行政事务，不具体经手而肩负总体责任和最后责任。迨至西学东渐，清末官制改革，才逐渐开启司法独立化之路，新设各级审判厅专司审判业务，按察使改为提法使主司原来刑名范畴内除审判而外的其他相关事宜（司法行政），不久清朝灭亡，脱胎于旧制的种种新政多告中断而且也很不彻底，往往新瓶装旧酒，但毕竟迈出了谋求司法独立的可贵第一步。

现代社会普遍意义上的司法（Justice），又称"法的适用"，通常是指国家司法机关及其工作人员依照法定职权和法定程序，具体运用法律处理案件的专门活动。法院审判活动无疑是司法的核心内容。在具体适用中，司法的概念有狭义、广义之分。狭义的司法概念，仅指与立法和行政相对应的法院审判活动，这也是通常意义上的司法含义。广义的司法概念，系

---

① 马端临：《文献通考·职官十七》，中华书局，2018。

指广泛涵括基本功能与法院相同或相似的仲裁、调解、行政裁判、司法的违宪审查、国际司法等解纷机制在内的，以法院为核心并以当事人的合意为基础的，由国家强制力作为最终保证的，以解决纠纷为基本功能的法律适用活动。① 从中外的词义来看，"司法"具有三项相关内涵，即实施法律、解决狱讼、体现公正。②

在当代中国，"司法"意指公安机关、人民检察院和人民法院按照诉讼程序应用法律规范处理案件。相应的司法机关指依法行使司法权的国家机关，一般是指人民法院和人民检察院，也包括在处理刑事案件时参与司法活动的公安机关以及负有监管职责的监狱。③

2. 古今中外不同语境下的"行政"

行政（Administration），指国家事务的管理，又泛指各种具体而微的管理工作。现代意义上的行政学，是研究行政现象及其规律的学科，又称为行政管理学、公共行政学、公共行政管理学等。在现代西方政治语境中，"行政"一词往往有三权分立色彩。自从孟德斯鸠在《论法的精神》中系统提出了"三权分立"理论，"executive"常常被用于描述政府的三大分支。而分权—制衡作为美国政治制度的基本原则，有关"三权分立"的论述在其早期文献中可谓比比皆是。

在中国近世以前的辞书中，并无"行政"一词，而且"行""政"两字在古文中各有不同的含义和用法。据考证，两者连用最早见于春秋战国时期的《管子》、《孟子》以及《大戴礼记》等书，而且多与天子有关。到秦汉时期，"行""政"连用已经发展为三种形式，第一种是君王"行天子事"，第二种是圣贤或权臣"代行天子事"，最后一种是"行政事""行政令"等相对具体的情况。自三国两晋南北朝到隋唐五代，两者连用在各种典籍尤其是史书中鲜有出现，值得注意的是，唐代前后出现了"大臣""行政"的用法。宋代以后，两者连用较为多见，然而用法俱在前述范围之内。明代左右出现了"用人行政"的提法，例如顾炎武在《日知录》中就将前朝政事如天子之政、臣子之政统称为"用人行政"。清代以后，"用人行政"

---

① 杨一平：《司法正义论》，法律出版社，1999，第 25~26 页。转引自孙辙《司法、司法权及其他》，《法律适用》2003 年第 8 期。
② 陈光中、崔洁：《司法、司法机关的中国式解读》，《中国法学》2008 年第 2 期。
③ 《现代汉语词典》（第 7 版），商务印书馆，2016，第 1234 页。

一词被广泛使用，在雍正朝上谕中还出现了"立法行政"的说法，这里"立法"与"行政"并列，显然并非清末国人在引进"三权分立"理论时所使用的概念。在《清史稿》中，出现最多的是"用人行政"，从1661年顺治遗诏到宣统末年出现20多次。《清史稿》中最醒目的变化，当属记录了清末准备预备立宪过程中涌现的种种新名词，诸如"司法行政""教育行政""地方行政"，并出现了"立法、行政、司法三权并峙"等提法，反映了"行政"一词用法从传统到现代的转变。值得注意的是，近世以来从日本传入中国并被广泛使用的"行政"一词，并无西方"三权分立"的现代意蕴。日本早在明治维新时期，"三权分立"被描述成"立法、行法、司法"，而"行政"只是"太政官"下属的七大分支之一，与三权分立并不直接相关。然而，随着日本官制改革的深入，为了凸显与"行法"职能相联系的天皇大权的超然地位，"行法"一词被"行政"取代，因为从字面上看，"政"囊括了一切国家事务，大大超越了"法"的范畴。换言之，日语中虽然出现了"行政、立法、司法"的表述，"行政"对应的却不仅仅是政府中的行政机关，事实上日本所谓的"三权分立"从一开始就名不副实。同样，对于缺乏"三权分立"实践经验且从19世纪末曾全力仿效日本的中国而言，从"三权分立"角度阐释"行政"是缺乏说服力的。① 在当代中国，"行政"一词的含义更是大而化之，推广到日常生活中一切管理工作，甚至指代处理伙食、水电、房屋修缮、物资供应等勤杂事务的后勤工作，这很可能是国人自主阐发而生的"中国特色"。

与此相关的一个概念是当代中国的司法行政制度。司法行政是指国家专门机关对有关监狱、劳动教养、法制宣传、律师、公证、人民调解、法学教育、法学研究、依法治理等司法领域的行政事务实行国家管理的活动，职能涵括普法、社区矫正、基层人民调解、监狱劳教、法律服务、法律援助等主要方面。从中央到地方的司法部、司法厅、司法局是各级政府司法行政机关。由此可见，司法行政机关是政府对审判之外的司法工作进行行政管理的专门机关，是各级政府组成部分，不是严格意义上的司法机关。

3. 在中国传统官僚政治大背景下探析司法问题

法律和政治如影随形，其本质是统治阶级实现阶级统治的工具，是国

---

① 张帆：《行政史话》，商务印书馆，2007，第11～33、252～256页。

家按照统治阶级的利益制定或认可，并以国家强制力保证其实施的行为规范的总和。它是统治阶级意志的体现，法律所规定的权利和义务是由专门的国家机关以强制力保证实施的，国家的强力部门包括军队、警察、法庭、监狱等有组织的国家暴力。① 无论是中西之间还是古今之别，研究法律必须深入政治的层面探求其本质属性。

亚里士多德在其《政治学》中并没有给出"政治"的具体定义，然而他认为人天生是一种政治动物，政治的目标是追求至善，并以此为基点比较不同政体的优劣。② "政治"在古希腊语中意为城堡或卫城，后来指城邦中管理、统治、参与、斗争等各种公共生活的总和。在现代语境中，政治（Politics）是上层建筑领域中各种权力主体维护自身利益的特定行为以及由此结成的特定关系，是人类历史发展到一定时期产生的重要社会现象。中国传世文献中也曾有"政治"一词，如《尚书·毕命》载"道洽政治，润泽生民"，《周礼·地官·遂人》言及"掌其政治禁令"，然而更多情况下是"政"与"治"分用，前者主要指国家的权力、制度、秩序、法令，后者系指统治和教化民众，也指实现安定的状态（如贞观之治、文景之治等），可见与西方包括古希腊的"政治"含义大不相同。③ 清末民初，当英文的"politics"一词传入中国时，孙中山认为应该使用"政治"二字来对译，认为"政"是众人之事，治是管理，管理众人之事即是政治，这一说法在当时很有影响力并延续至今。④

研究包括清代在内中国传统帝制社会法律问题，更需要深入传统政治尤其是官僚政治（Bureaucracy）语境中，君主专制和官僚体制一体两面互为表里，构成中国帝制社会的基本政治制度。⑤ 传统中国长期以来是"人治"而非"法治"，而"人治"恰恰是官僚政治固有的基本特征。在官僚体

---

① 《中国大百科全书·法学卷》，中国大百科全书出版社，1992，第 76 页。李肃、潘跃新：《法与法律的概念应该严格区分——从马克思、恩格斯法学思想的演变看法与法律概念的内涵》，《法学研究》1987 年第 1 期。

② 〔古希腊〕亚里士多德：《政治学》，陈虹秀译，台海出版社，2016，第 2～7 页。

③ 《中国大百科全书·政治学卷》，中国大百科全书出版社，1992，第 481～482 页。袁生根：《从现实政治到文学政治》，江西师范大学硕士学位论文，2012。

④ 《孙中山选集》，人民出版社，1981，第 692 页。

⑤ 作为一种社会体制的官僚政治，在世界范围内曾经是一种普遍性的存在，在欧洲出现较早的是法国和英国，相对较迟的是德国和俄国，它是一种从封建制到资本制的历史过渡阶段的必然产物。参见王亚南《中国官僚政治研究》，中国社会科学出版社，2012，第 8～18 页。

制下，下级对上级负责，最后对君主负责，而非对民众负责。君主因其至高无上的尊崇政治地位，拥有最高立法权和司法权，各级官僚在获得君上授予的不同政治权力后，对各自管辖范围的种种行政事务（主要是钱粮和刑名）负总责，具体到与现代司法有关的种种刑名事宜，则是充当本地衙署的最高大法官，掌握最后判决权、签署权及执行权。换而言之，这种司法权限因政治权力而生发、消长。以清代的基本法律制度——逐级审转覆核制度为例，徒刑及以上案件在地方从州县、府、按察使到督抚，在中央由刑部（或三法司）而君上，形成了大量汗牛充栋、浩如烟海的刑科题本，虽多系例行公文，格式几乎千篇一律，其中亦不乏官员草率审转者，然而正是所谓"千篇一律"反复证明了徒刑及其以上案件逐级审转覆核制度的日常性、成熟性，例行公文的流转顺序本质上正是各级官员自下而上行使政治权力的过程。即便草率审转了事，亦须遵循固定的层级履行法定程序。①

（二）基于地方行政和君臣关系角度研究清代省级司法的内在理路

基于前文对古代政区及地方行政制度变迁规律的分析以及对古今中外司法、行政、政治三者关系的辨析，本书重在从地方行政和君臣关系视角剖析清代省级司法问题，从具体而微的司法问题逐渐上升到地方行政层面以至官僚政治中的君臣关系问题，即省级司法与地方行政、君臣关系的互动研究。

法学研究领域对中华传统法系基本特征的概括是行政与司法合一。此说不无道理，更准确地说，须从中央和地方两个层面分别作历时性讨论。在中央层面，按照沈家本先生的说法，周代以讫汉唐，中央的行政权与司法权是分离的。自宋代开始发生微妙变化，元代两者有渐合之势，明代完成了两者的混合，至清沿袭不改。② 在地方层面，司法和行政不是合体或彼此不分的关系。自秦汉以来到清末修律改制之前，司法和地方行政的关系是数学集合概念中的子集和母集的关系，司法是行政的应有之义，刑名和

---

① 魏淑民：《清代地方审级划分的再思考——乾隆朝行政实践下的动态变通性与相对稳定性》，《清史研究》2009 年第 4 期。
② 如其所言，"大约此制变于元，成于明，国朝因之，遂为纯一混合之制"，参见沈家本撰，邓经元、骈宇骞点校《历代刑法考·历代刑官考下》，中华书局，2006，第四册第 2017 页。转引自林乾《中国古代权力与法律》，中国政法大学出版社，2004，第 275 页。

钱粮共同构成地方行政的基本要务。

图 0 - 1　清代地方行政示意图

并且一级行政对应一级司法，各级行政主官即是最高大法官。所以在清代众多督抚奏折和地方省例当中，我们反复看到这样的局面：在省级司法主体中，虽然按察使是一省刑名总汇，具体经手办理诸多刑名事宜，但最后须以督抚的名义奏报或发布，如秋谳大典由督抚主持而且官员位次均是严格按照行政级排列，命盗重案的具题和秋审汇题也是以督抚的名义奏报，各省遇有捐钱赎罪案例由并且只能由督抚奏请君上恩准，如此种种，不一而足。就督抚两司的关系而言，也是地方行政共同体，如原本作为一省"刑名总汇"的按察使，清末频繁参与办理军务（包括带兵打仗、办理地方营务等事宜）、洋务（对外条约的制定、换约以及直接办理地方洋务局）事宜，在社会变革动荡时期发挥了重要作用，其具体执掌的变化是社会形势发展所致，也进一步证实需要站在地方行政以至国家政治的高度理解所谓刑名技术官僚。

司法是行政的应有之义，这是不少学者的共识。如郑秦在其《清代司法审判制度研究》中明确指出：清代各省的各级地方政权统管本地财政、司法、地方军事各种政务。从省到县，每一级政权都在自己职权范围内工作，各级长官主持本地区一切政务，司法审判是地方政权诸多政务中的一种，是地方长官的职责之一，没有专门的法官和单独的审判组织体系，所以说"行政和司法合一"并不准确，因为中国自古以来就没有过与"行政"相对的"司法"，"司法"是"行政"应有的一种职责，清朝也不例外。[1]专事清代地方政府司法职能研究的吴吉远秉持类似的观点，认为古代社会司法即行政，司法只是行政的职责之一，并且落实到研究方法中，以行政管理的角度来探讨清代地方政府的司法职能，考察各级政府及其组成人员的司法职责和司法活动。韦庆远、柏桦在《中国政治制度史》中言及，明

---

① 郑秦：《清代司法审判制度研究》，湖南教育出版社，1988，第 35 页。

清规定正印官才有审判权，知县、知州、知府的重要职责之一就是审判。[①]也就是说，其司法审判权是行政职权的衍生物。

司法既是地方行政的应有之义，从行政层面继续上行，就进入政治层面，涉及官僚政治尤其是君臣关系问题，在各省督抚大员这一级别受到君臣关系的影响更重。因为地方行政是在传统官僚政治体制下运行的，而官僚政治的本质就是下级对上级负责，层层推演最终是对君主负责。[②] 在专制君权高度发展和"寄任封疆"的清代政体下，督抚对君上负责更是责无旁贷，刑名司法作为一省要务也因此成为君臣之间的话题：既有督抚向君上奏报相关刑名事宜，更有君主借助具体而微的刑名事件"发难"，敲打督抚个人以至吏治全局，即所谓以法制求吏治。这在乾隆皇帝及其外省督抚中间表现得淋漓尽致。

因此，司法、行政、政治三者是不断深入的渐进关系。考察清代地方司法实践，需要放宽视野逐渐深入地方行政和君臣关系的层面，发现更深刻的历史场景和因果关联，对省级司法而言更是如此。这不仅是研究视角，也是内在的研究理路。

四 清代省级司法与国家治理研究缘起、基本思路与创新之处

（一）选题缘起

国家治理是世界范围内古老而现代的经典命题。实现国家治理体系和治理能力现代化，是坚持和完善中国特色社会主义制度、全面建设社会主义现代化国家的核心要义。当下中国的治理体系是在我国历史传承、文化传统、经济社会发展的基础上长期发展、渐进改进、内生性演化的结果。依法治国是我们党和国家的基本治国方略。全面依法治国是国家治理的一场深刻革命，是实现国家治理体系和治理能力现代化的必然要求。[③] 进入中国特色社会主义新时代，建设社会主义法治国家，实现法治国家、法治政

---

① 韦庆远、柏桦编著《中国政治制度史》，中国人民大学，2005，第329页。
② 王亚南：《中国官僚政治研究》序言（孙越生），中国社会科学出版社，1981。另参林乾《论中国古代司法与行政权的分、合嬗变》，载张中秋主编《中华法系国际学术研讨会文集》，中国政法大学出版社，2017，第260～278页。
③ 习近平：《习近平谈治国理政》，外文出版社，2014，第105页。蒋传光：《习近平法治思想的核心内容》，《学习与探索》2021年第1期。

府和法治社会的有机统一，更需要充分理解并尊重中国历史传统中政治、法律方面思想及制度的递嬗沿革，并从制度的纸面规定和实际运行的动态过程中汲取经验与教训，而不能简单移植近代西方三权分立的理念及其政治实践，用以裁割我们自身的传统与历史，这也是近代中国修律改制历程已然证明了的基本原理。① 惟有不忘本来，方能更好地吸收外来、面向未来。

重视中国传统政治、法律制度及其实践，自然绕不过有清一代。清代是我国历史上疆域空前广阔的统一多民族国家，是专制君权和官僚制度相表里的中央集权制度的巅峰时期，是中华民族由盛转衰以至落后挨打、饱受苦难的转折阶段，同时也是中国传统法制发展的集大成时期，是传统法制走向近代化道路的关键过渡阶段。而且距今不远，对当下中国的法治强国建设具有更为直接的现实借鉴意义。②

在清代司法链条构成中，省级层面承上启下，关系重大。清代在专制君权高度集中的同时寄权地方督抚，这些封疆大吏在所辖省域形成次政治中心，不仅是最高行政主官，也是本地最高大法官。在清代的基本法律制度——逐级审转覆核制度设计中，督抚两司等省级司法主体，下启县（州）府，上承中央刑部（三法司）以至天子，是连接地方和中央的关键枢纽。在各直省地方具体的司法实践中，已然超越就司法论司法的窠碍，渐次上行到地方行政以至君臣政治、中央与地方关系的高度。地方行政方面，督抚大员或者依据本地情形和基层奏报，因地、因时制宜酌量变通中央制定法，形成大量各具特色的省例，各省之间时有相互援引，亦推动中央定例的调整。或者基于地方行政大局对具体而微的刑名技术问题做大而化之的处理，以谋求地方大局的稳定，其中或许还蕴含有某种对地方政绩、个人

---

① 不唯中国如此，翻阅外国法律史，在近代法律转型和本国政治文化传统的结合问题上，日本和伊斯兰世界当属典型正反例证，其结果和影响也是泾渭分明，值得深入反思借鉴。在法律的形成发展过程中，日本非常重视对外来发达法律制度的借鉴吸收，同时始终没有放弃日本法的固有传统。尤其是在近现代对西方法律的吸收过程中，保持了其作为东方国家和民族的传统法律和习惯，从而使现代的日本法实现了东西方法律文化的有机结合。与此不同，近代以来迅速发展的工业使西方资本主义国家向伊斯兰世界伸出触角，其政治、经济和文化受到很大影响。由于统治者急于改革以图民族强盛，轻而易举地接受、吸纳外来法律思想，将伊斯兰法弃之不顾，毫无甄别地对西方法律全盘照搬，引发了诸多社会问题，故有二战后特别是20世纪70年代后当代伊斯兰法的复兴。参见何勤华主编《外国法律史》，法律出版社，2014，第124~127、338~341页。
② 张晋藩主编《清朝法制史》绪论，中华书局，1998，第1页。

前途的考量。更或者有一些讲求经世致用之道的督抚，面对层出不穷的刑名问题，努力从地方行政以至吏治角度探求正本求源性质的根本解决之道，然而由于制度、时代局限仍不免心余力绌。

在以上种种动态过程中，君臣政治、中央与地方关系的生动画面悄然呈现。诸如身处清代各项制度定型期、完备期的乾隆皇帝，虽以"乾纲独断"著称并垂意刑名，擅长以法制求吏治，借助具体而微的刑名司法事件，动辄兴师动众敲打、整饬吏治全局，然而面对督抚群体多年的"反行为"，在不断叮嘱、申饬甚或震怒之余，也存有些许无奈甚或哀怨。这既跨越了"乾纲独断"的传统认识，更深刻折射出外省督抚和乾隆皇帝之间君臣关系的复杂而微妙状态。然而，一些源于刑名小事件的政治大风波又提醒我们，需要冷静看待乾隆皇帝和外省督抚关系的全面内涵，切不可矫枉过正。这似不是倒退回到原点，更像是某种认识论上的螺旋上升。在中央和地方关系方面，地方各省在适用、解释、补充中央制定法过程中，整体上以统一于中央法框架为基本前提，同时又时有变通甚或较大偏离，从而形成某种程度的地方离心力。问题的关键在于不同时期中央对地方离心力的掌控能力不同。显然，在康乾时期这种地方离心力处于皇权和中央政府的基本控制之下，迨至晚清随着地方势力的崛起、坐大而逐渐发展。如太平天国事发、咸丰军兴之际，"就地正法"制度的出现，形式上是对逐级审转覆核法律制度的破坏，本质上是地方离心力在司法权限上打开的缺口，地方对中央军权、财权和司法权力的全面侵夺，使得晚清中央与地方的关系一度呈现"外重内轻"局面。而清末民初，从按察使到提法使的艰难转型，无疑是当时复杂政治时局的集中映射。以上清代司法、政治实践过程距今不远，对于当下中国全面依法治国、建设中国特色社会主义法治强国亦多有镜鉴启示意义。

（二）学术史考察

综观学界对清代司法链条的研究成果，大体表现为两头大、中间小的哑铃型分布。其一，司法审判层级方面，重视具有万事胚胎意义的州县和总理其成的中央审级，尤其是州县司法审判及相关社会史著述甚为丰厚，而省一级尤其内地直省司法的研究相对薄弱，还有较大的拓展空间。其二，研究时段分布方面，重视入关前具有鲜明满洲特色的国家法律制度和清末具有转型意义的修律改制实践，而对有清一代268年中间多数时间日常状态的研究相对薄弱。日常与变革、特色之间相辅相成，以中间带两头，以日常带动变革更宜。

这种哑铃型分布特征，强化了我们深入研究清代省级司法的必要性和可行性。当然，需要特别说明的是，州县司法审判和清末法律近代化方面的海量成果，使得这种哑铃型分布的两端在体量上并不完全对等，这里我们更侧重其理论形态的整体构建。

1. 司法审判层级研究：重州县和中央，省级相对薄弱

万事胚胎，皆由州县。学界对清代州县司法审判的研究很是关注，著述甚为丰厚。早期代表性著作如陶希圣《清代州县衙门刑事审判制度及程序》①、瞿同祖《清代地方政府》等，其中后者以社会学的独特手法，围绕州县衙门由哪些人组成、做什么事，充分展现了制度律例背后人的主体地位、规定（law in book）与运行（law in action）之间的背离。② 近年来，专门的研究著作当推那思陆《清代州县衙门审判制度》，从州县入手十分详细地介绍了命盗重案和自理词讼的专业审判程序，对审判体系中州县这一基石性部分进行了系统性阐释，并沿着逐级审转的司法运作模式，纵向梳理了中国古代司法自下而上的制度流程。③ 张晋藩、郑秦等法史专家学者有关清代法制史、审判制度史的专著对州县司法亦有专门的章节介绍。④ 同时，梁治平关于清代习惯法、柏桦关于明清州县的系列论著，均是以州县等基层社会司法为关涉点。⑤ 海外方面，日本学者滋贺秀三、寺田浩明所著之《明清时期的民事审判与民间契约》《中国家族法原理》等书，主要着眼于明清长时段下州县自理词讼和具体的家庭成员、婚姻继承、财产债务等关

---

① 陶希圣：《清代州县衙门刑事审判制度及程序》，（台北）食货出版公司，1972。
② 瞿同祖：《清代地方政府》，范忠信、晏锋译，法律出版社，2003，第 153 页。
③ 那思陆：《清代州县衙门审判制度》，（台北）文史哲出版社，1982；中国政法大学出版社，2006。
④ 张晋藩：《清朝法制史》，中华书局，1998。郑秦：《清代司法审判制度研究》，湖南教育出版社，1988。此外，郑秦《清代法律制度研究》一书中的《清代地方司法管辖制度考析》一文也有涉及。
⑤ 梁治平：《清代习惯法：社会与国家》，中国政法大学出版社，1996；广西师范大学出版社，2015。柏桦的著作《明清州县官群体》涉及州县一级的司法管辖，天津人民出版社，2003；其论文《清代州县司法与行政》，则以黄六鸿和《福惠全书》为切入点，《北方法学》2007 年第 3 期；论文《明清州县司法审判中的"六滥"现象》，剖析指出州县审判中滥词、滥刑等六大弊端，《清史研究》2003 年第 1 期。

系及其变化。① 而以大量档案为依托在司法实践研究领域大开其端者，当属黄宗智及其《清代的法律、社会和文化：民法的表达与实践》等书，以州县自理词讼为主要研究对象，试图用清代法律的实践来检验官方表达，指出"清代的法律制度是由背离和矛盾的表达和实践组成的，两者既矛盾又统一"②，同时两者之间也有并存和抱合，既是矛盾和充满张力的抱合，也是相互作用和融合的抱合。21 世纪以来，国内中青年学者从档案出发对州县司法实践的研究成果不断大量涌现，如邓建鹏等基于黄岩诉讼档案对州县司法研究的系列文章③、吴佩林基于南部档案的专著《清代县域民事纠纷与法律秩序考察》、杜正贞基于龙泉档案的专著《近代山区社会的习惯、契约和权利——龙泉司法档案的社会史研究》等等④，以及大量博士学位论文如《从冕宁县档案看清代民事审判制度》《清代民事纠纷的民间调处研究》《清代州县官的民事审判》⑤ 等等。总之，著述异常丰富，究其根源除了州县司法本身的基础性地位，大致原因有二：州县司法档案的持续发掘、整理提供了坚实的资料基础⑥；社会史的勃兴与研究范式的转换，使得研究对象不断由君主、官僚向基层社会下移。

总理其成的中央司法层级，受到重视且成果丰硕。关于中央司法涉及

---

① 〔日〕滋贺秀三等：《明清时期的民事审判与民间契约》，王亚新、梁治平编，王亚新、范愉、陈少峰译，法律出版社，1998。〔日〕滋贺秀三：《中国家族法原理》，张建国、李力译，法律出版社，2003。

② 黄宗智：《清代的法律、社会和文化：民法的表达与实践》，上海书店出版社，2007。更多请见氏著《清代以来民事法律的表达与实践：历史、理论与现实》（三卷本），法律出版社，2014；《问题意识与学术研究：五十年的回顾》，《开放时代》2015 年第 6 期。

③ 邓建鹏：《清代州县讼案和基层的司法运作——以黄岩诉讼档案为研究中心》，《法治研究》2007 年第 5 期；《讼师秘本与清代诉状的风格——以"黄岩诉讼档案"为考察中心》，《浙江社会科学》2005 年第 4 期；等等。

④ 吴佩林：《清代县域民事纠纷与法律秩序考察》，中华书局，2012；杜正贞：《近代山区社会的习惯、契约和权利——龙泉司法档案的社会史研究》，中华书局，2018。

⑤ 李艳君：《从冕宁县档案看清代民事审判制度》，中国政法大学博士学位论文，2008，该论文 2009 年已由云南大学出版社出版；胡谦：《清代民事纠纷的民间调处研究》，中国政法大学博士学位论文，2007；王静：《清代州县官的民事审判》，吉林大学博士学位论文，2005；等等。

⑥ 近年来，地方司法档案的发掘整理不断推陈出新，如台湾淡新档案，天津宝坻档案，四川巴县档案、南部档案、冕宁档案、浙江龙泉档案，贵州安顺档案，另外孔府档案、徽州文书、太行文书、闽东文书等也多有涉及。相应的研究论著也不断涌现，再次证明历史学首先是史料学。

两个层面，首先是皇权和法律的关系，其次是包括刑部在内的中央法司研究。皇权和法律的关系问题，是国内外政治学、法学、史学领域从政治史、思想史到制度史角度普遍关注的重要问题。德国社会学家马克斯·韦伯的多项研究均涉及于此，认为皇帝和官僚之间具有家长制的父子关系色彩，这种人伦色彩体现在政治统治形态上则是人治重于法治，并在实施权力时，将司法、财政集于一身，而且皇帝的命令有随时更改、替代普通法的可能性，并由此认为中国法律的本质是伦理规范的法典化，而不是法律规范体系。① 在国内学界经典的法史著作中，也惯用"口含天宪""言出法随"来概括皇权与法律的关系，虽有学者持不同观点②，却不妨碍其成为学界和公众的某种普遍共识。通过品读众多相关论著，我们更倾向于这样一种认识，即对于中国两千余年帝制社会中以皇权和法律关系为代表的权、法关系，适宜进行分段函数式的历时性考察，从秦汉、唐宋到明清，可以分为权移于法、权法关系相对协调、权法关系蜕变三个阶段。第一个阶段"权移于法"时期，发端于西周，激变于春秋战国，定型于秦朝，伴随着以"铸刑鼎"为代表的法律公开化潮流，原本秘而不宣的"因事而制"向"定法""常法"转变，开始对各级政治权力形成制约和限制。第二个阶段是权、法关系相对协调时期，历经两汉魏晋南北朝，到唐代臻于完备。通过对"敕""令"等非制定法进行限制，有限度地约束皇权，协调权法关系，以期达到天下大治的目的。汉唐时期尤其是唐代，皇权与法律的关系较为协调，一方面，"人君与天下共法"已经形成共识，臣僚与君主擅法的斗争也成为令

---

① 参见〔德〕马克斯·韦伯系列著作：《儒教与道教》，商务印书馆，1995；《论经济与社会中的法律》，中国大百科全书出版社，1998；《新教伦理与资本主义精神》，三联书店，1987。此外，不少国外学者对此也有相关阐述，详见艾森斯塔得《帝国的政治体系》、杜赞奇《文化、权力与国家》、卡尔·A. 魏特夫《东方专制主义——对极权力量的比较研究》等。

② 如吴于廑认为王权理论上受到法律的限制，国王不判断法律，但依法审判，因此只是执法的王，而不是立法的王，并指出这是封建欧洲和封建中国对王权和法律关系的共同特征，参见氏著《封建中国的王权和法律》，武汉大学出版社，2012。怀效锋则指出，封建社会中以国家利益为重的儒生官僚，在政治生活中居于主导地位，当他们能够限制皇权的无限膨胀时，可以实现政治的相对清明和法制的相对稳定，因此主张对统治阶级内部的不同集团及其代表人物予以具体分析、评价，参见氏著《嘉庆专制政治与法律》，湖南教育出版社，1988。郑秦则从专制权力与法律的矛盾统一性出发，认为皇权作为最高层次的专制权力，是专制国家法制的最高"保证"，意即封建法制本身是专制权力的组成部分，参见氏著《清代司法审判制度研究》，湖南教育出版社，1988。

人瞩目的现象。另一方面，君权的行使整体上有制度上的遵循，并以法律的形式加以确定。第三个阶段明清时期是权、法关系蜕变时期，尊君抑臣之法大行其道，一方面君主的权力完全超越于法律之上，权法关系的相对平衡被打破；另一方面从法律上对臣僚的权力加以重重限制，即所谓"废人而用法"。纵观权、法关系的三个发展阶段，皇权的地位渐次上升、强化以至高高在上，法律和官僚的地位不断沉沦以至成为附庸、奴才，也折射了此间中央集权不断强化而达至顶峰的历史进程。①

中央法司研究方面，专著首推那思陆《清代中央司法审判制度》，该书至为详细地介绍了刑部、都察院、大理寺等三法司以及其他具有分散司法职能的中央司法审判机构的设置沿革和具体职掌，并涉及针对地方各省覆审案件和京师现审案件不同情况的中央司法审判程序。中央法司中，对刑部的研究较为集中深入，郑小悠的系列文章从不同角度系统阐述了刑部官员的法律修养、满汉官员的关系、堂官的权力分配、堂官与司官的关系、司官的选任差委、微员书吏等等。② 其他论著则多侧重阐发刑部的驳案职能及其影响，典型者如张田田聚焦准驳之间的清代刑部驳案经验，指出清代刑部对地方审转而来的徒刑及以上案件或准或驳，是履行其中央法司覆核职能的重要载体。如果仅从结论来看，覆核结果或准或驳，二者必居其一。然而就具体过程而言，又包括诸多动态商榷阶段，有原本打算议驳而终究照覆的，有意欲照覆而终究议驳议改的。而从刑部覆核到最后定案执行，中间也可能经历多次议驳。以上这些，无不折射出刑部司官或者司官与堂官之间，刑部与大理寺、都察院等三法司之间，刑部与地方督抚之间的往来互动以及君上在刑部和地方之间的种种制衡。③

相对于州县和中央，承上启下的省级层面（特别是内地直省）刑名司

① 林乾：《中国古代权力与法律》，中国政法大学出版社，2004；林乾：《传统中国的权与法》，法律出版社，2013。本部分涉及皇权与法律关系的内容，对林乾先生《传统中国的权与法》一书多有参考，特此说明并致谢。
② 具体请参郑小悠的系列相关文章，包括《清代法制体系中"部权特重"现象的形成与强化》，《江汉学术》2015年第4期；《清代刑部官员的法律素养》，《史林》2016年第3期；《清代刑部堂官的权力分配》，《北京社会科学》2015年第12期；《清代刑部满汉官关系研究》，《民族研究》2015年第6期；《清代刑部之堂司关系》，《史学月刊》2017年第1期；《清代刑部司官的选任、补缺与差委》，《清史研究》2015年第4期；《"吏无脸"——清代刑部书吏研究》，《河北法学》2015年第2期。专著《清代的案与刑》，山西人民出版社，2019。
③ 张田田：《清代刑部的驳案经验》，法律出版社，2015。

法研究领域相对薄弱。而同时从地方行政和君臣关系视角出发，打通司法与地方行政、君臣关系的互动关系，研究成果更少。

在清代疆域空前、政治统一多民族国家的大背景下，《王者无外：中国王朝治边法律史》《元明清时期的傣族法律制度及其机制研究》《清代民族立法研究》《清代理藩院的法律功能研究》《清代回疆法律制度研究（1759—1884 年）》《清代西藏法制研究》等著作，从多元角度展示了充满特色的民族立法体系及其司法实践，然终不能从整体上代表内地一般省份刑名司法运作的普遍情状。①

就内地直省一级刑名研究而言，早期日本学者的研究多集中于清代地位最高、特色最鲜明的地方性法规——省例研究，发现其更多具有行政立法的性质。国内学者中，王锺翰、张晋藩、杨一凡等史学、法学大家的论著中对清代省例多有涉及。王志强的系列论著，对包括省例在内的清代地方性法规着力颇深，尤以修订的新作《清代国家法：多元差异与集权统一》为代表。胡震《清代省级地方立法：以"省例"为中心》是目前国内第一部以清代省例为研究对象的专著。②

苗月宁《清代两司行政研究》一书，注重从地方行政的角度阐述清代省级布按两司的基本职掌及其应时而变的阶段性职掌，并梳理了两司与督抚道员之间行政关系的演变，然并未重点阐发掌握地方最高司法权的督抚及其在地方司法实践中的作为。③ 张玉娟亦从地方行政角度探讨明清时期河南省级官员的施政行为，涉及以督抚为中心的明清省级官员司法作为，如惩治不法宗室、严办盗匪、纠正冤假错案、整顿盐硝事务、严缉严惩邪教、妥善处理案件的善后等等，指出这些司法作为不仅反映在具体司法事务的处理过程中，更重要的是在稳定河南以至大清王朝政权中发挥着重要

①　杜文忠：《王者无外：中国王朝治边法律史》，上海古籍出版社，2018；吴云：《元明清时期的傣族法律制度及其机制研究》，人民出版社，2010；刘广安：《清代民族立法研究》（修订本），中国政法大学出版社，2015；王静：《清代理藩院的法律功能研究》，中国社会科学出版社，2016；王东平：《清代回疆法律制度研究（1759—1884 年）》，黑龙江教育出版社，2003。孙镇平：《清代西藏法制研究》，知识产权出版社，2004。专项论文也有不少，如《清代回疆法律研究》《清朝时期达斡尔地区法制的变迁》《清朝时期的青海衙门及其对重大刑事案件的审判》《清代蒙古的刑事审判事例》《清朝对蒙古的司法审判制度》《清代回疆法律文化刍论》《清代西藏终审权研究及其相关问题》等等。
②　关于省例的研究综述，请详见本书第七章第一节注释的详细说明，这里不再赘述。
③　苗月宁：《清代两司行政研究》，中国社会科学出版社，2012。

作用。① 陈二峰则专门聚焦清代中原腹地——河南省司法实践，研究范围从州县到省级、从小民到督抚大员，认为河南司法实践虽然宏观上受到集权中央的干预，同时也受到地方社会的深刻影响，社会各阶层从自己利益出发相互冲撞、争斗，结果绅士豪民势力膨胀发展，基层小民则日渐贫苦破产，成为突破社会法律体系的重要社会力量。而且清代河南司法实践的影响也超越了地域局限，或上升为刑部通行成案，或被周边省份援引。整体而言，该研究涉及内容广泛，然而重心并不围绕省级督抚两司等司法主体展开。② 职官研究方面，孙洪军《清代按察使研究》和史新恒《清末提法使研究》则进一步聚焦作为一省刑名总汇的按察使（提法使），前者阐述了从清初到晚清按察使之法定执掌角色和临时差委角色的递嬗变迁，后者则认为清末提法使的出现，使原本无所不包的按察使司法职能被分解为司法行政、审判、检察、侦察等项，为司法现代化开辟了道路，同时也折射了清末民初中国多重复杂的历史面相，反过来又凸显了当时中国政治情境的复杂与艰难。③

2. 时段分布研究：重视入关前后与清末修律改制，中间阶段相对薄弱

入关前后国家、法律制度研究。专著当推张晋藩和郭成康合著之《清入关前国家法律制度史》一书，在述及具有满洲特色的中央官制、八旗制度基础上，详细介绍了入关前调整行政管理和民事经济关系的法律规范、关外的刑法和诉讼制度等。并且指出，如若不了解入关前的国家和法律制度，就无从理解整个清代政治与法律制度的渊源和流变。④ 杜家骥《清代八旗官制与行政》《八旗与清朝政治论稿》，不仅涉及八旗设官与旗务管理、八旗各兵营营制、设官及营务管理、八旗武官选任制度、旗人文官出仕制度、清代八旗选官制中的世官制以及内务府等日常行政设置沿革，更深入国家政治层面探讨八旗领主分封与清初政权的体制、后金（清）政权的特性、满族领主分封制与清政权的统辖体系等问题。⑤ 定宜庄《清代八旗驻防研

---

① 张玉娟：《明清时期河南省级官员施政研究》，博士学位论文，河南大学，2012。又见张玉娟《论清代河南省级官员的司法作为》，《郑州大学学报》（哲学社会科学版）2017 年第 4 期。
② 陈二峰：《清代河南地方司法实践研究》，河南大学博士学位论文，2009。
③ 孙洪军：《清代按察使研究》，合肥工业大学出版社，2014；史新恒：《清末提法使研究》，社会科学文献出版社，2014。
④ 张晋藩、郭成康：《清入关前国家法律制度史》，辽宁人民出版社，1988。
⑤ 杜家骥：《清代八旗官制与行政》，中国社会科学出版社，2015；《八旗与清朝政治论稿》，人民出版社，2008；等等。

究》、刁书仁《清代八旗驻防与东北社会变迁》、陈江明《清代杭州八旗驻防史话》以及宿绍明《西口八旗驻防志》等书，重在阐发八旗驻防制度及其对区域社会的影响。① 孙守朋《汉军旗人官员与清代政治研究》和孙静《清代八旗汉军研究》侧重讨论汉军八旗问题，各有侧重，前者通过对崇德兴起、顺治发展、康熙极盛、雍正渐衰、乾隆衰萎五个历史阶段的考察，得出汉军为"中间群体"论，并延伸出"混血""黏合剂""大明骨，大清肉"等概念；后者着眼于八旗汉军的地位，提出了"边缘化"和"满化"并行不悖的两条线，并着重讲述了"边缘化"的问题。② 论文方面，涉及努尔哈赤的法律思想及其法制建设的功绩、太祖太宗时期的宗室犯罪及刑罚等③，法典研究则集中于《崇德会典》等领域，包括《略论清初〈崇德会典〉的议定》、《清〈崇德会典〉试析》等以及日本学者岛土田郎与神田倍夫的相关文章。④

清末修律改制的法律转型研究。这方面的论著相当丰富，仅就在各大图书馆法制史专架上经常寓目的专著就有几十以至上百种，有综论近代修律改制、法律转型及其代表人物者，如《中国近代社会与法制文明》《社会转型与近代中国法律现代化》《薛允升的古律研究与改革——中国近代修订新律的先导》《从〈大清律例〉到〈民国法典〉的转型》《清末刑事司法改革》。⑤ 亦有不少论著聚焦法制转型中出现的种种新兴事物和制度，诸如大

---

① 定宜庄：《清代八旗驻防研究》，辽宁民族出版社，2003；刁书仁：《清代八旗驻防与东北社会变迁》，科学出版社，2018；陈江明：《清代杭州八旗驻防史话》，杭州出版社，2015；宿绍明：《西口八旗驻防志》，学苑出版社，2015。

② 孙守朋：《汉军旗人官员与清代政治研究》，人民日报出版社，2011；孙静：《清代八旗汉军研究》，民族出版社，2017。

③ 刘世哲：《努尔哈赤时代法制述论》，《民族研究》1986年第6期；《努尔哈赤时期刑罚类项及其特点》，《民族研究》1987年第6期；《努尔哈赤时期的宗室犯罪与处罚》，《北方文物》1992年第1期；等等。

④ 祖伟：《略论清初〈崇德会典〉的议定》，《社会科学辑刊》2003年第6期。《清〈崇德会典〉试析》，《法学研究》1983年第3期。两位日本学者有关《崇德会典》的论文，均请见朱勇主编《〈崇德会典〉、〈户部则例〉及其他》，法律出版社，2003。

⑤ 张晋藩：《中国近代社会与法制文明》，中国政法大学出版社，2003。侯强：《社会转型与近代中国法制现代化：1840—1928》，中国社会科学出版社，2005。华友根：《薛允升的古律研究与改革——中国近代修订新律的先导》，上海社会科学院出版社，1999。李显冬：《从〈大清律例〉到〈民国法典〉的转型》，中国人民公安大学出版社，2003。尤志安：《清末刑事司法改革》，中国人民公安大学出版社，2004。

理院、审判厅、会审公廨、巡捕房、修订律例馆以及清末民初诉讼制度、法官（惩戒）制度、狱讼制度、婚姻制度等等。① 相关的期刊论文和博硕士论文，不胜枚举，篇幅所限不再一一列举。

相形之下，针对有清一代 268 年一般阶段刑名司法的研究，地位颇有些边缘化的嫌疑（虽然郑秦、那思陆等学者的专著对此一时期有所涉及），倒是海外和中国港台学者在研究视角和写作手法上不断有所突破，研究时段多集中于康雍乾盛世时期。孔飞力的《叫魂——1768 中国妖术大恐慌》，通过对剪辫案的轻松流畅叙事，综合政治史、社会史和经济史的手法，展现了广阔而深刻的社会大图景和盛世光环下矛盾与问题的潜流，更揭示了官僚君主制下君臣关系的微妙状态，给予国内学人诸多启发。② 中国台湾学者胡国台的《皇权、官僚和社会秩序——清代乾隆朝湖北张洪舜兄弟盗案研究》，则透过政治过程的细致摹绘，详细描述了乾隆朝湖北省张洪舜兄弟盗案从案发到侦破的前后经过，不仅反映了地方司法审判的实际情形，更折射出皇权、官僚和社会秩序的复杂关联。③ 大陆学者方面，孟姝芳所著《雍正朝官员行政问责与处分研究》《乾隆朝官员处分研究》独辟蹊径，从行政立法及其司法实践的角度，解析清代文武官员处分制度。④ 另外，还有一些专司清代专项法律制度和具体罪名研究（如保甲、流放、发遣、递解、监狱、幕师、秋审、京控和盐法等）的相关论著⑤，在叙述体系中对康雍乾时

---

① 参见赵晓华《晚清狱讼制度的社会考察》，中国人民大学出版社，2001；李启成《晚清各级审判厅研究》，北京大学出版社，2004；张德美《从公堂走向法庭：清末民初诉讼制度改革研究》，中国政法大学出版社，2009；陈煜《清末新政中的修订律例馆》，中国政法大学出版社，2009；韩涛《晚清大理院：中国最早的最高法院》，法律出版社，2012；张彬《上海租界巡捕房制度及其运作研究》，上海人民出版社，2013；李凤鸣《中国法官惩戒的现代化转型（1901—1949）》，法律出版社，2016；洪佳期《上海会审公廨审判研究》，上海人民出版社，2018；等等。

② 〔美〕孔飞力：《叫魂——1768 年中国妖术大恐慌》，陈兼、刘昶译，三联书店，1999。

③ 胡国台：《皇权、官僚和社会秩序——清代乾隆朝湖北张洪舜兄弟盗案研究》，《"中央"研究院近代史研究所集刊》第 25 期（1996 年）。

④ 孟姝芳：《乾隆朝官员处分研究》，内蒙古大学出版社，2009。《雍正朝官员行政问责与处分研究》，内蒙古大学出版社，2016。

⑤ 专项法律制度及其具体罪名研究方面的著作，参见郑秦《清代法律制度研究》，中国政法大学出版社，2000；廖斌、蒋铁初《清代四川地区刑事法律制度研究——以巴县司法档案为例》，中国政法大学出版社，2001；孙家红《清代的死刑监候》，社会科学文献出版社，2007；吕宽庆《清代立嗣继承制度研究》，河南人民出版社，2008；杨晓辉《清朝中期妇女犯罪问题研究》，中国政法大学出版社，2009；李典蓉《清代京控制度研究》，（转下页注）

段亦有所涉及。众多大家有关康雍乾三帝的深刻论述①，也为我们提供了丰富的思想养料，由于选题各有侧重，未及对清代日常状态下的省级司法作专门阐发。

这里本书将在前贤研究基础上，进一步揭示清代司法一般状态与满洲特色、清末变革之间的关联，进一步揭示日常如何酝酿变革、变革如何突破日常。

（三）研究范围的具体界定

空间上重点考察内地直省②，以求体现当时全国多数地区刑名司法运作

（接上页注⑤）上海古籍出版社，2011；王云红《清代流放制度研究》，人民出版社，2013；孙家红《关于"子孙违犯教令"的历史考察——一个微观法史学的尝试》，社会科学文献出版社，2013；周蓓《清代基层社会聚众案件研究》，大象出版社，2013；宋国华《清代缉捕制度研究》，法律出版社，2014；钱泳宏《清代"家庭暴力"研究——夫妻相犯的法律》，商务印书馆，2014；闵冬芳《清代的故意杀人罪》，北京大学出版社，2015；吕虹《清代司法检验制度研究》，中国政法大学出版社，2015；陈兆肆《清代私牢研究》，人民出版社，2015；吴正茂《清代妇女改嫁法律问题研究》，中国政法大学出版社，2015；高中华《清朝旗民法律关系研究》，经济管理出版社，2015；李文生《清代职务犯罪问题研究》，中国监察出版社，2015；吴杰《清代"杀一家三人"律、例辨析》，法律出版社，2016；吕宽庆、郑明月《清代寡妇权益问题研究》，郑州大学出版社，2017；高学强《服制视野下的清代法律》，法律出版社，2018。专项法律制度研究方面的论文更多，篇幅所限不再一一列举，详见本书参考文献部分。

① 关于康雍乾时代及其统治思想的专著，有戴逸主编《18世纪的中国与世界》，辽海出版社，1999；李治亭《清康乾盛世》，河南人民出版社，1998；高翔《康雍乾三帝统治思想研究》，中国人民大学出版社，1995；等等。关于康熙皇帝的专门研究，包括〔法〕白晋《康熙皇帝》，赵晨译，黑龙江人民出版社，1981；〔美〕史景迁《中国皇帝——康熙自画像》，吴根友译，上海远东出版社，2005；白新良《康熙皇帝全传》，学苑出版社，1994。雍正皇帝研究方面，主要是冯尔康《雍正传》，人民出版社，1985。关于乾隆皇帝的研究似乎更多，计有戴逸《乾隆帝及其时代》，中国人民大学出版社，1992；郭成康《乾隆大帝》，中国华侨出版社，2003；白新良等《正说乾隆》，上海古籍出版社，2004；周远廉《乾隆皇帝大传》，河南人民出版社，1995；高王凌《乾隆十三年》、《马上朝廷》和《乾隆晚景》三部曲，经济科学出版社，2012、2013；〔美〕欧立德《乾隆帝》，青石译，社会科学文献出版社，2014；刘凤云《权力运行的轨迹：17—18世纪中国的官僚政治》，党建读物出版社，2013。以上仅是大体上的说明，篇幅所限，不再详细列举。

② 根据中国第一历史档案馆藏《内阁大库现存清代汉文黄册·刑部》之乾隆朝《各省命盗斩绞重案清册》，各直省的排列顺序和隶属关系为：直隶、奉天、江南（江苏、安徽）、江西、福建、浙江、湖广（湖南、湖北）、河南、山东、山西、陕甘（西安、甘肃）、四川、广东、广西、云南、贵州。其相对少数民族地区而言为直省，相对京师而言为外省。又据郑秦《清代司法审判制度研究》所列18省为：直隶（今河北）、河南、山东、江苏、江西、安徽、山西、陕西、甘肃、湖北、湖南、广东、广西、福建、浙江、四川、云南、贵州。

的整体特征和一般状态。对于少数民族地区的司法管辖，由于前述研究成果的丰富以及个人兴趣、能力的限制，暂不纳入研究范围。

时间上着眼有清一代整体脉络，谋求以中间（康乾时期）带两头（入关前和晚清以降），特别注重对乾隆时期的考察。乾隆时期是清代各项制度包括本书涉及的省制、督抚制度以及法律制度的定型期、完备期，更能反映有清一代省级司法、地方行政乃至君臣政治的一般状态。而且，乾隆皇帝性矜明察、垂意刑名，更擅长借助具体而微的刑名事件整饬吏治全局，代表性强而且史料丰富。本书上编（五刑体系下省级司法主体的态度与作为）多取材此一阶段，下编则兼顾各个时段，特此交代说明。

关于司法主体，重点讨论作为省级司法主体的督抚两司等员尤其是督抚，因为在清代"寄权督抚"的官僚体制下，督抚既是一省甚或数省的最高行政主官，又是最高大法官，诸多事宜只能以督抚的名义奏报，虽然这种管理具有"统而不管"的特征。对官员因失职而受到处分，或者因贪冒大案而成为被审判对象的情况，暂不作为重点，只在涉及时作简要交代。

对直省一级司法实践的具体内容，侧重督抚两司等员在地方行政范畴下的作为及其与皇帝之间的君臣关系探析，而不局限于司法审判制度分析、具体案件和律例的剖断。审判是地方司法实践的重要范畴，但不是唯一活动，在此之外地方政府还有广泛的司法管辖，所辖地面一切已经发生和可能发生的威胁朝廷和地方安全的不稳定因素都要负责。这些无疑为地方司法实践研究提供了广阔的思路。再者，由于学界对清代的审判制度和诸多具体的大小案件已有大量深入的成果，这里我们可以幸运地在前辈先贤研究的基础上，从司法的广义职能出发，并从司法上行到地方行政以至君臣关系、中央与地方关系的层面。

（四）文献说明

元典类。建设具有中国风格、中国气派的中国特色哲学社会科学，需要从中国传统元典中找寻精神支撑、理论武器，发出具有优秀传统文化底蕴的中国声音，平等与西方学者对话。与自己既往的清代政治史、法律史交叉研究有所不同，近三年以来笔者系统重读中国传统元典尤其是儒家经典文献，主要是中华书局出版的"古典名著译注丛书"，包括周振甫《诗经译注》、杨伯峻《论语译注》、王文锦《礼记译解》、杨伯峻《孟子译注》、朱熹《四书章句集注》、阮元《十三经注疏》以及钱穆《论语新解》等。通过追根溯源回到元典，不仅纾解了自己日常生活中的一些焦虑困惑，而且重新省思文献浩如烟海的清代法律史研究，逐渐找到了某种与饱受儒家思想浸染的历史当事人之精神世界、价值追求同频共振的感觉，并尝试以一以贯之的视角，更加深入、冷静地看待《清史稿》对清帝尤其是乾隆皇帝垂意刑名、性矜明察的评价，理解地方督抚大员礼法合治的法律思想，以及各种历史文献中反复出现的"俗悍民刁""厚风俗、正人心""不忍不教而杀"等所谓"套话"的深意。

奏折类。包括中国第一历史档案馆（下文简称"一档馆"）藏《宫中朱批奏折·法律类》《康熙朝汉文朱批奏折汇编》《雍正朝汉文朱批奏折汇编》《宫中档乾隆朝奏折》等。其中，尤其对《宫中档乾隆朝奏折》（共计75辑）用力最勤，因为乾隆朝是清代包括法制在内各项典制的定型期、成熟期，而且乾隆皇帝本人垂意刑名，擅长以法制求吏治，研读时则采用浸入式的文本细读，在大致浏览全部奏折的基础上专门挑选出所有与刑名司法有关的内容，通过字里行间的细读，结合《皇朝经世文编》提炼出时人关注的热点问题，并以此为基础安排本书的篇章结构，各级标题尝试以观点立题（有些就是君上或者督抚大员意味深长的原话）。

刑科题本类。除了自行查阅"一档馆"馆藏刑科题本外，还参考了相关已出版的清代刑科题本类史料、著作。（1）台湾"中央"研究院历史语言研究所整理的《明清档案》，收录有徒刑及以上案件从地方到中央逐级审转的详细记录，并有部本、通本和揭帖之别；（2）已故法史学者郑秦整理出版的《清代服制命案》，系刑科题本服制类命案的贴黄（刑部对案件的内容提要）；（3）冯尔康、杜家骥两位先生整理出版的《清嘉庆朝刑科题本社会史料辑刊》，按照案件内容所反映的社会生活，收录了"一档馆"藏刑科题本中涉及宗族家庭关系、亲戚关系、乡里关系、土著移民流寓民关系、旗人关系等13类社会史料；（4）台湾"中央"研究院近代史研究所赖慧敏女士整理的"一档馆"刑科题本婚姻家庭类部分文献电子版，也为我们提供了重要参考。

其他档案类。（1）《清代内阁大库现存清代汉文黄册·各省命盗斩绞重案清册》，记有某朝某年各省各类刑事案件的具体数量和大致案情。而咨驳、议驳类记录，完整地反映了刑部（或三法司）对各省驳案的具体程序，较之

《驳案汇编》对情罪未协、律例不符的实质内容记录更为详细。（2）刑部档案，多侧重晚清光绪朝。（3）地方档案类。包括《清代河南巡抚衙门档案》《清臬署珍存档案》及其巴县、南部、龙泉等州县司法档案。虽然档案是目前学界公认最为权威的一手文献，通过广泛查阅参考，亦倍感对档案不可过分迷信，也可能存有主观制作以至篡改的情形。①

官书国史类。如《清实录》《清史稿》《清史列传》《大清会典》《大清会典事例》《清朝通典》《清朝通志》《清朝文献通考》《六部处分则例》《钦定台规》等等。

律例判牍类。包括《唐律疏议》《宋刑统》《折狱龟鉴》《名公书判清明集》《钦定大清律例》《大清律例会通新纂》《读例存疑》《历代刑法考》《刑案汇览》《驳案汇编》《刑部比照加减成案》《秋谳辑要》《徐公谳词》《樊山政书》《鹿洲公案》等等。

官箴书类。官箴书是古代的官员读物，重在阐述为官操守并系统总结从政经验以资后人借鉴，明清时期是中国古代官箴书编纂的集大成时期。《官箴书集成》《中国古代地方法律文献》等大型丛书系统收录了中国古代流传下来的重要官箴书，清代影响较大的官箴书涉及汪辉祖系列、陈宏谋《五种遗规》以及《抚豫宣化录》《健余先生抚豫条教》《西江视臬纪事》《总制浙闽文檄》《州县事宜》《州县须知》《幕学举要》《福惠全书》《牧令书》《牧令须知》《平平言》《学治一得编》等等，亦涵括"大行政"视野下地方司法重要史料。

省例政书类。清代省例是目前所见中国古代数量最为可观、最具有典型意义的地方立法性质的史料，并兼有立法与司法、行政三重意义。中国社科院法学所杨一凡先生主持整理的《中国古代珍稀法律典籍集成》《中国古代地方法律文献》以及陈生玺《政书集成》等大型丛书，皇皇巨著嘉惠学林，对清代省例政书颇多整理收录。据专门研究省例的学者胡震统计，

① 详参郭志祥、杨松涛《清代乾隆朝河南京控案中的权力博弈》，《中原文化研究》2015年第3期。指出京控案件由中央发回河南后，经过巡抚等地方官员合力重新制作文本，一些案件完成了从"冤案"到"诬告"的突变。至于档案的篡改，除了中国历史上雍正即位等众多疑案外，英国作家奥威尔的反乌托邦经典小说《1984》，反复提到"真理部"的日常工作就是对各种官方重要文献的经常性改动，虽然是小说却对史学研究中的官方文献引用多有启发。参见〔英〕奥威尔《1984》，董乐山译，上海译文出版社，2018。

目前存世的清代省例涉及 14 省、20 余种、30 多个版本，主要包括《福建省例》《广东省例》《粤东省例新纂》《江苏省例（四编）》《湖南省例》《湖南省例成案》《四川通饬章程》《西江政要》《皖政辑要》《治浙成规》《成规拾遗》《河南省例》《乾隆朝山东宪规》《东省通饬》《晋政辑要》等等。虽然有学者认为《西江政要》《皖政辑要》《晋政辑要》属于政书，《乾隆朝山东宪规》或为幕友私人编纂，并非严格意义上的省例，本书在研读写作过程中也一体参阅。以上省例政书，多与相关方志对照使用，篇幅所限不再一一详列。

文集笔记类。制度运行的实况和问题常常未能见于堂而皇之的官书，而文集笔记类的私家著述，或许正是我们捕捉其微妙之处的切入点。本书重点关注清代不同时期、出身的典型督抚如陈宏谋、田文镜、曾国藩等人的文集（全集）。笔记小说类则主要参阅中华书局"清代史料笔记丛刊"相关书目，包括《阅世编》《东华录》《旧典备征》《啸亭杂录》《茨楚斋随笔（系列）》《听雨丛谈》《檐曝杂记》《榆巢杂识》《池北偶谈》《郎潜纪闻》《广东新语》《吴下谚联》《竹叶亭杂记》《养吉斋丛录》《安乐康平室随笔》以及《阅微草堂笔记》《清稗类钞》等等。

（五）创新之处

如果说本书存有一些创新或特色，大致集中于如下四个方面：（1）选题对象。基于现实观照和学术史梳理，开创性选择承上启下的清代省级司法进行系统深入的专门研究，在先前的地方法律史研究和相关个案研究基础上更进一步，呈现清代内地直省司法制度设计与实践的普遍状态。由于清代是中国传统法制发展的集大成时期、传统法制走向近代的关键性阶段，因此在理论研究价值之外，对当下中国的全面依法治国伟大实践具有更为直接的镜鉴意义。（2）研究视角。从中国古代政治法律文化传统出发，基于司法、行政与政治的辩证关系，从地方行政和君臣关系角度切入清代省级司法，开创性地进行清代省级司法与地方行政、君臣关系的互动研究，不仅突破了就司法论司法的局限，而且自觉走出就清代论清代的窠臼，基于中国古代地方政区变迁视野研究清代"省"制，在中国古代地方行政制度变迁视野下考察清代法律制度。（3）研究方法。基于历史唯物主义和辩证唯物主义指导，自觉结合儒家元典文献与西方汉学研究成果，通过对文本的反复品读推敲，尝试提出了一些个人独特的观点，如清代地方钱粮与刑名两大要务的集合关系、清代督抚两司等省级司法主体对待小民越讼的复杂态度（张力与合力）、清代省例的立法基础等等。此外，课题作为交叉研究，在历史学文献研究法之外，广泛涉及法理学与法律史、宪法与行政法、政治学、行政管理学、经济史、制度经济学、历史地理学等相关学科的研究方法。（4）表述方式。从数学"集合"概念出发，强调清代刑名司法是地方行政的应有之义；利用"分段函数"概念，总结概括既往学界对中国传统帝制社会中以皇权和法律关系为代表的权、法关系研究成果。从物理学"张力"与"合力"的概念出发，阐发清代省级大员应对小民越讼的复杂态度。

上　编

第一章 清代省级司法主体及其职能特点

清代省级司法主体不仅包括作为地方行政主官兼最高大法官的总督巡抚和作为一省"刑名总汇"的按察使，亦包括负有部分司法职责的布政使、学政，广义上也应包括负有地方安全与稳定专责的提督、总兵等武职，因为省级司法的实际管辖范围甚为广泛，在司法审判之外，所辖地面所有一切已经发生和可能发生的威胁朝廷和地方安全的不稳定因素俱在职责范围之内。以上，与清廷中央存在除"三法司"而外的多元司法审判机关亦有契合之处。

第一节 封疆大吏总督巡抚的司法职能特点

清代各省督抚大员的司法职能特点整体而言是统而不管。一方面其需要担负责任的范围广大，在司法审判之外，所辖地面所有一切已经发生和可能发生的威胁朝廷和地方安全的不稳定因素俱在职责范围之内。另一方面，诸多相关事宜无须其具体经手，多由作为一省"刑名总汇"的按察使负责办理，而向中央尤其是天子奏报必须以督抚名义进行。在司法实践中，督抚和按察使呈现出较为明显的差异化行为特征。按察使常常表现出较为明显的就事论事的刑名技术色彩，督抚大员更多着眼地方行政大局通盘筹划，强调相对稳定的行政原则，注重自上而下的行政程序，在更深的层面甚或还有君臣关系的考量，不遗余力地在君前展示实心任事的正面形象，因此否决按察使刑名司法具体建议的情况也偶有发生。

一 清代以督抚为中心的省级行政管理体制

清代的总督、巡抚是法定的省级封疆大吏。总督辖一省或数省，"掌厘治军民，综制文武，察举官吏，修饬封疆"，是地方最高军政长官，例兼兵部尚书、都察院右都御史衔。巡抚专辖一省，"掌宣布德意，抚安齐民，修明政刑，兴革利弊，考核群吏，会总督以诏废置"，例兼都察院右副都御史或加兼兵部侍郎衔。① 督抚各有一定数量的直辖军队，各自设有衙门，但衙门内不设职能机构，仅设书吏、笔帖式若干人，辅助督抚处理一些文案工作。

各省督抚以下，设有布政使司、按察使司、提督军门及提督学政等。布政使司设布政使一人，职掌本省民政和财政（钱粮）事宜，衙门内设经历司、照磨所、理问所、库等职能部门，分管各项具体事务。按察使司设按察使一人，主司刑名司法、监察及驿传事宜，衙门内设经历司、照磨所、司狱司等职能机构。提督军门设提督一人（有水师之省加设一人分管），主管一省军政。提督学政一人，掌学校政令，岁、科两试。巡历所至，察师儒优劣、生员勤惰，升其贤者能者，斥其不帅教者。凡有兴革，会督、抚行之。②

总之，以督抚为核心，以布政使、按察使为两翼，加之提督、学政等，构成清代省级行政管理核心。那么，应该如何理解其间督抚两司的上下级关系呢？

相对明代三司并立、互不统属的情形而言，清代地方各省藩臬两司相对地位降低，在品级和政务上成为统领地方军政要务的督抚大员的属员。然而，督抚藩臬之间并非严格意义上的上下级关系，实际上是一种特殊的统属关系。一是布按两司为双重隶属，同时隶属于中央和地方督抚。二是规定"地方利弊，均许专折陈奏。督抚有置办未协者，或责以随时匡正"，两司不得附和督抚，应自持己见方为称职。三是布按两司在进京陛见时，可直陈地方政事及利弊得失，乃至密报督抚的言行，"冀得相互参劾"。③ 可见，在地方政治制度顶层设计上，藩臬两司对督抚具有或多或少的监督和牵制作用。此外，汉学家魏特夫（Karl A. Wittfogel）也曾讲到类似的权力制约体系："专制君主授予两个或者两个以上的官员以同等的权力，以此来建

---

① 赵尔巽等：《清史稿》卷一一六《志九十一·职官三》。《清朝通典》卷 23 中对督抚职掌的表述，基本内容大体相同，文字略有不同。另见李细珠《晚清地方督抚权力问题再研究——兼论清末"内外皆轻"权力格局的形成》，《清史研究》2012 年第 3 期。

② 赵尔巽等：《清史稿》卷一一六《志九十一·职官三》。

③ 林乾：《中国古代权力与法律》，中国政法大学出版社，2004，第 249 页。

立横向的牵制。他通过报告和监督的多重体系来维持对官员的纵向约束。"①

二　督抚大员"统而不管"的司法职能特征

督抚的主要司法职能大致包括统管地方教化与社会治安，审结（或题奏）地方日常刑案，参革质审官犯，主持地方秋谳大典，管理地方已决未决人犯。②

作为方面大员，这种无所不包的管理是宏观性的而非具体事务性的，因此有"既统又不统"或者说"统而不管"的职能特征。其宏观性表现为"正己率属，察吏安民"的整体责任目标，不以处理琐屑、繁杂的具体事务为己任。如刑名司法、纠劾有司，是按察使的分内之责，督抚仅"察其徇枉贿纵之弊，至是否超限，律疑似非，非则一一顾及"，故《清史稿》有云："外省刑名，遂总汇于按察使司，而督抚受成焉。"③ 所以，督抚司法职能的真正意义并不在于覆审刑案时每案都必须再一一原情定罪，而是从整体上掌控一省士习民风、社会治安的好坏及各承审衙门有无徇纵枉法、出入罪名之弊。因为刑案发生以后，原情拟罪是初审阶段州县官员的职责，之后招解到府、按察使司逐层审转覆核，其情罪多已清晰明确，招解到督抚名下是完成在地方的最后一道审理程序④，更多是以督抚的名义用正式公文具题⑤或咨部。

故而，大量翻阅刑科题本，也会发现在案件的逐级审转覆核过程中，督抚多表现为承上（具题）启下（完成地方审理过程）的程序性作用，少有真正审理的实体性价值。这不是一种悖论，除了验证上述督抚"统而不管"的职能特征，也是集权制度框架在地方的集中表现。一切权力都集中于各级行政主官手中，州县而知县（知州），府则知府，省而督抚，统管刑

---

① 〔美〕卡尔·A. 魏特夫：《东方专制主义——对极权力量的比较研究》，徐式谷等译，中国社会科学出版社，1989，第 360 页。蓝薇、汤芸：《师儒与官绅：传统中国治水社会的士绅研究述评》，《民族学刊》2016 年第 6 期。

② 吴吉远：《清代地方政府的司法职能研究》，中国社会科学出版社，1998，第 243～263 页。

③ 赵尔巽等：《清史稿》卷一四四《刑法三·审判》，中华书局，1977。

④ 吴吉远：《清代地方政府的司法职能研究》，中国社会科学出版社，1998，第 243 页。系参阅引用，具体说法有斟酌改动。

⑤ 督抚就刑案具奏的例子也有很多，但这里强调正式公文，奏折更像君臣之间的私人交流方式，在具奏后还需公开具题正式实施。虽然乾隆朝奏折有逐渐公开的趋势，但题本一直是主流的公文形式。

名和钱粮事宜。刑名方面，词讼和案件只能由正印官审理并行诸公文逐层上达。① 在省级层面，督抚是在皇帝之下的若干次政治中心，徒刑及其以上案件只能经由督抚以正式公文的形式具题、咨部②，这是督抚在地方最高行政权的充分体现。

三 司法实践中督抚和按察使的差异化行为特征

需要特别强调的是，督抚两司等员虽是地方行政共同体、省级司法主体，督抚掌握地方最高行政权与司法权，按察使是一省刑名总汇，然而在具体的司法实践中因职位、立场不同，呈现出较为明显的差异化特征。按察使常常表现出较为明显的就事论事的刑名技术色彩，督抚大员更多着眼地方行政大局通盘筹划，强调相对稳定的行政原则，注重自上而下的行政程序，在更深的层面甚或还有君臣关系的考量，不遗余力地在君前展示实心任事的正面形象，因此否决按察使刑名司法具体建议的情况也偶有发生。这些差异化特征集中体现于他们在案件审转、处理自理词讼尘积、徒流人犯安插谋生以及是否调整地方会审时间等各个方面，书中多个章节均有详细的具体事例。为避免内容前后重复，这里简要列举一个典型事例，即乾隆年间中央刑部以及湖广总督陈辉祖、湖南巡抚颜希深，反复强调政贵有定的行政原则，否决按察使汪新调整凤凰、乾州、永绥三个直隶厅州审级的建议。

按例，清代直隶州徒刑及以上案件经道审转解司（提刑按察使司）。③但在各省具体司法实践中，常常会出现因地制宜、因时制宜的变通之举。乾隆年间，湖南省中凤凰、乾州、永绥三个直隶厅州本管命盗案件的审转，则先后呈现了解道、解司、解府的不断变化。直隶厅州和府平级，凤凰等直隶厅州本管案件反由辰州府审转自然不合定例，故而乾隆四十二年（1777）署理按察使、永郴道汪新奏请回归定例解道审转。大致理由有三：

---

① 近代修律改制浪潮中颁布的《大清刑事诉讼法》和《大清民事诉讼法》，开始打破行政长官监管司法的传统程序模式，参见韦庆远、柏桦编著《中国政治制度史》，中国人民大学出版社，2005，第321页。

② 又如地方捐赎经由而且只能通过督抚奏闻，如乾隆元年三月上谕"赎罪一条……在内由部臣奏请，在外由督抚奏请"。在乾隆朝各省捐赎的众多奏折中，具折人确实都是督抚。

③ "直隶州一切案犯，由道审转解司，此定章也，而律例并无明文"，参见薛允升著述、黄静嘉编校《读例存疑》卷四九，（台北）成文出版社，1970。

首先，三厅州距离辰州府路途遥远，而距离辰沅道则较近，如其所言"乾州至府三百二十里，凤凰至府二百五十里，永绥至府三百六十里，跬步皆山……而辰沅道衙门则与凤凰近在同城，乾、永两厅所离不过一百一二十里之间"；其次，遇有府驳及重大会审案件，该处等同知需要到府会商，往返动需十余日以至半月，严重影响正常处理地方政务；最后，直隶厅州和府同级，意恐知府不无因循回护。①

接下来，刑部态度的基调是"政贵有定"，即希望维持现状继续由府审转直隶州案件。汪新此折，奉旨刑部议覆，结果刑部虽然肯定汪新的奏请有因地制宜之意，但继之概述三厅州命盗案件审转的反复变化，"从前原属由道改司，嗣以解司不便，复归于府"，今复有署按察使汪新请回复定例归道审转，因此说"事忌屡更，政贵有定。纷繁更置，何所适从"②，从而间接表明了反对的态度，但行文语气比较委婉，称不便妄下结论，请署湖广总督陈辉祖、湖南巡抚颜希深悉心妥议。

结果，湖南督抚会议逐一驳斥汪新的三条理由。指出经辰州府审转相沿已久，汪新所请之处毋庸再议，从而将对行政相对稳定性原则的强调落实到了更为具体的层面。有意思的是，文中又详细说明了凤凰等三直隶厅州本管命盗审转的频繁变化过程：

> 至三厅命盗案件，从前原系由道审转。乾隆六年，前任督臣那苏图，因巡道应每年出巡往返需时，一切命盗案件，若令道员沿途提审宜滋拖累，俟回署覆勘必致稽延，奏准将该厅等命盗案件，免其解道径行解司。嗣于乾隆十六年前任湖南臬司沈世枫，因三厅系辰州府所辖，又系案犯解省必由之路，奏准归府审转，循行三十几年，并无窒碍。③

细细琢磨行文，则深感不仅有对行政相对稳定性的认同，更有或明或暗的封疆大吏立足省级层面的态度，尤其是首尾两条。

其中第一条，汪新原称三厅州距道较之离府更近；督抚驳称一省刑名

① 《宫中档乾隆朝奏折》第40辑"乾隆四十二年十一月十四日"，第843页。
② 《宫中档乾隆朝奏折》第40辑"乾隆四十二年十一月十四日"，第843页。
③ 《宫中档乾隆朝奏折》第40辑"乾隆四十二年十一月十四日"，第843页。

当以臬司为中心，遇有驳案，而由省发道较之发府更远，因此汪新所请是"止就由厅解道、解府之程途较算，而未计由省驳发至道府之路"。这里，明显的潜台词是：审级是刑名问题，而刑名又是行政的范畴，一省行政的原则不是由下而上，以三直隶厅州距府离道的路程远近为基准；应该自上而下，以一省刑名总汇的臬司为中心，由其发道或发府的远近，确定解道或解府的审转层级。而第三条，汪新原称厅府谊属同僚，恐不无因循回护；督抚驳称即使有此事，他们也自会秉公参奏。隐约之间，读到其言外之意：督抚会对此行使职责参处，你怎么能够无端质疑呢？这更是典型的省级立场，尤其显示掌有参劾大权的封疆大吏思维。至于署理按察使的永郴道汪新，更像专业的刑名技术官僚和各道的代言人，少有一省大员的感觉和思维。

反观此事前后过程，直隶厅州和府平级，湖南凤凰等直隶厅州本管案件由辰州府审转显然不合定例，故而署理按察使汪新从刑名的专业视角出发奏请转遵定例，但督抚则更多把刑名范畴内的审转问题大而化之，当成行政事务处理，一致认定在屡经变更后，经由辰州府审转虽非定例但相沿已久，应保持一定阶段内行政的相对稳定性而继续遵行，不便再纷扰变更让人无所适从，并且反复强调一省行政的根本原则：应以"省级"层面为核心确定具体审转的操作方式，并敏感捍卫他们不容置疑的参劾职责。由此窥斑见豹，也折射出清代司法实践中督抚两司之间的差异化行为特征，不仅反映了清代（至修律改制之前）司法原本就是行政的应有之义，也提醒现代研究者跳出"就司法论司法"的狭隘范畴，从具体的刑名司法事件出发，上行到地方行政以至君臣关系的层面，还原更为深刻、鲜活的历史场景与人物关系。[①]

四 就地正法制度下督抚权力的坐大及其与中央政府的关系

按照清代基本的司法审判制度——逐级审转覆核制，清代各省徒刑以上案件自动向上审转覆核，地方督抚仅对无关人命徒刑案件享有审结权

---

① 魏淑民：《清代地方审级划分的再思考——乾隆朝行政实践下的动态变通性与相对稳定性》，《清史研究》2009 年第 4 期；魏淑民：《清代司法实践中督抚和按察使的差异化行为特征》，《中州学刊》2015 年第 6 期。

（并按季咨报刑部），有关人命案件及军流案件由刑部等三法司审结，而死刑的最后裁决权由并且只能由君上掌握，即所谓"刑赏出于独"也！死刑案件的审转覆核尤其严格慎重，地方州县、府、按察使司、督抚审理覆核无异后，督抚必须专本具题抑或专折具奏，皇帝先交由刑部（三法司）覆核，然后根据覆核意见作出最终裁决。此后，刑部只有在接到皇帝允准死刑的旨意后，方可"用钉封行知外省"，各省督抚接到钉封后才能行刑。由此可见，在清代常规司法审判程序中，关系人心向背、时局盛衰的死刑案件，最终裁决权在皇帝而非地方督抚手中。这不仅是慎刑思想的集中体现，更是有清一代通过刑罚裁决权的绝对确定防止司法权下移、维护至上皇权的反映。① 然而，康乾盛世之后随着种种社会、阶级矛盾的不断激化，咸丰、同治两朝之际捻军、太平军起事此起彼伏，在镇压农民起义、延续王朝统治的急切现实需要下，"就地正法"制度应运而生。"就地正法"本意即"于所在地执行死刑"，是指地方督抚等官员无须皇帝批准，即可对特定案件人犯裁决死刑并立即执行的审判程序。与逐级审转覆核制相比，不仅省却了刑部、三法司及皇帝覆核的程序，地方督抚也同时获得了过去只有皇帝独享的生杀大权，从而突破了以往仅可批饬非关人命徒罪的司法权窒碍。② "就地正法"作为晚清挽救统治危机的权宜之计，却像不经意间打开的潘多拉魔盒，除"叛匪"之外，许多普通人的生命被草草了结，也开启了地方督抚与朝廷中枢之间司法权以至更为重要的财政权、军事权等权力配置的拉锯战，因此成为晚清政治格局嬗变的晴雨表之一。

关于就地正法制度产生的时间，一般认为是《清史稿·刑法志》所载"始自咸丰三年"，以咸丰三年（1853）三月十三日谕旨为正式标志，准许各省地方"如有奸细窥探，土匪滋扰，拿获讯明后，即行就地正法，以示炯戒"，对此前四川、福建、广东等省部分地区已经出现的执行就地正法临时做法予以认可，不仅使死刑裁决执行的权力由皇帝手中下放到各省督抚、州县地方官以至绅团、乡绅手中，而且死刑程序也简化到极致，讯明后就地正法以至格杀勿论。③

---

① 《皇朝续文献通考》卷二四四，《续修四库全书》第 819 册，上海古籍出版社，2002，第 22 页。另参娜鹤雅《晚清中央与地方关系下的就地正法之制》，《清史研究》2018 年第 1 期。
② 娜鹤雅：《晚清中央与地方关系下的就地正法之制》，《清史研究》2018 年第 1 期。
③ 张世明：《清末就地正法制度研究》（上），《政法论丛》2012 年第 1 期。

　　"就地正法"的实际执行，可以分为前后两个阶段。第一个阶段（从咸丰三年到同治二年），时值清政府与太平天国起义军对决如火如荼之际，由于上谕对就地正法的具体程序并无明确规定，加之咸丰皇帝认同就地正法的严厉态度，结果各省地方官、团练更是便宜行事，往往不分首从杀人如草芥，司法便利和任意杀戮的界限大大模糊，恰如晚清中兴名臣之首曾国藩教谕部下说，"于从逆之人，不妨斩刈草菅，使民之畏我，远过于畏贼"①，其做法多被人诟病，他也因此被称为"曾剃头"。另据咸丰元年（1851）广西巡抚邹鸣鹤奏报，"自本年正月到十月，各处兵丁团练，陆续歼擒盗匪、游匪、会匪，除临阵杀毙及因伤身死不计外，凡讯明情罪重大即饬就地正法，已一千五百余名"②。第二阶段（从同治二年到光绪八年），随着紧急军务暂时告竣，以同治二年十一月批准广东省就地正法审转覆核程序为开端，关键要义是就地正法裁量权的收缩，其中暗藏的玄机在于省级大员和地方州县乃至团练、乡绅之间权力的厘清。对于团练、乡绅的收权相对比较顺利，对地方州县官在战争中实际形成的权力加以收束的难度相对较大。而且这一时期，各省就地正法的人数、犯罪缘由等往往需要上报中央。而在太平天国起义被镇压下去以后形成的地方督抚专政，使督抚批饬执行就地正法成为某种常态。③

　　关于就地正法的停止，同治八年、十二年陆续有御史提出停用就地正法权宜之计，结果遭到各地督抚大员的一致抵制，如直隶总督曾国藩奏陈："直隶军务虽已肃清，而各匪余孽尚多，凶悍成性，最易煽动，必应迅速严办。若令地方官于拿获匪犯后，仍照例勘转，不特使犷悍之徒久稽显戮，且羁禁解审万一疏虞，转致凶犯漏网，请仍照奏定章程办理。"同时建议河南、山东两省一体照办。④ 光绪年间，御史和地方督抚之间对"就地正法"废与续的论争仍持续不断，虽然光绪五年、八年、二十四年，刑部数次出

---

① 《曾国藩全集·书信》第一册，岳麓书社，1990，第541页。
② 中国第一历史档案馆编《清政府镇压太平天国档案史料》第四册，社会科学文献出版社，1992，第441页。
③ 张世明：《清末就地正法制度研究》（上），《政法论丛》2012年第1期。另据作者考证，"就地正法"一词至少在清代中叶甚至康熙年间就已经使用，在康熙四十八年郑克塽之母黄氏同媳朱氏叩阍案中，控状吁请皇帝敕差大臣会同闽、粤抚臣确审，声言"若实系奴才之子祖产，照册断还；若所陈虚谬，即著刑部将奴才就地正法，以示众民"。
④ 《清穆宗实录》卷二五九"同治八年五月乙未"。

台章程，限制、规范各地的便宜做法，规定"嗣后除现有军务省份，及实系土匪、马贼、会匪、游勇情节较重者，仍暂准就地正法外，其余寻常盗案，著一律规复旧制办理"①，但直到宣统晚期始终未能正式废除。这场争论持续了近四十年，形成了明显的中央和地方两派：中央以刑部和御史为主，地方则是各省督抚。双方争论的焦点主要集中在国命、民命、王命三个方面。所谓"国命"问题，指就地正法的存废与治盗等国家统治稳定的权衡；民命，指民众生命权益与解费等司法成本节约之间的考量；王命问题，则指中央与地方在发出王命和承宣王命之间权力的分割。② 在就地正法制度存与废的论争中，地方督抚在理据和气势上均占据上风，不仅如此，他们更是通过"兵为将有""就地筹饷"逐渐坐大，以至左右朝廷政局，这成为晚清以降引人注目、发人深思的政治现象。

地方督抚的权力问题，关系中央和地方的权力格局，并影响清末民初中国的政治走向。对于晚清督抚权力以及相应的地方与中央权力格局关系，"督抚专政""外重内轻"观点在学界仍有较大影响。这种观点认为咸同军兴之后，以"兵为将有"、"就地筹饷"以及"就地正法"等为表征，地方督抚大员的军权、财权、司法权等不断激增，以至违抗朝廷旨意行"东南互保"达到顶峰，故有"督抚专政"之说，因此中央与地方之间呈现"内轻外重"的权力格局。③ 根据近年来的研究，对于清末民初的督抚权力及中央、地方关系，更宜继续进行分段函数式的精细划分。前述情形是咸同时期到"庚子事变"的基本状况。而在"庚子事变"到武昌起义爆发、清帝逊位的最后十余年间，尤其是清末新政、预备立宪期间，清廷意在强化中

---

① 《清德宗实录》卷四三〇"光绪二十四年八月甲戌"。
② 张世明：《清末就地正法制度研究》（下），《政法论丛》2012 年第 2 期。另外，作者认为以往学界对就地正法的研究往往集中于中央和地方权力关系上，提出应当坚持新历史法学的研究路径，从就地正法的产生、就地正法的实际操作、关于就地正法的争论、就地正法在晚清无法取消的原因等方面对其合法性进行解读，从而解释法律、资源与时空建构的复杂关系。另参娜鹤雅《晚清中央与地方关系下的就地正法之制》，《清史研究》2018 年第 1 期；《晚清"就地正法"的"变例"性考察》，《内蒙古大学学报》（哲学社会科学版）2018 年第 5 期。
③ 主要参见罗尔纲《清季"兵为将有"的起源》，《中国社会经济史集刊》第 5 卷第 2 期，1937，第 235～250 页；《湘军新志》，商务印书馆，1939，第 232、244 页；《湘军兵志》，商务印书馆，1984。另外，中国台湾学者傅宗懋亦持晚清"督抚专政"观点，参见氏著《清代督抚制度》，台湾政治大学政治研究丛刊第四种（1963 年），第 194、206 页。

央集权,逐渐调整、收束地方督抚的军权、财权以及司法权、外交权、人事权、行政权等等,盛极一时的地方督抚权力大大缩减,表面上形成"内重外轻"的权力格局。然而由于朝廷中枢权贵彼此之间争权夺利,中央对地方缺乏实际控制力,最终演变为中央与地方"内外皆轻"的权力格局,无法应对革命,导致清政府最后覆亡,而权力空虚之际又引发军人势力的崛起,形成民国初年的军阀政治。①

由此,考察有清一代地方督抚的权力演变,正如《清史稿》所言:

> 夫一国事权,操自枢垣,汇于六曹,分寄于疆吏。自改内三院为内阁,台辅拱袂。迨军机设,题本废,内阁益类闲曹,六部长官数四,各无专事。甚或朝握铨衡,夕兼支计,甫主戎政,复领容台,一职数官,一官数职,曲存禀仰,建树宁论。时军机之权,独峙于其上,国家兴大兵役,特简经略大臣、参赞大臣,亲寄军要。吏部助之用人,户部协以巨饷,用能借此雄职,奏厥肤功。自是权复移于经略,督抚仪品虽与相埒,然不过承号令、备策应而已。厥后海疆衅起,经略才望稍爽,权力渐微。粤难纠纷,首相督师,屡偾厥事。朝廷间用督抚董戎,多不辱命,犹复不制以文法,故能需施魄力,自是权又移于督抚。同治中兴,光绪还都,皆其力也。洎乎末造,亲贵用事,权削四旁,厚集中央,疆事遂致不支焉。②

可见,地方督抚权力的演变大致经历了三个阶段:清前期(鸦片战争以前),权力主要集中于中央的内阁、军机处与皇帝特简之经略大臣,地方督抚权力相对较小;清中期(从咸同军兴到庚子事变),地方督抚权力增大;清末期(庚子事变以后),朝廷加强中央集权,地方督抚权力又被削弱。③

---

① 李细珠:《地方督抚与清末行政——晚清权力格局再研究》(增订版),社会科学文献出版社,2018,第439~443页。另参刘伟《晚清督抚政治——中央与地方关系研究》,湖北教育出版社,2003。

② 赵尔巽等:《清史稿》卷一一四《志八九·职官一》,中华书局,1977,第3264页。

③ 李细珠:《地方督抚与清末新政——晚清权力格局再研究》,社会科学文献出版社,2018,第366页。李细珠:《晚清地方督抚权力问题再研究——兼论清末"内外皆轻"权力格局的形成》,《清史研究》2012年第3期。

第二节 "刑名总汇"按察使司法职能的递嬗

清代提刑按察使司是各省最高的专职司法机关，其主官即为提刑按察使，简称按察使，亦称臬司、廉访，主司刑名按劾之事。按察使最早出现于唐代，辽代主刑名。宋元时期，按察使的职能空前扩展，为后世按察使的角色执掌奠定了基础。元世祖改按察使为肃政廉访使，又称臬司。明初废行省设三司，提刑按察使司作为"三司"之一执掌刑名司法。清沿明制，各省设按察使主司刑名司法，乾隆五年（1740）上谕"各省臬司为刑名总汇"，进一步明确了其作为一省司法主官的地位和职能。清代各省按察使官正三品，在直隶、山东、山西、河南、江苏、安徽、江西、福建、浙江、湖北、湖南、陕西、甘肃、四川、广东、广西、云南、贵州十八直省各设一人。按察使司属官有经历掌出纳文移，知事掌勘核姓名，照磨掌照刷宗卷，司狱掌理系狱囚，清初各省设有检校，后全部裁撤。各省按察使例升布政使。按察使缺出，例由布政使司参政、副使、分巡道、分守道、粮储道、盐巡道等员晋升。

一 清代按察使传统的司法职能

据《清朝通典》记载：按察使"掌全省刑名按劾之事，振扬风纪，澄清吏治。大者与藩司会议，以听于部院。理合省之驿传；三年大比为监试官；大计为考察官；秋审为主稿官"。① 由此可见，其法定执掌包括司法总管、监察官、乡试监试官和驿传总管等多种角色，其中司法总管最为重要，亦是其作为"通省刑名总汇"的具体表现。具体而言，其司法总管职能主要体现于司法审判、司法检察和维护社会治安等方面。

（一）司法审判

司法审判是按察使司法执掌中最为重要的内容，具体又包括如下方面：（1）审理自理事件。《钦定吏部则例》和《清史稿》均规定，"按察司自理

---

① 乾隆官修《清朝通典》卷三四，浙江古籍出版社，2000，第 2209 页。

事件，限一个月完结"①，然而清代律例并没有具体规定哪些案件属于按察使自理事件，大体包括驻扎省城的总督、巡抚、布政司、按察司与学政衙门、提督衙门等省级主要官署属员轻微的刑事案件和民事案件。（2）审理地方上控到省的民间词讼。小民百姓之田土、婚姻、债务等属于州县自理词讼，州县官对此多认为是鼠牙雀角之事，拖延不审或审断不公时有发生，故有上控到府、道、按察使以至督抚者。督抚公务繁忙不可能一一审理，因此常常将上控至督抚的词讼发交按察司审理。对此，按察司除亲自甄别审理外，也经常发交该省首府审理或批交委员办理，如清末张集馨署山西省太原府知府时就审理过不少臬司衙门批发的民间词讼。（3）审理职官犯罪案件。"官犯"在清律中是一个特殊的法律名词，对其审讯和羁押特别慎重。职官犯罪有因公、因私之分，因公有滥刑枉法等罪，因私有侵贪挪移等罪。藩臬两司以下职官犯罪，例由两司揭报，督抚题参。文官同知及以下、武官游击及以下委托知府审理；文官道员、知府，武官副将及以上官员委托道员审理；只将重罪要犯解省，由臬司覆审，解督抚审拟完结。乾隆十八年（1753）规定，侵贪挪移大案由藩司主稿，滥刑枉法大案则由臬司主稿审理，乾隆二十九年（1764）又定例"参革发审案件俱由臬司主稿"。（4）覆审全省刑案。清代各省徒刑及以上案件，经县州初审、府道审转，均需招解臬司衙门覆审或查核，这是按察使司法职能中最主要、最经常且责任重大的工作，故雍正皇帝认为："朕惟直省大小狱讼民命所关，国家各设按察司以专掌之，一切州县审详，至尔司而狱成。凡督抚达部题奏事件，皆由尔司定案，任岂不重。"②（5）审理京控案件。京控，俗称到京城告御状。京控案多因民间重大民刑案件地方官审断不公、事主蒙冤负屈，而远赴京师到都察院或刑部控告。京控案一经受理，很少在京直接审办，多奉旨转交各省，饬令督抚督促臬司亲提人证秉公审断。（6）负责秋审主稿。每年秋审，地方案犯招册汇送臬署，由臬司审录新解省人犯，核办新旧事招册，将罪犯按官犯、常犯、服制分列三种不同的秋审册中，每册又将犯人分为情实、缓决、可矜、留养、承祀五大类，臬司先期定稿各案的看语。臬司的审录是秋审的关键和基础，其先期定稿很大程度上决定着犯

---

① 故宫博物院编《钦定吏部则例》卷四二，海南出版社，2000，第8页。
② 清高宗敕撰《清朝文献通考》卷二〇七，商务印书馆，1936，第6707页。

人的生死命运，责任重大。如经督抚具题的秋审案件被九卿会审拟改过多，常被降旨申饬甚至受到处分，而受到申饬、处分的第一责任人不是督抚而是臬司。①

（二）司法检察

按照清代逐级审转覆核制度，按察使负责审转经过府、道审转而来的徒刑及以上的案件，对徒刑案卷进行覆核，对招解到司的军流、死刑案犯及证佐人等进行覆审。如有案情陈述存在疏漏之处、供词与证据不符，或者犯证人等当庭翻供等情况，则会对责任州县官员进行驳斥，或发回重审，或发首府、首县或调他县更审；遇有承审官审问不实、拟判罪名有出入等情由，在例行驳斥之外，还要揭报承审官员，提请给予责任者处分。这种对属下审办案件的检察，在形式上对案件审办者进行了监督检察，以防止审办者滥用职权，该司法程序的制度设计无疑具有一定积极意义。上级审判机关对下属的监督、覆核工作当属于现代司法检察的范畴。司法检察的本意是监督承审官员的审判活动，防止出现冤假错案，并对已然出现的冤假错案予以纠正，对承审官员的责任予以追究，以维护司法的公正。客观而言，在审判、检察合一的清代，司法检察的实际效果非常有限。②

（三）维护社会治安

清代各省按察使的司法职掌不仅包括司法审判、司法检察等核心职能，同时包括维护社会治安。按察使作为一省刑名总汇，维持社会治安是责无旁贷之事。传统社会中维持治安最基本、经常的机制是推行保甲。保甲制度在中国传统社会源远流长，最迟在北宋时期政府开始推行保甲，王安石变法的一个重要举措就是力行保甲。此后历代保甲制度时兴时废，不能一概而论。清廷亦实施保甲以强化对基层社会小民百姓的控制，将保甲制度

---

① 以上按察使具体的司法审判职能，主要参考吴吉远《清代地方政府的司法职能研究》，中国社会科学出版社，1998，第215页；孙洪军《清代按察使研究》，合肥工业大学出版社，2014，第32～36页；孙洪军《晚清按察使司法职能的演化》，《苏州大学学报》（哲学社会科学版）2008年第1期；孙洪军《从按察使职责的变化看晚清社会变迁》，《江苏科技大学学报》（社会科学版）2012年第1期。

② 孙洪军：《清代按察使研究》，合肥工业大学出版社，2014，第37页。

纳入刑名司法领域。但是在清初相当长的时间内保甲事宜并非由按察使专门负责，而是由督抚统管。到嘉庆三年（1798），保甲事务改由臬司办理，虽然有明文规定臬司主管保甲，但各省并不划一。嘉庆十年（1805）户部尚书禄康上《奏覆各省编查保甲改归臬司造报折》，建议嗣后各省编查保甲由臬司详查造报并被允准奉行，主管编查保甲、维护社会治安的责任遂明确规定由按察使承担。①

同时，按察使维护社会治安最经常的事务是札饬所属催缉案犯，督编保甲，并查核各地上报的治安详册。有时亦奉督抚之命亲自率领营汛官兵侦察、缉捕命盗案犯。

（四）统管监牢

按察使作为刑名总汇，是通省刑狱总司。按察使衙门下设全省最大的监狱称为"司监"，由其属员司狱具体管理，但第一责任人却是臬司。司监中监管的案犯如果发生意外，按察使均会受到相应的处分。作为全省总司监狱者，无论该省何处监狱出现安全事故，按察使都负有监管不力的责任。清律规定："直省监狱，惟按察使、知府衙门设有专员，应以司狱为管狱官。按察使、知府为有狱官……有狱官、堂官照督抚例处分。"② 此外，参加秋审的新犯要解往司监监禁，官犯也要羁押司监以示慎重。乾隆三十三年（1768）后，官犯均收禁于司监，处决官犯也由臬司监刑。"各省官犯于定案时，即在按察使司衙门收监，既于齐民犯罪者稍示区别，而臬司狱禁更为周密，亦可免疏虞替代诸弊，于防微杜渐之中，仍寓仁至义尽之意"。③

需要特别说明的是，晚清以前除了官制规定的司法总管等职掌外，部分省份的按察使由于所在省份的特殊地理位置以及国家政治生活的实际需要，还有一些带有规律性的临时差委。诸如乾隆朝以后，广西按察使经常被任命为册封越南新君的使臣，这种情况一直持续到中越宗藩关系的终结。

---

① 托津等纂《钦定大清会典事例（嘉庆朝）》卷五〇四《兵部·绿营处分例·保甲》，（台北）文海出版社，1992，第 3536、3549 页。

② 《钦定吏部则例》卷四九，（台北）成文出版，1969，第 1 册第 638 页。

③ 清高宗敕撰《清朝文献通考》卷二〇一《刑七》，商务印书馆，1936，第 6652 页。孙洪军：《清代按察使研究》，合肥工业大学出版社，2014，第 40 页。孙洪军：《晚清按察使司法职能的演化》，《苏州大学学报》（哲学社会科学版）2008 年第 1 期；孙洪军：《从按察使职责的变化看晚清社会变迁》，《江苏科技大学学报》（社会科学版）2012 年第 1 期。

又如乾嘉时期遇有战事，四川、陕西、甘肃等省按察使接受差委参与后勤补给甚或有时领兵督剿。另外，根据《钦定户部鼓铸条例》，云南、贵州、广西三省的铜钱鼓铸事宜多由按察使管理。夏秋汛情频发季节，清代沿河各省的按察使还往往成为征调奔赴河工督促治河的人选。[①] 这些临时性差委虽有一些规律性，然整体而言还是属于特殊省份的临时事宜，并非普遍性的常态现象。然而，晚清以后随着社会形势的急剧变化，按察使的临时性差委日益常态化、多样化，并影响了其法定的司法总管角色，晚清按察使的司法职能随之发生重大变化。

二 晚清按察使司法职能的变化

由于列强入侵以及各地农民起义的冲击，晚清统治危机频发，此起彼伏。由此，按察使的司法职能相应发生变化，集中表现在以下三个方面。

（一）军事差遣增多冲击了按察使的司法职能

晚清农民起义此起彼伏，社会动荡不安，按察使在履行司法职能时势必受到社会形势的制约，镇压国内"叛乱"成为按察使理所当然的责任。咸同年间，湖北按察使瑞元，福建按察使赵印川、张运兰，浙江按察使段光清、宁曾纶、曾国荃、李元度、刘典，广西按察使蒋益澧，江西按察使席宝田、记名按察使王德榜等都曾奉命领兵打仗，参加镇压太平军、捻军起义。[②] 晚清列强多次发动侵华战争，在反抗列强侵略的战场上，按察使同样奉命参战。鸦片战争中钦差大臣裕谦"督同臬司周开麟、总兵王锡朋……拟于东岳山巅筑做炮城一座"。中法战争中，广西按察使李秉衡奉命驻扎龙州，"司筹汇催运军粮台站，临时分拨"。中日战争中，江苏按察使陈湜"率卒五千援辽……往返援应，沛若有余，众倚为固"[③]。

按察使奉命频繁离开省城衙署领兵征战，导致往往不能正常履行其法定司法职能，而临时署理官员又难免有"三日京兆"之感，敷衍拖延，造

---

① 孙洪军：《清代按察使研究》，合肥工业大学出版社，2014，第53～63页。

② 苑书义：《张之洞全集》第一册，河北人民出版社，1998，第144～232页；孙洪军：《晚清按察使司法职能的演化》，《苏州大学学报》（哲学社会科学版）2008年第1期。

③ 缪荃孙：《续碑传集·清碑传合集》第三册，上海书店出版社，1988，第2440～2441页。孙洪军：《晚清按察使司法职能的演化》，《苏州大学学报》（哲学社会科学版）2008年第1期。

成大量案件的积压。同治八年（1869）三月，直隶总督曾国藩奏请将调补山西按察使的原直隶按察使张树声暂留直隶办理积案，提出直隶讼案因"频年办理军务，积压极多，督署应题之本，未办者二百三十余件。府局京控上控之案，未结者一百三十余件。各属委审及自理之案，未完者殆以万计。或延搁二三年，或五六年八九年不等"①。

不仅直隶如此，其他省份亦多是如此情形。光绪二十五年（1899）八月江苏巡抚德寿奏，江苏署臬司朱之榛从光绪二十四年七月十三日署理臬司篆务，到二十五年四月二十六日交卸为止，八个月任内"办结斩绞军流命盗杂案三百二十余起，自尽命案及外结徒罪之案三百四十余起，督饬各州县审结自理词讼约计六千数百起并不在内"②。各省积案之多，可见一斑。积案的形成，除了官员疲玩的痼疾，按察使军务倥偬影响其司法审判职能当为重要原因。

（二）就地正法的实行削弱了按察使的审判职能

有清一代虽然建立完善了程序严密、司法审判与司法检察合一的逐级审转覆核制度。同时，在司法过程中又时常表现出实用主义态度：一方面追求政平讼简、国无冤狱的理想状态；另一方面又因其统治的实际需要随时破坏既定法律，任意减轻或加重刑罚。就地正法现象的出现以至泛滥即是典型例证。③

咸丰三年（1853）六月，晚清中兴名臣曾国藩在平定太平军的前线奏报：自从咸丰二年（1852）太平军逼近长沙，各处抢劫案件层出不穷，为了稳定社会秩序，特设审案局，"拿获匪徒，讯明定供，即用巡抚令旗，立行正法"，对此咸丰帝朱批"知道了"，对曾国藩先斩后奏的就地正法之举予以认可，各省督抚及领兵诸将纷纷效仿。此后"地方大吏，遇土匪窃发，往往先行正法，然后奏闻。嗣军务敉平，疆吏乐其便己，相沿不改"④。

---

① 《曾国藩全集·奏稿》，岳麓书社，1994，第 622 页。孙洪军：《晚清按察使司法职能的演化》，《苏州大学学报》（哲学社会科学版）2008 年第 1 期。

② 《谕折汇存》第 21 册，（台北）文海出版社，1967，第 6559 页。

③ 孙洪军：《晚清按察使司法职能的演化》，《苏州大学学报》（哲学社会科学版）2008 年第 1 期。

④ 赵尔巽等：《清史稿》卷一四三，中华书局，1977，第 4202 页。孙洪军：《晚清按察使司法职能的演化》，《苏州大学学报》（哲学社会科学版）2008 年第 1 期。

就地正法制度的确立，使死刑这一最高刑词失去了应有的控制，原有的一套死刑审理和秋审覆核制度几乎失去了作用，能够纳入法定程序的大约十之一二，每年有几千人都在"法外"被处死了。愈演愈烈、随心所欲的"就地正法"，使大量刑案绕过正常的司法覆核程序，按察使传统的司法审判与检察的职能因而被大大削弱。①

（三）教案交涉扩展了按察使的审判职能

晚清教案是在强势的西方列强打败弱势的清王朝、强势的基督教文明对华夏文明入侵的背景下产生的。整体而言，教案中争讼的教民（教士）与不信教的平民之间诉讼基础并不平等：一方面，部分传教士以不平等条约为护身符，侵占民宅，包揽词讼，制造教案；另一方面，一些奸诈教民以传教士为靠山，欺压良善，为非作歹，制造教案。②

各地层出不穷的教案诉讼，使按察使的审判职能也染上了对外交涉的色彩。因教案牵涉洋人，按察使多小心翼翼以至诚惶诚恐如惊弓之鸟，唯恐举动失宜引发中外交涉。同治九年（1870），广东按察使孙观在审理高要县李亚聚行劫案时，本欲将李亚聚就地正法，无奈该犯依仗教徒身份，加之"领事、教士曾经饶舌，故不得不照章禀奉批行再行办理"③。光绪二十九年（1903），四川按察使冯煦在谢恩折中说："四川讼狱之繁，甲于行省……民教扞格之案，轻重或失其实，内无以浃民情，操纵或乖其方，外且以萌边衅。"④

处理教涉及关中外关系，审办之难可见一斑。然而遵守约章、持平办理亦非不能秉公审断。光绪二十一年（1895），江苏按察使陆元鼎坚持原则，拒绝了美国领事对江阴教案提出的种种无理要求，使其无奈而去。陆元鼎遵守条约维护国权，得到了清廷的嘉许："总署电南洋大臣，谓苏臬司

---

① 张世明：《清代就地正法制度研究》（下），《政法论丛》2012 年第 2 期。
② 孙洪军：《晚清按察使司法职能的演化》，《苏州大学学报》（哲学社会科学版）2008 年第 1 期。
③ 方濬师：《岭西公牍汇存》卷二，（台北）文海出版社，1968，第 401 页。
④ 光绪二十九年（1903）闰五月二十日，军机处录副奏折（光绪朝）·内政类职官项，档案号 03－5419－102，缩微号 409－002332；转引自孙洪军《晚清按察使司法职能的演化》，《苏州大学学报》（哲学社会科学版）2008 年第 1 期。

幸不为所愚，否则添一援引，掣肘多矣。"① 审理教案使按察使的审判职能增添对外交涉色彩，这正是中国社会半殖民地化的标志之一。

三 从按察使到提法使的复杂转型

清末新政，仿西方三权分立模式改革官制。光绪三十二年（1906）进行中央官制改革。光绪三十三年（1907）五月二十七日，总司核定官制大臣奕劻等奏《续订各直省官制情形折》规定："按察司宜名为提法司，而解兼管驿传事务，专管司法上之行政，监督各级审判。别就省会增设巡警道一员，专管全省警政事务。劝业道一员，专管全省农工商业及各项交通事务，现有之驿传，一并由其兼管。"②

据此，清政府首先在东三省设提法使，掌一省司法行政。宣统二年（1910）上谕："前奉先朝明谕，预备宪政，本年为改简各省提法使之期。除东三省、湖北业经改设外，直隶齐耀琳、江苏左孝同、安徽吴品珩、山东胡建枢、山西王庆平、河南惠森、陕西锡桐、甘肃陈灿、福建鹿学良、浙江李傅元、江西陶大均、湖南周儒臣、四川江毓昌、广东俞钟颖、广西王芝祥、云南秦树声、贵州文徵均著补授提法使。"③ 按察使改为提法使，为传统按察使的司法职能发生显著变化提供了可能性。

（一）司法审判的剥离

中国传统社会，司法与行政、司法行政与司法审判长期合为一体，其结果是两不相宜，"政刑丛于一人之身，虽兼人之资，常有不及之势，况乎人各有能有不能。长于政教者未必能深通法律，长于治狱者未必为政事之才，一心兼营，转致两无成就"④。为追求司法公正、实现分权制衡的目标，

---

① 闵尔昌：《碑传集补·清碑传合集》第四册，上海书店出版社，1988，第3255页。孙洪军：《晚清按察使司法职能的演化》，《苏州大学学报》（哲学社会科学版）2008年第1期。
② 故宫博物院明清档案部：《清末筹备立宪档案史料》，中华书局，1979，第504页。
③ 刘锦藻：《清朝续文献通考》卷一三三，商务印书馆，1936，第8930页。孙洪军：《晚清按察使司法职能的演化》，《苏州大学学报》（哲学社会科学版）2008年第1期。
④ 沈家本著，邓经元、骈宇骞点校《历代刑法考·历代刑官考上》，中华书局，2006，第四册第1962页。孙洪军：《晚清按察使司法职能的演化》，《苏州大学学报》（哲学社会科学版）2008年第1期。向达：《沈家本在清末修律中的思想研究》，《长江论坛》2013年第3期。

宪政编查馆议定改按察使为提法使，提法使"掌司法行政，监督各级审判厅，调度检察事务"。另设高等审判厅负责民刑案件的审判，高等审判厅附设高等检察厅对审判活动实行司法检察。宣统二年（1910），各省按察使改为提法使，各省省城及部分商埠的审判厅、检察厅也相继建立，至此"前归按察使所管之民刑两诉案，则全由高等审检两厅讯办矣"①。

通过以上改革措施，省级司法行政与司法审判分离，提法使从传统的审判事务中解脱出来，专司全省的司法行政。由于增设高等审判厅行使审判权，此前按察使审理教案的职能相应转归高等审判厅，按察使因审办教案而产生的中外交涉职能，因按察使改为提法使而随之消失。

（二）司法侦察的剥离

诘奸除暴是按察使专责，传统的保甲制度在数千年未有之社会大变局中遭遇到前所未有的挑战，各级官员对于保甲制度"率视为具文，诏书宪檄，络绎傍午而卒不行；间行之而无效"②。为寻求治安良策，光绪二十七年（1901），直隶总督袁世凯借鉴西洋警察制度在天津创办警察，分区巡逻。二十八年（1902），清廷令各直省仿照办理。湖广总督张之洞"裁撤保甲，创办警察，设立武昌警察总局"③。光绪三十三年（1907），直省官制改革方案出台，省级行政形成了布政使、提法使、提学使和巡警道、劝业道并存的"三司两道"格局。除了布政使的职掌变化不大外，其余二司二道或为改设或为新设，尤其是巡警道。如此，先前按察使肩负的司法侦察、维护社会治安职责转归新设的巡警道，客观上使提法使的职掌更加简约明确，向专业化、现代化迈进了一大步。

（三）司法检察的剥离

按察使"掌全省刑名按劾之事"，是指其对司法官员审判活动的监督检察职能。清末官制改革令规定：在省高等审判厅附设高等检察厅，"审判厅为司法权行使之主体，检察厅有纠察审判、检察证据、举发罪案之责任，

---

① 周询：《蜀海丛谈》卷一，（台北）文海出版社，1966，第138页。
② 冯桂芬著、戴扬本评注《校邠庐抗议》，中州古籍出版社，1998，第92页。
③ 《湖北通志》卷五三，商务印书馆，1934，第1432页。

相助为理"①。司法检察从司法审判中剥离出来，对司法审判进行监督，客观上对于提高审判的公正性、减少冤假错案具有重要意义。

理论意义上，晚清按察使改为提法使，有利于打破传统的按察使司法行政、审判、检察高度整合、混沌不清的状态，使得省级司法机关实现了司法行政与司法审判的剥离、审判厅与检察厅的剥离，使按察使无所不包的司法职能被分解为司法行政、审判、检察、侦察等项，初步做到了权限分明、互相制衡，共同构成完整的省级司法系统，为司法现代化开辟了道路。② 现实实践中，清末司法改革需要在清末预备立宪、官制改革的大背景下综合考量。如果把当时的国家和社会看作一个舞台，那么作为众多演员之一的提法使绝不可能脱离当时的社会场景在真空中独自表演。综合而言，包括改设提法使在内的清末司法改革受到三重历史情境的掣肘。

其一，清末司法改革是预备立宪的重要组成部分，有师法西方、谋求司法独立的意图。然而，清廷又试图通过司法改革加强中央集权。因此，司法独立和强化中央集权成为改革过程中无法调和的内在矛盾。

其二，以改设提法使为中心的省级司法改革同时受到外省官制改革的影响。清末新政中，虽然通过清廷和地方督抚的博弈，省级政府增加了会议厅，设置了三司两道，却都是督抚的属员，督抚权力并未发生根本性变化。作为"新生事物"的提法使行使职权时，势必会与督抚大员发生矛盾。提法使从诞生之日起，督抚对人事权、财政权均有很大的掌控力。提法使行使职权往往须征得督抚的同意，某种程度上又重新蜕变为各省督抚的办事机构，成为行政的婢女。

其三，提法使虽然是新生事物，然而很多人却是从旧的按察使脱胎而来。他们不可避免地会把按察使任上的思维方式和办事习惯带到新的提法使任上，甚至把提法使完全当作按察使，按照原来的制度安排进行操作。历史的惯性会使一种体制得到沉淀，并对后来新生的制度产生影响。这种路径依赖造就的新旧矛盾是提法使运行的直接困境。③

---

① 《湖北通志》卷五三，商务印书馆，1934，第 1452 页。
② 孙洪军：《清代按察使研究》，合肥工业大学出版社，2014，第 11～13 页。孙洪军：《晚清按察使司法职能的演化》，《苏州大学学报》（哲学社会科学版）2008 年第 1 期。
③ 史新恒：《清末提法使研究》，社会科学文献出版社，2016，第 284～289 页。

总之，清末司法改革中按察使改设为提法使呈现了多重复杂的历史面相，这种多重性反过来又折射了当时中国政治情境的复杂与艰难。尽管如此，这一举措和过程毕竟为中国的审判制度、检察制度、律师制度以及监狱改良等方面开启了从鼓吹迈向实践的跨越，成为中国法制改革的风向标，同时也推动了中国传统司法机构和司法体制的近代转型。

第三节　其他省级官员的兼职司法职能

除了总督巡抚和作为一省"刑名总汇"的按察使，清代省级司法主体亦包括负有部分司法职责的布政使、学政，广义上也应包括负有地方安全与稳定专责的提督、总兵等武职，因为省级司法的实际管辖甚为广泛，在司法审判之外，所辖地面所有一切已经发生和可能发生的威胁朝廷和地方安全的不稳定因素俱在职责范围之内。以上，与清廷中央存在除"三法司"而外的多元司法审判机关恰有契合之处。

一　布政使司

布政使司，全称承宣布政使司。衙门主官为布政使，又称藩司①、藩台、方伯，从二品。明代布政使是地方最高长官，清代主司赋税钱粮，位列督抚之后、按察使之前②，享有单独奏事权（包括密奏督抚的言行），故又非完全意义上的督抚属官，有大小相制的色彩。几经沿革，乾隆二十五年（1760）后清代布政使司的设置趋于稳定，除江苏设安庆、江宁两职外，其余十七省各设布政使一人。③ 布政使司作为各省最大的职能衙门，除法定的书吏、差役外，尚有经历司经历、照磨所照磨、库大使、仓大使等首领官，然各省设置不一，且各有官署并不与布政使同衙办公。

---

① 其作用有似藩镇，表率各府、州县，故称"藩司"，见《历代职官表》卷五二。
② 乾隆十三年（1748）议准：外官官制，向以布政使司领之。但总督总制百官，布、按两司皆其属吏，应首列督抚，次列布、按，见《清朝通典》卷三四。
③ 顺治三年，定制各省设承宣布政使司，置左右布政使各一人。后在顺康年间，因陆续析分江南、陕西、湖广各省，右布政使迁所分治安徽、甘肃、湖南三省。雍正二年，改设直隶布政使。乾隆二十五年，安徽布政使迁驻安庆，江苏添设江宁布政使。此后布政使的设置趋于稳定，各省分设一人。转引自吴吉远《清代地方政府的司法职能研究》，中国社会科学出版社，1998，第217～218页。

　　布政使执掌虽以钱粮为主，但亦有相当的司法职能。首先，参与户婚、田土、钱粮方面重大人命案件和职官贪污大案的审理。户婚、田土、钱粮系属财政、民政，为布政使的行政管辖范围。故而，对于此类重大人命案件，臬司应会同藩司覆审报院（督抚），有的甚至由藩司主稿。至于职官贪污大案，事关国库帑银，在很长时间内更是由藩司主稿发审。乾隆二十九年（1764）在安徽按察使闵鄂元的抱怨和促使下，经刑部议奏才改由臬司主稿审理。① 其次，参加每年的例行秋审。虽然藩司在其中未有明显的实质性作用，也不能简单视为一种形式化的活动。② 因为遍翻清代各省督抚历年上报秋审情况的奏折，提到参加官员的职位顺序，布政使一直在主稿的按察使之前。诚然秋谳大典慎重人命，按察使的作用至关重要，但感觉督抚更多将其视为行政大典，阖省重要官员均须出席并严格讲求品秩。最后，监管全省教化与治安，尤其是治安，包括布政使在内的省级各主要官员均有管辖责任。如乾隆五十一年（1786），山东连续发生历城县监、省城司监因犯越狱的恶性事件，乾隆在处置直接责任人之外，还降旨将布政使缪其吉交部察议，理由是"虽非专管，但近在同城。且值抚臣公出，不能先事查察"③。

二　提督学政

　　提督学政原名提学道，始设于明正统元年（1436）。当时地位较低，仅为提刑按察使的属官。清沿明制，开始在各省并置督学道，加按察使佥事衔，以各部郎中由进士出身者按其资俸深浅擢用，称为学道。唯奉天、江南、浙江设提督学政，以翰林官充任，称为学院。雍正四年（1726）以后，提督学政的地位才大大提高，从以前按察使的属官变成督抚的属官。提督学政与府厅、州县儒学的教授、学正、教谕及训导逐渐成为一个系统，是清代管理地方学务的专职官员。④

　　根据清代乾隆朝纂修的《钦定学政全书》，学政的主要职能是考试选拔

① 《宫中档乾隆朝奏折》第21辑"乾隆二十九年四月初三日"，第118页。
② 这里，不能同意吴吉远先生的观点，见氏著《清代地方政府的司法职能研究》，中国社会科学出版社，1998，第222页。
③ 《清高宗实录》卷一二六四"乾隆五十一年九月甲申"。
④ 吴吉远：《清代地方政府的司法职能研究》，中国社会科学出版社，1998，第223~224页。

人才，管理约束生监、整饬士习、举报优劣，同时也负责考察所属学官。① 可见，其所司重心确实不在刑名司法，而且不得擅受民词、审理案件②，因此其肩负的某些司法职责往往受到制度史和法律史学者的忽视。吴吉远先生在《清代地方政府的司法职能研究》一书明确指出，学政也有一定的司法职能。首先，查核、责扑行为不端的贡监生员，如雍正十年（1732）规定："生员犯小事者，府州县行教官责惩；犯大事者，申学官黜革，然后定罪。如地方官擅责诸生，该学政纠参。"③ 其次，黜革犯徒刑及以上贡监生员的功名，据此地方官方可审理治罪。文武生员缘事黜革、开复、除名之权，完全操在学政手中，贡监生的褫革需督抚与学政会商，最后仍由学政批覆。④ 最后，纠参擅责贡监生员的地方承审官及纵容贡监生员违法不仁的各地学官。位列四民之首的贡监生员享有法律上的特权，州县官对贡监生员违法不仁的审理是件头疼的事情，立案后必须先详报学政、督抚，然后方可行刑处理，否则将受到学政的纠参。总之，学政的司法职能虽然是辅助性的，涉及的却是关系士习民风和社会治乱的敏感问题。⑤

查阅雍正朝河南巡抚田文镜的《抚豫宣化录》，倍感学政等各级学官负有训迪士子之专责，令文武生员守分读书，乐道安贫，持身端正，作为四民之首引领良好社风民俗，正所谓"一乡之所推重，风化之所由行"⑥。然而，《抚豫宣化录》中众多奏疏、告示、文移显示，教职时有失职，士子多有不端。据其访闻，教职多属年老衰迈或才具平常之人，常将生监士子的月课季考视为具文，虚应故事，听任自己门下"学书门斗交接劣衿，钻营奔

---

① 素尔讷等纂修，霍有明、郭海文校注《钦定学政全书》卷二四"约束生监"；卷二六"整饬士习"；卷二七"举报优劣"，武汉大学出版社，2009。另外，在"学校规条"中，明确规定生员不得轻入衙门，即有切己之事让许家人代告，不许干预他人词讼，不得武断乡曲。

② 如《钦定学政全书》"学政关防"明确规定，"除教官、生员干犯行止合行严惩外，不许泛受民词，侵官喜事。其生员犯罪，或事须对理者，听该管衙门提问，不许徇疵，致令有所倚恃，抗拒公法"，武汉大学出版社，2009，第39页。

③ 素尔讷等纂修，霍有明、郭海文校注《钦定学政全书》卷二四"约束生监"，武汉大学出版社，2009，第88~91页。

④ 在乾隆二十年（1755）以后，贡监缘事褫革功名的批覆权转入督抚手中，见（清）素尔讷等纂修，霍有明、郭海文校注《钦定学政全书》卷二四"约束生监"，武汉大学出版社，2009，第88页。

⑤ 吴吉远：《清代地方政府的司法职能研究》，中国社会科学出版社，1998，第227~230页。

⑥ 田文镜撰、张民服点校《抚豫宣化录》卷三下"为奖励善行以彰风化事"，中州古籍出版社，1995，第157页。

竟……或滥受民间词讼，搜诈不遂，因而刑责；甚至抢种学田，与民争利"。上行下效，一些士子毫无约束，不但文理荒疏，而且倚仗自己的特殊身份多行不轨，时常出入衙门、武断乡曲、挑唆词讼、包揽粮差。在田土户婚词讼甚或命盗重案中，"或偶因同姓而认为嫡支，或略关亲道而即认为瓜葛，竟有别人被盗而彼出头冒作失主，别人被杀而彼出头冒作尸亲，从中把持居奇讹诈，无所不至。更有并未老病即告给衣顶，仍冒称生员窝赌窝娼窝贼窝盗窝匪，无恶不作"①。典型者，如雍正四年十一月田文镜特别题参的癸卯科文进士王辙（陈州项城县人），倚仗身份屡次指使亲族包揽词讼、侵占地亩，乡民受其鱼肉忍气吞声，终被河南布政使、署按察使、陈州知州、项城知县等官分别揭报。因此，河南巡抚田文镜题参请旨，将王辙革去进士，与其他人犯严审究拟。② 而且，在其看来武生更为顽劣。因此，巡抚田文镜多次饬令各地方官及教官尽父师之责，教职更当加意约束劝导士子，如任其胡作非为贻害地方，一并从严参处。③ 对士子群体，则再三严饬其安心读书参加月课、季考，倘有无故三次不到者即行革除，还多次劝谕崇尚实学，如"先器识而后文艺""黜浮夸而崇实学""禁标榜而务暗修""戒作辍而严课程"等，正与后来《钦定学政全书》中"崇尚实学"的要求相合。④ 更有雍正二年，封丘生员王逊、武生范瑚等因激烈反对"绅衿里民"一体当差，指称有辱斯文，拦截知县并罢考抢卷，巡抚田文镜在雍正皇帝支持下，严厉惩办并处以斩决，此后又将不法监生咨照学政革除，并报礼部备案。可见，这里学政对士子的不端行为并未履行专门的管理约束职责，所以巡抚最后尽统管之责，或许有些群体性突发事件的处置也不在学政的能力范围之内。

乾隆朝官员的切身感受也验证了学政确有一定的司法职能，尤其有严

---

① 田文镜撰、张民服点校《抚豫宣化录》卷二"请定教职督课等事"，中州古籍出版社，1995，第67页。

② 田文镜撰、张民服点校《抚豫宣化录》卷一"题为特参豪绅劣衿倚势嚼民以安良懦事"，中州古籍出版社，1995，第34页。

③ 田文镜撰、张民服点校《抚豫宣化录》卷三下"通行饬知事"，中州古籍出版社，1995，第193页。另参张旭、王亚明《河南巡抚田文镜与地方社会治理》，《兰台世界》2018年第8期。

④ 田文镜撰、张民服点校《抚豫宣化录》卷二"条约事（劝谕生儒崇尚实学）"，中州古籍出版社，1995，第136页。

格约束贡监生员的重要责任。其间不仅有学政本人对士子不法行为的描述和治理措施，更有按察使、提督和督抚大员对生监惹是生非、作奸犯科等种种不法行为的厌恶态度和严格处理。云南学政葛峻起曾说，本地有一种卑鄙监生流窜各地惹是生非，除在本地不务正业钻营谋利外，甚至潜入夷地包揽词讼或煽惑土民，于士习民风均有破坏。对此，诚然须各教官实力稽查，同时需要各地方官共同防范，不许监生私自出境。① 贵州按察使宋厚奏称黔省民情好讼、士习不端，请饬下学臣，令各属教官严加月课，不得视为具文。② 广西按察使杨廷璋针对近来武生和捐纳监生屡屡作奸犯科的事实，奏请督促各省学政加强日常监管。折中提到，武生每每逞血气之勇、作奸犯科，捐纳监生亦不安分守己，小而武断乡曲，大而聚众抗官，多源于学官对武生、监生每多歧视，漫不加意。故奏请督促各直省督抚学政，再行严饬各教官，务必将武生与文生一体督课，并严加约束监生。此说很有代表性，一省刑名总汇的按察使向君上报告说本地生监兴风作浪影响地方治安和社会风气，等于间接"告发"学政没有充分尽到督促各地教官严格约束、管理生监的责任。③

无独有偶，武职官员也有类似的看法。乾隆朝浙江提督武进升奏折中言及黄岩文武生员殴打典史、咆哮公堂的不端行为，"十六日夜，江亭殿庙内共庆花灯，周典史查夜到庙，有生员林士显、牟如山向役争殴，典史向前叱查被殴，典史遂禀知县，将两人拿获到堂讯问，有武举陈魁元在堂咆哮"，结果俱被收押在监。④

督抚大员也不例外，甚至意见更大。陕甘总督永常、西安巡抚钟音曾会衔痛斥扶风县借故挟众罢考的恶劣行为，内称贡监生员等胆敢散发传单，声言知县纵容衙役侮辱士子并颠倒词讼，因此倡议集体罢考，并威胁说文武生童不得有一人应考，否则男盗女娼。⑤ 河南巡抚富勒浑则把不法监生直接视为豫省淳朴民风的恶劣破坏者，称其常常蛊惑乡愚，把持滋事。典型的害群之马如监生李钊，竟敢私自包收应征夫价拒不交纳在先，复又持械

---

① 《宫中档乾隆朝奏折》第 12 辑 "乾隆二十年八月十六日"，第 318 页。
② 《清高宗实录》卷二二四 "乾隆九年九月丁丑"。
③ 《宫中档乾隆朝奏折》第 10 辑 "乾隆二十年正月二十日"，第 550 页。
④ 《宫中档乾隆朝奏折》第 10 辑 "乾隆二十年正月二十三日"，第 578 页。
⑤ 《宫中档乾隆朝奏折》第 10 辑 "乾隆十九年十二月十五日"，第 260 页。

进城聚众抢犯，性质极为恶劣，必须严惩不贷。① 此外，乾隆皇帝本人也曾提出"士习之嚣凌，皆此不职教官，纵容姑息所致"②，要求各省学政督促各级学官确实恪尽约束士子的责任，并严惩其中姑息纵容生监作奸犯科之员。

以上对生监不法行为的种种描述和相应态度，又间接印证了学政在严格约束管理士子方面的法定责任，说明学政具有一定的司法职责。但这种职责存在着严格的"红线"，不容随意逾越：不得干预地方诉讼，即使是士民争讼，照例应交地方官审理，否则会被从严参处。如广东学政张模一案，严惩之外又因为总督的立场和乾隆皇帝的上谕而意蕴丰富。

乾隆二十八年（1763），两广总督苏昌"揭发"广东学政张模滥准士民争讼、混行批断，甚至直接知照地方官从轻发落（生监），对此各州县地方官怨声载道，因此照例具折参处，称其"殊属任性乖张"，实在不能胜任学臣之职。③ 苏昌从援引定例出发，逻辑很明确：学臣不是一级行政，没有审断之权。若滥准词讼、任意批结，则是对各级官员行政权力的干涉和侵夺，无怪乎州县官员纷纷向督抚"告状"，总督不得不照例参处。

对此，乾隆皇帝的上谕更大而化之，说"学臣侵挠地方公事，最为吏治民生之害"，深入指出这些人能够滥准词讼现象背后的本质原因："向来封疆大吏，遇事不免迁就姑容，以致积渐因循酿成恶习。"如此，警告可能存在姑息迁就倾向的其他各省督抚，又大加表扬不瞻徇属员、秉公参处的两广总督苏昌，以资各省大员学习效仿。④ 总结而言，乾隆皇帝通过个别省份的个别事件，见微知著，以小见大，念念不忘敲打吏治全局和封疆大吏们。这样的手法，在后文中经常可以看到，也是乾隆皇帝的主要行为策略。

三 提督、总兵

提督、总兵等武职原则上不属各省的行政官员，亦无明文规定的司法职能，但其率兵镇守一方，参与剿匪、缉贼和捕盗，对维护地方的治安与稳定发挥了重要的实际作用，应属于省级司法职能的广义范畴。而且，地

---

① 《宫中档乾隆朝奏折》第 49 辑 "乾隆四十六年十月二十二日"，第 323 页。
② 《清高宗实录》卷四八二 "乾隆二十年二月乙巳朔"。
③ 《宫中档乾隆朝奏折》第 19 辑 "乾隆二十八年十月初八日"，第 277 页。
④ 《清高宗实录》卷六九八 "乾隆二十八年十一月己未"。

方督抚和提督等武职还有着密切的关联。总督的设置原本偏重军事色彩，职衔全称常常是"总督某省等处地方、提督军务、粮饷兼巡抚事"，职责上也是兼及军民、文武。巡抚方面，一些省份的提督系由巡抚兼衔，典型者如河南①、山西②、山东③等省。另有一些巡抚的职衔全称是巡抚某省地方、提督军务、节制各镇或节制通省兵马衔，如安徽、山西、浙江、江西④、湖南、广西、贵州。⑤ 以上督抚和武职的密切联系，或许更可进一步强化我们把提督、总兵等武职列入省级司法主体广义范畴的理由。

从乾隆朝的大量奏折来看，他们参与地方剿匪、缉贼、捕盗等刑名事务确是应尽之责，而且发挥了重要作用。如乾隆十六年（1751）江浙严查匪窃窝点之事，浙江提督武进升即会同两江总督高斌、江苏巡抚王师，严饬司道府厅及营弁缉捕务获。⑥ 乾隆三十二年（1767）九月，河南南阳镇总兵乔充构听闻新野县乡民伙众扒毁该县张姓皂头住房，除马上派委游击前往确查弹压外，第二天又星驰赶到当地率兵擒获多犯，受到乾隆皇帝的表扬"如此方是"⑦。乾隆四十八年（1783）安徽阜阳反狱大案中，江南、江北、寿春镇总兵李化龙因闻信亲往缉拿，在通省文官多受处分的情况下不但未受议处，而且因实心任事累迁至湖广提督。⑧ 相反，陕西固原提督齐大勇因处理延安兵丁聚众堵塞衙署闹事不力、庇护属员，被乾隆皇帝严厉饬责"不堪一省武弁之表率"⑨。

而且，基层的各营、汛兵丁与捕役一样有缉贼捕盗的责任，并有协助递解徒流军遣人犯的职责。乾隆二十六年（1761），江苏巡抚陈宏谋奏请，通省营员皆令督率兵丁、协同缉捕，则境内窃匪不获于捕役，即获于兵丁，经部议覆通饬遵行。乾隆二十九年（1764），江西巡抚兼提督衔辅德又奏请

---

① 乾隆五年（1740），以盗警加提督衔，见《清史稿》卷一一六《职官三·外官》。
② 雍正十二年（1734），管理提督事务，通省武弁受其节度，见《清史稿》卷一一六《职官三·外官》。
③ 乾隆八年（1743），依山西、河南例，加提督衔，见《清史稿》卷一一六《职官三·外官》。
④ 在《宫中档乾隆朝奏折》第23辑中收录有不少江西巡抚兼提督衔辅德的奏折。
⑤ 以上省份材料提炼自《清史稿》卷一一六《职官三·外官》。
⑥ 《宫中档乾隆朝奏折》第1辑"乾隆十六年八月初二日"，第336页。
⑦ 《宫中档乾隆朝奏折》第28辑"乾隆三十二年九月十三日"，第152页。
⑧ 《清高宗实录》卷一一九二"乾隆四十八年十一月癸巳（初六日）"。
⑨ 《宫中档乾隆朝奏折》第4辑"乾隆十八年三月初八日"，第777页。

定将弁协缉事宜。① 乾隆四十八年（1783），山东曹州盘获安徽阜阳反狱要犯两名，乾隆即要求具体查明是捕役抑或营汛兵丁擒得逃犯，至少说明营汛兵丁确实有责任缉拿逃犯。

此外，在台湾的个案中，武职官员对地方治安的影响更为明显并参与司法审判。由于清代台湾经常发生谋反、戕官、盗匪、械斗、民变及邪教等案件，对其中的重大案件，台湾总兵、福建水师提督和陆路提督等不但有平定乱事、缉捕盗匪的职责，情况紧急时可将人犯"先行正法"或"就地正法"，亦参与司法审判（虽非其主要职掌）。乾隆五十一年（1786），在平定台湾林爽文叛乱后，台湾总兵更是还特加提督衔，以资维护地方的安全与稳定。②

四 与地方互为表里的清代中央多元化司法机构

清代多元化的省级司法主体不是偶然现象。在中央层面更是如此，皇权自不待言，在主司刑名按劾的刑部、都察院和大理寺等专门机构外，尚有众多具有分散司法职能的部院司监，包括议政王大臣会议、内阁、军机处、吏户礼兵工五部、理藩院、通政使司、八旗都统衙门、步军统领衙门、五城察院、宗人府、内务府、行在法司、九卿会议、钦差大臣、总理衙门、京城巡防处等等。据法史学者那思陆统计，达十八种甚至更多。不仅在数量上为历朝之最，而且相当一部分具有鲜明的满洲特色，总结如此众多的中央机关及其相关刑名司法职能，需要特别强调三点。

第一，历朝中央司法机构多存在明显的多途径司法权力，彼此监督牵制，也相互重叠推诿。③ 清代在刑部之外的十几种中央兼职司法机关，正是这种多途径司法权力发展到极致的典型例证。

第二，虽有林林总总的中央专职和兼职司法机构，然而全国的最高司法权力掌握在最高政治中心——皇帝手中，而且在司法实践中与地方各省督抚等大员联系最紧密、最深入的也是皇权。清代皇权是高度发展的中央集权制度的核心，拥有最高政治权力，同时也是全国的最高大法官，不仅

---

① 贺长龄辑《皇朝经世文编》卷七五《兵政六·保甲下》，道光七年（1827）刻本。
② 那思陆：《清代州县衙门审判制度》，中国政法大学出版社，2006，第259～260页。
③ 韦庆远、柏桦编著《中国政治制度史》，中国人民大学出版社，2005，第330页。

拥有死刑的最后裁决权、掌控钦案大狱，而且通过题奏形式对各省督抚两司等大员的司法审判进行严格监督和控制。[①] 司法是行政的子范畴，更紧密依附于政治权力。传统中国历史语境中没有独立的司法，皇权更多是以司法促吏治，以具体的司法事件为切入点，着眼吏治全局，整饬官场尤其是外省风气，即以法制求吏治。

第三，与皇权统辖下的中央多元司法途径相对应，地方各省的司法管辖在督抚领导下亦呈现多元化特点。在省级层面，除按察使司作为一省刑名总汇外，督抚总理其成、掌握地方最高司法权，布政使司、提督学政甚至提督、总兵等武职虽各有专司，亦兼有一定的司法职责。

---

① 郑秦：《清代司法审判制度研究》，湖南教育出版社，1988，第18～19页。

第二章　自理词讼：督抚等员对小民越讼和州县积案的态度与作为

本章将重点讨论督抚藩臬等省级司法主体和州县自理词讼的关联。学界对州县自理词讼的大量研究和主要分歧，集中围绕依法审判还是依情调处息讼展开。作为清代省级司法方面的专门研究，在简要回顾各家情与法的分歧后，无意继续这一争论，重在分析督抚两司对州县小民越讼的复杂态度，更主要是他们致力于解决州县大量积案问题的积极作为。

清代督抚两司与自理词讼的整体关系是间接的。因为户婚田土及笞杖轻罪应该由州县受理并审结，故称自理。① 但事实上在地方公费短绌和官员法律意识淡薄的限制下，加之此类"细事"② 无关考成，州县主官们不免懈怠，或拖延不审致使民怨未伸，或草率结案使得冤情再起。在省级层面，督抚两司不以直接受理小民"细事"为主要职责。除按察使直接受理少量词讼（且局限于督抚司道衙门的书吏、衙役 、幕友、长随等人的词讼和轻微刑事案件③）外，督抚藩臬等大员主要是处理县、府两级因拖延不审或审断不公而引发的大量小民越讼之举，而且这种越讼行为在律例上和官员意识中是不被提倡并从严治罪的。

有基于此，本章考察省级司法主体和州县自理词讼的关系，主要是从

---

① "户婚田土及笞杖轻罪由州县完成，例称自理"，见赵尔巽等《清史稿》卷一四四《刑法志三》，中华书局，1977。又见包世臣《安吴四种》卷三二 "自理民词，枷杖以下一切户婚、田土、钱债、斗殴细故，名为词讼"，清咸丰元年（1851）刊本。

② "细故"之说主要是官民立场不同："户婚、田土、钱债、偷窃等案，自衙门内视之，皆细故也。自百姓视之，则利害切己，并不细。"参见方大湜《平平言》卷三"勿忽细故"，光绪三十二年（1906）广雅书局刻本。

③ 张晋藩主编《中国司法制度史》，人民法院出版社，2004，第402页。此外，对臬司本身的自理词讼，有一个月办妥的律例规定，"按察司自理事件，限一月完结"，见赵尔巽等《清史稿》卷一四四《刑法志三》，中华书局，1977。

地方行政的宏观视野具体讨论两类问题。其一，剖析藩臬两司处理大量小民越讼时的复杂态度（张力与合力），张力是指在办理过程中存在两种相反方向的作用力，即对州县官员因循迟延以致大量积案的深刻洞悉和对小民扰乱行政程序越讼的明确反感，而不是单纯反对越讼的静态结论；合力是由于两者作用力量大小不同，最后表现为对越讼的少有受理和严厉申饬。因为积案虽系弊政，但仍属地方各级行政的内部问题，而越讼则是小民以此为借口对各级司法程序和权力流程的破坏与僭越，在官民壁垒分明的差序格局下，当然不能被多数官员接受。打个形象的比方，积案是地方行政和官场的"家丑"，省级大员们也清楚并非一朝一夕能够解决（且并非所有人都愿意去解决），但绝不能容许治下的百姓以此为把柄坏了"家里"办事的规矩。

其二，重点讨论抚司对州县大量积案的应对解决之道。既有直接的针对性措施，亦有一些督抚大员（如陈宏谋等人）探寻能从根本上解决问题的正本清源之道，表现出了明显的经世特征。这里不是要故意拔高省级官员，而是他们确有客观需要和主观动机。第一，上级对下级的领导。他们尤其是督抚不直接受理大量词讼和案件，有时间和权力来检查并整治基层行政中普遍发生的严重问题。第二，解决地方行政当务之急的现实需要。各地积案严重到一定程度时，现实也要求抚司大员去解决地方行政的当务之急，而且他们也不会仅仅将其当成单纯的刑名技术问题。第三，也是减轻自身负担的主观需要。督抚大员更习惯在行政程序内循例办事，但积案和越讼在本质上是州县主官没有尽到分内之责，小民越讼上控，就等于把问题直接推给了省级大员。这样，大员们不仅要费时费力地和众多百姓个体打交道，更要一次次被迫面对正常程序之外的种种意外。所以督促下属并探求解决问题的方法，不但可以减轻自己的负担，又能造福于民，何乐而不为呢？

第一节　学界对州县词讼审理方式的主要观点

"万事胚胎，皆由州县"。州县刑名听断以法，调处以情。那么，清代州县官对大量发生的小民自理词讼究竟如何裁决？国内外学界对州县司法审判的诸多研究成果和分歧常常围绕这一问题展开，究竟是依法判决抑或基于情理调处息讼？约略而言，学界有三类主要观点。

日本法史泰斗滋贺秀三先生及其弟子执"调解论"。他们认为"虽然全国各地都设置有知州、知县这样的审判者，但他们对民事纠纷进行的审判实质上是一种调解"。具有"民之父母"性质的地方长官凭借自己的威信和见识，一方面调查并洞察事件的真相，另一方面又以惩罚权限的行使，威吓或者通过开导劝说，来要求以至命令当事者接受某种解决。① 社会学家费孝通先生基于乡土中国熟人社会的环境特点，提炼总结出"无讼"观点和与此相应的州县官的调解立场。②

著名法史学者张晋藩、郑秦等也多强调指出州县官对自理词讼的大力调处。张晋藩在《清代民法综论》中讲到，调处息讼受到清代最高统治者的青睐。在最高统治者的倡导下，调处日趋制度化和普遍化，又可具体分为州县调处和民间调处。其中州县调处是州县官员的政绩和"大计"的重要指标。因此州县官对自理词讼，首先着眼于调处，调处不成时才予以判决。③ 在近年的争论中，贺卫方认为传统中国"卡地司法"主要表现在法官诉诸"天理人情"之类的法外标准，由于这些标准本身伸缩性很大，各案裁量的结果便具有"翻云覆雨"的结果。高鸿钧认为，中国传统司法基本上属于"卡地司法"，尽管贺卫方关于古代法官"翻云覆雨"的措辞有些夸张，但他关于"卡地司法"的判断是基本成立的。④

与上不同，黄宗智先生更多从清代官方话语表达（representation）和实际运作的背离与矛盾（paradox）出发，提出州县官对大量发生的民事诉讼系依法判决。他认为在州县自理词讼中，州县官一般都依法断案、是非分

---

① 〔日〕滋贺秀三：《清代诉讼制度之民事法源的考察——作为法源的习惯》，载滋贺秀三等著，王亚新、王治平编《明清时期的民事审判与民间契约》，法律出版社，1998，第74页。邓建鹏：《清代州县讼案的裁判方式研究——以"黄岩诉讼档案"为考查对象》，《江苏社会科学》2007年第3期。

② 费孝通：《乡土中国》，北京大学出版社，1998，第54~58页。

③ 张晋藩：《清代民法综论》，中国政法大学出版社，1998。但在该书第293页又提出："民事案件的法律适用，原则上是有律例者依律例，无律例者依礼俗。……从现存司法档案中，可以看出依律例断案是解决民事纠纷的最基本的形式。或许两者兼而有之，个人感觉似乎更强调调处。"

④ 邓建鹏：《清代州县讼案的裁判方式研究——以"黄岩诉讼档案"为考查对象》，《江苏社会科学》2007年第3期。高鸿钧：《无话可说与有话可说之间——评张伟仁先生的〈中国传统的司法和法学〉》，《政法论坛》2006年第5期。

明，很少像官方一般表达的那样。以情调解使得双方和睦解决纠纷，这是儒家的理想和官方话语的描述，不是实际运作之中的情况。并且，更进一步指出依法判决的正式制度和出于情理调整的非正式制度之间，存在相互作用的"第三领域"或"中间领域"。① 与此类似，张伟仁认为，大致而言中国传统的司法者在处理案件时，遇到法有明文规定的事件多依法办理。在没有法或规定不很明确的时候，寻找成案作为依据处理同类案件。许多地方档案和地方官的审判记录，都可以证实这一点，极少可以见到弃置可以遵循的规则不用而任意翻云覆雨的现象。②

第三种观点认为两者则兼而有之，如王志强提出在清代听讼中官员同样重视情理作为裁判根本价值取向的意义，并以此指引发现和运用制定法的推理过程。制定法在民事司法中发挥的这一工具性作用，与命盗重案中其实并无二致。③

以上只是对各家主要观点的简单介绍，笔者无意继续州县审判情与法的争端。本章意在从行政角度，沟通作为省级司法主体的督抚两司与州县自理词讼的关联，包括他们对小民越讼的态度和对州县积案弊政的应对解决之道。作为省级大员，他们更多是检查和督促州县的刑名案牍，并从地方行政需要出发，应对并解决急切的现实问题。同样作为当时语境下的历史当事人，想来他们不会反思以至争论州县和自己究竟是依据律例还是情理审断的问题，因为这原本就是现代学者基于专业研究分工，由法学研究者发起、由其他相关领域学者广泛参与，并不断拓展推动，最后积渐形成的声势浩大的后发问题。

第二节　外省州县自理词讼尘积的普遍性事实

清代地方州县自理词讼尘积不结兼之审断不公，不仅有大量直接例证，而且还有命盗重案尚且拖延不结的情形充当佐证，两者并称"积案"，是指

---

① 黄宗智：《清代的法律、社会与文化：民法的表达与实践》重版代序，上海书店出版社，2001。
② 张伟仁：《中国传统的司法与法学》，《现代法学》2006 年第 5 期。马小红：《"确定性"与中国古代法》，《政法论坛》2009 年第 1 期。
③ 王志强：《制定法在中国古代司法判决中的适用》，《法学研究》2006 年第 5 期。

各级官吏在审理民间自理词讼或刑事案件时积压拖延、长期不予结案的现象。

一 州县词讼尘积的直接例证

以乾隆朝为例。上自皇帝、刑部，下到督抚两司，对州县自理词讼的大量尘积，均有普遍而深刻的认识。① 乾隆皇帝本人多次感慨州县刑名之懈怠，如乾隆十一年（1746）底的谕旨就曾明确指出："州县亲民之官，于通详之案②玩忽如此。其他户婚田土之自理词讼，安望听断敏决，案无留牍?"③

刑部在乾隆三十年（1765）更曾受过直隶省永清县延案不办的冷遇。原来，是年十月有正白旗蒙古都统讬恩多手下的原任赞善色臣，呈控卖出家奴八斤儿、二小子等，将自己祖上遗留下来的一所永清县庄屋盗卖，并将其父子打伤等情。据此，刑部当于十月二十五日牌行永清县，提取犯证人等速即赴部州质讯。永清县近在京畿，公文原可朝发夕至，不料该县置若罔闻，经刑部两次严催，四十多天后即十二月初十日才姗姗回复，而且声称案犯八斤儿、二小子于未奉票拘之前已经外出无踪，证人刘万禄年逾七十，患病卧床不能到案。对此，刑部很是委屈地抱怨，"若不加以惩创，臣部恐直省州县效尤，将至案牍堆积"。④ 对刑部和涉及八旗官员的词讼尚且如此，不难想见其对普通百姓的田土户婚等"细事"的态度。此事虽属特殊个案，但也可见微知著，从中窥见州县词讼堆积问题的严重性。

各省对州县积案不结的情况也是直言不讳。广西巡抚孙士毅在乾隆四十九年（1784）抵任检查案卷后，曾抱怨说"检查未经详结事件，尘积累累。巡抚批行之案尚且如此，其本衙门自理词讼，任意延搁不问可知"⑤。江西的相关记载更多一些，官书《西江政要》承认"江省积习相沿，案件

---

① 州县词讼尘积虽是普遍事实，但也有个别例外。如赵翼说他在广西镇安任知县时，那里就是民淳讼简，"前后在任几年，仅两坐讼堂……此中民风，比江浙诸省，直有三四千年之别"，参见赵翼《檐曝杂记》卷三"镇安民俗"，中华书局，1997，第45页。
② 指命盗案件，因为州县官于查勘检查后，须将案情报告各级上司衙门（督抚藩臬道府等），谓之通禀或通详。如《大清会典》规定"若命案，若盗案，得报即通详"，参见光绪朝《大清会典》卷五五，（台北）文海出版社，1990，第1页。
③ 《清高宗实录》卷二八〇"乾隆十一年十二月戊辰"。
④ 《宫中档乾隆朝奏折》第27辑"乾隆三十年十二月十九日"，第55页。
⑤ 《宫中档乾隆朝奏折》第60辑"乾隆四十九年四月十二日"，第64页。

久延不结"①。曾任江右刑名总汇的按察使范廷楷，在奏折中更具体谈到州县自理词讼的堆积延搁，"窃照江右州县，向来耽逸习疲，自理词讼往往有准无结，累月经年终归尘搁"，并以具体的数字详细解释：

> 自八月开讼，州县三日一次放告，大县每次收状三四十张不等，中小县收状二三十张不等。统计多者每月数百张，少者亦百余张。臣查九、十两月注销内，唯永新知县沈大绥，一月内审结十九起，其余不过审结十余起、五六起，甚至两三起，合计各县应准之词与判结之数，势必累月经年，终归尘搁。②

该省巡抚明德亦曾说起州县对自理词讼的态度和危害，"一切户婚田土等事，无不关系民生。地方官玩不清理，因而滋生事端酿成人命者，往往有之"。湖北的情况似乎更严重，据按察使雷畅反映，不仅经年累月迁延不结，即使上司屡催严查，也多空言塞责。酿成大案后，又复多方掩饰。③

浙江省的情况类似。该省沿海沙地涨落不定，易起争端。而州县官员、场员，或任意迁延不为速办，或不谙定例辗转稽延，或州县袒护百姓、场员袒护灶户，即使勘丈亦多未能公允。巡抚福崧上任后屡屡碰到因此而越讼之事，备查原案竟有拖延数年而不结者。④

久任多省巡抚的陈宏谋则进一步分析了州县积讼的多种深层原因，"办理案件唯事拖延。事之小者以为无关考成，任意拖延。事之大者，则又畏惧苟安，止图借故推延，不顾案久难结。至于自理词讼外结之件，则又以为上司无案，一时查察不及，益得经年悬宕"⑤。

二　大量命盗积案的佐证材料

在直接的自理词讼例证之外，州县主官对关系考成的命盗重案亦迁延不结，从侧面更可强化证明其对无关考成的自理词讼的态度和作为。这在

---

① 《西江政要》卷一《解审案件立法催办》，按察司衙门刊，经历司藏板。
② 《宫中档乾隆朝奏折》第9辑"乾隆十九年十月十九日"，第804页。
③ 《宫中档乾隆朝奏折》第23辑"乾隆二十九年十一月二十七日"，第313页。
④ 《宫中档乾隆朝奏折》第60辑"乾隆四十九年四月十一日"，第53页。
⑤ 一档馆藏乾隆朝朱批奏折，湖北巡抚陈宏谋，档案号04-01-11-0003-001。

乾隆皇帝的谕旨中有大量明确的例证。

（乾隆三十六年，广东）据永德参奏，兴宁县郭齐仁致死黄化五一案。案经六载，官易七任，前讳后纵，上下因循，几致凶犯漏网。现任知县李兆吉，瞻顾前官，固执意见，并不细心推鞫。知州杨桑阿两次率转，始终袒庇。请将李兆吉革职，杨桑阿交部严加议处。①

（乾隆五十二年，湖广）此案于乾隆四十三年，即经事主具报被盗。该守令等俱不上紧审办，上司亦未查催，任意迟延，几及十年之久。足见湖北吏治废弛已极，不可不严加惩创。②

而且，外省督抚在奏折中并未回避州县命盗重案大量堆积的严重问题：

（山西巡抚胡宝瑔，乾隆十八年）臣上年到任，检查未结命盗重案，不无托故迟延借病悬搁者。州县疲玩，甚有屡经催审，事阅数年而未结者。③

（署理两江总督鄂容安，乾隆十八年）外省疲玩成习，寻常命盗等项案件，亦多迁延不结。每至日久案情变幻，犯证拖累。……是以州县无所畏惧，每于初参之后，即以人犯患病具详。虽有委验取结之例，而同官彼此相护，亦从无以捏病攻发其弊者。④

（广东巡抚鹤年，乾隆十九年）粤东刑名案件繁多，各属详报等案，依限审拟者固多，而迟延逾限者正复不少。⑤

（湖北巡抚张若震，乾隆十九年）湖北并无参案未经审结，唯各属

---

① 《清高宗实录》卷八九五"乾隆三十六年十月乙未"。
② 《清高宗实录》卷一二七六"乾隆五十二年三月辛未"。
③ 《宫中档乾隆朝奏折》第5辑"乾隆十八年五月六日"，第267页。
④ 《宫中档乾隆朝奏折》第5辑"乾隆十八年七月二十日"，第853页。
⑤ 《宫中档乾隆朝奏折》第8辑"乾隆十九年六月二十五日"，第899页。

历年通报命盗等案，或因犯未全获，或因犯证患病，有司借此迁延，致案悬未结。①

（安徽巡抚卫哲治，乾隆十九年）逾限之案，唯州县为甚。而借词延展，又唯因公外出，及监犯患病为多。②

（河南巡抚阿思哈，乾隆二十九年）臣上年抵任后，见臬司揭参缉凶不力职名之案甚多。详查案件，除远年者不计外，乾隆二十四年以后，各属验报不知姓名男子，被勒被伤身死之案，积至百十余名，其中勒死者即有五十余名，并无一案拿破。③

迨至晚清积案现象有增无减。句世臣曾言及道光年间，江浙各州县均有积案数千，而积案较多之省则多达十余万起。案件积压的时间少者三五年，远者十余年，长期延宕不结。同治年间，据曾国藩统计，"直隶全省未结同治七年以前之案，积至一万二千起之多"。丁日昌描述江苏积案情形，"案牍日积日多，甚至有窃案延搁十余年未经审定，遣犯例限久满仍淹禁在狱者"。④

第三节　抚司等员处理小民越讼案的复杂态度

在陈述州县词讼尘积事实的基础上，本节将进一步考察清代外省督抚两司等省级司法主体处理州县小民越讼案的复杂态度（张力与合力），具体以晚清地方典型官僚樊增祥及其《樊山政书》为中心。他们一方面对州县官员因循迟延以致大量积案深刻洞悉，另一方面又对小民扰乱行政程序的越讼行为表示明确反感，彼此之间作用力方向相反，形成明显的张力。同时，又由于两者作用力大小不同，最终表现为对越讼的少有受理和严厉申饬，是为合力。张力与合力，即是清代督抚两司处理州县小民越讼的复杂

---

① 《宫中档乾隆朝奏折》第 9 辑 "乾隆十九年六月二十六日"，第 16 页。
② 《宫中档乾隆朝奏折》第 7 辑 "乾隆十九年二月六日"，第 539 页。
③ 《宫中档乾隆朝奏折》第 22 辑 "乾隆二十九年八月十六日"，第 399 页。
④ 李文海：《清代积案之弊》，《中国党政干部论坛》2009 年第 8 期。赵晓华：《晚清狱讼制度的社会考察》，中国人民大学出版社，2001，第 82～83 页。

态度，其中张力是过程，合力是结果，而对动态过程的摹绘和探析，正是历史研究的旨趣所在。[1]

为什么要选取清末樊增祥的案例呢？樊增祥（1846—1931），湖北恩施人，光绪三年（1877）进士，曾任陕西藩臬两司、江宁布政使并护理两江总督印务，长于剖断自理词讼，每有听讼千人聚观，尤其擅长剖断家族成员、乡邻之间的细故诉讼，"尤能指斥幽隐……听者骇服，以为炯察而得实"[2]。因此，其躬身所治之判牍广为流传，常常是"每一批词挂发，吏民传写殆遍"，李慈铭更称其判词"别是人间一种文字"，同时樊氏本人亦云"自有心得"[3]。其所著《樊山政书》公牍时间集中于1901—1910年，虽正是清末民初时局内外交困、修律改制如火如荼之际，然批词字里行间仍流露出儒家正统思想的深厚影响。此外，《樊山政书》中对小民越讼的批词很是集中。

一 张力：洞悉积案和严饬越讼

《现代汉语词典》对"张力"一词的定义是：受到拉力作用时，物体内部任一截面两侧存在的相互牵引力。[4] 简而言之，即作用于同一物体的两种方向相反的作用力。具体到清代两司等省级司法主体对州县小民因自理词讼而上控到省的复杂态度，一方面深刻洞悉州县官员因循迟延以致大量积案甚或审断不公的现实，同时又明确反感、严厉斥责小民扰乱行政程序的越讼行为，两者之间作用力方向相反，形成明显的张力（具体如图2-1所示）。下文对两个构成要件的详细剖析即以樊增祥及其《樊山政书》为中心展开。

洞悉积案 ⟵ 州县自理词讼 ⟹ 严饬越讼

图2-1 清代越讼张力示意图

---

① 魏淑民：《张力与合力：晚清两司处理州县小民越讼的复杂态度——以樊增祥及其〈樊山政书〉为例》，《河南社会科学》2013年第8期，人大报刊复印资料《中国近代史》2013年第11期。

② 余诚格：《樊山集序》，光绪十九年刻本。

③ 樊增祥著，那思陆、孙家红点校《樊山政书》"代前言"，中华书局，2007，第2~3页。

④ 《现代汉语词典》（第7版），商务印书馆，2016，第1649页。

(一) 洞悉州县积案

张力的构成要件之一是对州县多积案不结或审断不公等弊政的深刻洞悉和批评督催，这也是能够形成张力的前提与基础，大量积案延搁加之审断不公，使得坚信自己冤屈未得申雪的百姓客观上有理由越级上控。透过樊增祥所批大量上控到省的州县自理词讼，不难看出他对陕西省州县积案等弊政的深刻洞悉，具体表现形式为批评、质问、叮嘱和督促。

> （批咸宁县生员刘德睿控词）此案于四月二十二日，经西安府批饬咸宁县，会同办赈委员会秉公重讯。何以逾时两月，未据禀覆？……且原、被近在咫尺，不难立刻传讯质究。该守令等勿再因循，切切！①

其中不但有对咸宁县迟延不办的批评与质问，更兼之苦口婆心的催促与叮嘱。

> （批长安县民任益谦呈词）家庭不睦，讼属寻常，何至传案数月，一堂未过？仰长安县于五日内，集讯断结举报，勿稍延袒。②

这是在批评长安县作为陕西通省首县而对寻常讼案悬搁数月不问，并催促于五日内从速审结。类似者又如批咸阳县崔鼎铭越讼一案，更有严厉的质问和撤职的警告：

> （批咸阳讲生崔鼎铭控词）此案行提多日，而梁令延不传结，反上禀为赵钧请奖，本司真不解其是何居心？此案著限三日解省质审，倘再延抗，定将梁令撤任。③

南郑县令则将家产讼案尘积数年，难怪樊增祥会反问他"所司何事"，

---

① 樊增祥著，那思陆、孙家红点校《樊山政书》，中华书局，2007，第3页。
② 樊增祥著，那思陆、孙家红点校《樊山政书》，中华书局，2007，第17页。
③ 樊增祥著，那思陆、孙家红点校《樊山政书》，中华书局，2007，第33页。

并责令一堂断结：

> （批南郑县民毛集鸿控词）……此等家庭争产之案，听其蔓讼数年之久，不知南郑县所司何事？仰汉中府提集人证，一堂断结。①

渭南县则非但偷懒悬案三月不办，还存在审断不公的嫌疑：管押原告，并且逼令私和。

> （批渭南县民妇王方氏呈词）再查余令本非糊涂无用，唯身任大使，一味懒惰，以寒士出身之人，而官场习气太重，深为本司不取。即如此案，杀此一家二命，而初禀即有意朦胧，又将原告管押三月之久，逼令私和，究竟是何意见？此案非张令炳华前往审讯不可，并仰西安府知照。②

白河县令更是明显审断不公，糊涂任性，以至深知十讼九虚的樊增祥竟然表示，要破例受理并亲自审讯：

> （批白河县文童彭金鳌呈词）本司甫离赤紧，深知上控之案，十讼九虚，从不轻率准理。独此案查阅前后情节，张令可谓荒谬万状矣！……该令糊涂任性，竟将人嫡派子孙立时斥逐，祖遗家产官民平分。如此断案，争继者欺天夺嗣，问案者坐地分赃，直是强盗做官，良民尚有生路乎？此案恐非兴安府所能了……听候本司亲讯判断。③

下面所批三原县呈词，则进一步流露出他对州县及以上弊政的不满：该县对钱债等小事尚且拖延不结、审而不公，以致小民赴省越讼，结果给自己增加了不必要的麻烦。他更是担心，如若通省州县都像这样对词讼、案件不尽职办理，最后把问题推给省里，抚司被动面对大量在正常司法和

---

① 樊增祥著，那思陆、孙家红点校《樊山政书》，中华书局，2007，第 62 页。
② 樊增祥著，那思陆、孙家红点校《樊山政书》，中华书局，2007，第 95 页。
③ 樊增祥著，那思陆、孙家红点校《樊山政书》，中华书局，2007，第 8 页。

行政程序外突然而至的越讼百姓，更会不堪其苦。

（批三原县民刘扶九呈词）欠债还钱，何须提升追比……仰西安府转饬德令，迅速覆集断结。此案经手借钱者，如果系张鸿恩，则程生员自不得恃衿顶案。做州县者，于此等极没要紧案件亦致上控，尚复何所底止耶？速结勿延。[①]

尤其是最后"于此等极没要紧案件亦致上控，尚复何所底止耶"，一语道破了省级大员的心声。

州县官既然平时尘案不结或草率了断，则不得不在须按月上报的自理词讼循环簿上动手脚，或拖延晚报以至不报，或随便罗列几案了事，这些伎俩自然逃不过牧令起家的樊增祥。[②]

（批宁羌州赵牧月报自理词讼清册）人皆谓该牧懒于坐堂，并懒于相验。今观来册，尽冬月一月，仅得此稀松平常一案，足见人言并非无因。此批登报，俾知愧励。[③]

（批临潼县李令月报自理词讼清册）查各属月报自理词讼，大率类列两三案塞责，事皆极没要紧之事。问案者易了结，造册者亦易申叙。若情节稍多、供证较繁，即不肯造报。……此月报所以半属具文也。[④]

（批石泉县词讼册）各属月报大抵两三案居多，本司是过来人，岂不知某州某县每月当有若干案？……更有庸滑州县，臆度本司公事如

---

① 樊增祥著，那思陆、孙家红点校《樊山政书》，中华书局，2007，第199页。

② 樊增祥以光绪三年（1877）进士出仕，曾"宰渭南六年"，当时即长于听断，后累官至陕西按察使、布政使及江宁布政使。需特别解释的是，《樊山政书》后十卷出现了不少对州县月报自理词讼清册的积极评价，可以这样理解：从数量统计上看，陕西省有州县七十多个，批结清册涉及的州县约有四十五个，多数只是出现一两次，反复出现的州县仅有十来个，如临潼、朝邑、城固、洛南、山阳、扶风、咸阳、石泉、澄城和蒲城等。它们的守令给藩桌的印象多是判案持平公允、文笔老到，并选择典型案件登入邸报以彰断才。个别懒于断案或审断糊涂者，也特别指出以兹惩戒。这样奖勤罚懒，颇有以两头带中间的寓意。

③ 樊增祥著，那思陆、孙家红点校《樊山政书》，中华书局，2007，第326页。

④ 樊增祥著，那思陆、孙家红点校《樊山政书》，中华书局，2007，第278页。

猾，不报岂能察及，报则转恐挑驳。此则不但是少报，而且直头不报。此皆糊涂之甚者也。本司于各属月报案件，所以不惮烦劳，随到随阅、随阅随批者，正欲观同寅之断才，查百姓之冤否。……而庸者滑者、不中用者，不明此理，或少报或不报，自以为十分得计。殊不知本司视之，直一言以蔽之，曰糊涂。①

樊增祥以"过来人"的经验和臬司的口吻，不但揭穿了州县少报、不报自理民词的把戏，严厉斥责这些"小聪明"表象下的糊涂，并警告、威慑这些州县官日后再不可欺罔行事。

（二）严饬小民越讼

张力的另一要件是对小民大量越讼行为的明确反感、严厉申饬甚至惩罚，而且其作用力比起积案要大得多。这里姑且不论儒家"无讼"思想的隐性宏阔影响，樊增祥的批词中常常明确存有某种先定的逻辑假设：即在地方司法流程中，各级主官多能正常履行职责，也就是速审速结且秉公剖断。并由此出发，进一步反问越讼百姓：知县、知府俱明于决断，如果你确有冤情，他们怎么会一概糊涂偏袒对方而不为你申雪冤屈呢？若果有冤屈，为什么当时不马上具控到官，却又在几年后一再纠缠越讼不休呢？

这和前面所说对州县积案等问题的深刻洞悉看起来似乎有些矛盾，却恰恰说明了两者确实是方向相反的力量，虽大小不一，仍综合作用形成一定程度的张力。这种张力表现为认识和表达的不同层面。作为官场中人，虽然熟谙内部系统的种种弊端，但在对子民百姓言说的文本表达中，还是需要宣之以堂而皇之的言辞，以维护官方的权威和形象。②

樊增祥批词中对州县小民越讼的整体态度是刁民健讼，虚词上控，不予准理，下文两三例即是典型代表。

（批蒲城县民武赞谟呈词）本司久在关中，深知上控呈词，多虚少

---

① 樊增祥著，那思陆、孙家红点校《樊山政书》，中华书局，2007，第342页。
② 魏淑民：《张力与合力：晚清两司处理州县小民越讼的复杂态度——以樊增祥及其〈樊山政书〉为例》，《河南社会科学》2013年第8期，人大报刊复印资料《中国近代史》2013年第11期。

实，是以从不轻准。①

（批鄜州县民赵鸿源呈词）大凡轻去其乡之客民，与京控、省控之老民，率非善类。②

（批白河县民张肇忻控族叔张雯词）胡说，不准！③

若具体由于田土户婚等"细事"一再越讼不休，除所告不准外，更严厉申饬并警告以律例中的严厉规定。对情节恶劣者，则行令尽法惩治以儆效尤。

（批渭南县李世德控词）此等田土官司，自应在县呈控，越渎不准。④

（批定远厅民妇李张氏控词）为田土买卖之故，与族众结讼不休，辄欲本司提人于千里之外，居心阴毒已极，不准。⑤

（批白河县民潘裕后控词）尔见白河彭金鳌之案，有本司提审平反，是以仿照具控。殊不知案情各有不同，本司毫无成见。尔所控不过数十串钱之事，岂能千里行提？……尔如实有冤抑，即回县具控，勿得越渎干咎。⑥

（批紫阳县民马家骏控词）尔以紫阳县民，不远千里来省上控，而所控者，无非买卖田地钱财胶葛之事，辄敢指控被证九人之多。其健讼拖累，已可概见。本应惩责押递，姑宽申饬。⑦

---

① 樊增祥著，那思陆、孙家红点校《樊山政书》，中华书局，2007，第8页。
② 樊增祥著，那思陆、孙家红点校《樊山政书》，中华书局，2007，第151页。
③ 樊增祥著，那思陆、孙家红点校《樊山政书》，中华书局，2007，第3页。
④ 樊增祥著，那思陆、孙家红点校《樊山政书》，中华书局，2007，第63页。
⑤ 樊增祥著，那思陆、孙家红点校《樊山政书》，中华书局，2007，第4页。
⑥ 樊增祥著，那思陆、孙家红点校《樊山政书》，中华书局，2007，第33页。
⑦ 樊增祥著，那思陆、孙家红点校《樊山政书》，中华书局，2007，第3页。

（批临潼县举人陈石铭呈词）尔忝贤书，以细故阋墙，兄弟构讼。县案已结，辄复省控，控而不准，盘踞省城，连控十一次。今已腊月二十四日，犹复拦舆喊禀，暂不回家过年。腠腊之际不修，讦告之心愈急，此等举人理应斥革。唯值封印期内，一切公事停办。尔如知机，早早回家度岁为妙。①

（批咸阳县民沈隆、杨治福等控词）尔沈隆著名健讼，往往事不关己，借案害人。本司痛恶刁民，严治讼棍，岂能任尔刁诬？仰西安府查明沈隆历年讼案，照讼棍办罪，以除咸阳之害。②

（批长安县民定清桂禀词）胡说！尔父痰迷枉告，事或有之，试问赌具从何而来？尔父首告赌匪，甚属可嘉。尔身为人子，故反尔父所为，庇护赌匪，反指尔父痰迷，实属不孝之尤，法当杖毙。仰西安府将定清桂，一并严拿到案，尽法惩治。③

（批咸宁县文童田禀钧呈词）尔一童生，失窃两次，上控词气猖狂若此，绝非安分之徒。……前既自不小心，后又小题大做，屡催屡控，意在挟制赔赃。今事越五年，官经六任，忽而数年不控，忽而一月数催。试问几本破书，失去五年，岂有寻获之理？……倘再到各衙门具呈催案，即发咸宁县痛笞百板，枷号一月，以为健讼无知者戒。④

在这些申饬、警告和惩罚的话语中，还用心良苦存有对官方尊严的捍卫以及对官员形象的维护。毕竟官民泾渭分明，官场的“家丑”不可外扬，不能随意在普通百姓面前承认，反而需要树立官员的正面形象。

（批渭城县民任全仁呈词）各情如果属实，何以控县控府，各印委

① 樊增祥著，那思陆、孙家红点校《樊山政书》，中华书局，2007，第181页。
② 樊增祥著，那思陆、孙家红点校《樊山政书》，中华书局，2007，第49页。
③ 樊增祥著，那思陆、孙家红点校《樊山政书》，中华书局，2007，第104页。
④ 樊增祥著，那思陆、孙家红点校《樊山政书》，中华书局，2007，第134页。

均不尔直。……近来上控呈词，动以朦胧枉断、冤难县伸等词，渎求提省，以快其拖累之愿。①

（批镇安县民阮明有呈词）商州尹牧断案，其明决胜于本司，岂能曲庇属员，冤屈百姓？毕竟该牧提审此案，已否断结详销，仰该房检卷送阅。检查商州本年二月详册，尔受阮贤煌指使，强欲取赎刘忠庆死顶之地，控州控省，蔓讼不休。贪妄习诬，实堪痛恨，兹复砌词越渎，仰咸长两县将阮明有传案，押发商州，交尹牧重加朴责，递回镇安。②

（批咸宁县民谢文才呈词）尔房屋为黄姓霸占，问官不问情由将尔责打。判云："房归黄姓，兴利二十年，改准六年。"令人不解。天下容有霸房不腾之佃户，断无此糊涂之委员。既经控府，改发长安审讯，何必多此一控？仰赴长安投案，勿狡。③

（批客民田其元控词）定远厅沈丞长于听讼，民不能欺。尔如实系含冤，岂有屡控屡驳之理？……以本司揣之，必系尔叔生前早已立继，尔与尔叔一秦一楚，渺不相关，不但踪迹阔疏，而且音书断绝。今尔叔身故，突欲收其遗业，遂以霸继为词，无怪该厅不准也。本司深知客民上控十呈九虚，从无批提之事。尔趁早回家，不必妄想。④

（批蒲城县民杨春苔控词）一面之词，殊难凭信。既经控县有案，自应由县断结，以省拖累。新任蒲县李令，廉明果毅，绝无瞻徇，仰即回县催案。⑤

若有百姓以官方"家丑"为由抓住"小辫子"越讼不休，甚或指手画

---

① 樊增祥著，那思陆、孙家红点校《樊山政书》，中华书局，2007，第102页。
② 樊增祥著，那思陆、孙家红点校《樊山政书》，中华书局，2007，第157页。
③ 樊增祥著，那思陆、孙家红点校《樊山政书》，中华书局，2007，第6页。
④ 樊增祥著，那思陆、孙家红点校《樊山政书》，中华书局，2007，第123页。
⑤ 樊增祥著，那思陆、孙家红点校《樊山政书》，中华书局，2007，第79页。

脚擅自提出该如何办理，则更是省级大员万万不能容忍的，因为这是百姓对官方权力的僭越和侵犯。

（批石泉县民吴兴武控词）呈尾谓"吕令清册多是具文"，此因本司前札饬兴安府，谓"吕令造费清讼册籍，荒唐敷衍"，而遂援为口实，冀激本司之怒，准尔呈词。尔之熟衙惯讼，亦可见也。试问吕令造册不实，尔一细民从何得知？不准，并饬。[1]

（批江宁县孀妇杨李氏呈词）尔等身为苦主，缉凶不获，宜其呈催，然立言须有分寸。词称斥革陈泰，另差干役，不消十日，必获徐麻子等语。百姓指挥官长，官长即奉令承教乎？尔等须知命案不获凶手，做官者比尔等更急十倍。若如此呈催，俨然替官做主，正恐欲速反缓耳。[2]

第一例的要害不在于越讼本身，而是石泉造报自理循环册簿不实，原是臬司作为上级对牧令的内部批评，竟被吴兴武援为口实。接下来江宁县杨李氏则更进一步，"词称斥革陈泰，另差干役，不消十日，必获徐麻子等语"，百姓指挥官长，俨然替官做主，本质上就是对官方权力的侵犯和僭越，难怪樊增祥说"立言须有分寸"。此"分寸"亦即官民之间明确的身份和权力界限，即使官方行使权力时会有这样或者那样的问题和弊端。

二 合力：处理结果和批词基调

张力是过程，合力是结果。位处张力两端的洞悉州县积案和严饬小民越讼，由于作用力大小不同，最后表现为对州县小民越讼少有受理并严词斥责（具体见图 2-2）。

统计《樊山政书》中对州县越讼事件的最后处理意见，主要有四种：（1）田土细事虚词好讼，不予受理并严厉斥责，此类数量最多；（2）在严饬刁告越诉的同时，责令依照正常司法和行政程序，回归州县投案；（3）严

---

[1] 樊增祥著，那思陆、孙家红点校《樊山政书》，中华书局，2007，第 4 页。
[2] 樊增祥著，那思陆、孙家红点校《樊山政书》，中华书局，2007，第 560 页。

饬之余, 为慎重案情起见, "批发"① 府县覆核案情虚实, 坐虚者严惩, 坐实者秉公剖断, 其数量仅次于第一类; (4) 部分案件亲自审理, 尽管如此, 其批词仍秉持强烈反对越讼的严厉口气。表 2 - 1 即是对《樊山政书》中越讼批词较为集中之前十卷的分类统计数字。

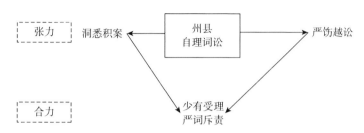

图 2 - 2 清代越讼从张力到合力示意图

表 2 - 1 《樊山政书》前十卷越讼案件分类统计结果一览表

卷次/类别	(1)	(2)	(3)	(4)
一	19	6	15	7
二	5	1	8	6
三	14	1	8	10
四	13	5	10	11
五	7	2	10	2
六	8	2	17	7
七	4	–	–	2
八	–	–	1	–
九	1	–	–	1
十	1	–	–	–
数量小计	72	17	69	46
比例统计	77% (其中第一类占比 35%)			23%

资料来源: 樊增祥著, 那思陆、孙家红点校《樊山政书》, 中华书局, 2007。

以上统计结果大体证明了张力之后的合力。多数结果是掷回原词, 根本不予受理, 或要求回到州县呈案或催促, 也就是回归到正常的司法流程和行政顺序办事。即使批发到府州, 也是要求下级官员先核实是否虚词妄

① 此 "批发" 自非现代之商业行为, 意指藩臬对讼词做出批示, 并发到某处府州审理经办。

告。特殊情况破例受理并亲自审断，也不忘斥责越渎上控。总之，无论何种结果，字里行间批词的基调多是对虚词刁告、缠讼的严词斥责。

樊增祥虽是晚清官员，然其处理州县小民越讼的这种态度在清代是一脉相传的。如康熙著名清官于成龙也认为，为官者"不可立意为民洗冤"，否则时间一长"稍拂其意，而肆行无忌，恐开刁诈之渐"①。乾隆年间，江苏按察使钱琦对吴中小民越讼不休种种情形的描述，也明显流露出省级大员对百姓不按"规矩"办事、扰乱正常司法程序和权力流程的反感：

> 其中有未赴州县控理，先行上控者。有甫赴州县控理，复行上控者。有州县已经批结，忽又上控者。有原告控准州县而被告上控，冀图批发以制胜者。甚有诘讼多时，系案外之人代为控告，而原告正身尚未知晓此事者。②

综上所述，在清代两司等省级司法主体处理州县小民越讼事件时，呈现出较为复杂的整体态度，表现为张力（过程）与合力（结果）。一方面对州县官员因循迟延以致大量积案深刻洞悉，另一方面又对州县小民的越讼行为表示明确反感，彼此之间作用力方向相反，形成明显的张力。同时，又由于两者作用力大小不同，最终表现为对越讼的少有受理和严厉申饬。究其根源，何以至此呢？其实，这也是在具体追问省级大员对州县小民越讼因何如此强烈反感。在传统儒家无讼思想的隐性宏阔背景影响之外，大体包括三个方面的主客观原因。

第一，律例明文禁止。这使得州县及以上各级官员（包括督抚两司等省级司法主体）反对小民越讼的立场，具有明确的法律依据。《大清律例》明确规定："凡军民词讼，皆须自下而上陈告。若越本管官司，辄赴上司称诉者（即实亦）笞五十（须本管官司不受理，或受理而亏枉者，方赴上司陈告）。"③其后详细规定了27条例文，其中第14条又云："词讼未经该管衙门控告，辄赴控院司道府。如院司道府滥行准理，照例议处。

---

① 蔡芳炳、诸匡鼎编《于清端公政书》，（台北）文海出版社有限公司，1976，第101页。
② 《宫中档乾隆朝奏折》第22辑"乾隆二十九年八月十七日"，第448页。
③ 《大清律例·刑律·诉讼·越讼（律文本条）》。

其业经在该管衙门控理，复行上控，先将原告穷诘，果情理近实，始行准理。如审理属虚，除照诬告加等律治罪外，先将该犯枷号一个月示众。"①律例所禁正是官员反对越讼最为客观的理由。同时，律例规定不仅指向越讼的小民百姓，官员如若滥行准理又有受严密处分之虞，因此他们在个人意愿上也会倾向于主动规避风险，对小民越讼少有受理甚或不予准理并严厉斥责。

第二，维护权力秩序。这是省级官员反感小民越讼最为根本的主观原因。自理词讼及笞杖轻罪由州县审结并执行，《大清律例》虽然规定如有怨抑须自下而上逐级陈告并明确越讼刑罚，但在实际操作中并没有具体制度保障其刚性执行（而徒刑及以上案件的逐级审转覆核制虽有诸多流弊，然基本按照规定的司法和行政程序逐级稳定流转），大量小民词讼从州县越级上控到省，恰是对地方之州县—府—司—院这一稳定行政程序的冲击，从本质上讲更是对权力秩序的扰乱。显然，这种局面很难让惯于按照程序和品级行事的督抚两司等省级大员满意，这和官员个体是否为清官、是否长于刑名听断没有必然关联。因此，对州县小民越讼无论是不予受理，还是责令回归州县投案抑或批发州县覆审，本质上都是在维护既有的权力秩序，并在一定程度上修复被小民越讼行为破坏的地方行政程序。

第三，减少突发事件。此亦是督抚两司等省级司法主体内心深处反感州县小民越讼的出发点之一。大量越讼小民奔涌而来，激增的突发事件让省级大员们疲于应付。若有拦轿喊冤之事发生，则更让他们不满。这种突发的意外事件，让平素惯于按照行政程序循例办事的督抚两司，瞬间处于尴尬的两难境地：不理，众目睽睽，留下漠视民隐的口实；接状，无形中又是变相鼓励这种破坏"规矩"的非正常行为，大开刁诈之渐，继续审理，又发现多数虚词冀准、缠讼不休。对此，乾隆朝山东按察使蒋嘉铨曾抱怨说，"初至省城，拦轿赴诉者甚多。带至当堂，先审原告，竟有姓名假冒。希图滥准者居其大半，以户婚田土越诉者，亦居其大半"②。

以上对反感越讼原因的分析看似又回到了厌讼、息讼的静态结论，但我们是将其作为张力之后形成合力的一个关节点，不仅呈现结论，更探析

---

① 《大清律例·刑律·诉讼·越讼（例文 14）》。
② 《宫中档乾隆朝奏折》第 32 辑 "乾隆三十三年十月二十六日"，第 602 页。

过程（而且重在动态过程的摹绘与分析），这也正是历史研究的旨趣所在。①

第四节　督抚两司对州县词讼积案的解决之道

面对州县自理词讼尘积的普遍事实，一些督抚、臬司等员积极探求解决之道。如强化监管州县词讼循环簿册、酌量变通农忙停讼成例等直接措施，在此基础上，一些垂意日用民生的督抚，更进一步推究本地讼案大量发生的深层原因，提出具体可行的针对性措施，以求从源头上减少讼案的发生，是为谋求正本清源之道的经世探索。其间，按察使和督抚的对策因职位和立场不同，也呈现出差异化特征。前者作为一省刑名总汇，更多体现出就事论事的刑名技术色彩；而督抚等作为寄任封疆的方面大员，更多着眼地方大局通盘筹划。

一　强化监管州县循环簿册

作为一省刑名总汇，各省臬司对州县的积案负有直接的管理责任。对此，他们多主张直接加强自理循环簿册的监管，显示出就事论事的技术性特点。相比之下，督抚更强调人的主体性作用。江西的情况即是很好的例证。

乾隆十八年底（1753—1754），江西按察使范廷楷基于知府对州县自理词讼循环簿册的监管多流于形式的普遍问题，提出"应请嗣后，每年二月开讼起至四月停讼止，八月开讼起至十月停讼止，除该管知府照例详报外，并将注销循环底簿，于停讼日详送臬司衙门查核"。如发现遗漏废弛等弊，

---

① 从历史回到现实，当代中国积极推进全面依法治国，建设社会主义法治国家，应该如何应对基层群众上访（对应清代"越讼"）呢？或许我们还存有这样的印象，地方政府尤其是信访干部千方百计安抚劝阻，唯恐一不小心本地的"家丑"暴露于上级领导甚或中央，有时候反而是越"堵"越"告"。可见，正如大禹成功治水的道理，解决群众上访根本之计在于疏导而非堵截。习近平总书记在浙江任省委书记时大力倡导领导干部要积极"下访"，变"群众上访"为"领导主动下访"，既然群众有信访诉求，就应该千方百计去排忧，扑下身子去解决，集中处理信访突出问题，从源头上化解各类矛盾。这样不仅为群众解决了实际问题，还有利于培养干部执政为民的思想作风，有利于密切党群、干群关系，着实是一举多得的有益创举。参见习近平《之江新语》，浙江人民出版社，2013，第77~80页。领导积极主动"下访"帮助群众排忧解难，正是全心全意为人民服务根本宗旨的体现，而非传统官僚君主制下的对上级尤其是君上负责。

将该管知府一体查参。这样既强化了按察使对州县词讼的监督，也迫使知府强化加强责任意识。① 次年，又具奏汇报了对州县"每月册报，必为稽实督催"的实际成效，州县每月审结数量较之去年已明显增加。比如前一年永新县一月审结十九起，已经号称最多，而当年八月词讼册内"一月之内，审结多至三四五十起者，已有数县。次则审结二十余起，最少亦审结数起不等"，总之是先前积习已稍觉改观。②

二十九年（1764），江西臬司衙门又从技术上对具体的造报时间提出明确要求："州县循环簿，务须照时按月开填，于下月初五以前，呈送该管府道，确查稽核。而府州道员，即于每月初十以前，遵照原议章程，分别详院送司。"声称定以一定期限，府州会提高警惕、从严办理。③ 按察使的这些直接技术措施效果是否理想呢？关键还在人——主要是州县官的实际执行，否则词讼循环簿册又会成为应付上级而流于形式的虚文，《樊山政书》中对州县词讼循环簿册中种种伎俩的批评就是很好的证明。

相形之下，督抚作为地方最高军政长官和仅次于皇帝的次政治中心，对州县积案的管理多不拘泥于具体技术问题，"察吏安民"的宏观管理特征使他们更着眼于地方行政大局，注重对官员的管理，以人带事，强调人的主体性作用。不同于以上各任按察使，江西巡抚明德作为封疆大吏，就是通过将甚为疲玩、不理词讼的饶州知府杨暹、奉新知县孙似梅题参革职，用雷厉风行的实际行动，警戒其余各属实心办理民间词讼。

> 江西地方民情固属习顽，亦有由地方官疲玩所致者。盖题咨大案，一有迟延，即干参处，地方官自不敢少有迟违。至于上司批查，及自理词讼，虽亦定有限期，而逾限参处者，百无一二。此等自理事件，固非重案，但一切户婚田土等事，无不关系民生。地方官玩不清理，因而滋生事端，酿成人命者，往往有之。
>
> 臣抵任以来，留心清理体察，已将疲玩最甚之饶州府知府杨暹、奉新县知县孙似梅，先后题参革职，各属颇知警惕。其日久未经断结

---

① 《宫中档乾隆朝奏折》第 6 辑"乾隆十八年十一月二十九日"，第 899 页。
② 《宫中档乾隆朝奏折》第 9 辑"乾隆十九年十月十九日"，第 804 页。
③ 《西江政要》卷八《酌定州县呈送自理循环簿期限》，按察司衙门刊本，经历司藏板。

之案，现据各属陆续勘审具详，臣俱按例批结，以期息讼安民。①

如其所言，江西词讼繁多、民情刁顽只是积案众多的部分原因，地方官疲玩也有不可推卸的重要责任，他们对无关考成的自理词讼，任意延搁尘积以至经年累月不能审结。因此明德将其为疲玩的府县官员题参革职，一时间其他官员颇知警惕，如其所言"其日久未经断结之案，现据各属陆续勘审具详"，正所谓"除疲玩之习，首在清理积案"②。

曾经做过十余省巡抚的陈宏谋则提出，在加强州县自理循环簿册管理的同时，应切实发挥分巡道作为臬司派出机构稽查自理词讼③的作用。分巡道稽查督率州县自理词讼，原本就是部颁定例。规定巡历到州县地方，该道即将讼案号簿提到查核，勒限催审。遇有积贼刁棍衙蠹及胥役弊匿等情状，立即亲提究治。后因所辖之州县多寡、远近不同，一时难以遍历，改为州县将已完、未结各案造册报送巡道查核。日久因循，各州县多虚报已结数案了事，更有全然不报者。有基于此，陈宏谋提出应切实发挥分巡道应有的巡历稽查作用，"庶巡道不为虚设，分巡亦非空行"，首先具体论证了其在路途和时间上的可行性：

> 道员所辖州县，至多不过十余处、二十处，如驻扎之县，正可日日查催，原不待巡方始查。其余各县，遇有因公往县，及查勘公出之事，经过之州县，停骖数日即可查办。其不在沿途者，相离大路亦不过数十里，至远不过一二百里，迂道一行亦自不难，何至惮此一二日之程不肯往矣！④

接下来，如何切实履行并充分发挥其稽查州县自理词讼的应有职责，做到"巡道不为虚设，分巡亦非空行"呢？需要做好分巡放告和提卷造报两点。

---

① 《宫中档乾隆朝奏折》第 19 辑 "乾隆二十八年十月十九日"，第 377 页。
② 一档馆藏乾隆朝朱批奏折，湖北巡抚陈宏谋，档案号 04 - 01 - 11 - 0003 - 001。
③ 当然还包括直隶州本管地方和知府亲辖地方的自理词讼，但以州县自理词讼为主。
④ 徐栋辑《牧令书》卷二三《（陈宏谋）饬巡道清查州县词讼檄》，道光十八年（1838）刊本。

分巡所至，原应有放告之事，凡民间冤抑道远未能赴控者，皆得就近具控，巡道亦可就近办理，应查审者查审，应提卷者提卷，三四日之间即有可以办结之案。是巡道一到地方，是非明白，劝戒昭著，庶巡道不为虚设，分巡亦非空行。办过一县，即将一县先未结而今结者若干，尚有未结者若干，经巡道提审完结者若干，止须简明开单移司报院，则该县未结案件之多少，巡道办结案件之多少，亦有可考。凡一时未能即结者，回署后又复指催，待下次分巡，又为断其虚实。或有赴控者，亦可定其虚实。各属官吏皆知巡道将到，虽极疲玩，亦必上紧审结，胥吏亦必不敢任意延捱。清理词讼之中，即寓策励属员、惩戒胥役之道，不得以州县窎远，不能分巡为言，更不可止令造报，不必分巡也。①

如此既可清理词讼，又能鞭策州县官员且防止胥吏从中作梗。这一方略，自然是深入贯彻了设置分巡道的制度用意。但相应问题随之产生，分巡道能否切实巡历到各处地方，即使巡历到又能否实力查核、催督而不流于形式呢？正所谓"法无尽善"，防一弊或又滋一弊。对此，督抚们仍在考虑应对之道，其中一部分官员更从实际出发酌量变通，甚至探寻能从根本上解决州县积案弊政的治本清源之道。

雍正朝河南巡抚田文镜则倡导"三催之法"，与强化州县循环簿册管理有异曲同工之处。针对各属对于钦部刑名、钱谷等案件漫不上心，听任有司、书办不分轻重缓急，一概束之高阁，提出应立法严饬，按照不同案件的办理期限务必留有余地，提前一定时间办理完毕上报。如果仍然怠玩不结，将一而再、再而三严厉催办，且处分越来越严：

嗣后一切案件，如两个月限者，勒令四十日到院；四个月限者，勒令九十日到院；六个月限者，勒令四个月到院；一年限者，勒令十个月到院。务期多余数日，以留驳查往返地步。如敢仍前怠玩，本都院

---

① 徐栋辑《牧令书》卷二三《（陈宏谋）饬巡道清查州县词讼檄》，道光十八年（1838）刊本。

一催不到,即发二催。二催不到,一面提究经承,一面再发三催。三催不到,如将各属迟延职名报到者,止参属员。如无职名,该管上司一并纠参,决不代人受过。①

该文移于雍正三年四月发出,八月再次严饬各属速完案件,因为各属仍视为具文,并不实力奉行,可见"三催之法"亦非根本之策。

二 酌量变通农忙停讼成例

州县受理民间词讼,向有停讼之说,即五到七月农忙停讼,十一月到正月隆冬岁暮停讼。放告则仅在二月初到四月底、八月初到十月底。总之,一岁之中停讼日多,意在使民休息、安心农本。实际执行的效果如何呢?仍以乾隆朝为例,不少省份的官员陆续指出其僵化之处,要求酌量变通,不拘农忙停讼之例。

> 湖北按察使阎尧熙奏,旧例农忙停讼,本欲安民,而民情反致阻抑不达。应请量为变通,分别缓急轻重,随时酌准以达民情。②

> 刑部等议准,陕西巡抚张楷奏,农忙停讼虽系成例,如婚姻内窥色艾而谋夺,贪财利而改婚,及田土旧荒新淤抢种争获,渠塘水利争引灌溉等情,未便稽延时日。请饬令地方官,立即剖断,不得借词诿卸从之。③

而对此分析最为深入透彻的或许还是陈宏谋,他时任福建巡抚。陈宏谋提出与民休息,应该从他们的实际需要出发,而不是一概拘泥停讼之俗。因为农忙、岁暮之际,恰是田土、钱债、偷窃等案多发之时,正需官方及时剖断。并且,结合福建械斗的恶习,强化官方及时剖断的必要性。且听其所言:

---

① 田文镜撰、张民服点校《抚豫宣化录》卷三上《设立三催之法以警昏惰以清尘案事》,中州古籍出版社,1995,第 132 页。
② 《清高宗实录》卷五五"乾隆二年十月(是月)"。
③ 《清高宗实录》卷八八"乾隆四年三月戊申"。

农忙期内，设有钱债人命、贪赃坏法，以及客欠抢夺等事，仍须官为审理。至隆冬岁暮，正当小民刈获之后，经营卒岁，婚姻、钱债、鼠牙雀角斗殴等项，更须及时审断。此时停讼乃俗说，而非定例也。况闽省民俗习悍，逞强好斗，胥吏作奸。讼事到官，不为审理，胥役趁机吓索，纠众逞凶，伤命拒捕，一切大案皆由于此。①

更鲜明提出"所谓与民休息，全在遇事为之拘审断结，釜底抽薪，不在粉饰苟安，务虚名而贻实害"的观点，认为休养生民之举，不应成为官衙乘机偷闲的借口。不仅仅是纸面理论，陈宏谋已然在闽省付诸行动。

臣已先期通饬各属，隆冬不许停讼，岁暮正须理事。……倘有习于懒玩，借称停讼不理民词，及有告不批，批准不审，审而不结，拖累小民，至酿事端者，臣即特疏纠参，总期上下衙门，各各有为民申冤理枉之心。②

从实际出发不拘农忙停讼一事，陈宏谋从理论到行动，字里行间均彰显出务实的经世特征，受到了乾隆皇帝的表扬。

广西巡抚李锡秦也持有类似的观点，提出"时届农忙，例应停讼以省差扰。而事关紧要，原仍应查办"。在具体操作层面，又紧密结合广西地方的实际，深化农忙季节不可一概停讼的必要性。第一，本地夏季小民易发窃案。现在虽暂时安静，不可不预为防范。第二，夏秋时节多有聚众斗殴争水之事。本年虽雨水充沛，亦不可大意从事。否则稍微稽迟，不但误耕，更易酿成人命。因此，已经通饬各道府，如有因水相争者，从速查勘秉公剖断。如借口停讼迟误酿成事端，即行查实揭参。最后再次强调"不得借口农忙之名，反为官逸之计"。虽然是针对盗窃、械斗等要案，但和自理词讼有异曲同工之妙。③

_____

① 《宫中档乾隆朝奏折》第 7 辑 "乾隆十八年十二月十六日"，第 165 页。
② 《宫中档乾隆朝奏折》第 7 辑 "乾隆十八年十二月十六日"，第 165 页。对陈宏谋应从实际需要出发不拘停讼定例的奏折，乾隆朱批 "好，知道了"，言辞间也是一种赞许，虽不是大张旗鼓予以表彰。
③ 《宫中档乾隆朝奏折》第 8 辑 "乾隆十九年六月十一日"，第 752 页。

三 努力探求正本清源之道

基于如上举措，一些垂意日用民生的省级大员（尤其是督抚）更进一步推究本地讼案大量发生的深层原因，提出具体可行的针对性措施先事预防，以求从源头上减少讼案的发生，而不仅仅于事后被迫应对大量积案，是为积极探求正本清源之道。① 区别于思想家动辄抨击时政、要求推翻现有君主专制和官僚体制的激进理论，他们作为政府大员，更多立足现有制度框架，针对地方行政中的普遍矛盾，提出具体可行的措施，谋求解决现实问题，这种温和的改良风格也是官员经世特征的主要表现。

（一）从源头出发减少田土争端

田土争端是小民词讼的主要根源，相关讼案数量在州县自理词讼总数中又占有较大比例。② 因此，抚司们对正本清源之策的探求，首先是围绕如何从根本上减少田土讼案展开，并且紧密结合本省实际提出针对性建议，这在乾隆朝督抚藩臬的奏折中有诸多例证。

四川总督开泰在奏折伊始，即明确大量民间词讼常因田土争端而起，继而深入剖析本省田土构讼的根源多由界址不清、顷亩不实。每遇两造争讼到官，界址顷数多属牵混不清，少有确切依据，以至叠控不休，常常是刚刚断结旋复翻控，使得地方案牍愈加滋繁，小民也不堪其苦。有基于此，开泰提出针对性的政令，案发时州县官务必亲往踏勘。

> 窃照民间词讼之兴，常因田土。而田土之易于构讼，其中多由界址不清，顷亩不实。地方官办理此等事件，以非关紧要，又往往希图省力，或按文契定断，或凭乡邻讯结，未尽能穷其根底，未杜讼端。是以甫经断结之后，旋复翻控，衙门胥役视为鱼肉，迨旷日持久，妄费不一。虽素称丰裕之家，莫不渐归消乏，地方案牍亦愈以滋繁，殊属有碍。

---

① 或许他们的建议也不能从根本上解决问题，但相对于事后被动面对大量积案，已经充分凸显了先事防范的意识。
② "查州县词讼，田土居其半"，参见福建道监察御史胡定奏折，《宫中档乾隆朝奏折》第10辑"乾隆十九年十二月初二日"，第209页。

臣查川省田土，陆续开垦甚广，缘异籍流寓十居七八，散涣难稽。访之人言，大约所有民间田土之数，不无浮于完粮之数。每遇两造争讼到官，考其界址顷数，率皆牵混，鲜有确据，恒致叠控不休，辗转延累。伏念边疆情形不同，若不设法随时厘正，不特有违任土作贡之义，且豪强狡黠者，得以借此侵占，影射酿讼。臣与司道就川省情形，细为筹酌，期于行之无弊。

嗣后应严饬各地方官，凡于民间控告，一切田土事件，俱不得少存省力之心，务期唤齐原被人等，亲往踏看，认真丈量，再行秉公断结。倘有田土浮于完粮之数者，即分别登记，免其漏隐之罪，照例汇入升科册内详报。①

踏勘丈量后当场明确双方田土界限，不仅可从速秉公剖断，更可防止日后两造不服而迭控不休。这样，如若多数田土讼案能从源头上明确界址清楚审断，自然可以从整体上预防地方讼案的大量重复发生。此外，因四川流民多广为开垦，实际占有土地的亩数往往多于完粮纳税的额数，通过踏勘发现浮冒之数，亦可责令登记升科（纳税）。总之，对减少地方讼案和完纳田粮具有双重好处。乾隆皇帝亦称赞"所见是"，交代徐徐为之。

安徽讼案繁多的一个重要背景则是小民为冒占坟山，扰乱界址以至迭控不休。② 对此，安徽按察使陈辉祖具体提出了同时核对鱼鳞册和完粮凭证，并统一各属丈量弓口的针对性建议，以求从根本上杜绝弊端。原来，徽州、池州、宁国等府百姓在田亩和旧有官地之外，率多经营坟山。为经济利益或争占风水宝地，常常冒占坟山，两造往往私自移界换碑、捏造族谱。历时长久或辗转经手者，界限更是含混不清。具控到官以后，虽有库存山地鱼鳞册可以查对，双方往往拿出族谱、碑文，各执一词互不相让。即使官员亲履踏勘，因为所用弓口标准大小不一，故而一时难以划定界限并速行审断。百姓又以此为借口，到司、到院越讼不休，以至酿成人命，

① 《宫中档乾隆朝奏折》第 12 辑 "乾隆二十年九月二十八日"，第 576～577 页。
② 有关坟山争讼，参见张小也的系列研究：《清代的坟山争讼——以徐士林〈守皖谳词〉为中心》，《清华大学学报》（哲学社会科学版）2006 年第 4 期；《从 "自理" 到 "宪律"：对清代 "民法" 与 "民事诉讼" 的考察——以〈刑案汇览〉中的坟山争讼为中心》，《学术月刊》2006 年第 8 期；《官、民与法：明清国家与基层社会》，中华书局，2007。

大量讼案由此积渐而成。因此，解决坟山（特别是远年坟山）界址混乱的问题，就成了清厘案牍大量堆积、小民迭讼不休的重要突破点，"要在绝其弊混之由，使易于决断，庶案牍渐可清厘也"。具体如何操作呢？

> 请嗣后凡遇民人告争坟山，辗转授受之产，近年者以印契为凭。若远年之业，则查对山地字号亩数库存鳞册，并完粮印串。逐一丈勘，如果相符断令承管。倘与册载不符，或无完粮印串，则所执远年废纸及辈谱，均不足为凭，即将滥控侵占之人，按律治罪。
>
> 库司所存号册，历年长久模糊不清，且无印信。应饬各府州，将号册送省加盖司印，并将模糊毁损之处，补造清楚。再各属弓口，系州县自为制备，度量不一，应由司画一校正。①

陈辉祖的具体建议主要集中于两点。第一，针对双方各有族谱、碑文一时难以剖断的纷扰，认为应同时查对所争山地之字号、亩数的库存鱼鳞册和完粮凭证，两相印证。若与册载不符或无完粮凭证，则所执碑文、族谱等据视同远年废纸不足为凭，并将滥控侵占之人按律治罪。同时考虑到库存鱼鳞册多历时长久、模糊不清又无印信的实际情况，为防止胥吏从中作梗，行令各府州将号册送省加盖司印，并将模糊毁损之处补造清楚。第二，针对各属丈量所用弓口度量不一，提出应送司划一校正并颁发使用。

贵州大量田产争讼不休以致酿成大案的症结之一，是捏造地契真假难辨。署贵州布政使熊释祖由此提出，案发州县即应亲往踏勘查明契约真伪，捏造者予以销毁，属实者发给执照，从而为田土所有权和面积大小提供准确依据，杜绝日后的复行迭讼不休，以省案牍之纷繁。

此外，沿海省份的沙坦（滩）争利是田土词讼的特殊表现形式。如广东一省，每有水生淤坦拦护成田，是为天然之利。虽定例有田十顷者不许报承，且贫民承垦者不得超过一顷，由于新沙出水方向不齐，贪黠之徒每多冒占渔利，以至小民迭控越讼不休。究其根源，广东巡抚钟音认为由于州县官在当初沙坦呈报时没有亲往查勘、明确划定界限，从而为后来刁民侵占提供了可乘之机，以至彼此越讼不休、案牍堆积。故而对症下药，提

---

① 《宫中档乾隆朝奏折》第27辑"乾隆三十二年七月十七日"，第334页。

出要求：

> 应请嗣后呈报沙坦到官，务先绘图呈县，眼同图总钉定四至，印官亲行踏勘明白，毫无疑窦开具确册，给予承垦印照收执。……刁民黠告，即可即时剖断，按情依律从重治罪。①

这样事先在呈报时就划定沙坦四至的明确界限，可从源头上大大减少临事侵占的可乘之机。即使事发，有确切依据及时秉公剖断，也不易形成州县的积案和两造不服原判的越讼不休。此外，浙江巡抚福崧奏明查办涨沙地亩以清积案的建议，与此情况类似，亦被乾隆皇帝表扬并叮嘱实力为之。②

（二）就地方实际提出预防之策

在田土大项之外，各省因民情风俗不同，导致大量词讼的诱因不一而足。典型者江西省有合族大兴祠堂并广置产业的习俗，却往往积渐成为聚讼之薮。对此，巡抚明德奏折中既有对祠堂致讼根源的具体剖析，更有弭端清源的深刻阐述。先听明德上奏的祠堂如何成为聚讼之地，祠费如何成为健讼之资：

> 查各属讼案繁多之故，缘江西民人，有合族建祠之习。本籍城乡暨其郡郭，并省会地方，但系同省同府之同姓，即究敛金钱修建祠堂。率皆栋宇辉煌，其余剩银两置产收租，日积岁多。因而不肖之徒从中觊觎，每以风影之事妄启讼端，借称合族公事开销祠费。县讼不胜，即赴府翻。府审批结，又赴省控。何处控诉，即往何处祠堂，即用何处祠费。是祠堂有费，实为健讼之资。同姓立祠，竟为聚讼之地。欲弭讼端，不可不清其源。③

---

① 《宫中档乾隆朝奏折》第 31 辑 "乾隆三十三年九月二十三日"，第 859 页。
② 《宫中档乾隆朝奏折》第 60 辑 "乾隆四十九年四月十一日"，第 53 页。
③ 《宫中档乾隆朝奏折》第 21 辑 "乾隆二十九年三月二十八日"，第 73～75 页。

既然建祠之风积渐成为词讼之薮，如何从源头上未雨绸缪呢？关键是区别在乡实在祠堂和省府虚祠分类处置，对后者坚决清理以绝讼端。

其建于本乡者，祠堂能够发挥共同祭祀、宴飨联络族谊的实在作用，筹措族费则可教养子弟。通饬各州县查明，有近祖可考且每年举行祭祀仪式的实在祠堂，方才准予保留。其原建于省会和知府所在地方者，多属虚祠。一经查实，牌位、族谱等并行销毁，以绝讼源。因为所建省府祠堂，多虚推远年帝王将相共为始祖，规定凡属同省同府的同姓者，都必须缴纳族费以广修祠堂。更唯祠费是论，以某人是否缴纳族费作为是否编入族谱的依据，结果所修族谱甚为荒谬不经，"出钱者连秦越为一家，不出钱者置亲支于局外"。累积而成的大量族费遂成为好事之徒妄图侵渔、滋事生讼的客观诱因，而祠堂平日闲置又成了奸徒聚集而唆讼、聚赌、藏奸的滋事窝点，甚至查出私铸案犯。总之，屋宇停宿健讼之徒，公财积为逞讼之费，既没有共同祭祀、宴飨联络族谊，亦未发挥教养子弟的作用。明德所说祠堂致讼就是针对这类虚祠而论。对此番禁虚祠以清讼源的独特分析，乾隆皇帝甚为赏识，朱批"识见甚当"，允准照明德所请执行。①

湖广总督永昌则针对湖北省施南府因改土归流后，垦荒流民日渐增多因而田土争讼与拐窃案件日渐纷纭，以至案牍纷繁的现实需要，提出章程双管齐下：一方面着眼长远，严格制定日后外地流民给照入境的规范性制度；另一方面加强对境内现有流民的甄别与稽查，以便从源头上预防大量讼案的堆积。

请嗣后有外省及各属人民，情愿赴施置业佣耕者，应照入川给照之例，务令开造眷属、户口、年貌清册呈报。该本籍地方官，查系良善农民，方准造册给照前往，交与该地方官查验安插，收入保甲一体编查。倘无本籍印照，私自来施者，概行阻逐。

至本地现居落业农民，及工匠手艺人户，凡有夫妻子女者，毋论流寓久暂一体编保。其单身游手之徒，既无来历可查，又鲜室家顾忌，形迹可疑，往来无定，此等之人最为地方滋事。应令各该县，限三月内查明。如有亲邻保结，一体册报。如系无人愿保，递回原籍，不许

---

① 《宫中档乾隆朝奏折》第21辑 "乾隆二十九年三月二十八日"，第73~75页。

仍前逗留。①

以上两条并非一概排斥流民，而是尽量防止外部不稳定性因素的无序流入，并将内部相对可靠者纳入保甲制度以维持结构的稳定性。这样，里应外合从根本上预防讼案的发生，而不是在大量发生堆积后被动应付。

当然，在饱受儒家思想熏陶的地方大员看来，从源头上预防、减缓积案，根本之道还是平时对百姓多加教化劝导，以期民风淳厚。仍以陈宏谋为例，其《五种遗规》着眼点就是教化亲族百姓，辑古今嘉言懿行，分门别类辑为遗规五种。其中《训俗遗规》四卷，直接源于他担任江苏按察使的经历。当时狱讼繁多，他颇有感触，认为"古今之治化，见于风俗；天下之风俗，征于人心。人心厚，则礼让兴而讼端息矣"，遂整理有益于化民成俗的名言故训刊布民间，专门收录有关劝导平情息讼、乡约当遵、宗族当睦、争讼当止、邪巫当禁等内容。②

不仅是针对自理词讼，对于影响地方稳定的其他刑名问题和地方行政中的农、粮、漕、盐等方面，一些督抚也深入探讨现象的根本原因，并努力探求能从根本上解决问题的正本清源之道。他们的作为不仅属于地方行政范畴，有些已表现出对民生日用的深切关注和积极力行，从而他们也构成 18 世纪经世学派的主体。

---

① 《宫中档乾隆朝奏折》第 4 辑 "乾隆十七年二月初二日"，第 461～462 页。
② 《五种遗规》具体包括《养正遗规》《教女遗规》《训俗遗规》《从政遗规》《在官法戒录》，各遗规单刻本较多。乾隆八年（1743）经南昌府学教授李安民校集，合刻本始行于世，清末曾用作中学修身教材，流传甚广。参见陈宏谋辑《五种遗规》，线装书局，2015。

第三章 徒流执行：督抚等员与案犯的递解、在配管理及查拿脱逃

在自理词讼之后，本章转向直省督抚等省级司法主体处理徒流案件的作为。重点关注徒流在后期执行过程中的实际问题，主要是递解过程中案犯脱逃的可能性、应该如何防范，如何因地因时制宜、妥善安插人犯并解决其生计问题。还有面对发遣重犯的大量脱逃，君上尤其是乾隆皇帝怎样以此为契机，以法制求吏治，如何急切严厉教诲外省督抚实心行事，各省督抚大员又是怎样回应行动。

这样处理的主要缘由有二。其一，就刑罚本身的性质而言，徒流之刑重在后期执行。《广雅·释诂》曰"徒，使也"，《清史稿》的进一步解释是"徒者，奴也，盖奴辱之。明发盐场铁冶，煎盐炒铁。清则发本省驿递，其无驿县，分拨各衙门，充水火夫各项杂役，限满释放"[1]。关于流刑，《正义》有载"流谓徙之远方，放使生活，以流放之法，宽纵五刑也"[2]。其二，本书主旨侧重静态制度规定之外的动态运行过程，因此徒流案件在后期的实际执行自然是关注重点。需要特别说明的是，充军和发遣系从流刑中衍生而来以加重刑罚的闰刑[3]，这里一并予以讨论。

通过重点介绍后期执行中的递解、安插谋生和捉拿逃遣等一系列问题，本章的主线有二。其一，地方行政。督抚等省级司法主体面对司法实践出

---

[1] 赵尔巽等：《清史稿》卷一四三《刑法二·五刑》。吴吉远：《清代州县政府管理在配人犯的职能》，《辽宁大学学报》（哲学社会科学版）1998年第4期。

[2] 沈家本撰，邓经元、骈宇骞点校《历代刑法考·刑法分考十》，中华书局，2006，第一分册第267页。

[3] 在清代的刑罚体系中，笞、杖、徒、流、死是五种正刑。此外，在律例之内还有辅助正刑的闰刑，其中与流刑相关的闰刑包括迁徙、充军和发遣，前两者为承袭明代，发遣系清代独创。其中迁徙较流刑为轻，实际运用也较少。充军较流刑为重，乾隆三十七年（1772）兵部编有专门的《五军道里表》。发遣在流刑中刑罚最重，仅次于死刑，主要发往东北和西北边疆地区。部分参见李兴盛《中国流人史》，黑龙江人民出版社，1996，第634~635页。

现的现实问题，着眼地方行政大局，因地、因时制宜酌量调剂，其间督抚与臬司处理具体问题的态度，因职位和立场不同而略有差异。但由于清代流放刑罚的制度性瓶颈（具体分析请见本章最后一节），并不能从根本上解决问题。其二，君臣关系。透过对查拿逃遣动态过程的细致摹绘，呈现乾隆朝君臣关系的鲜活画面，剖析双方关系在君上"乾纲独断"传统认识下的复杂状态。

第一节　徒流案件的审转覆核

在五刑体系中，徒刑是对较轻刑事犯罪的刑罚。徒刑分为五等，且与杖刑并罚，自杖六十、徒一年起，每等加杖十、刑期半年，至杖一百、徒三年止。[①]《大清律例》中规定适用徒刑的犯罪行为，大致包括窃盗不满四十两、匿父母及夫丧不举哀、雇工人骂家长、白昼抢夺人财物、尊长被人杀而卑幼私和、奴婢告家长等等。此外，还有一些根据服制、身份调整的特殊情况，如尊长故杀子孙虽然涉及人命，但因关系服制最终不过充徒。而雇工人骂家长虽属区区小事，却也定为徒罪，它们综合反映了清律量刑原则的等级性。[②]

流刑是徒刑和死刑之间的过渡刑罚。隋律正式把流刑列为法定的"五刑"之一，历代相沿。在交通不便的古代，把犯人流放到荒芜的边疆是很严酷的，恶劣的生存环境可能使人失去生活条件。并且流刑没有期限，如无恩赦则永无归还之日。清代的流刑分为二千里、二千五百里和三千里三等，故称"三流"，且皆加杖一百。适用流刑的犯罪行为包括：窃盗一百二十两、白昼抢夺财物并伤人、强盗已行未得财、奴婢过失伤家长、书吏伪造印信诓骗财物。死刑反逆案件受株连的家属也常被处以流刑，使得许多无辜老幼颠沛流离发到边疆。同时，斩绞监候案犯经多年秋审缓决亦有减

---

① 赵尔巽等：《清史稿》卷一四三《刑法二·五刑》。按照清制，杖一百，折责四十执行。
② 本节对徒流军遣刑罚的简介，参见郑秦《清代司法审判制度研究》，湖南教育出版社，1988，第145～149页；吴吉远《清代州县政府管理在配人犯的职能》，《辽宁大学学报》（哲学社会科学版）1998年第4期。关于流人史和"流人学"的深入研究，请见李兴盛先生《东北流人史》《中国流人史》等系列专著。另参王云红《清代流放制度研究》，人民出版社，2013；中国书籍出版社，2020。

等为流的情况。①

充军和发遣合称"军遣"，是从流刑中派生出来的闰刑。宋代把流犯发配到边远地区服军役或劳役。明代实行卫所制，凡是在军籍的人户世代为军，无异于奴隶，因此把犯人发配到边外充军服役也就成为一种刑罚。清代的充军分为附近（二千里）、近边（二千五百里）、边远（三千里）、极边（四千里）和烟瘴五种，故称"五军"。在具体执行过程中，充军和流刑之间没有显著差别，因为充军并不发军营服役，而是作为流刑加等使用。而且如果满流加附近或近边充军，距离非远反近，刑罚也随之变轻，各级官员不易掌握，于是又有了"发遣"的名目，而且是有清一代所独创。发遣一般把罪犯发到东北地区（如尚阳堡、宁古塔、齐齐哈尔、三姓等地）和西北边疆（如伊犁、乌鲁木齐和巴里坤等地），给披甲人为奴或种地。另外，文武官员犯事亦有发军台效力、发新疆当差的名目。这些流放、充军、发遣的流人，为我国东北、西北地区的开发做出了重要贡献。

在司法层面，清代各主要直省地方的徒刑及其以上刑事案件，须纳入逐级审转覆核制度之内审判定罪。逐级审转覆核制是清代司法审判的重要制度。究其流程，州县在初审后，详报府、司、院以至中央等审级覆核，每一审级都将不属于自己权限的案件主动上报，层层审转，直到有权做出判决的审级批准后方能终结。一般而言，寻常（无关人命）徒罪案件督抚即可批结，有关人命徒罪案件及军流案件由刑部批结，死刑的最后裁决权则掌握在皇帝手中。其主要特征是自动向上审转，与当事人是否提起上诉没有必然联系。其本质不是对当事人负责，而是对上司负责，相关诉讼案卷就像其他公文一样向上逐级申报，完成上下级官府间的公事。上行到地方行政层面，是一级行政一级司法在刑事审判中的体现。深入政治层面，则是各级官员和专制君主宣示政治权力的过程。

徒刑在督抚批结后，即是有法律效力的判决，因为督抚是外省地方最高行政主官兼最高大法官。原则上人犯发本省驿递，无驿递之处则分拨各

① 对于御批缓决的斩绞监候案犯，刑部得旨后将戏杀、误杀、擅杀之犯，奏减杖一百、流三千里。窃赃满贯、三次犯赃及五十两以上之犯，奏减云南、两广极边、烟瘴充军，参见赵尔巽等《清史稿》卷一四四《刑法三·审判》，中华书局，1977。多次缓决的斩绞重犯，遇有恩诏或者水旱灾荒圣谕清厘刑狱之时，也会有减等发落的情况，此类情形在《清实录》中记录很多。

衙门充水火夫役。① 同时，寻常徒罪案件按季报刑部查核，关系人命者则须如同军流案件一样专案咨部核复，并应于年终汇题。②

军流案件虽由督抚结束在地方的审理，但没有终审权，此类案件的最终判决权操之于作为全国"刑名总汇"的刑部，督抚覆审卷宗后上报中央刑部覆核，刑部批结后便可发生法律效力，咨复地方督抚执行。刑部对于地方督抚咨部的徒流案件，一般依照原拟咨复，但亦有刑部径行改正或发回重审的情况，因此可区分为三类情形。一是依议之判决。即刑部认为判决合乎情理，适用律例妥当，可依议执行。二是径行改正之判决。即刑部认定地方各省适用律例不当，径行依据律例改正而不驳令再审。三是驳令再审之判决。即刑部认定案情不清或者适用律例不当，责令驳回再审。③ 关于驳令再审的事例，如乾隆二十五年（1760）江苏省宝山县贼犯侯胜行劫拒捕伤及事主一案。先据苏州巡抚陈宏谋咨称：依照盗窃临时拘捕伤非金刃，又伤轻平复为首例，发遣边卫充军照例刺字，适逢恩诏应减为杖一百、徒三年并免刺字。对此，刑部批驳实系金刃重伤，应依律拟绞监候，江苏原拟与律例不符而发回重审。咨文去后，苏抚陈宏谋遵驳具题改正（因罪改绞候事涉死刑，须专本向君上具题），核心意思即是遵照刑部所驳改正。④ 对于刑部驳案，地方督抚多遵驳改拟。如果外省督抚认为原拟并无不当，二次具题亦得固执原拟，并针对部驳详细解释说明，如乾隆五年（1740）广东陆丰县民林玉利致伤小功服兄林玉恭身死一案。⑤ 若刑部认为督抚二次具题之判决仍属违法或不当，亦得定拟二次驳令再审之判决，以题本奏闻于皇帝，奉旨依议后，咨复督抚二次再审，如乾隆二十一年（1756）江苏

---

① 这是官书所载的大致原则，在具体的安插过程中，各省经常依据地方情形因地制宜，并且分别案情轻重、老幼、有无资财手艺酌宜处理，事实上其中自谋生计者居多。

② 《大清律》第 411 条（有司决囚等第）附例规定："寻外省徒罪案件，如有关系人命者，均照军流人犯解司审转，督抚专案咨部核复，仍令年终汇题。其寻常徒罪，各督抚批结后，即详叙招供，按季报部查核。"

③ 那思陆：《清代中央司法审判制度》，北京大学出版社，2004，第 118 页。

④ 中国第一历史档案馆藏《内阁大库现存清代汉文黄册·刑部·议驳类》第 4403 册，无页码。

⑤ 此案广东巡抚王謩依卑幼殴本宗小功服兄死者律，原拟斩立决具题。刑部奉旨核拟，认为"承审各官尚未研讯明确，难成信谳，应令该巡抚再加详审妥拟"，并详细指出案情中的四点可疑之处。对此，新任广东巡抚王安国驳回三条，仅承认最后一条"初无害人之意而偶致杀伤人者"之事实与"照斗殴律，拟斩立决"之刑罚的矛盾，依过失杀人律将改斩立决为收赎，刑部最后同意"应如该抚所题"。参见中国第一历史档案馆藏《内阁大库现存清代汉文黄册·刑部·议驳类》第 4401 册，无页码。

省六合县陈相礼等听从故父陈嘉旦强抢韩九姐为妻奸污一案。①

涉及人命、反逆、赌博、留养等重大军流案件情况更加复杂，须直接向皇帝专本其题，而不仅仅是咨报刑部。估计因为案情重要，或危害很大或关系人伦，须让皇帝知晓或由其决断才能结案。② 另外，职官有犯遣罪案件，因事关重大也应专本其题。由此，进一步证明在逐级审转覆核制下，军流案犯虽由督抚结束地方的审理，但督抚没有最终判决权。

在实际执行中，军流亦有老幼废疾免发遣、收赎之例，体现了儒家恤刑的基本原则。按照规定，罪犯年在五十以内，照例发遣；如果年在五十以上、七十以内或者是残废，则不再发往新疆，而是改发云贵、两广地方安插；如果是年在七十以上以及不能耕作的妇女、幼童、笃疾者，俱准照例收赎。若流放人犯祖父母、父母年在七十岁以上，或者废疾家无其余男子（十六岁以上），准许存留养亲，但要加杖一百、枷号两个月。如有再犯，即不准其留养。犯罪存留养亲，是准许犯人在家有祖父母、父母年老或废疾而家无其余男丁侍养的情况下，停刑或免刑。以上，当是儒家仁政理念在立法原则与司法实践中的映射。③

第二节　递解途中：案犯脱逃诱因以及各省应对之策

徒流（军遣）案犯于州县审理并经过层层审转覆核判决后，一般都要押回原审州县监狱关押，等候部复。在部文到日一定期限内，人犯须例行佥发递解。清代对于人犯佥发，从起解的期限，到差役的选派、人犯的枷锁、刺字等佥发手续和行程等各个方面，都有着极为复杂和详备的规定。对此，相关论著如《清代流放制度研究》《清代发遣制度研究》等已有较为专门翔实之研究。

这里，本节将重点讨论递解途中出现的最大问题——脱逃④及其外省地

---

① 那思陆：《清代中央司法审判制度》，北京大学出版社，2004，第120~122页。
② 吴吉远：《清代州县政府管理在配人犯的职能》，《辽宁大学学报》（哲学社会科学版）1998年第4期。
③ 光绪朝《大清会典事例》卷七三二《刑部·名例律·犯罪存留养亲》。刘炳涛：《清代发遣制度研究》，中国政法大学硕士学位论文，2004。
④ 这里"递解途中的脱逃"，重点是从地方行政角度讨论各省的应对之道。后文第四节聚焦"在配脱逃"，则是以剖析乾隆君臣关系为核心。

方的应对之策。言及递解途中主要的问题，自然包括解役沿途凌虐人犯，或者纵犯扰民渔利，然而最大的问题当属案犯中途脱逃。案犯在递解途中能够成功脱逃，主要涉及案犯、差役及官员三个方面。表面看来，是案犯利用了长途跋涉中的有利时机如趁解役熟睡、假称出恭、假借落水等。稍加深究，则呈现出解役的问题，如雇人顶替、中途潜回、托病落后，造成解役短少客观上为案犯脱逃提供了可乘之机，甚或存有故意受贿、索贿纵放现象。在差役责任背后，更有起解州县官员金差不审、沿途官员徇隐庇护的影响。对此，直省地方督抚藩臬等省级司法主体据州县、各府建议出台了相应的防范应对之策，也让我们看到了刑名政策在地方行政层级下的形成过程。然而，这些应对之策也绝非正本清源之道，除了官场疲玩积重难返外，流放刑罚的制度性瓶颈是关键诱因。①

一　徒流案犯成功脱逃诱因

如前所述，徒流（军遣）案犯在递解途中能成功脱逃，是案犯、差役及官员三方综合作用的结果。其中案犯利用环境是直接因素，后两者则是背后深层成因。这种判断主要来自对清代（尤其是乾隆朝）督抚奏折、相关省例的大量爬梳和深入品读。

（一）案犯方面

除了性本凶悍狡猾的主观原因，案犯一般是巧妙利用了长途跋涉中的有利时机，如趁解役熟睡、假称出恭、假借落水等成功脱逃。

　　云南大姚县杨天禄，系伙窃周相梅家拒捕案内，拟军改发巴里坤为奴之犯。乾隆二十七年三月十八日递至昆明县，十九日解役王世杰、宋文英押解，二十日由板桥汛拨兵王之玉、王之仁接递前进。讵杨天禄假称出恭，爬入茨蓬，扭落肘锁脱逃。②

---

① 详细请见本章最后一节分析，另见王云红《清代流放制度研究》（人民出版社，2013），其剖析更为深入翔实。

② 《宫中档乾隆朝奏折》第 18 辑 "（云贵总督吴达善、云南巡抚刘藻）乾隆二十八年五月二十八日"，第 4 页。据翻检奏折，相对而言假称出恭脱逃的情况更为多见，可散见第 46 辑第 708 页安徽杨二案、第 73 辑第 562 页河南张文林案等多处，篇幅所限不再一一开列。

山东济南府陵县县民陈三，前因行窃，照积匪猾贼例，应发乌鲁木齐为奴，照新例改发广东烟瘴之地。递至江西新建县，乘解役熟睡之际脱逃，潜回陵县原籍。①

乾隆二十九年，江西发遣新疆人犯共计十名，俱发乌鲁木齐，俱无脱逃。唯饶州府属饶州县犯人刘八，于乾隆二十九年十二月十三日夜，乘兵役熟睡潜逃。②

江西等处水乡因江湖联络，又增加了案犯趁水脱逃的可能性，"坐船押送，不唯人犯乘兵役熟睡易致脱逃，甚或畏罪乘隙投水，以及失足落水殒命，俱在所不免"，畏罪投水或失足落水者虽或有之，然假借落水脱逃者更亦有之。③ 所以，《西江政要》中有载，嗣后解审重犯，佥选妥役，一犯两解，总由陆路解审，不得任听坐船。④

同时，递解途中的住宿环境也不容忽视。沿路如在驿站、歇店住宿，门窗墙壁不如监牢严密防范，且无官弁稽查，如遇兵役熟睡，案犯易于乘机脱逃。这在驿站密集的甘肃等省尤为典型。"甘省州县幅员辽阔，驿路深长，一州一县所属驿递，少者二三站，多者六七站。除州县城内设有监狱，递到人犯即行收禁无虑疏脱外，其余各站皆系住宿坊店，其护送兵役日间押解劳苦，夜晚防范稍疏，即有脱逃之虞"，据此巡抚明德奏请坚固房屋、加强稽查以收禁遣犯。⑤

此外，如果在递解路上不由正途逐程起解，贪求近路，行走深山密

---

① 《宫中档乾隆朝奏折》第29辑"（山东巡抚李清时）乾隆三十二年十二月二十一日"，第102页。
② 《宫中档乾隆朝奏折》第24辑"（江西巡抚兼提督辅德）乾隆三十年二月二十六日"，第81页。
③ 在配脱逃案中，亦有类似事例。乾隆十七年八月值江水泛涨，有披甲二达子将遣犯张祥报为被水冲去，该犯即乘间脱逃。《宫中档乾隆朝奏折》第4辑"（贵州巡抚开泰）乾隆十八年三月二十五日"，第892~893页。
④ 《西江政要》卷一《解审人犯俱由陆路不准坐船》，江西按察司衙门刊、经历司藏板，乾隆二十四年至同治十三年。
⑤ 《甘肃巡抚明德为于驿馆收禁遣犯等事奏折》，乾隆二十六年四月十三日，哈恩忠编选《乾隆朝管理军流遣犯史料》（上），《历史档案》2003年第4期。

林、偏僻人少之处，兼之住宿孤庙空寮，亦使案犯乘机脱逃的风险大大增加。如根据福建省的经验，层峦叠嶂，僻径错杂，如路程稍远不能在一日之内到达，"既无饭店安歇，又无塘汛巡逻，遇晚即栖息于孤庙空寮，保无奸徒乘机兔脱，殊非慎重解犯之道"。因此，督抚重申嗣后起解徒犯，俱照军流之例，由正途逐程递解，不得由偏途解送，途经州县亦不得混行接递。①

（二）解役方面

递送过程中，解役中途潜回、托病落后及雇佣白役造成解役短少，正邪力量对比失衡，使得案犯敢于冒险以求脱逃，这在递解多名重犯时更易发生。这里，可以先看一个典型案例。

乾隆二十七年（1762），在安徽凤阳府灵璧县固镇地方张三等遣犯五名，只有两役押解，以致张三、张秃子两人乘机脱逃，其中张三后因在山东泰安偷窃被行在步军统领衙门抓获，前此脱逃一事方才事发。经查，灵璧县固镇地方有巡检王万锡，此前接递张三等五名遣犯，竟敢违例少差兵役，仅拨弓兵吕元等五名，而代防外委把总李忠仅拨营兵一名。解役王贵、王林中途托病落后。吕元等人私自潜回，护解兵役只有三名②，以致两名遣犯乘机脱逃。结果，相关解役从重惩处，照故纵罪囚与罪囚同罪例，发极边烟瘴地方。不仅该巡检王万锡、把总李忠，而且灵璧知县邵谦吉、署凤阳知府同知梅长万均被两江总督尹继善参奏革职。③

律例规定，清代各省州县金发人犯，须选派有家业的正役解送，以防其在解审人犯过程中敲诈勒索，甚至"搜检财物，剥脱衣服，逼致死伤，及受财故纵"。一般每名人犯必须选派二名差役予以管押，当时称之为长解；并由沿途州县选派二名兵丁协助护送出本州县所辖地域，是为短解。对此，《清史稿》指出："犯籍州县金差，名曰长解。沿途州县，派拨兵役

---

① 《福建省例》卷二七《刑政例（上）》"起解徒犯照军流之例，由正途逐程起解"，《台湾文献丛刊》第七辑，（台北）大通书局，1987，第891页。

② 这和前文所言"只有两役押解"数量不符，核对奏折原文确实如此，参见《宫中档乾隆朝奏折》第16辑，第484页。

③ 《宫中档乾隆朝奏折》第16辑"（两江总督尹继善等）乾隆二十七年闰五月二十日"，第484页。

护送，名为短解。"如果途经州县官所派兵役不足法律规定人数，差役和兵丁应当各自向其主管官员禀告，由原派衙门补派兵役。又有定例：解审重犯，于起解衙门，每犯一名金拨长解二名。经过州县营汛，又添拨短解、兵丁各二名，实兵、役六名押解罪犯一名。①

在上述张三脱逃一案中，共有五名遣犯俱属重犯，原则上应有兵、役三十名护解，实际上最多时只有八个，而在案犯脱逃前只有两三个，而且一案中同时出现三种渎职情形：（1）长解两名均托病落后，没有履行递解人犯的主要职责，而且不能确定该两名长解系专递张三一人还是负责全部五名遣犯。（2）途经安徽灵璧固镇地方，添拨短解、兵丁数量严重不足，应添派二十人，却只有六人。（3）部分短解兵丁私自潜回，原本"缺斤少两"的六人变成三人，以区区兵丁三人应对五名凶悍之遣犯，难怪张三伙同张秃子两人滋生贰心且有机可乘。

福建等省亦有类似情形，"遇有解勘罪囚，名为当堂点解，其实上下相蒙，视为常套。或数犯仅止一差，或白役私相顶替。犯人甫离郭门，差已十不及五。甚至到省之后，长解先自潜逃"②。山东按察使宋荦更有亲身见闻，"本司近见各属申解重犯。名虽一犯二解，其实仅有虚名。批上姓字虽存，途中并不管押。优游家内，行止自由。点发之际，尚随同伴唱名。投审之时，不过雇人听点"③，一言以蔽之即是徒有虚名！

递解差役渎职的背后，正是官场疲玩积习所致。递解州县官员金差不慎，或不金正役，或短给盘费口粮，或不注明长解年貌箕斗，抑或兼而有之，以至解役雇人顶替，以免差累。实在不能推脱，则又借故潜回或托病落后，甚至索贿、受贿纵放人犯。及至事发，官员又多方庇护。下文即是福建的典型例证：

> 定例：解审重犯，于起解衙门，每犯一名，金拨长解二名。经过州县营汛，又添拨短解、兵丁各二名。防范已极周详。如果各属遵照奉行，严加查察，倘有短少顶替情弊，有犯必惩，不少宽贷，则解役

---

① 王云红：《清代流放制度研究》，人民出版社，2013，第181页。
② 《福建省例》卷二八《刑政例（下）》"会详各属解犯章程"，第990页。
③ 宋荦：《山东臬司条陈四事》"其四解役之疏脱宜慎也"，载贺长龄辑《皇朝经世文编》卷九四《刑政五》，道光七年（1827）刻本。

知所畏惧，人犯自无免脱之虞。只缘各州县泄泄从事，漫不经心，于点解之时，非不佥拨正身，而所需盘费口粮，并不照数发给，又不将长解年貌填入批内。迨至中途押解，及在省候审，各解役往往借称盘费不敷，托故逃回。兼事无从查察，任意雇替。即或附省首邑查出移究，而原解之县置若罔闻，甚或有意庇护。以致解役毫无忌惮，积习相沿，牢不可破。①

同样，江西直陈州县差役解审之弊，认为其根源亦为该地方佥点不慎、任役规避：

> 江右州县解审案件，批内虽有一犯两役之名，究无两人管押。及至投批，始行雇募顶名应顶，皆由该地方佥点不慎、任役规避所致。在审转衙门，止知解批姓名，不识该役年貌，是否顶替，有无短少，无从查察。应请嗣后各属解审人犯，该地方官务须每犯佥点正身的役两名，验明各年貌身材，填注批内，谕令亲身管押，毋许私匿雇倩。②

此一案例虽属定案时之解审，然与发遣时之解配同属解犯③的范畴，而且其中问题和弊端大同小异。

二 直省地方防范应对之策

在防范案犯及环境因素方面，各直省地方针对上文提到的问题，出台了相关防范应对之策，如福建之走大路不可走小路、江西之走陆路不可走水路、甘肃之坚固驿站房屋等等。这些措施虽是一省之做法，然在全国各直省地方亦有普遍代表性。此外，尚有给予不便行走之老幼妇女之车驴轿兜的规定，既体恤案犯又能有效防止各种意外。其中福建的兜解之法，不

① 《福建省例》卷二八《刑政例（下）》"解省审转人犯，长解差役每多短少雇替，议请设法稽核究惩，以免疏虞"，第940页。
② 《西江政要》卷一《各属解审将解役年貌填入批内以杜雇募》，江西按察司衙门刊、经历司藏板，乾隆二十四年至同治十三年。
③ 凡解犯有三：一、定案时之解审；一、秋审时之解勘；一、发遣时之解配。参见赵尔巽等《清史稿》卷一四四《刑法三》，中华书局，1977。

仅可以有效缓解案犯脱逃，而且展现了刑名政策在地方行政层级下从州县、府、司到督抚的形成过程，且折射出督抚较之臬司更多着眼于地方行政大局的宏观立场。

一件预防解犯疏脱之弊，以杜后累事。按察使司票：乾隆二十三年七月初六日，奉兼管巡抚印务杨①批本司会详：会查得：据将乐县靳汉文详称：起解重犯，例有锁镣铐三道；又差犯并锁，不许先后散行，无非防其纵逸。缘闽地山岭间隔，在上游郡属交会，于南平始行发船抵省。虽点验之时镣铐齐全，而押解在途，势不能不开镣，以令其行走。或至菁山密林，乘间图脱，固由解役之防闲未慎，亦未始非刑具偶弛之故。第用镣难以举步，开镣虑其潜逃，莫若每犯另雇兜夫二名，给犯安坐，镣索封锁，不许私开。自点解起行，将犯项锁练拴在兜杠，不必同差搭锁。前途邻县，即日可到，则以县交县，一体收禁。倘邻邑隔远，遇晚宿店，兵役严守，毋得懈忽。次日仍用原夫至县交替。迨审毕由省发回，亦复按站给兜。毋论新案初解及秋审之犯，往返夫价，总在起解之时自行捐备。计程远近，照沿途口粮之例，随犯交差携带，于文内移明前途，随时代雇等缘由。奉宪台批司会议，通详察夺等因。

兹行据延平府夏守查议详覆前来。是两本司会查，凡解审重犯，重则斩绞，轻则军流，中途押解，理宜慎重。以定例起解重犯，有锁镣三道，又另用细链犯役对锁，不许先后散行。防范之法，未尝不严。但闽地山高岭多，陆路解犯，松开脚镣，便于行走，自属相沿积习。一遇兵役缺少，或防闲稍疏，每致兔脱。若必令脚镣紧锁，又恐长途难于行走。兹据该县议请兜解之法，事属可行。应请通饬各属，嗣后凡起解重犯，慎选妥役，并移营拨兵照例护解外，每犯另雇兜夫二名，给犯安坐，将镣锁封固，锁门贯铅，不许私开。自点解起行，将犯颈锁练搭锁兜杠，不必同差封锁。……其夫价酌量往返程途远近，总在

---

① 此处应指闽浙总督杨应琚，然查职官年表，此时并未兼管福建巡抚印务。经查，乾隆二十三年正月二十五日，福建巡抚钟音改广东巡抚，周琬继任；三月丁未，周琬丁忧离任，吴士功继任。而且三人均非署理，未见总督杨应琚兼管福建巡抚印务的记载。参见钱实甫《清代职官年表》第二册，中华书局，1980，总第1609页。

起解之县自行捐备，交差携带，于文内移明前途，代为雇给。仍于起解时，另用长批一张，开明程站，于经过县分，将代雇夫价填明盖印，以便回销。至秋审重犯，一批共解数名，虽照例一犯二解，向系统填差名，恐无专责，或有疏忽推诿之弊。亦应如该县所请，嗣后各县解批，每一犯列作一行，犯名之下即填注长解差名，并开明年貌、箕斗。其转解各县，亦派定以某役协解某犯，悉照长解之式。如初审案内人犯众多，亦照此办理，以专责成。则防范益加严密，而重犯不致疏虞矣。是否相应会详，伏候宪台批示，以便通饬遵照等缘由。

　　奉批：如详通饬遵照。仍候督部堂衙门批示。缴。奉此，初七日又奉总督部堂杨批：如详通饬各属一体遵照。再查起解重犯，例应于起解衙门，每犯一名应差长解二名；沿途经过州县营汛，又应添差短解二名、兵丁二名，实兵役六名押解罪犯一名，何致被其免脱。故向来解犯脱逃，非属兵役短少，即属受贿纵放。今据议重犯给与竹兜，将锁练搭锁兜杠，固足以杜疏虞。然兵役受贿纵放，与中途托故潜回之弊，各该州县仍须不时留心稽察，毋得徒以重犯给兜，即可恃为防范之具也。仍候抚部院衙门批示。缴。奉此，令行通饬备票行府，照依院批司看内事理，即便转饬所属各县一体遵照，毋违等因。蒙此。[1]

　　在闽省山高岭多、行走不易的环境下，兜解之法为破解军流人犯递解途中的两难问题提供了新思路：人犯如若严格按照规定整齐佩戴镣镣，势必步履维艰影响行程；如若打开镣镣方便其行走，则又增加了脱逃风险。因此，将乐知县提出兜解之法一举两得，既严锁镣镣又不影响递解行程，"每犯另雇兜夫二名，给犯安坐，镣索封锁，不许私开。自点解起行，将犯项锁练拴在兜杠，不必同差搭锁"，经署理闽浙总督、福建巡抚杨应琚最后批准，责成通省府县一体遵照办理。

　　福建兜解之法的形成过程，也明确呈现出刑名政策在一省行政层级之内逐级流转的详细程序。该法先经将乐县知县靳汉文提出，按察使史奕昂[2]

---

① 《福建省例》卷二七《刑政例（上）》"解审重犯，县捐雇夫两名，将链锁拴住兜杠，不必同差搭锁"，第844页。
② 钱实甫：《清代职官年表》第三册，中华书局，1980，总第2063页。

作为通省"刑名总汇",奉闽浙总督杨应琚批示会详。请注意,该司是先行令延平府即将乐知县的上级即查议此事,在后者认同此一建议后,方与布政使两司会详,呈报巡抚、总督批示。经督抚同意后,通饬各属遵照办理。包括刑名在内的地方具体事务在省内严格按照行政层级办理,因之一级行政一级司法,司法是地方行政的应有之义,应该在地方行政的宏观范畴内理解刑名司法事务。这在总督杨应琚的最后批示中有明确体现,在同意兜解之法的同时,并没有停留在就兜解说兜解、就刑名论刑名的层面,而是站在通省行政大局的高度,提醒各州县不可因此而放松警惕,仍须对差役不时留心稽查,因为"向来解犯脱逃,非属兵役短少,即属受贿纵放"。两司与督抚身份不同,立场和视野亦有所差别,其间按察使的定位更多是"刑名技术官僚",而督抚作为封疆大吏更多着眼地方大局。

值得注意的是,福建兜解之法的经费来源是起解州县自行捐备,而且不分男女、老幼、患病与否一概给兜。在清代地方公费短缺、官员法定俸禄无多的情况下,能否行之久远未为可知。果然,在乾隆三十八年(1773)复行下令禁止滥给兜轿,解配军流徒犯,仅实系老弱残疾并无随行父母妻儿子女,实在不能长途跋涉者,酌量给予轿兜。如果案犯患病或遇风寒、中暑,也只能在患病期间暂给兜轿,而且此时雇佣兜夫的经费基本还是由起解州县负责。这一调整既有因时制宜的成分,也折射出清代流放刑罚的制度性瓶颈。

相对于案犯和环境因素,各省应对政策的重点还是官和役。如普遍要求起解州县官员恪守定例,务必慎重金差,选派正役充当长解并验明年貌、身材,确保一犯两解亲身管押,给足口粮盘费。同时,严格起解州县金差不慎及途经地方瞻徇庇护官员的相关处分,并提出采用给发进出省境小票、按站粘贴印花等具体的技术手段。

> (山东)嗣后起解人犯,务选壮健有身家之役,责令亲身解押。或有一批而解犯五六名者,其一犯名下,注明解役二名。如有疏脱,即将原管解役追究,与同解之别役绝不干连。则责成既专,自无观望偷安之事。而批注既明,可免彼此推诿之弊,然此止就本地解审人犯而言。本司窃见山左中东两路,为南北往来孔道。解部逃人重犯,络绎载途。所经州县,率多忽略,类以不堪之役管押,往往扰害民间,稽

延期日。并请通饬各属，后有逃人重犯，押解到境，如南来者，即于郯城县发一小票，上注某月日时到某州县。一日务行五十里，计程定限。至德州出境，将此票申缴济南府稽查。如有违限，按名提究。或系兖州府所属州县违限，关会该府查究。如北来者，即于德州发一小票，注明定限。至郯城县出境，将此票申缴兖州府。如有违限，按名提究。或彼此互相稽察，积弊自可顿除。①

可以看出，山东按察使宋荦的建议主要针对解役。进一步明确了递解多名案犯时，特定人犯名下的解役责任制，以防止相互观望推诿。针对起解人犯途中时日多有拖延之弊，提出“给发进出省境小票”，区分南北不同来向，设置两个进出境“关口”，入境即向递解差役发放小票一张，用以逐站详细填写行经山东境内相关州县的日程，并先行规定出境时间，出境时则据此稽查有无违限，否则严格按名提究。

　　（福建）嗣后凡有解省人犯，凛遵定例，填给长批，解至下站，查点无错，即令经由各该地方官，于长批之后，按站粘贴印花，拨护前进。如有肘锁不全，少差解役情弊，所在地方官，即行提审差犯各供，一面添拨妥役，先将人犯代解赴省，一面据实通报，以凭将金差不慎之各该州县，由司详请记大过一次，停其升转，仍飞提原解役，锁押赴省究处。如沿途州县，敢于瞻徇同官情面，混贴印花，并不据实通报，即将扶同隐饰之经由地方官，一并记过。倘各长解等，敢于到省后私自潜回，亦将金差不慎之地方官，记大过一次，并饬另派妥役来省接解。②

福建的“按站粘贴印花”更多指向州县官员。金差地方官须详审办理，途经各地方官须认真查点，后者经查无误方可按站粘贴印花，不得瞻徇庇护，否则同时严格处分金差不慎之地方官与经由地方官。同时，解役的不

---

① 宋荦：《山东臬司条陈四事》，载贺长龄辑《皇朝经世文编》卷九四《刑政五·治狱下》，道光七年（1827）刻本。
② 《福建省例》卷二八《刑政例（下）·会详各属解犯章程》，第990页。

端行为如私自潜回也会导致佥发州县官员的行政处分。

以上措施成效如何未为可知，可能奉行初期有所振刷，日久难免弊生。更或官场积习相沿，不久又重蹈覆辙，正如《福建省例》所公开承认"各属奉行不力，日久玩生"，公务废弛，积习难更。此外，更涉及清代流放刑罚的制度性瓶颈，使得流放实践充满问题，制度设计成为具文。从乾隆中期开始，军流人犯尤其是发遣新疆重犯在途、在配脱逃者日众，以至乾隆二十八年（1763）定例：近年以来，发遣新疆等处遣犯，有在途脱逃者，拿获之日将本犯立置重典，并要求其后各省督抚每年奏报，发遣新疆人犯有无脱逃及已未拿获之处。乾隆三十二年（1767），又要求各省督抚增加奏报停发新疆改发内地十六项人犯有无脱逃及已未拿获之处。透过外省督抚年复一年的例行奏报和乾隆皇帝的严厉催督，君臣关系的画面生动呈现，具体详见本章第四节。

第三节　在配管理：督抚等员因时因地制宜行政及其立场差异

经过长途递解跋涉，军流人犯即将到达配所，进入在配管理环节，开始漫长的流放生活。这里的安插管理，主要涉及人犯最终安插何地，之后如何谋生、如何防范二次犯罪以及在配脱逃等问题，是流放刑罚最为重要的实质性实施阶段。本节重点关注安插和谋生问题，至于查拿在配脱逃将于下一节放在乾隆君臣关系的背景下详细展开论述。

按照制度规定，清代尤其是乾隆朝如何安插人犯似乎不是大问题。旧例凡军流人犯，俱由犯事地方拟定应发省份，咨解巡抚衙门，于通省内分别远近酌量安置。乾隆年间编纂《三流道里表》和《五军道里表》，安插何地更加明确具体，"凡发配者，视表所列"，已然将某省某府所属之军流人犯分别等级，应发何省何府安置开列清楚，只须按照规定的里程、地点和时间办理，最后由到配知府衙门转发安置。

事实上，各直省地方的司法实践并非拘泥于道里表的纸面规定办事，多是根据本省不同地区的具体情形及不断变化的新情况，因时、因地制宜变通行事，这在涉及苗疆地区的人犯安插过程中表现得最为典型。为昭重苗疆起见，贵州、广西、四川、云南等省相继奏改定制，由督抚等省级司法主体酌量变通，各据地方情形通融派拨，在通行数年后情势变化，出现非苗疆地区安置人犯渐多等问题，又多有因时调剂之议。此间，因地制宜、因地变通成为基本安插原则。同时，督抚和按察使因职位和着眼点不同，处理人犯安插等刑名技术问题的态度也略有区别。在此基础上，就如何妥善解决徒流人犯的谋生问题，亦呈现出同样的因地制宜特征以及督抚与按察使之间的立场差异。

一　安插：昭重苗疆的典型例证

自乾隆八年（1743）刑部纂辑《三流道里表》后，在各直省地方中，首先拉开昭重苗疆、因地制宜安插军流人犯序幕的是贵州省，因之苗族人口最众、问题最为突出。

乾隆十二年（1747），贵州按察使孙绍武奏请，本省各地方多属苗疆、夷多汉少，不便聚集军流人犯，以防凶犯滋扰生事。因情形特殊大不同于内地，提出嗣后将各省应遣贵州军流等犯，仍照旧例直接解送巡抚衙门，就全省情形通融派拨，经刑部议准遵行。同年，广西即援引贵州先例，巡抚鄂昌以两省地界、风土相近为由，奏请以后各省发遣广西军流等犯，亦统于汉属州县内，照案犯应配道里之远近酌量安插。之后乾隆十六年（1751），贵州巡抚开泰再次具折强调，本省军流人犯概不得转发土司，以防苗汉杂处作奸犯科甚或教诱为匪，危害地方稳定大局。[①]

在广西之后，乾隆十八年（1753）四川继续援引贵州成例。按察使周琬亦强调本省"僻处西陲，番苗杂处，实与内地不同"，认为四川与贵州俱属苗疆，事同一例，因此同样要求日后应解四川军流人犯，仍解总督衙门酌量派拨。一则人犯易于管束，再者于边疆更昭慎重。[②] 经刑部议准通行在案。

乾隆十九年（1754），同样面对苗疆安插人犯问题的湖南省自然也不甘落后，奏请一体援引，以使"苗疆重地得免滋扰"。有意思的是，在按察使夔舒的奏折中详细叙述了先前贵州、广西、四川三省奏请均获准通行的过

---

① 《宫中档乾隆朝奏折》第 1 辑 "（贵州巡抚开泰）乾隆十六年八月三十日"，第 536 页。
② 《宫中档乾隆朝奏折》第 6 辑 "（四川按察使周琬）乾隆十八年八月二十五日"，第 263 ~ 264 页。

程，就此提出湖南亦属苗疆，请照黔粤川之例通行。嗣后凡应解湖南军流人犯，仍解巡抚衙门按照道里通融分发，不必拘定应发府分。品读其行文口气，大有不准不行之意，否则有违事理人情。最后，他还以曾经任职辰永沅靖道的经历，强调自己熟悉苗疆情形，亲见熟闻，所奏切合实际。结果，如其所请通行在案。①

另外，湖北、云南亦有援引之举。湖北省宜昌府属之鹤峰、长乐，施南府属之恩施、宣恩、咸丰、来凤、利川等七州县俱属苗疆，而且与四川后柱土司及湖南永顺边界相连，故业已援照川黔两省之例，一体停其安插军流人犯。② 云南自乾隆二十八年（1763）起，将曲靖之宣威州等二十二处，以夷疆咨送刑部律例馆编为定例，凡遇遣犯概停分发，转于云南等六十一府厅州县内通融酌拨。③

在昭重苗疆的背景下，因地制宜、解省安插，一经施行在司法实践中又会不断出现新的情况，诸如因停发苗疆而改发他处之犯越积越多，一些案犯解省后再往赴相关府州路途殊多拖累，则又需因时调剂，不断变通。在四川按察使周琬具折援引贵州成例后不到一年，乾隆十九年五月吏部尚书兼管四川总督黄廷桂，即依据解省安插中的新问题，提出具体情况具体分析，即区分苗疆及附近苗疆、非苗疆地区两类不同情状，各自采用不同的办法，或昭重苗疆解省酌发，或按照道里表解府安插，并行不悖。

> 唯查凡近苗疆省份，每省要亦不过数处，不近苗疆之处正自不少。即以川省而论，唯宁远、雅州、龙安三府所属，及茂州、酉阳、叙永厅三属逼近苗疆，此外十数府州，俱不与苗疆相近。如川东之夔州府达州，俱离省二千四五百里，往回即五千里。川北之保宁、顺庆二府，俱离省几及千里，往回即两千里。他如潼川、嘉定、叙州各府，以及绵、眉、达、泸、资等七州属，俱离省自三四百里，以至七八百里不

---

① 《宫中档乾隆朝奏折》第 7 辑 "（湖南按察使奴才舒䕫）乾隆十九年三月初八日"，第 722 ~ 723 页。

② 《宫中档乾隆朝奏折》第 13 辑 "（湖北巡抚张若震）乾隆二十一年十一月二十三日"，第 75 ~ 76 页。

③ 《宫中档乾隆朝奏折》第 19 辑 "（云南按察使张逢尧）乾隆二十八年十月初一日"，第 216 页。

等，均与苗疆无涉。

他省解川安插遣犯，多有经过例内指定府州，而不安插，必越解来省转发他处。蜀省羊肠鸟道，跬步皆山，不独人犯携带妻小，往来跋涉，触风雨而历艰险，数倍于应遣之道里，不胜拖累。且其间有站远程长之处，不能赶赴城市，多住村镇店房，尤恐有疏脱之虞，实多种种不便。至于多费人犯口粮，并多费兵役护解，又其余事。由川省而类推之，则贵州、湖南等情形要亦相同。

臣再四筹酌，除系苗疆，及附近苗疆之宁远、雅州、龙安、茂州、酉阳、叙永六府州厅属，应遣军流人犯，俱应遵奏准定例解省酌发外，其余如成都、重庆、夔州、保宁、潼川、顺庆、嘉定、叙州八府属，及绵、眉、达、泸、资等七州属，仍请照钦定军流道里表，按远近指定地方，径解该府州酌发所属安置，既不致与苗民杂处，又可省拖累疏脱之虞，似属妥协。但系酌改定例，臣未敢擅便，相应恭折具奏。[1]

如其所言，四川不近苗疆之处正自不少，而且数量多于系属苗疆及附近苗疆之处。若为昭重苗疆起见，概将所有军流等犯解省酌发，对于离省窵远、无涉苗疆地方则殊多拖累，如川东夔州府离省二千四五百里，往返即五千里。川北之保宁、顺庆府离省将近千里，往返即两千里。而且，长途跋涉易滋生系列问题：案犯解役人等行走蜀道殊多不易，人犯脱逃风险大大增加，而且稽延时日多费口粮和兵役护解。

有鉴于此，川督黄廷桂提出桥归桥、路归路的二分法解决问题：系属苗疆及附近苗疆的宁远等六府州，仍解省酌发，继续秉承昭重苗疆之意。而不近苗疆的成都等八府所属及绵阳等七州所属，仍请照钦定军流道里表，直接解赴应配府分，由知府衙门转发安插。如此具体情况具体处理，"既不致与苗民杂处，又可省拖累疏脱之虞"。

湖南面对解省之后出现的新问题，乾隆三十二年（1767）按察使宫兆璘亦曾有因时变通的动议，更进一步提出通省终结先前停发苗疆的办法，

① 《宫中档乾隆朝奏折》第 8 辑 "（吏部尚书仍管四川总督黄廷桂）乾隆十九年五月二十一日"，第 558～559 页。

仍照道里表原定地方直接解赴府州衙门分发，其具体理由在于：（1）今非昔比，苗民蒙受圣恩感化已久，与编次齐民差别不大，已非昔日情形可比；（2）矛盾转移，因停发苗疆而改发的长沙等府所属州县军流人犯渐增，加之秋审减等、新疆改发内地等因，聚集太多管束不易；（3）援引新疆，伊犁、乌鲁木齐等处为新开边陲，情重人犯尚可发遣，则腹地之湖南苗疆更无不可。① 乾隆朱批"该部议奏"，刑部就此征询湖南巡抚方世俊及湖广总督定长的意见，督抚的态度和臬司有所不同，更多着眼于地方稳定大局，坚持认为苗疆与腹地不同，若各省军流人犯，悉照道里表指定处所发往，则聚集过多易生事端且不易约束，所有各省应发辰、永、沅、靖等府军流人犯，仍解巡抚衙门通融派拨。②

此前，云南也有类似督抚不同意按察使意见的例证。前此，乾隆二十八年（1763），云南按察使张逢尧因宣威等二十二处夷疆停发遣犯而导致改发的云南等六十一府厅州县人犯骤增，提出除全系夷疆照例停发外，其余十二处仍照例分发，理由是夷疆向化已久、与内地无异等因。结果，朱批："告之督抚，听其议奏。非不可待之事，应札商（云南巡抚）刘藻。"随后，云贵总督吴达善与该抚刘藻联名具折上奏，认为"（该司所请）似未妥协"，因为其言及照例分发人犯的十二处地方或地处极边，或系新开夷疆，更或兼而有之，虽沐浴圣恩感化已久，终究不宜与内地一体安插匪徒，因此"该司所请之处，毋庸议"。而且，督抚的联合奏折最后还一再强调改发的云南等六十一处府州人犯虽多，"臣等平日严饬该管官役，时刻留心稽查，尚属易于防范"，这里好像是在向乾隆皇帝表态，自己平日实心办事。由此可见，督抚较之臬司的技术色彩，由于身份和立场的不同，对于具体刑名问题的处理，除了着眼地方行政大局通盘考虑外，还有更深一层关涉君臣关系的微妙之处。

其实，除苗疆等典型例证外，其他直省地方督抚等省级司法主体在军流人犯安插中，多有根据地方情形，因地制宜、因时调剂酌量变通成例的

① 《宫中档乾隆朝奏折》第 27 辑 "（湖南按察使宫兆璘）乾隆三十二年七月二十六日"，第 432 页。
② 《清高宗实录》卷七九九 "乾隆三十二年十一月庚戌"。

荦猎，如福建、山东①、山西②、河南③、湖北④以及陕甘⑤等处，诚如云南巡抚谭尚忠在乾隆五十一年（1786）的奏折中所言，"伏查军流人犯，因地方大小不同，配犯多寡不一，定有各就地方情形，通融派拨之例，现在遵行已久，最为妥善"⑥。

二　谋生：督抚臬司的不同着眼点

安插与谋生密切相关，因为安插何处很大程度上决定了人犯的谋生方式，而且对于徒流等犯的流放如欲发挥实质性惩戒作用，须在防范脱逃的同时，尽量解决人犯的谋生问题。⑦ 清代对于徒流人犯的谋生方式等后期管理环节虽有定例，但并无成法，各直省地方多因地、因时制宜酌量变通，并积极提出方案谋求解决其间出现的种种问题。然而由于流放刑罚本身的制度性瓶颈，相关方案并不能从根本上解决问题，二次犯罪、在配脱逃现象时有发生。

对于徒犯，清代定例"发本省驿递。其无驿县，分拨各衙门，充水火夫各项杂役，限满释放"⑧。事实上，各省在具体的司法实践中并不拘泥定例，往往根据地方情形灵活调整、酌量变通。如广东，安插人犯并不拘泥有无驿站，而是在通省州县中核计道里远近，酌量人数多寡均匀酌发。⑨ 云南徒罪人犯虽定例安插多罗、松林等处驿站，情节严重者则安排煎盐煎铅，

① 福建、山东案例，可共见《山东巡抚喀尔吉善为请照成例匀派军流等犯事折》，乾隆八年十月二十一日，载哈恩忠编选《乾隆朝管理军流遣犯史料》（上），《历史档案》2003 年第 4 期。另外，福建情状亦可单独参见《福建省例·各属安置军流都图章程》，（台北）大通书局，1987，第 953 页。
② 《宫中档乾隆朝奏折》第 58 辑 "（山西巡抚农起）乾隆四十八年十二月初五日"，第 650 页。
③ 《宫中档乾隆朝奏折》第 22 辑 "（河南巡抚阿思哈）乾隆二十九年七月初四日"，第 99 页。
④ 《宫中档乾隆朝奏折》第 13 辑 "（湖北巡抚张若震）乾隆二十一年十一月二十三日"，第 75～76 页。
⑤ 陕甘总督勒尔谨：《为请截留遣犯以资巴里坤屯务事奏折》，乾隆四十一年九月初十日，载哈恩忠编选《乾隆朝管理军流遣犯史料》（下），《历史档案》2004 年第 1 期。
⑥ 《宫中档乾隆朝奏折》第 62 辑 "（云南巡抚谭尚忠）乾隆五十一年十一月初四日"，第 179 页。
⑦ 当然对于发遣人犯，在解决其谋生问题的同时，更多是组织人犯开疆实边。
⑧ 赵尔巽等：《清史稿》卷一一八《刑法二》，中华书局，1977。
⑨ 宁立悌等纂《粤东省例新纂（下）·刑例卷之七·到配》，（台北）成文出版社，1968 年影印（据道光二十六年刊本）。

但巡抚谭尚忠在乾隆五十一年的奏折中明确指出"到站各犯虽有摆站之名，并无摆站之实"，因此提出安插徒犯不必泥定成例，可援引军流人犯派拨之例，在通省州县内核计道里均匀安插，以缓解驿站当差人犯日积日多、防范不周而出现群集为匪或起意脱逃的情况。①

各省解决军流人犯谋生问题的因地制宜特征更为鲜明。依据定例，在配军流分别年老、少壮及有无资财手艺，或拨给孤贫口粮，或分派各衙门充当水火夫役，给予工食。其有手艺资财者，听其自谋生计，地保人等朔望查点有约束管理之责。② 立法可谓完备，然而法无尽善，在具体的司法实践中，制度设计中的三种谋生途径（包括给发孤贫口粮、安排衙门当差、听任多数人自谋生计并由保甲监管）均日久而弊生，随着安置案犯越来越多，孤贫口粮有限、衙门夫役需求有限的问题日渐突出，而保甲对多数自谋生计案犯的监管也多流于形式。对于前两类问题，云南按察使良卿在乾隆三十年的奏折中均有深入分析：

> 查定例，军流等犯初到配所，年老笃疾不能谋生者，准其拨入养济院，按名给予孤贫口粮，以资养赡。其少壮军流穷苦无业者，亦准给予一年口粮，并令在于州县驿递及衙署充当夫役，给予工食。无如积久人众，孤贫口粮每限于额数，州县役使亦无需乎多人。上年数月之内解到滇省者，计有二百三十余名，统计积年安插者有一千六百余名。日积日多，良顽不一。稍知畏法者，以衣食无资渐至冻馁而病毙。凶悍奸猾者，饥寒交迫每乘隙而为非。③

这里，良卿以云南本省的具体例证，指出纸面规定和具体实践的悖论，随着安置越来越多，"孤贫口粮每限于额数，州县役使亦无需乎多人"，结果人犯生计堪忧，安静守法者饥寒交迫，凶悍之徒则伺机为非作歹。而对于多数自谋生计者，定例交地保收管约束亦有诸多扰民之处，尤其是轮养

---

① 《宫中档乾隆朝奏折》第62辑"（云南巡抚谭尚忠）乾隆五十一年十一月初四日"，第179页。

② 光绪朝《大清会典事例》卷七二一《兵部·发遣·军流·外遣》。另外，《西江政要》等省例及《乾隆朝管理军流遣犯史料》中亦有涉及。

③ 《宫中档乾隆朝奏折》第24辑"（云南按察使良卿）乾隆三十年闰二月十六日"，第201页。

之弊颇为累民：

> 州县地方以清查保甲为第一要事，面生可疑不许容隐，诚恐窝奸藏匪，败坏风俗，最宜肃清。若嘉禾之中杂以稂莠，梧槚之内树以蒺藜，潜滋暗长，蔓生难图。今各新旧军犯，皆大不良之人，具为恶之才，负不驯之性。乃令与牌甲错处，日积日多，故态复萌，浅者贻累地方，大者诱惑循懦，变善为恶，浸浸久积恶难返。不然则以免脱挟制保甲，而保甲联牌户而供给之食米、银钱，苛求无状，一或脱逃，保甲受责，门牌受累，何所底止？①

> 臣闻各省地方，有种无能之有司，遇有流犯到配，不思设法安顿，又恐免脱致罹参罚，遂发给地保，按照里甲都图分派。挨户轮值养育，即责令看守，在有罪之流犯，公然安坐传食。在无罪之平民，无故为其鱼肉。每当轮养之时，如款嘉客，供其醉饱，若稍不如意，便以脱逃恐吓，愚民惧其连累，止得百计周旋，恣其求索，甚至资其银钱。今日在甲，明日移乙，周而复始。而一日养育流犯之费，耗去数日仰事俯育之资，小民甚为苦累。②

姑且不论保甲制度设计和安插凶犯之间的内在矛盾之处，在保甲监管不力、朔望点卯沦为具文的情况下，分散于小民百姓中的自谋生计之犯，平时有作奸犯科、引诱良民的风险，遇有分派里甲轮养之事，编次齐民则更是不堪其苦，在人犯脱逃时更兼连带责任。对此一弊端，朝廷御史和地方督抚均有洞鉴。

对于以上种种弊端，外省督抚等省级司法主体多各就地方情形积极应对，提出具体的解决方案。

湖南按察使严有禧在乾隆三十年（1765）提出，分别军流案犯的不同秉性解决其谋生问题。具体涉及四种情况：（1）如系良民过误获罪，且有

---

① 《湖北巡抚晏斯盛为酌拨军流人犯充役当差事奏折》，乾隆十年六月初四日，载哈恩忠编选《乾隆朝管理军流遣犯史料》（上），《历史档案》2003 年第 4 期。
② 《浙江道监察御史薛澂为请除流犯到配按户轮养之弊事奏折》，乾隆十年三月二十八日，载哈恩忠编选《乾隆朝管理军流遣犯史料》（上），《历史档案》2003 年第 4 期。

资财、手艺可以营生，应交给保甲地方收管；（2）如无资财、手艺而年力精壮稍知畏法者，分拨各衙门，充当水草、轿伞夫役，交给班役管束，给发饭食工价；（3）如属赋性桀骜，所犯又系积匪窃贼，务须加谨防范，有驿州县发站当差，无驿州县设立公所羁縻，专人管守，早放晚收，以供役使，仍酌给衣食养赡，免致饥寒远逃；（4）如系老迈残废，即拨入养济院，给予孤贫口粮，责成丐头管理。每逢朔望，概行传集赴县点卯。以上分别办理，使得典守各有专责，军流没有疏脱之虞。① 不难看出，该办法除了分类更为详细之外和定例并无太大区别，并不能从源头上解决孤贫口粮供应有限、衙门夫役需求有限以及保甲监管不力等根本问题。

对于新疆改发内地及积匪猾贼等重犯，云南、湖南等省的共识是在严密防范的同时官为捐备口粮，收入官所严加看守，同时坚固锁链，而不能如同寻常军流人犯一样发交乡保管束。其中，云南鉴于改发人犯解滇众多以及在配脱逃者甚多的局面，按察使王懿德认为"与其严事后之法，何若立先事之防"，以求同时预防重犯作奸犯科和在配脱逃的问题：

> 应请嗣后，改遣人犯令该州县，于前拨给闲房数间，均收入官所拨差看守，责成捕官每日旦晚点卯次。内中如有积猾性成、情形凶恶者，即制造铁枪，令其永远系带，使该犯等不能出入自由。不特逃窜之风可冀渐息，而桀骜之徒可免别滋事端。此等遣犯散置各州县，为数无多，即地方官捐给口粮，亦属有限，间有携带妻子者，亦应一并收入。如此严行羁管，则【遣】犯可永免疏虞，不致复罹重解，亦借以仰体我皇上，法外施仁刑期无刑之至意。②

这里云南对应发新疆而改发本省的重犯是固定看押地点、案犯系带铁枪、官方供给口粮。湖南针对积匪猾贼性质的重犯，则提出用铁镣钉足，使其能细步行走而不能疾驰脱逃，但并不限制案犯人身自由，一切手艺营生仍可照常进行，官方并不供给口粮。铁镣钉足平时由官严格稽核检查，

---

① 《湖南按察使严有禧为分别赋性安置军流人犯事奏折》，乾隆二十七年八月初六日，载哈恩忠编选《乾隆朝管理军流遣犯史料》（上），《历史档案》2003 年第 4 期。

② 《云南按察使王懿德为请定管束改遣重犯章程事奏折》，乾隆五十二年四月二十二日，载哈恩忠编选《乾隆朝管理军流遣犯史料》（上），《历史档案》2004 年第 1 期。

并以五年为期，届时能安静悔过或者置有恒产者释放安插。①

　　江苏省基于军流人犯"管领不过虚文，点卯亦成故套"的现实，曾根据按察使翁藻的建议，试点设立自新所②。即设立专门场所，在收押人犯的同时，给予口粮钱文，重在教习手艺以增强其日后自主谋生能力。待其手艺娴熟，限满察其悔过表现予以释放，并责令保甲严行管束：

> 　　查向来约束旧匪，或交邻保管领，或令朔望点卯，或项带小枷，或身负铁枪，或颈悬响铃，或足脱木狗，随地制宜，法云备矣。然每每毁脱器具，私擅逃亡，甚至管领不过虚文，点卯亦成故套。而且良民耻与为伍，猾匪诱之入群，欲改过而无由，遂屡犯而不悔。前据苏郡长、元、吴三县议详，建屋十余间，环以垣墙，名曰自新所，各将犯过一二次，及无嫡属可交之旧贼拘系于内。每名照囚粮例，日给米一升、钱五文，并酌给资本，教令习学绩纺纺绵、捆屦织席等事。候其技艺娴熟糊口有资，即将口粮住支。一年之后，察其果能悔过迁善，查交切实亲邻保释。每晚责令典史查对，并拨妥役看守。③

　　自新所在实践中取得了一定效果，"试行以来，已逾三载，虽宵小未绝于境内，而失窃较减于从前"。与此类似，四川则设立乡约所，乾隆三十一年（1766）《大竹县移交军流人犯清册》详细记载了其安置管理军流人犯的情形。④

　　福建的经验则是倡导在靠近城厢处安插军流人犯，因之人犯易于谋生，官差易于稽查。针对省内州县多以离城较远的穷乡僻壤安置军流等犯的局面，认为"离城窎远则稽察难周，烟户疏稀则谋生匪易"，由此提出变通之策，"嗣后解闽军流各犯，奉宪台定地，饬发配所各州县，务须先尽附近城

---

① 《宫中档乾隆朝奏折》第 18 辑 "（护理湖南巡抚印务布政使来保）乾隆二十八年六月二十一日"，第 243 页。

② 自新所，亦是正式监狱之外班房的表现形式之一，参见张世明《清代班房考释》，《清史研究》2006 年第 3 期；陈兆肆《清代自新所考释——兼论晚清狱制转型的本土性》，《历史研究》2010 年第 3 期。

③ 《江苏按察使翁藻为酌筹自新所人犯口粮事奏折》，乾隆十三年三月初八日，载哈恩忠编选《乾隆朝刑狱管理史料》，《历史档案》2003 年第 3 期。

④ 四川省档案馆编《清代巴县档案汇编》（乾隆卷），档案出版社，1991，第 66~68 页。

厢，及人烟稠密之市镇都图处所，均匀饬发安置，责令该地保小心管束，毋使滋事"①。

以"经世"著称的陕西巡抚陈宏谋解决问题的思路和上述各省明显不同，前述各省着眼于严格案犯在配管理，陈宏谋则提出区分不同情况准许案犯返回原籍谋生的策略，即分别罪情轻重、年龄老少和在配表现，规定准予回籍的不同年限，意在缓解案犯麇集对在配地区的危害。

> 此等人犯，发配各省日益众多。官司之约束安顿，日难一日，而所在地方良民，受其苦累，子弟被其引诱，远方淳厚之风俗，久将变嚣凌。各省受此军流之累者，大概相同，似宜早为之所。臣以为，若得分别情罪之轻重，较量年岁之老少，更查察在配之安静与滋事，脱逃与不脱逃，然后定以准回籍、不准回籍之分，再以十年、十五年、二十年为限，在配置不法生事者，又定以加倍治罪之条。②

虽然在乾隆朝已有三次有关在配军流人犯回籍的恩旨或恩诏③，然而流放毕竟是在安土重迁的社会大背景下将案犯投畀远方的"去害化"惩戒刑罚，陈宏谋的回籍方略虽别具一格，终究还是非主流策略。

云南解决军流人犯谋生问题的探讨过程则颇为耐人寻味，因之按察使和督抚对于是否在铜厂安置军流人犯谋生的态度不一。前者臬司良卿更多基于刑名技术立场，指出定例和实践之间的种种矛盾（诸如孤贫口粮供应有限、州县夫役需求有限），针对铜铅矿厂多、需用人众的情况，提出在铜厂安置单身少壮贫苦人犯以解决其谋生问题的建议：

> 臣查滇省有铜铅矿厂，在在需人佣工。近日开采兴旺，用人愈多，所得工价尽可糊口，且各厂有专管之员，日夜稽查，层层约束。奴才

---

① 《福建省例》卷二八《刑政例（下）·各属安置军流都图章程》，第 953 页。
② 《陕西巡抚陈宏谋为酌改发军流罪犯事奏折》，乾隆十一年正月初十日，载哈恩忠编选《乾隆朝管理军流遣犯史料》（上），《历史档案》2003 年第 4 期。
③ 《清高宗实录》卷一〇四八"乾隆四十三年正月癸亥"。三次恩旨（恩诏）分别见于乾隆十一年、四十三年和五十五年，光绪朝《大清会典事例》卷七二一《兵部·发配·军流·外遣》。

请嗣后到滇省军流，除带有资则家口，并于艺自可谋食，及年老有病易于管束者，仍发各府州县安置外，如单身少壮穷苦，不能谋食尚可力作者，饬令首府首县验明详情，分发各铜厂，安插充当砂丁，责成厂员交与课长等，严加管束。令其佣工，给予工食。倘有疏虞，即将厂员照例议处，以尊责成。①

对此，乾隆皇帝朱批"交督臣听其议奏"。结果，云贵总督刘藻批示，并不同意臬司良卿的安置建议。认为该司所请出发点虽是矜恤贫苦军流，但并未对铜厂情形尤其是通省大局通盘计议，即并未站在地方行政大局的高度分析问题：

（该司所请）原属矜恤贫苦军流之意，但于厂中情形，及厂中安置尚未通盘计议。厂中炉户砂丁工役，虽多系外来之人，而各嶆硐、客课，皆责成硐长查明来历，雇募使用，并令认识者互保，遇有事故易于查究。再砂丁人等，必须习谙嶆硐，知有砂路，引苗斯功采，出矿不致缺少，方于办铜有益。若令各省发来军流安插人犯，充当砂丁，伊等既无认识互保之人，易起猜疑。又于嶆硐茫然不知，焉能一律工作厂内？厂内用人俱系按名计工，各砂丁谁肯听其坐受工食，代为力役，比观望涣散采办不前，滇铜供京外鼓铸，岁需千有余万，出于汤大等矿者居多。或因而缺误，所关匪细。又厂地易于藏奸，杂以军流等犯，倘有外来匪徒匿迹其中，尤难通缉。

此各厂安插军流人犯，多有未便之情也。臣访直通省大小各厂，及因公来省之厂员，逐加面询，大概相同，是厂地不便分发军流令充砂丁，已无疑义。仍应查照旧例，视应发各府厅州人数多寡，均匀安置。②

分析总督刘藻具体的反对理由，主要有三条。第一，缺乏担保。安插军流人犯充当砂丁，无认识互保之人，遇有事端不易查究。第二，不懂技术。习谙嶆硐，知有砂路，方于办铜有益，如若对嶆硐茫然不知，断不能一律在厂内工作。这两项都是铜厂方面的具体问题，尚且不是问题的关键。通过反复揣摩督抚奏折，发觉问题的奥秘似乎在于对全省行政大局和官员前途的影响，关系匪浅。第三，关系滇铜入京。这似乎是督抚层面忧虑的要害问题。若是因为安置军流人犯而影响滇铜供应京师，则关乎全省行政的大局和封疆大吏们的身家，因小失大，得不偿失。有意思的是，最后刘藻在奏折的末尾还特意强调，这是征询了来省公干的各个铜厂厂员建议之后的集体意见，个中也有向君上显示自己实心办事的意蕴。

以上各直省地方督抚、按察使等省级司法主体的解决方案虽各有侧重，因流放制度本身的制度性障碍，但终不能从根本上解决军流人犯的谋生等后期管理问题，以致人犯二次犯罪[1]和在配脱逃问题时有发生。尤其是发遣重犯在配脱逃问题，引起垂意刑名、时刻注重整饬吏治的乾隆皇帝的高度重视，一再严厉催督他的外省督抚们实力缉捕，密切关注事态进展，甚或直接教育封疆大吏们应该如何查拿逃犯，而外省督抚们年复一年的空文具奏，使得乾隆皇帝颇多无奈，甚或抱怨"外省习气终难化诲，奈何"[2]，由此生动而深刻地呈现出君臣关系的复杂图景，此即下节主要内容。

第四节　君臣之间：查拿逃遣过程中的乾隆君臣关系

在流放制度设计中，有清一代对军流人犯的逃脱惩处极为严厉，如乾隆三十年（1765）规定：

> 原犯流罪人犯，如有中途、在配脱逃被获者，俱不计次数，流二千里者，改为二千五百里；二千五百里者，改为三千里；三千里者，改发附近充军。各加枷号两月，责四十板。免死减等流犯，中途在配

---

① "乃军流人犯罔知悔改，旧恶难除，或殴人致死，或屡次行窃，或奸拐妇女"，《陕西按察使马金门为严定在配不法军遣处分事奏折》，乾隆十一年十一月十五日，载哈恩忠编选《乾隆朝管理军流遣犯史料》（上），《历史档案》2003 年第 4 期。具体案例诸如，乾隆四十三年，云南安置军犯张振奇开设黑店，谋害单身住店者多命。四十六年，军犯马三十在贵州因奸连杀两命。同年，湖北军犯方可贤在配行窃，殴伤事主多处。四十七年，湖南流犯郭有胜因求婚未遂砍死女方并伤及媒人。最猖獗者，陕甘昌吉遣犯聚众戕官。以上各案，散见《宫中档乾隆朝奏折》第 42 辑 318 页、第 48 辑 755 页、第 50 辑 107 页、第 32 辑 23 页。
② 《宫中档乾隆朝奏折》第 54 辑 "乾隆四十八年正月初十日"，第 668 页。

脱逃被获者，不计次数，即改边卫充军，加枷号两月，责四十板。①

该条例经过不断修改，到嘉庆六年（1801）趋于完备形成定例。② 而且，军流人犯脱逃并非罪及一己之身，对于配所地方专、兼各官以及逃亡途经州县官吏并原籍地方官等方面均有影响。③ 如乾隆三十三年，根据山东按察使尹家铨奏请定例：

> 嗣后除寻常军流人犯，同日脱逃一二名者，仍并案查议外。若脱逃在三名以上者，专管官初参罚俸一年，兼辖官罚六个月，限一年缉拿，不获，该管官降一级留任，缉获开复。脱逃在六名以上者，初参该管官罚俸一年，兼辖官罚俸六个月；二参该管官降一级留任，兼辖官罚俸一年；三参该管官降一级调用，逃犯交接任官照案缉拿，兼辖官降一级留任，缉获开复。如专兼各官，于疏纵后限内拿获一二名及半者，仍按未获名数议处。④

尽管有如此严厉的惩罚措施，军流人犯在配脱逃的现象仍是很频繁，甚至有屡屡脱逃者。如被获哈密逃遣陈三，原系苏州府吴江县人，因在籍行窃沈王氏等家，照积匪猾贼例拟军。先是在配屡逃为匪，改发哈密给兵为奴。乾隆二十四年到屯，乾隆三十二年六月十九日又乘间潜逃。⑤ 以上惩罚不为不严，无如奉行日久，有名无实，根本原因还是在流放制度设计的缺陷，诚如清末丁宝桢所言："军流徒犯既无差役以拘其身，又无月粮以糊其口，安置未有良法，主守徒存虚名，此种罪犯大率素不安分窃盗之徒尤多，处此冻馁交加，则其循循安守势有不能"，可以说是既有不能不逃之势，更有可以脱逃之机。⑥

---

① 光绪朝《大清会典事例》卷八三四《刑部·刑律捕亡·徒流人逃二》。
② 光绪朝《大清会典事例》卷八三四《刑部·刑律捕亡·徒流人逃二》。
③ 王云红：《清代流放制度研究》，人民出版社，2013，第221页。
④ 《清高宗实录》卷八二五"乾隆三十三年十二月癸酉"。
⑤ 《宫中档乾隆朝奏折》第28辑"（陕甘总督吴达善）乾隆三十二年八月三十日"，第42页。
⑥ 丁宝桢：《遵照酌议军流情形疏》，载葛士浚辑《清朝经世文续编》卷八四，（台北）文海出版社有限责任公司，转引自王云红《清代流放制度研究》，人民出版社，2013，第223页。

一 乾隆皇帝的良苦用心与外省督抚的例行奏报

在军流人犯脱逃案中，发遣新疆及改发内地等重犯较多，而且对朝政的影响也最大。仅就垂意刑名的乾隆皇帝而言，常常以缉拿逃遣为契机，敲打外省吏治，一再叮嘱督抚们实力行事，万不可敷衍塞责、空言具奏，正所谓以法制求吏治也。然而，事情的发展过程和结果并不完全在其掌控之中。故事起于乾隆二十八年（1763）的一条上谕，要求各省督抚每年奏报发遣新疆人犯有无脱逃及拿获之处：

> 近年以来，发遣新疆等处人犯，有在途脱逃者。拿获之日，将本犯立置重典，缘此等罪人，皆系作奸为匪，不可容留内地之犯。其情性本属凶狡，又惮于出口远行，不遵王法，乘间潜逃。金差递解之地方官，理应加意严紧慎重派委，方不误事。其因金差不慎，致有脱逃之员，向来未经定有处分，易致怠忽从事。现据托庸、吴达善题报，发遣巴里坤、乌鲁木齐等处，逃犯之失察各员，已交该部另议办理。并著传谕各督抚：嗣后各省将一年内发遣新疆人犯，查明有无脱逃，及已未拿获之处，于年终汇折具奏。①

乾隆三十二年（1767），又要求各省增加年底具折奏报内容，即停发新疆改发内地十六项人犯有无脱逃及已未拿获之处。且定例，上述两类逃犯拿获后，经督抚奏闻可就地正法。上谕发布后，各省地方督抚年复一年例行具奏，翻检、品读大量此类奏文，发现督抚汇报模式高度统一，多言称本省发遣新疆及改发新疆并接递外省发遣重犯并无脱逃，表示平素俱严行督饬沿途文武各官，遇有遣犯到境，均系慎选妥干兵役小心押解，并无案犯脱逃。或者偶有一二脱逃，则已经拿获或正在全力查拿。

> （河南巡抚阿思哈）兹据河南按察使周景柱详称：河南发遣乌鲁木齐等处为奴人犯七名，并递解各省发遣新疆人犯，俱经该地方官，慎

---

① 《宫中档乾隆朝奏折》第 18 辑 "（护理山西巡抚布政使文绶）乾隆二十八年七月二十七日"，第 562 页。奏折表明上谕发布时间为七月二十三日前后。

选差役，严谨押解出境，并无脱逃，亦无拿获别省发遣新疆中途逃脱，及在新疆逃回之犯。①

（陕甘总督杨应琚）臣查发遣新疆人犯，情罪多属重大，性情又属凶残。且甘省又为接递各省遣犯总汇之区，尤须严紧慎重。臣饬谕沿途文武各官，遇有遣犯到境，务须慎选妥干兵役，小心押解在案。查乾隆二十九年，甘省沿途各省接递遣犯，并无在省脱逃之处。②

（广东巡抚明山）查乾隆二十九年正月起至岁底，广东发遣新疆人犯，并无脱逃回籍。再粤省僻在边疆，各省递解新疆人犯亦并不经过。③

（四川总督文绶）乾隆四十二年，川省发遣新疆人犯十名口，改发内地及云南、广东等省人犯十二名口。接递陕西、甘肃改发云南、贵州人犯四名，随带犯眷八名。接递贵州解赴陕甘新疆人犯五名，犯眷一名口。又外省改发四川人犯七名。以上总共人犯三十八名，犯眷九名口。俱经四川广元等，先后详报接递入境，及解出陕西宁羌等处收明接递讫，并无脱逃未获之案。④

二　"今就获否"？

对于个别省份偶尔奏报一二遣犯脱逃，乾隆皇帝往往急切催督"上紧缉拿"。对于大案要案，则亲自布置缉捕方案，要求相关省份督抚务必实力行事，甚或时常追问"今获否""今就获否"，密切关注缉捕进展，对于疲玩者则多加叮嘱以至严饬。

乾隆三十二年（1767），四川总督阿桂奏报川省发遣伊犁为奴之人犯饶玉相于本年二月脱逃，缉捕两月尚未就获。对此，垂意刑名的乾隆皇帝亲

---

① 《宫中档乾隆朝奏折》第24辑"（河南巡抚阿思哈）乾隆三十年二月二十九日"，第104页。
② 《宫中档乾隆朝奏折》第23辑"（陕甘总督杨应琚）乾隆二十九年十二月十一日"，第454页。
③ 《宫中档乾隆朝奏折》第23辑"（广东巡抚明山）乾隆三十年二月初十日"，第829页。
④ 《宫中档乾隆朝奏折》第41辑"（四川总督文绶）乾隆四十二年正月二十二日"，第764页。

自"披挂上阵",四月在上谕中详细教导臣下应该如何悉心办理:"朕观饶姓系广东、江西人流入四川者,著传谕四川、广东、江西各省督抚,速饬各属上紧缉拿,毋使漏网。"缉捕方略从人犯姓氏的源流入手,其心思之细密、急切可见一斑。然而,四五个月过去了,广东巡抚李侍尧等地方大员奏报,并无该犯饶玉相潜逃踪迹,并且表示确实已经派遣干役在城镇乡村、山林矿厂实力盘查。①

如有脱逃五六名以至更多发遣重犯的情况,乾隆皇帝则更是以此为契机,见微知著,由一省局面窥测他省情形,大力警戒敲打外省督抚群体,即所谓以法制求吏治是也,例如乾隆三十三年(1768)广东疏脱遣犯五六名,巡抚李侍尧奏报严定责任官员处分之事:

> 据李侍尧等奏,署镇平县②知县阎睿蒲等,疏纵遣犯至五六名之多。请照重犯越狱之例,将阎睿蒲并典史鲁端似、巡检印寅曾,一并革职留任,戴罪督缉。如逾限不获,分别名数降级革职等语。所奏甚是,已允其所请,敕部准行矣。
>
> 此等积匪猾贼,本系免死改发内地之犯。乃该州县等,既不能严密周防于前,复不能密速追拿于后,致多犯久稽弋获,岂逃脱常犯可比?皆由向来督抚等,仅沿常例查参,直至四参不获,始行分别降调,以致地方有司不知惩惕,事理实为未协。广东如此,恐他省正复不少。嗣后各省疏脱遣犯,如有逃逸多人、逾限未获者,其知县等官,俱照李侍尧等所奏,按依限期从重参处。仍将现在有无似此纵逸多犯之案,令各该督抚查明具奏。③

这里,上谕核心意思有二。第一,督抚姑息瞻徇是问题根本。地方发遣重犯脱逃不获,根源在于督抚平时姑息属员,遇有案犯脱逃,仅仅因循

---

① 《宫中档乾隆朝奏折》第 28 辑 "(两广总督兼署广东巡抚李侍尧)乾隆三十二年九月初九日",第 90 页。

② 此处清代广东省"镇平县",隶属嘉应直隶州,现为梅州市蕉岭县。因与河南南阳"镇平县"重名,民国三年(1914)广东省"镇平县"更名为"蕉岭县"。参见傅林祥等《中国行政区划通史·清代卷》,复旦大学出版社,2013,第 517 页。另参蕉岭县、镇平县人民政府门户网站。

③ 《清高宗实录》卷八九○ "乾隆三十三年五月庚子"。

常例问责相关官员，直到一至再至三无法迴融时，方才给予实质性降调处分，因此地方有司无所警戒，更加怠玩行事。第二，见微知著敲打全局。广东出现此种恶劣案件，难保其他省份没有类似情形，故通谕各省督抚一体警戒。由此，要求各省封疆大吏日后如遇此种情况，务须从重查处，并汇报本省现在有无纵逸多犯之事。结果，督抚们仍多如前予以否认，或者最多承认一二逃犯且多已拿获，并无疏脱多犯之案，并且积极表态，即使如此仍加意告诫属员严加防范。

（豫省巡抚阿思哈）改发重犯在配并无疏脱。其余寻常军流人犯，间有脱逃设法捉拿，每就弋获，亦无同时疏纵五六人之多。仍不时告诫属下，饬令各州县严加防范，毋令逃脱。[1]

（湖广总督定长）湖北省改遣重犯有李发顺一名，于本年正月脱逃，旋于二月十四日在当阳县被获，业经奏明正法，此外并无纵逸多人之案。[2]

（云南巡抚明德）兹据布政使兼署按察使事宫兆璘查明：滇省各属内，应发新疆改发内地在配脱逃者，各属间有一二名，多所弋获，并无纵逸五六名之多。[3]

此外，甘肃、湖南、广西、浙江、山西等省督抚奏折涉及情形虽较为复杂，然最后均落脚于"此外并无纵逸多人之案"。

三　"外省习气终难化诲"!

对于外省督抚经年以来的一贯否认态度及其背后因由，乾隆皇帝似乎深刻洞悉，认为封疆大吏们所言殊不可信，平日并不实心办事，奏折所言多是大话空话。所谓"海捕具文"即是对督抚办理查拿逃遣事宜之态度的

---

[1] 《宫中档乾隆朝奏折》第 31 辑 "（河南巡抚阿思哈）乾隆三十三年七月初二日"，第 196 页。
[2] 《宫中档乾隆朝奏折》第 31 辑 "（湖广总督定长、湖北巡抚程焘）乾隆三十三年七月十八日"，第 356 页。
[3] 《宫中档乾隆朝奏折》第 32 辑 "（云南巡抚明德）乾隆三十三年十二月初九日"，第 771 页。

集中总结，诚如四十二年上谕所云：

> 谕军机大臣等。据伊勒图奏，该处挖铅遣犯裴老五、刘三魁，于本年九月脱逃，已逾二旬，尚未拿获，现在严饬查挐等语。已交军机处，照例行文各犯原籍，及经过省分查缉矣！此等遣犯在配脱逃，自系潜回原籍，否或沿途逗留，希图匿迹幸免。乃节年行文查缉以来，经各省拿获奏报者，甚属寥寥。可见各省督抚，于此等查拿遣犯，全然不以为事。所谓派役严缉者，亦不过以空言塞责，毫无实际。著传谕各督抚，即行查明此等脱逃遣犯，共有若干。务宜严饬所属，选派兵役，实力严缉务获，毋得视为海捕具文。仍将有无弋获之处，附便覆奏。①

而且这种认识，反复出现在上谕和督抚奏折的朱批（含夹批）中，而且语气很是强烈，痛斥"外省海捕恶习甚可恶"②，由此一再叮嘱、申饬督抚大员实心办事，以至"各发天良，实心实力严切查办"③，毋为空言。对于御赐"海捕具文"的帽子，督抚们自然不敢也不会接受。山东巡抚国泰直接辩解受恩深重，断不敢听任属员视为海捕具文。④ 浙江巡抚王亶望则间接辩护，极言自己办事之认真，严饬各地方官，无论城镇乡村、寺观歇店以及滨海岛岙，到处遍行缉访。各犯潜逃到境务期擒获，否则即行严参。⑤

乾隆四五十年间，在督抚奏报查拿发遣东北、西北为奴之脱逃人犯情形奏折的朱批中，乾隆一再叮嘱交代实力为之、毋为空言。四十七年（1782）五月，发遣齐齐哈尔为奴之安徽省犯李巴、河南省犯杨二秀和王鸿儒、四川省犯周知义等人在配所乘间脱逃。对此，乾隆皇帝又亲自布置缉捕方案，考虑到案犯逃逸后必然经由直隶、山东潜回本省，因此直接点名直隶总督郑大进、（署理）两江总督萨载、河南巡抚富勒浑、山东巡抚明

---

① 《清高宗实录》卷一〇四三"乾隆四十二年十月己未"。
② 《宫中档乾隆朝奏折》第62辑"（广西巡抚孙永清）乾隆五十一年十月二十日"，第51页。
③ 《宫中档乾隆朝奏折》第52辑"（署理两江总督萨载）乾隆四十七年六月十五日"，第129页。
④ 《宫中档乾隆朝奏折》第42辑"（山东巡抚国泰）乾隆四十三年三月初五日"，第286页。
⑤ 《宫中档乾隆朝奏折》第42辑"（浙江巡抚王亶望）乾隆四十三年二月初九日"，第60页。

兴，飞伤各属严行缉拿，务期按名就获，毋得稍有疏纵。对此，山东一省的奏折对缉捕过程的描述很是热闹，但未见拿获任何一名逃犯的记录：

> 臣查李巴、杨二秀籍隶安徽、河南，东省为奉天赴安徽必经要道，又与河南接壤。该二犯兔脱之后，难保潜踪东省探听消息。臣当即移咨兖、登二镇，并行臬司通饬各属，文武员弁一体严缉。仍派员带同兵捕，于要隘路口，及歇店寺庙处所。凡涉面生可疑，留心盘诘。并于登、莱二府所属海口，饬令守口员弁，查验单照。倘有年貌不符，务须彻底盘诘。略有疑窦，立即从严究办。①

对于明兴所言各种行动，乾隆朱批："实力为之，毋为空言！"是否实心办事，要用行动和事实说话，朱批是提醒也是警告。

河南巡抚富勒浑表示已经密谕各属留心缉捕。对两名豫籍逃犯，令原籍地方官亲提案犯邻右人等，严行查究。对安徽逃犯李巴，考虑到其回籍或经行河南汝宁府，已然分委员弁在水路码头、要隘偏僻处所以及黄河渡口广泛撒网，严行堵缉。对此，乾隆皇帝亦叮嘱他"实力为之"。② 其后此类奏折的乾隆御批，继续"实力为之，毋为空言"基调，甚至语气更为强烈。具体请详参表3－1。

表3－1　乾隆四五十年间遣犯脱逃奏折及乾隆朱批一览表

时间	省份	事由	朱批及资料来源
四十七年	广东巡抚尚安	发遣吉林为奴之广东遣犯李清贵等脱逃	知道了，毋为空言。第52辑第691页
四十七年	福建巡抚雅德	发遣吉林为奴之广东遣犯李清贵等脱逃	今获否？第53辑第58页
四十八年	山西巡抚农起	改发伊犁充当苦差之遣犯格里克脱逃	毋为空言，实力督辑。第57辑第125页

---

① 《宫中档乾隆朝奏折》第52辑"（山东巡抚明兴）乾隆四十七年六月二十五日"，第222页。
② 《宫中档乾隆朝奏折》第52辑"（河南巡抚富勒浑）乾隆四十七年六月二十六日"，第246页。

时间	省份	事由	朱批及资料来源
四十八年	陕西巡抚毕沅	改发伊犁充当苦差之遣犯格里克脱逃	汝等外省，于此等事实不尽力，不过一奏了事，今曾获几人否？第 57 辑第 591 页
四十八年	直隶总督刘峨	发遣伊犁给兵丁为奴房如杰等乘间脱逃	实力为之。第 57 辑第 554 页
四十八年	山东巡抚明兴	发遣伊犁给兵丁为奴房如杰等乘间脱逃	实力督辑，毋以一奏了事。第 57 辑第 630 页
四十八年	陕西巡抚毕沅	发遣伊犁给兵丁为奴遣犯夏东儿等脱逃	实力缉拿，毋为空言。第 58 辑第 47 页
五十一年	广西巡抚孙永清	乌鲁木齐遣犯李挺秀在配脱逃	实力为之，外省海捕恶习甚可恶。第 62 辑第 51 页

说明：最后一列中资料出处均指《宫中档乾隆朝奏折》，个人目力所限或有遗漏。

其中，最有代表性的朱批，当推乾隆四十八年陕西巡抚毕沅奏报查拿在配脱逃遣犯格里克一条，该犯以职官发遣新疆，乘间脱逃。接奉谕旨，毕沅言称当即通饬各属依照案犯年貌，督率干练兵役，在通衢僻径、关津要隘，严密查拿。又称该犯系察哈尔部落人，语音外貌易于识别，如果从陕西内地逃往原籍，定能即行盘获，断不致任其过境逃逸。可能是最后"定能即行盘获"的口气过于肯定，而且奏折只是表态声明如何行动，并未言及拿获逃犯，而且连人犯踪迹的任何动态亦未涉及，得乾隆皇帝御批"汝等外省，于此等事实不尽力，不过一奏了事，今曾获几人否？"可以说是乾隆皇帝对外省封疆大吏整体办事风格的盖棺论定。

对于外省大员不实心办事的整体认识，并不局限于缉捕脱逃遣犯和刑名司法领域。在第二次金川之役后，曾有上谕要求外省督抚"各发天良实心实力严切查办"，捉拿军前脱逃之绿营兵，结果一年限满，各省奏报寥寥，乾隆皇帝在督抚们的奏折中经常朱批"何曾实力奉行""汝等不过一奏了事""竟成具文矣"，其中最有代表性的批示和云贵总督富纲、云南巡抚刘秉恬有关，看到云南造报已获逃兵不及总数十分之二，对此乾隆认定："外省诸事不认真，亦不止此也！"此时，正是乾隆四十八年二月。

就在此前一月，满洲世仆出身的富勒浑从河南巡抚升任闽浙总督，面对其感恩戴德的谢恩折，乾隆皇帝留下了一行哀怨而又有些无奈的文字，"外省习气终难化诲，奈何"[①]！他试图做一个紧握官僚机器缰绳的马车夫，遗憾的是，他并不能完全左右前行的速度和方向。催督外省督抚查拿逃遣如此，指挥缉捕马朝柱等人谋逆大案如此，后文迭降秋审谕旨严饬督抚宽纵办理如此，一再提醒我们全面深入理解乾隆皇帝和外省督抚之间君臣关系的复杂状态，由此进一步修正并深化对"乾纲独断"传统结论的认知。

第五节　理想与现实：清代流放刑罚的制度性瓶颈

清代流放刑罚的制度性瓶颈，即复杂制度设计和低成本运转之间的重重矛盾。[②]

清代流放制度设计甚为完备。尤其是乾隆朝颁定军流道里表，严格而详细规定了佥发、递解、安插以及脱逃惩罚等环节，并针对人犯、差役、职官的不端行为作出严厉惩戒和处分规定，立法不为不周。

这种较为理想化的复杂制度设计，往往需要较高的财政成本配合运行。徒流（军遣）案犯的在途递解与在配管理均需要较多花费。其一，就在途递解而言，差役的递解费用，人犯每日的口粮、盐菜钱和车价银等都需要官方承担。在乾隆朝停止家属官为资送之前，人犯家属的生活费用也要由政府承担。其二，就在配管理而言，军流人犯有口粮之费，一般按照"一名日给仓米一升，谷则倍之"的原则配给，少壮而又实系贫穷且无手艺者要给发一年，对于六十岁以上及年未六十而已成残废笃疾者，则要交养济院终生留养。发往边疆的遣犯，种地者要分给土地，官为借给耕牛、粮籽；当差者也要按月支给口粮。以上种种，递解距离越远成本越高，流放人犯愈众需费越多。

刚性财政制度决定其低成本运转。基于传统政府收入固定、量入为出的刚性财政制度，官方为了维持流放制度的低廉成本，尽量压低各个层面的投入。一方面，政府公费严重不足，不能作为。经费严重短缺，使得各

---

① 《宫中档乾隆朝奏折》第 54 辑 "乾隆四十八年正月初十日"，第 668 页。
② 本节内容对前引王云红专著《清代流放制度研究》（人民出版社，2013）第 244～245 页多有参考，反复品读之下亦多有笔者个人理解和表述，特此致谢并说明。

级衙署面对流放制度的复杂设计，不能作为甚或不想作为，从而使递解人犯成为苦差，在配管理沦为形式，人犯生计多无着落，脱逃日益严重。另一方面，作为流放制度重要执行人的差役，薪水微薄兼之州县管束不力，又常常胡作非为。或雇倩白役，或凌虐人犯，或纵容案犯作奸犯科从中渔利，甚或索贿受贿纵放人犯，如此种种不一而足。虽然，清廷对于上述情况都规定了严厉的惩处措施①，但是地方官也深悉递解差役经费困难的实际情况，往往不闻不问姑息行事。正如清人傅维麟所言："即如一流徒也，势必用两解役，无论南方数千里，即近而数百里，此两役之资斧自备乎？需索乎？盖必是需索之物。此两解役又当流徒，需索而不问，是纵蠹也。需索而问之，又将安所底止？"②

　　流放制度的复杂设计遭遇低成本运转，加之吏治松弛的社会大背景，最后不仅不能起到节约成本的作用，而且使得流放实践过程充满问题：制度条文往往不能够落到实处，成为具文；贪污腐败盛行，执法过程中徇私舞弊现象极为严重。流放这一以"无害化"为目的的刑罚，虽然暂时使案发当地的秩序得以维持，然而流人脱逃及其对于递解途中和在配地方的累扰却一直成为难以克服的问题，扰乱社会秩序，败坏地方风俗，甚或聚集为匪危害稳定大局。显然，这不是乾隆皇帝一纸上谕所能根治的，也不是各省督抚们的因地制宜方案所能解决的。

---

① 如为了防止兵役在解递过程中对人犯及其家属凌虐勒索，定例："凡押解兵、役驿夫人等，敢于中途奸污犯人妻女者，依奸因妇律杖一百、徒三年；押解官虽不知情，亦交该部严加议处。如押解官自犯奸污及陵虐勒财者，交该部从重议罪。其被害犯人系流徙宁古塔等处者，许赴盛京户部控告；系解京及解各省者，许赴刑部并所在官司控告。"参见《大清律例》卷三六《刑律·断狱上·陵虐罪囚》。
② 傅维麟：《亟更役法疏》，载卲之棠辑《皇朝经世文统编》卷三六《吏胥附幕友》，光绪二十七年（1901）上海宝善斋石印本。

第四章　死刑监候：行政实践与君臣关系 双重视角下的外省秋审

继第三章有关徒流（军遣）案件的探析之后，本章将围绕死刑案件，继续打通督抚等省级主体与命盗重案的关联，重点选取因命盗重案而被判处死刑监候①的秋审案件作为研究对象。秋审是清代对外省斩绞监候案件的覆审制度，是清代重要的司法审判制度。既往研究成果很是丰硕，已然对其制度沿革、相关律例、时间地点程序、结果分类、作用影响以及古今比较等进行深入探析，使得我们对清代秋审的基本架构有了全面的认知。② 孙

---

① 此一说法多受孙家红的启发，参见氏著《清代的死刑监候》，社会科学文献出版社，2007。

② 在有关秋审制度的直接研究中，清末吉同钧的《新订秋审条款讲义》首开后世研究的先河。董康的《秋审制度》和《清秋审条例》是民国时期整理研究秋审制度的重要成果。在中国近三十年的研究中，郑秦的《论清代的秋审制度》（《清代司法审判制度研究》第5章，湖南教育出版社，1988）和沈厚铎《秋审初探》（《政法论坛》1998年第3期）是早期两篇关键论文。前者以大量坚实的档案史料为基础，详尽论述了秋审的程序、制度渊源及其与社会治乱的关系等。后者则利用当时新近出版的沈家本史料，系统介绍了秋审制度的渊源、发展、形成完善、最后终结，并评析了制度利弊及其现实借鉴意义。进入21世纪，陈爱平、杨正喜的论文《试论清朝的秋审制度》（《江汉论坛》2004年第7期）综合了先前研究成果，又利用了大量正史、会典等官方材料，全面探讨清朝秋审的制度确立、运行特征以及该项制度遭到破坏的过程。龙山《清代秋审与专制皇权》（《黑龙江史志》2008年第19期）和黄玲娟《清代秋审制度的价值探讨》（《法制与社会》2009年第36期）则主要转向考察秋审与皇权的关系，其实这一思想郑秦早在1988年已经开始论及（《皇权与清代司法》，《中国法学》1988年第4期）。另有文章涉及清代秋审和当下死缓制度的比较研究等方面。到目前为止，笔者认为中青年学者中清代秋审制度研究最为系统深入者当属孙家红，在其系列论著尤其是专著《清代的死刑监候》中，不但区分了秋审和朝审，而且从追溯思想渊源和制度沿革开始，梳理了"死刑监候"相关的立法情况，更集中探讨了该项制度的司法特征。在直接研究之外，亦多有论著在研究其他题目时涉及清代秋审制度，如那思陆《明代中央司法审判制度》和《清代中央司法审判制度》、张晋藩《清代法制史》、吴吉远《清代地方政府的司法职能研究》等。以上，对孙家红《批判与反思：百年以来中国有关秋审之研究》（〔韩〕《中国史研究》第52辑，2008）多有借鉴，特此说明并致谢。

家红的专著《清代的死刑监候》更直接把秋审制度作为研究对象,从追溯思想渊源和制度沿革开始,梳理了"死刑监候"相关的立法情况,更集中探讨了该项制度的司法特征。

作为专事省级司法的研究,在简要介绍外省秋审的基本程序后,本章的主体内容有两个方面。第一,选取四个节点介绍行政宏观范畴下的省级秋审实践。具体包括抚司在调整会审时间问题上的立场差异,他们对州县秋审人犯如何解省的观点及其对刑部定例的重要推动作用,外省多年反复参加秋审的重犯如何一次次命悬一线并幸运存活,最后是江西在乾隆二十七年(1762)秋审的实际操作过程。它们共同体现了抚司在地方司法实践中,基于行政大局和实际需要,因时、因地制宜,不断推动中央定例调整的特征。

第二,也是本章的核心部分,从秋审的动态政治过程,探析乾隆皇帝和外省督抚之间政治关系的复杂状态。乾隆皇帝几乎每年都连篇累牍地发布大量秋审谕旨,申饬外省督抚们的宽纵姑息和市恩枉法,其中自有他的种种良苦用心,并在发布谕旨的实际行动中采取以小见大(由一省或数省而推知吏治全局)、把事情闹大(由严惩个别而警戒全体)的行为策略。对此,多数外省督抚的回应是在卑顺文字之下的软性抵抗,其行为背后也是对乾隆皇帝意识和行为策略的洞悉。结果,乾隆皇帝的苦心和行为效果大打折扣,他又年复一年苦口婆心地反复申饬。这一过程,从整体上表现出乾隆皇帝和督抚君臣关系的复杂维度:并非君上乾纲独断的静态结论,更多是君臣互动的政治过程。其间虽以乾隆皇帝为主导,但面对多数督抚群体连年的集体行为惯性,他多少也有些许无奈和失落。

第一节　外省秋审的简要程序

秋审是清代对直隶各省斩绞监候案件的覆审制度及其过程,因在每年秋季进行而得名。[①] 追根溯源,清代秋审制度直接承袭明代的朝审,而明代

---

① 北京大学法学百科全书编委会:《北京大学法学百科全书》,北京大学出版社,2000,第72页。转引自孙家红《清代的死刑监候》,社会科学文献出版社,2007,第73页。

朝审又源于两汉以来的录囚。录囚即审录覆核在押的人犯,是儒家"恤刑"理念在司法制度上的反映。录囚作为一种制度始于两汉,《汉书·隽不疑传》记有"拜为青州刺史,每行县,录囚徒,还"。《后汉书·百官志》也讲到"(州刺史)常以八月巡行所部郡国,录囚徒"。此时录囚的性质是强调平反冤狱,并未固定时间,亦未区分已决和未决人犯。从汉到明历代都曾举行录囚,唐代的录囚已形成定制,唐太宗还有著名的死刑三覆奏、五覆奏制度,但审录程序和分类标准还没有明确的规定。明代英宗天顺三年(1459)正式确立了朝审制度[①],每年一次审录在京罪囚。外省录囚则是派恤刑官下去进行,每五年一次。两者的审录对象较广,既有死罪重囚,也有徒流囚犯。[②]

清代顺治元年(1644)刑部左侍郎党崇雅建议恢复朝审,十五年(1658)定外省秋审之例。其外省审录和明代基本一样,由中央差遣官员进行,但系每年一次而非五年一次。康熙五年(1666)以后,外省不再由中央差官审录,改由各省自主办理,照例每年一次,开始成为一项经常性的地方司法制度。十二年(1673)以后,又定例外省秋审亦须如朝审一样,由三法司、九卿会议覆核,而且审录的对象缩小为判处死刑监候的重囚。自此,清代的秋审制度正式建立起来,相关秋审条款也以条例的形式列入《大清律例》,并且仪式隆重最终发展为一代"秋谳大典"。这样,清代的秋审把自古以来的录囚制度发展到最完备的形式,从而建立起中国历史上独特的死刑监候覆核制度。[③]

清代外省秋审的司法程序,大体可以分为两个层面,即地方秋审程序和中央覆核程序。其中地方程序包括州县造册解犯→臬司核办招册→督抚等会审具题,中央程序则有刑部看详核拟→九卿等会审具题→情实覆奏与皇帝勾决三个阶段。督抚藩臬等省级司法主体在其中发挥了承上启下的重

---

① 《明史·刑法志》记载:"天顺三年,令每岁霜降后,三法司同公、侯、伯会审重囚,谓之朝审。"参见《明史》卷九四。孙家红在其专著《清代的死刑监候》中,提出降旨朝审的时间应为天顺二年九月二十五日,但同样认为朝审制度应从天顺三年开始,参见孙家红《清代的死刑监候》,社会科学文献出版社,2007,第33~34页。

② 郑秦:《清代司法审判制度研究》,湖南教育出版社,1988,第195~198页。

③ 郑秦:《清代司法审判制度研究》,湖南教育出版社,1988,第199~201页。

要作用。①

一 地方秋审程序

如前所述，地方秋审的对象是各省奉旨"秋后处决"的斩绞监候案件，这些案件以是否第一次纳入秋审程序分为新事（或新案）和旧事（或旧案）。两者相较，以新事为主，需将人犯解省当堂查核案情，旧案则审录案卷、免解人犯。从州县到督抚的秋审程序可分为三步，即州县造册解犯、臬司核办招册、督抚等会审汇题。

第一，州县造册解犯的基础性工作。虽然各省每年秋审由臬司核办招册（即案犯清册），然而监候人犯一般是监押在初审州县，因此秋审造册的准备工作是从州县做起的。先是臬司札饬通省州县核办秋审事宜，各州县接到后再行申禀臬司。如道光二十年间（1840）直隶臬司的书札和宝坻县的禀复：

> （臬司）某某州县官吏知悉：照得秋审人犯情罪略节，向系本司衙门，饬发该县缮造呈送，本司填写会看详题。兹查本年秋审将届，所有新案略节，合亟札发。……遴选能写书手，用洁白官连纸张，遵照所颁册式□□，照缮三十番，每番尾后留空白书册五十页，磨对清楚，悉行草钉。此外每起另备书册五百张，大官连纸二百张，以备临时抽换装钉……
>
> （宝坻）计申送旧案，秋审免解囚犯张赵氏等（其余人名略）共七人，每人略节册二十本。新案应解囚犯李幅恒，略节册二十本。空白

---

① 本节内容主要参考郑秦《清代司法审判制度研究》第五章第一节，特此说明。论及清代秋审制度的著作甚多，在详细比较后笔者认为，郑秦以大量扎实的档案文献和清楚明白的行文叙述更胜一筹。在引用基本内容的同时，笔者对个别提法有斟酌改动。如对整体过程，本文划分为地方秋审程序和中央覆核程序（后者原书为"刑部三法司的秋审程序"）似乎更妥。因为中央一级的主要作用是覆核地方秋审招册，而且参加官员虽以刑部三法司为主，但九卿、科道、詹事等亦在其中，更关键之处皇帝最后勾决是最高司法权和政治权力的标志。又如地方督抚等会审和中央九卿等会审后所上题本，说"汇题"似乎更准确（原书是"具题"）。由于这是年度大量死刑监候案件的分类集中题达，而不是日常及徒刑以上案件的一一题奏。

书册八百张，官连纸一百二十张。新旧案犯均毋庸留养。①

关于州县解犯。清初不论新事、旧案一律解省，并且旧案须如新事一般，由县到府解司，层层审转。乾隆三年（1738）定例，改由州县径行解司。后来解囚的规定又有一些变化，旧案囚犯"初则三次以上才准停其解勘，嗣则改为两次"。至乾隆二十五年（1760）定例，"缓决人犯解审一次之后，情罪无可更定者，停其解省"，所以旧案人犯一般不再解省。但新事案犯因系初次纳入秋审，所以常常坚持解省。② 应解省囚犯由州县派解差押送，审完后再行解回。州县的解囚负担很重，除上文所讲造册、准备纸张外，每名囚犯还要交七两"公费银"，而且解差沿途押解和在省守候也要花费不少银两。

州县造册解犯后，就进入在省审录阶段，即臬司审录并核办招册和督抚等员会审汇题。为了突出按察使的刑名总汇地位和经办通省秋审事宜的重要作用，这里单独列出臬司一节。

第二，臬司审录并核办招册。臬司是一省刑名总汇，主持并具体经办通省秋审的详细事宜，包括审录各州县解来的新事人犯，核办新事、旧案招册，各案的看语略节也要先期定稿。之后，会同藩司及在省道员商榷定案，联衔向督抚具详。但"会同在省司道商榷定案"多属空文虚词，基本上多由臬司包办，然联衔具详的法定程序仍须循例履行。

第三，督抚等员会审汇题。会审为地方秋谳大典，也就是督抚率同藩臬两司、在省道员、首府首县等大小官员，在一两天内当堂审问新事人犯查核案情，并审录旧事案卷，旨在将案犯分为情实、缓决、可矜、留养承嗣等类③。此一过程于乾隆二十六年（1761）年前系在臬司衙门进行，按察使往往需要预备陋规，而且督抚所带吏役也乘机骚扰。为杜绝这种弊端，

---

① 档案《顺天府全宗》第 55 号，参见郑秦《清代司法审判制度研究》，湖南教育出版社，1988，第 173 页。

② 某些距离省城遥远的州县秋审人犯则不必解省，而由该管巡道在冬季巡历时代表省级审录，如江苏省徐州府所属、安徽省凤阳府所属和广西省泗州府所属等处。巡道审录后所做册表仍须报送臬司、督抚覆核。实际上后来所谓巡道冬季巡历的制度也停止了，这一规定也就成了虚设。请见郑秦《清代司法审判制度研究》，湖南教育出版社，1988，第 175 页。

③ 孙家红对具体的案犯分类结果又有进一步的辨析，参见孙家红《视野放宽：对清代秋审和朝审结果的新考察》，《清史研究》2007 年第 3 期。

二十六年钦奉乾隆上谕改在巡抚衙门举办。但会审地点的变化，并不能改变各省草率定拟的普遍情况，常常是匆忙会审后"即以演剧宴饮"，秋谳大典徒具观瞻。

会审完毕，由督抚且只能经由督抚向皇上汇题，一一开列本年秋审新事旧案的案由。按察使虽然具体经办通省秋审事宜，但正式的公文题本是作为各省最高行政主官的督抚独享的政治权力，秋审各案的集中汇题和日常徒刑及以上案件的单独具题都必须由督抚上达。除正式题本外，督抚还需要缮造黄册以备皇帝浏览。奏折制度兴起后，督抚两司等每年又常于题本之外密报本省秋审情况。这里藩臬两司享有单独奏报权，也凸显了皇权希望通过他们监督制约督抚的深意。至此，地方秋审程序基本结束。

二　中央覆核程序

中央秋审程序是刑部、九卿、皇帝等依次对地方招册的覆核与定夺，系外省秋审过程的第二阶段，与针对京师死刑监候案件的朝审是截然不同的两回事。该阶段具体包括刑部看详核拟、九卿等会审具题、情实覆奏与皇帝勾决。

首先，刑部看详核拟，这是中央秋审程序的开始和基础。即审核案卷，分别实、缓、矜、留各类，草拟三法司看语，依次经过各清吏司、秋审处和刑部堂官（尚书、侍郎等员）之手。需要特别说明的是，刑部看详系每年年初与地方秋审同步进行，并不等待各省秋审汇题本章，而是"依原案"核拟。等五月前后各省题本到齐，再查阅与部拟不符者即可。由于看详核拟的基础性地位，刑部较为重视并严格区分不同阶段的笔墨颜色。各司看详为蓝笔、紫笔，秋审处核定用墨签，最后的堂签则为刑部尚书、侍郎的批语。

其次，九卿等会审具题。本处会审为中央秋谳大典，即九卿、詹事、科道等百余名官员，齐集天安门外金水桥西公同会议，场面甚是壮观，用以重人命而昭钦恤。从实施的具体情况看，其形式意义远大于其实质作用。事先刑部已经做好招册、看语等准备工作，并于会审前十五天分送参审的各个衙门，外省的数千案件须在一天之内"按招册逐一详审"。在八月份的某一天，由刑部书吏按照招册逐一唱名，遇到实、缓变动者再加读看语。众官员不过是在书吏的唱名声中随声附和而已，很少有人表示异议，"徒有会议之名，而无会议之实。即使有乾隆二十六年（1761）都察院左副都御史窦光鼐与刑部争论的特殊情况，结果也是窦光鼐遭到乾隆皇帝的严厉饬责而去职。而且，在通常情况下，很少有官员愿意像窦光鼐那样去做。

会审完毕后，由刑部领衔以全体参审官员的名义向皇帝汇题，分省逐次办理，每省案件分为实、缓、矜、留四本。其中情实类还需另造黄册进呈，此外服制类案犯和官犯亦各须单独成册。各类题本均须皇帝朱批。其中奉旨缓决、可矜和留养的案犯，本年秋审程序基本结束：缓决者仍然监押，等待明年再次秋审决定他们的命运。可矜和留养者已是奉旨免死减等，死刑不再执行。而奉旨情实的案犯，还要经过覆奏和勾决。

最后，情实人犯覆奏后由皇帝主持勾决。情实人犯执行前向皇帝覆奏，是遵行"三宥三刺"的古制。清初秋审情实人犯不覆奏，雍正三年（1725）后有三覆奏，乾隆十四年（1749）改为一覆奏。在具体操作中，由刑科给事中办理情实案犯的覆奏，以取其谏议封驳的职能。覆奏之后是秋审全过程的最后一道程序——勾到。勾到题本由十五道御史分别办理，仪式由皇帝亲自主持，其过程《大清会典》中有详细的描述：

> 是日清晨，预设于懋勤殿御案，设学士奏本案于前。候召入，奏本学士以名单捧至案上，向上跪。大学士、军机大臣、内阁学士、本部尚书侍郎跪于右，记注官侍立于左……①

随着某省某犯案由的奏报声，皇帝一面看黄册一面说"予勾"或"免勾"，秉持朱笔的大学士，即遵命在勾到题本某犯名字上画勾或跳过不勾。勾到仪式不仅是象征性的，更是皇帝对全国死刑案件的最后判决，最高司法权背后是生杀大权断不下移的最高政治权力。

第二节　行政范畴下的省级秋审实践

对于行政范畴下的清代省级秋审实践，通过审视督抚两司等省级司法

---

① 光绪朝《大清会典》卷五三《刑部》、卷二《内阁》，请见郑秦《清代司法审判制度研究》，湖南教育出版社，1988，第8页；胡常龙《死刑案件程序问题研究》，中国政法大学博士学位论文，2003。

主体在会审时间上的立场差异、各地对州县秋审人犯如何解省的实践等，从中窥见地方实践（从省域实际出发不断因时因地制宜灵活调整以及各省之间的相互援引）对推动刑部定例不断调整的重要影响，更可深入认识督抚两司等省级大员差异化的行为特征。而"老缓"年复一年参加秋审的特殊经历以及乾隆年间江西省秋审的个案，无疑又还原了秋审进行时的现场感。

一　督抚臬司在会审时间上的立场差异

督抚司道等员在省的公同会审时间，原则上是"按各省程途远近，以定会审之期"，从乾隆朝督抚的奏折来看多是三四月份的某一天①，当然也有少数分两天审录的情况，如乾隆十七年（1752）的山东②和二十年（1755）的福建③。但这不是我们的讨论重点，这里计划通过乾隆年间湖南按察使夔舒建议在省会审提前一个月的议案和巡抚的反对意见，从实证的角度继续找寻在司法实践背后抚司思考问题立场的差异所在，按察使更像专司刑名的技术官僚，巡抚则更多着眼地方行政的大局。

乾隆二十年（1755），作为楚南刑名总汇的按察使夔舒，针对四月上旬在省会审天气炎热、囚犯多有患病甚至监毙的事实，从恤囚的角度出发提出酌量变通，将在省会审时间提前一个月，各府州县解犯时间亦随之相应提前。

> 湖南秋审定例，离省三百里以内者，凡四月初一日以前奉准部咨之案，俱入本年秋审。是以皆四月初旬，提集通省重囚，抚臣率同在省司道逐加审录，各属解犯唯恐临时违误，每多先期佥解，于三月二十内外纷纷到省，分羁司府暨长沙、善化两县各禁。楚南天气较暖，三月下旬一交夏令，每至炎热。若遇晴霁，则四月初旬俨同盛暑。每岁应入秋审案件，除已过三次免提各案外，其余提审者，约计二百五

---

① "查每年各省秋审多在三四月"，见《清高宗实录》卷八〇五"乾隆三十三年二月戊子"。
② 《宫中档乾隆朝奏折》第 3 辑"（山东巡抚鄂容安）乾隆十七年五月十一日"，第 31～32 页。其分两天进行的原因是"今届秋审之期，案犯众多，其中或有冤抑……臣因分为两日，公同司道府县等官，逐审审鞫"。
③ 《宫中档乾隆朝奏折》第 11 辑"（福建按察使刘慥）乾隆二十年四月十八日"，第 207 页。折中提到"造具简明节略，呈送督抚二臣，于四月十五、十六等日公同会审"。

六十名，分羁四监，每监应收六七十名不等，加以本监应禁之犯，不下八九十名。囹圄内屋低院小，炎天拥挤，即令将监房打扫洁净，而热气熏蒸势所难免，一犯患病即传染蔓延。若不急为医治，必多病毙。如本年解到秋审各犯，因四月初旬天气炎热，多患伤热病症。

窃思秋审重囚即其罪实应死，亦当明正典刑，岂可使之淹毙狱底？况其中多非应死之犯。复查外省办理秋审案件，原视程途远近，总以七月到部为准，而会勘之期似可略为变通。

所有湖南省原定奉文入审之期，仰请改早一月。如离省在三百里以内，各州县原定四月初一以前奉准部咨之案，俱入本年秋审者，改为三月初一以前。其三百里以外至六百里，及六百里以外至一千里，并一千二三百里至一千六百里等属，原定三月二十五、十五、初五等日者，俱改为二月二十五、十五、初五等日奉文入审。

抚臣会同在省司道，定于三月初旬齐犯会勘。计远处州县起解时，已在二月中旬天气融和，不致动风冒雪。至二月下旬到省分羁，时尚未热，得免熏蒸染病之患，汇册题报仍循往例，于七月十五前到部。①

这样，不但囚犯到省后天气未热，可缓解熏蒸染病的弊端，而且从州县起解时天气回暖可免风雪之苦。最后，又以乾隆二十年（1755）秋审的实际情况强化说明，"目击秋审人犯患病者多，知缘炎天拥挤，热气熏蒸所致"。

对此，乾隆皇帝让他听候巡抚杨锡绂的裁量。杨锡绂是以礼部尚书的身份署理湖南巡抚，三个月后表示了反对的意见，言称臬司蒉舒的意见毋庸再议，湖南秋审之期仍照旧例遵行。作为省部大员，他考虑问题的出发点何在？

第一，由刑部而地方自上而下的行政原则。应以各州县接准刑部公文（部覆）的时间为准，具体确定州县哪些案件应赶入本年秋审，哪些囚犯应该解省审录。早在乾隆七年（1742），湖南巡抚许容已经按照刑部的要求，依据各州县距离省城的远近，确定并上报了各属接准部覆的时间，经过刑部同意后钦遵在案。刑部据此时限向地方发出秋审公文，地方接准后确定赶入秋的案件和囚犯。也就是说，地方各州县应以接到刑部公文的时间为

①《宫中档乾隆朝奏折》第 11 辑 "乾隆二十年五月十六日"，第 431~433 页。

准办事。如果地方擅自提前一个月让州县解犯并在省会审，而刑部的时间安排不动，没有接到部覆需要等候，若部覆没有列入本年秋审者又须解回，徒增往返跋涉之苦。①

第二，行政的相对稳定性原则，定例周详施行方便毋庸变更。自乾隆七年（1742）定例后，历年办理秋审俱系遵照办理，各州县依据接准部覆的时间，确定赶入本年秋审的案件和应行解省案犯，四月初十前后督抚率同司道在省会审。既然定例周详妥协，实践中相沿已久并无不妥，则不便轻易变更，以保持通省行政的相对稳定性。试想即使变动，关系所属各个州县和在省督抚司道的秋审工作节奏，牵涉面广，众多州县能否妥善办理尚在两歧，若是因此影响了在省会审尤其是向上汇题，督抚则要承担相应责任。这一条应该是杨锡绂作为巡抚反对夔舒建议的主要出发点。对行政稳定性的强调，既有官员的因循惯性，多一事不如少一事，也有对潜在风险和责任的规避。

至于他最后说四月省城天气尚不炎热、囚犯患病系属偶然并且加以拨派医官调治等情况，不管属实与否，乾隆都朱批"知道了"，依然同意按照他的意见办理，所有湖南秋审之期应请仍照旧例遵行，按察使夔舒所请改早一月之处毋庸置议。巡抚的宏观行政原则战胜了臬司的刑名技术考虑。

二 督抚等员对囚犯解省的地方实践

前面第一节介绍外省的秋审程序时，已经简单提到州县向省提解人犯的变化过程。如在乾隆朝先是定例案犯缓决三次停止解勘，几经变革逐步改为缓决两次以至一次停止解省审录。这里我们将详细关注其后续过程，各省督抚基于地方实践不断提出建议，并推动刑部定例的不断修改，先有提出完全停止州县案犯到省的河南巡抚阿思哈，后有针对免解过程中出现的种种问题，要求恢复提解经部议准遵行在案的两江总督高晋②。同时，还有对上述两者的利弊酌量变通，提出离省窎远各属由道员巡历审解、其余照常提解的云南按察使汪圻，他的意见也经刑部议准遵行。之后又陆续有

---

① 《宫中档乾隆朝奏折》第12辑"乾隆二十年八月初三日"，第245~246页。
② 当时（乾隆四十一年）高晋的准确身份是大学士留任两江总督。参见钱实甫《清代职官年表》第一册，中华书局，1980，第65页。

湖北、广西、湖南、陕西等省抚司奏请援引云南成例，并最后引发了刑部对秋审解犯定例的重要修改：应入秋审情实人犯定拟后留禁省监。综观前后过程，督抚臬司的地方实践是推动刑部定例不断修改的主体力量。

我们还是从乾隆三十三年（1768）河南巡抚阿思哈，要求州县停止向省城解送人犯的意见说起吧！作为连年主持本省秋审的地方巡抚，他深悉州县秋审人犯解省、会勘的实际问题，由此提出停止州县人犯解省会勘的三条理由：

> 督抚与臬司在未审之前确核案情，往复详议，早经商定，尤不待临审之时始决。是秋审一事，直为犯人过堂之地，于公事毫无实济。长途递解颇有可虞，不但难保罪囚不乘机脱逃，而且州县逐起护解，尤属纷繁，每解犯一名，须役二名、兵二名。遇有若兵役无多，差使频仍，又难保雇倩或疏虞。九卿等秋审，亦是据招册察定，何尝取问犯供？
>
> 臣愚以为与其率循故套，不如细心推求，审招而得其权量。臣请嗣后直省秋审停其解犯，造具招册由府司逐一加看，分定情实、缓决、可矜三项，申送督抚。在省自府厅州县亦各发一册，先行细核，皆其会集定拟。①

首先，秋审提犯过堂的实际作用不大，"秋审一事，直为犯人过堂之地，于公事毫无实济"。其次，州县长途押解多有疏虞。姑且不论大量花费，关键是囚犯沿途有乘机脱逃的可能（事实上各省也时有发生），差役方面若人手不足而雇佣白役更容易发生意外，而且正式公差也存在受贿故纵囚犯的风险。最后，援引中央九卿会审只看招册并不提犯的情况强化论证。因此，明确提出与其因循制度，不如灵活变通，"嗣后直省秋审停其解犯"。不提解案犯，秋审又该如何办理呢？阿思哈的奏折认为，可以先造好招册，由各府司逐一详看，分定情实、缓决、可矜三项，然后再集中定拟由督抚具题。乾隆皇帝对此深为赞同，表扬河南巡抚阿思哈"所见甚是"，至于个别不太妥当的地方，可交由刑部讨论改进。②

---

① 《宫中档乾隆朝奏折》第 29 辑 "乾隆三十三年二月二十四日"，第 766 页。
② 《宫中档乾隆朝奏折》第 29 辑 "乾隆三十三年二月二十四日"，第 766 页。

　　在河南建议的推动下，同年二月刑部奉旨修改的定例出台了，主要是规定州县停止解犯后的具体办理方式，核心思想是加强巡道的作用。要求巡道在冬季巡历所属州县时，将各处应入秋审人犯会同知府等研讯覆勘，大部分情罪允协、案无疑义者，造具招册申送督抚藩臬查核。遇有情罪未协或捏词翻供的情况，才将本犯解送到省由司院会审，但事前同样需要缮造招册。巡道若有瞻徇失职行为，一并严厉处分。本管道员若另有要务不能亲往巡历，由督抚酌派粮、盐各道或别属公务较少的道员代行办理。以上新规定，要求各省日后遵照办理。如果本年各省州县有未起解的人犯则马上遵照办理，无须再解到省里。①

　　应大学士留任两江总督高晋的要求，乾隆四十一年（1776）又改回州县提犯到省审录的旧例，他针对上述新规定实施过程中出现的主要问题提出质疑，"道府多系本案承审之员，难保其不无心存回护"。因此请求日后恢复定例，州县人犯仍提解到省，由督抚两司等大员公同会审。经刑部议准，各省同样遵照办理在案。②

　　同年，云南按察使汪圻针对上述两种不同做法的利弊，根据本省地处西南边陲、一些地方离省窎远、州县解犯到省着实不便的情况，在所属多数地方回归州县解犯到省定例的同时，又酌量变通调整，"永昌、丽江等六府，距省自九百里至一千三四百里……请将秋审人犯，专责不由审转之道员，于冬季巡历时亲加研鞫，造册加结，移报院司汇核"。其中包含了两层深意，既充分体恤永昌等处离省遥远长途押解多有不便的困难，而且委派先前不参与案件审转的道员，在冬季巡历时提犯研鞫，又可减少瞻徇回护。这种根据实际灵活变通的做法，奏请后经刑部讨论通过。之后，陆续有广西③、湖北④、湖南⑤等省督抚条奏，本省亦有离省窎远、解犯未便的府州，

---

① 《清高宗实录》卷八〇五"乾隆三十三年二月戊子"。
② 《宫中档乾隆朝奏折》第 45 辑"（署湖北按察使吴之黼）乾隆四十三年十月初十日"，第 148 页。
③ 《宫中档乾隆朝奏折》第 42 辑"（广西巡抚吴虎炳）乾隆四十三年二月二十二日"，第 178 页。所奏离省窎远的地方包括泗城、思恩、镇安、太平四府。
④ 《宫中档乾隆朝奏折》第 45 辑"（署湖北按察使吴之黼）乾隆四十三年十月初十日"，第 148 页。所奏离省窎远的地方包括邵阳、宜昌、施南三府。
⑤ 《宫中档乾隆朝奏折》第 52 辑"（署理湖南巡抚李世杰）乾隆四十七年七月初二日"，第 341 页。所奏离省窎远的地方包括永顺、沅州、靖州三府。

要求援引云南的先例，委派不由审转的道员提犯研鞫，一一经刑部覆准施行在案。

后来的进展并未仅仅停留在援引云南成例的层面上，当乾隆四十八年（1783）陕西奏请一体援照办理时[1]，刑部的秋审解囚政策在各省纷纷奏请的累积效应下，随之进行了较大的调整和变革，提出各省督抚覆审定拟时就把秋审可能列入情实的重囚[2]，留禁在臬司监狱（若监房不敷则兼及首府、首县监狱），"与其发回本县监禁，待秋审时又复解省，致多往返并有意外疏虞之处。莫若于招解到省定案后，即行留禁省城，于臬司、首府、首县各监，均匀分拨"[3]。请注意，此时政策的调整范围已从一些省份离省窵远的个别府州扩大到全国多数省份的所有府州，不能不说是一次较大的变动。变革的主动推动力是各省的司法实践，更深入一步是人的主体作用，即督抚臬司根据地方行政现实需要变通行事的风格。其实不仅本次调整如此，综观这一局部过程的前后发展，从停止州县解犯到回复定例，从各省对窵远所属的变通行事，到监候重囚于招解时即留禁在省的重大调整，又未尝不是如此呢？

耐人寻味的是，乾隆五十一年（1786）九月两江总督李世杰等员，以各省越狱频发尤其是山东司监的反狱大案为契机，上折历数重囚留省监禁的种种弊端，要求将多数要犯重新发回各州县监候收押。[4] 这一行政层面的建议受到乾隆基于吏治高度的批评，专门发布上谕指出问题的要害在于，两省大小官员平日怠玩废弛，没有实心任事，还明确摆出事实，山东若是按照刑部要求把情实人犯都关押在司监，怎么会还有二十多名应予勾决的要犯，是从其他监狱脱逃的呢？由此推而广之，要求各省督抚以此为教训，实心实力认真办理地方事务。[5] 由此，可以进一步看出按察使、督抚和皇帝行事的不同倾向性。如果说按察使更偏重具体的刑名技术思维，督抚更多是从地方行政的宏观层面权衡问题，权力顶端的皇帝则更习惯从政治主要

---

① 《宫中档乾隆朝奏折》第57辑"（陕西按察使王昶）乾隆四十八年十月初四日"，第577页。
② 指谋杀、故杀和其他情罪重大的情形，《宫中档乾隆朝奏折》第58辑，第127页。
③ 《宫中档乾隆朝奏折》第58辑"（大学士管刑部事务阿桂）乾隆四十八年十一月初八日"，第127页。
④ 《宫中档乾隆朝奏折》第61辑"（两江总督李世杰）乾隆五十一年九月十一日"，第465页。
⑤ 《清高宗实录》卷一二六五"乾隆五十一年九月己未"。

是吏治角度处理问题，往往从具体而微的刑名事件和问题深究外省吏治的深层问题，并从个别地方推而广之，提醒其或整饬吏治全局和督抚群体。

三 "老缓"年复一年的秋审经历

"老缓"①，简单说来就是外省秋审经皇帝朱批总是缓决或情实多年未勾、年复一年参加秋审的监候死囚，并兼指其反复参加秋审的过程。其具体情形究竟如何，监候死囚的生死在督抚、九卿和皇帝之间如何命悬一线？刑部黄册中秋审类的重囚和缓决招册为我们提供了重要的一手记录。

关于情实一直未勾而多次牢固监候的例子，诸如在四川犯事的陕西人王廷文。王廷文，陕西西安府三原县人。因在四川佣工期间曾借同乡邵珣钱文，后者索欠一时无还，邵珣詈骂，王廷文不服，遂两相角口②，王廷文一时情急，刀戳邵珣肚腹，后者在两天后殒命。经四川巡抚具题、三法司核拟，乾隆二年（1737）五月奉旨斩监候，"王廷文依拟应斩，著监候，秋后处决"。因已错过当年秋审时间③，作为新事赶入乾隆三年秋审，而且连续两年从督抚到九卿会审都是情实，最后君上勾到时总能幸运免勾，著牢固监候，等待下年秋审继续裁决他的命运。

先看乾隆三年（1738）秋审的定拟过程：

> 乾隆三年秋审，据四川巡抚硕色会审得：王廷文因邵珣索债无偿，詈骂奉殴，即拔刀戳其额角、肩肘、肚腹、脊膂等处，以致殒命，凶悍已极，王廷文应情实等因具题前来，奉旨"三法司知道"。
>
> 该臣会同九卿、詹事、科道等官，会审王廷文应情实等因具题，奉旨："这情实王廷文著照例覆奏，钦此。"据刑科掌印给事中长柱等

---

① 原指宽办赃之官犯，"每遇官犯，辄事宽纵。但于一次混入缓决，即为成案，断不复改，谓之老缓"，参见《清高宗实录》卷三五〇"乾隆十四年十月癸未"。这里范围进一步扩大，由官犯而到一般斩绞重囚，包括屡次列入缓决和虽列情实而未予勾决的两种情况。

② 据《清代六部成语词典》，两方以上用语言相辩争胜谓之"角口"，天津人民出版社，1990，第366页。它是刑部黄册和刑科题本记载中诸多命案发生的前奏，现代或许更习惯称为"口角"。

③ 查各省秋审人犯，唯三四月以前接到部覆者，方入于本年秋审。于五月内具题、其余四月以后接部覆者，归入次年秋审。参见《宫中档乾隆朝奏折》第58辑的刑部奏折"乾隆四十八年十一月初八日"，第127页。

题为遵旨覆奏事，奉旨："著候勾到，钦此。"据协理陕西道监察御史伍禄顺等，题为处决重囚事等因，乾隆三年九月二十三日题，本日奉旨："这勾了的著即处斩，王廷文著牢固监候。"钦遵在案。①

前后包括巡抚等会审情实具题→三法司核拟并公同九卿、詹事、科道会审情实具题→奉旨情实覆奏，刑科给事中办理覆奏→奉旨勾到，陕西道御史办理勾到题本→乾隆勾到，奉旨王廷文牢固监候等程序，最终逃脱一死继续监候，等待乾隆四年秋审的裁决。这一过程也完全符合本章第一节讲到的外省秋审程序尤其是中央覆核程序。

缓过一年，待到乾隆四年（1739）秋审，王廷文一案成了旧事，又是如此这般的程序，甚至行文措辞都一般无二，仅是协理陕西道监察御史的名字由伍禄顺变成了永寿，结果在督抚、九卿层层定拟情实后，仍是免勾着牢固监候：

> 乾隆四年秋审，据四川巡抚硕色会审，王廷文仍情实等因具题，奉旨"三法司知道"。该臣会同九卿、詹事、科道等官，会审王廷文应情实等因具题，奉旨："这情实王廷文著照例覆奏，钦此。"据刑科掌印给事中长柱等题为遵旨覆奏事，奉旨："著候勾到，钦此。"据协理陕西道监察御史永寿等，题为处决重囚事等因，乾隆四年十月初四日题，本日奉旨："这勾了的著即处斩，王廷文著牢固监候。"钦遵在案。②

又缓了一年，时间来到乾隆五年（1740）。经新任四川巡抚和九卿等分别会审具题仍为情实，不知道这次王廷文能否继续监候等待来年的秋审呢？可惜四川司的黄册没有进一步的记载，因为这时乾隆五年的黄册尚未进入勾到阶段。但透过王廷文两次未勾幸运逃脱的经历，我们也可以大体知晓老缓能够"缓"下来的基本过程了。同样的情况和程序，还有四川彭世云一案。因殴伤胞兄致死，乾隆二年（1737）十一月奉旨斩监候。作为新事赶入三年秋审，省级、九卿会审俱情实终未勾到而着牢固监候。

---

① 《内阁大库现存清代汉文黄册·刑部·秋审类·重囚情实招册》，第 4033 册（四川司）。
② 《内阁大库现存清代汉文黄册·刑部·秋审类·重囚情实招册》，第 4033 册（四川司）。

四年作为旧案秋审，也是免勾牢固监候。乾隆五年（1740），省级、九卿会审仍情实，是否能够继续参加秋审也没有资料记载，但他和王廷文连续两年情实未勾的经历，进一步展示了老缓们能够幸免而年复一年参加秋审的程序。

雍乾年间，山东七次奉旨缓决的两个例子似乎更典型。雍正九年（1731）泰安民人马三勒死其妻子张氏，巡抚依律拟绞候具题，十年（1732）经三法司核拟后奉旨绞候收监，等待来年秋审裁决。十年秋审省拟仍归入情实册，经九卿会审改为缓决上报，雍正皇帝朱批亦缓决，第一次死里逃生。后来从雍正十一年（1733）到乾隆三年（1738）连续六年秋审，竟然一次次都是缓决。前后算起来，连续七年参加秋审相应缓了七次，的确是真正意义上的"老缓"了。类似的"七朝元老"，还有青州因犯田加乐。从雍正九年（1731）定案奉旨斩候，虽每年照例参加秋审也都是奉旨缓决，在牢里过了一年又一年，一直熬到乾隆三年。①

不仅外省秋审如此，京师朝审也有连续缓决或情实未勾的"老缓"的情况。如常保柱在乾隆七年（1742）十月奉旨绞候，经过八年（1743）和九年（1744）两次朝审俱是奉旨缓决继续关押，十年（1745）九卿所拟仍是缓决，不知他能否继续"缓"下去？②

最后，需要特别说明的是，不是所有御批缓决的案犯都需要参加下年秋审。"得旨后刑部将戏杀、误杀、擅杀之犯，奏减杖一百、流三千里。窃赃满贯、三犯窃赃及五十两以上之犯，奏减云贵、两广极边、烟瘴充军，其余仍牢固监候，待秋审三次后查办。"③ 即使缓决三次、五次以上的因犯，也不会让他们"把牢底坐穿"，毕竟在当时监禁不是正式的刑罚。出于恤刑的需要和监狱资源的紧张，存在一定的释放途径。诸如在水旱灾荒发生时，君上常常会下诏反思是否治政有失造成上干天和，因刑名关系人命，所以清厘刑狱是经常采取的应对措施之一，往往把缓决三次以上的人犯分别减等发落，以昭宽恤。④ 此外适逢各种恩诏，也时有减等发落的情况。实录中这样的记录很多，下面仅举两例：

---

① 《内阁大库现存清代汉文黄册·刑部·秋审类·缓决因犯招册》，第4045册（山东司）。
② 《内阁大库现存清代汉文黄册·刑部·秋审类·缓决因犯招册》，第4047册（山西司）。
③ 赵尔巽等：《清史稿》卷一四四《刑法三·审判》，中华书局，1977。
④ 《清高宗实录》卷八八四"乾隆三十六年五月甲辰"。

（乾隆七年）今年上下两江被水情形，非常年可比。朕宵旰焦劳，凡拯救抚恤之道，亦屡经筹划矣。今又思周礼荒政，载有缓刑之条。是举行矜恤之典，亦感召和气之一端。现在江苏、安徽两省，秋审人犯中，或情有可原，当在矜疑之列者。或多年缓决，不至正法，久系囹圄者，皆应减等完结，以示因灾恤刑之意。著大学士会同刑部，详阅招册，分别妥议具奏。①

（乾隆三十六年）昨以京师及近畿，甘霖未沛，农田待泽甚殷，因命刑部将军流以下等罪，分别减等发落。今思秋审册犯内，有曾经三次缓决者，其情罪俱尚可原。今岁恭逢万寿庆典，此等人犯，亦当在恩诏宽减之例，又何必令其久系囹圄？著交刑部堂官，将秋审缓决三次人犯逐一查明，酌量所犯情节，分别减等具奏，以清庶狱而召和甘，该部即遵谕行。②

四　乾隆朝江西秋审章程

下文是乾隆二十七年（1762）江西省办理秋审的具体章程。虽系一省一时的个案，却仍有相当的代表性，可以让我们更多窥知乾隆朝内地各直省办理秋审的一般情形。

在时间上，它虽是针对乾隆二十六年（1761）要求将会审地点从臬司衙门改在巡抚衙署的谕旨，由江西按察使石礼嘉③于办理二十七年（1762）秋审前草拟而经巡抚常钧批准的改订章程，且言称"此次奉行伊始，一切章程不无更换"，但细细审阅新款条文，发现具体办理过程和方式少有变化。在十七条章程中，仍请照旧办理的就有十二条。另外五条也未涉及过程与方式的根本变化，仅是执行地点由臬司衙门转移到了巡抚衙署。

从空间上看，内地其他各直省办理秋审的具体情形应与江右大体类似，

---

① 《清高宗实录》卷一七三"乾隆七年八月甲辰"。
② 《清高宗实录》卷八八四"乾隆三十六年五月癸卯"。
③ 钱实甫编《清代职官年表》第三册，中华书局，1980，总第2067页。

所区别者主要是各省各府州接准部覆，以确定纳入年度秋审案件范围的截止日期不同。①

一，江省办理秋审，每年二月中旬，本司衙门查明，已经缓决两次，情罪无可更定人犯，及秋审一次之犯妇，详明照例免提。至前拟情实后改缓决，前拟缓决后改情实，及缓决人犯内，情罪尚有可矜、案情尚涉可疑者，详明提鞫，奉批饬遵后，同应提新入秋审人犯，一并分檄行提解省，并饬慎选兵役，及经过沿途文武加意防范。一面查核各犯情罪，酌拟情实、缓决、可矜，叙具略节，以四五十案定为一册，于三月内陆续呈送，并将各犯年贯造册，请咨其有理应留养之犯，檄行该府县，确查取结详送。监候人犯病故，造册汇详请题。再已经三次缓决人犯，内有窃盗满贯者，亦详咨照例改发云贵、两广。此条应仍请照旧办理。

一，江省各州县离省远近不同。乾隆七年奉准刑部咨：南安、赣州二府，于三月十五日以前准咨者提审。袁州、吉安、建昌、广信、饶州、九江六府，及南昌府属之宁州，于四月初一日以前准咨者提审。其余南昌府属，及瑞州、临江、抚州、南康等府，于秋审以前准咨者，随到随提临时酌请。如提解不及，审后汇详咨明入于下年秋审。再查宁都州向系宁都县，本隶赣州，于乾隆二十年改为直隶州，该州属人犯，仍照赣州府三月十五日以前准咨者提审。此条仍应照旧办理。

一，江省秋审应办公件，向系南昌县承办两年，新建县一年。此条仍请照旧办理。

一，江省每年秋审赏给囚犯衣裤、钱物，及搭盖棚厂、修理司监，并案书造册、纸笔、饭食等项费用，曾于雍正七年奉前院宪奏明，于公费内动支三百三十八两，每年于二月内详明批允，后赴藩库移领，

① 诸如福建各属接准部覆的时间。除台湾府属并附近省城之福州、兴化两府，照旧准到部覆提犯审录外，其路远之建宁、邵武、汀州、漳州、龙岩州各属人犯，三月十五日以前准部咨者，入本年秋审。十五日以后，入次年秋审。次远之泉州、福宁、延平、永春各属人犯，四月初一日以前准部咨者，入本年秋审。初一日以后，汇入次年秋审。参见《清高宗实录》卷一三七"乾隆六年二月己未"。

事后造册报销。有余移还，不敷于外结赃贿内动支凑用。此条仍请照旧办理。

一，各州县人犯解审，历年照例穿着赭衣，不得任穿杂色衣裤。此条仍请照旧办理。

一，每年秋审，例系本司衙门檄行南、新两县，派定谙练差役，将姓名具折送司，至期每犯两解，协同长解取监收监，本司衙门仍示谕加谨管押。此条应仍请照旧办理。

一，秋审人犯解到本司衙门，谕令司狱司，严明各犯肘锁，差点解役，将犯分发南昌、新建、司狱三监，檄行清理监狱，晓示加谨防范，一面委员巡查监狱、解道，并札饬南昌府督率地方。此条应仍请照旧办理。

一，每年四月人犯解齐之日，本司衙门并写人犯牌数、姓名清折，详情示期勘审。起具印批投递，一面将各犯情罪略节，并牌数清折移送司道。此条应仍请照旧办理。

一，每年秋审日，本司衙门先期檄行南昌府，谕令保捕人等，把守各个街巷口，以防疏虞。此条应仍请照旧办理。

一，每年秋审日，本司衙门票差值日，差役即赴各监取出人犯，管押棚内听审。此条应仍请照旧办理。

一，每年秋审，本司衙门饬县，准备高脚虎头粉牌送司，将各犯及解役姓名书写，每起十牌，朱点发给解役领挂，随牌听审。此条应仍请照旧办理。

一，每年秋审勘毕之后，本司衙门檄行南昌府，将各犯分起递回，仍令三监有狱、管狱各官，会同委员加意查察。并饬各监俟人犯解回，照例剃头取具收管汇批。此条应仍请照旧办理。

一，每年秋审，本司衙门檄行南昌府，将佐杂职名开列二十员，以备审日领批、解犯、报门、唱名等项执事。今应请饬府照旧调取送司，派定执事。一面出檄一面详报，仍候宪台临时委官，先于辕门点名挨顺次序，以免紊越。

一，每年秋审先期饬县买备竹木，于本司衙门头门内搭盖棚厰，安置众囚听候勘审。今应请饬县赴宪辕搭盖棚厰，仍赴司具领工价，事竣报销。

一，江省秋审人犯向例每犯赏给红布衣裤一件、白布袜一双、纸底鞋一双、葵扇一把、钱一百文，并包子两个、猪肉半斤。乾隆二十四年，经亢（保）前司将包子、猪肉两项改折钱二十七文。仍出三监堂晓谕：其衣裤鞋袜，本司衙门委首领官制备，但各项俱系两县输值，所有赏赐各物，应请嗣后一并饬县承办经送宪辕，听候给赏，仍赴司领价，事竣报销。

一，每年秋审日，本司衙门先期移会城守营，整齐器械，预备炮火，伺候升堂。今人犯归宪辕勘审，似可毋管移营备炮。（本司）仍移营派拨弁兵，于各接巷口补授，以昭慎重。

一，每年秋审日，本司派定谙练差役，于大堂旁散给囚犯赏赐。今应听候宪台临时委员督办，毋庸司役散赏。仍派司书一人在旁计数，将司书姓名先期开折呈报。

以上各条，是否有当，相应详请宪台核示，以便遵循办理。乾隆二十七年正月二十五日奉巡抚部院常批：据详酌定办理秋审，是以均属妥协。①

上述具体记录，印证了前文地方秋审的基本程序，即州县解犯、臬司核办招册、抚司等员在省共同会审。而且，诸多细节文字如给予囚犯的赏项更具重要的参考价值。

第三节　秋审谕旨中的乾隆君臣关系

垂意刑名的乾隆皇帝在每年秋审季节常常迭降谕旨，申饬外省督抚在办理秋审中宽纵行事、市恩枉法。从司法上行到政治层面，可以发现刑名律例现象背后君臣政治关系的深义。一方面是乾隆皇帝迭降秋审谕旨的要害，从下到上依次有三个层面：警戒小民百姓、整饬吏治全局并且警惕臣下"干誉"。另一方面是外省督抚回应谕旨的要害，首先是必须认错，其次才是具体怎么认错的技巧问题。在虚词惶恐的回避策略中，他们对于上谕批评外省吏治的核心问题往往不予承认。乾隆皇帝在连年迭降上谕、不断

---

① 《西江政要》卷六《酌定办理秋审事宜》，乾隆二十七年。

叮嘱申饬之余，多少也有些冗余。综观这一政治过程，也说明了乾隆皇帝和督抚之间政治关系的复杂维度。

一 秋审谕旨迭降及其要害

清代外省秋审在进入中央覆核阶段后，皇帝于朱批刑部进呈的各省实、缓、矜、留各类招册以及随后勾到各省情实人犯时，常常会发布大量有关秋审的谕旨，或针对一些省份的个别案件逐一申饬，或基于多省的共性问题集中批评，笔者习惯称之为秋审季节的谕旨迭降。从乾隆朝六十年的具体情况来看，大量谕旨更集中于君上勾到各省情实人犯前后。从具体的时间来看，主要发生于每年九月或十月，随年份不同而变，也有极少数是在八月份。[①]

（一）秋审谕旨申饬对象

终乾隆一朝大量秋审谕旨的缘起，往往是外省各抚司原拟缓决而经九卿等改拟情实的普遍情形，即由缓改实，也就是各省原拟过宽、出人应得之罪，是为"失出"。此外，尚有少量针对个别典型案件和九卿等认为各省原拟不妥而在实、缓、矜、留之间互改[②]的情况。大量秋审谕旨的主题多是批评督抚们草率定拟、姑息宽纵以至市恩枉法、沽名邀誉，结果多是严旨申饬，情节严重者（五案以上）则同时交吏部严定处分（见表4-1）。

表4-1 乾隆朝秋审谕旨基本情况一览表

年份	涉及省份与人员	督抚、两司等员的错误及要害	相应处置
三年	贵州、四川、广东、广西、河南等十四省	原拟情实、缓决、可矜，经九卿互改多案，所改甚当。若姑息而长刁恶之风，或刻核而乖和平之气，所关甚巨。	晓谕各省督抚知之

---

① 据目前笔者所见，仅乾隆五十六年为八月，可详见《清高宗实录》卷一三八五《乾隆五十六年八月庚午日谕云南情实招册》《壬申日谕四川情实招册》。

② 经九卿在各省原拟实、缓、矜、留之间互改，则同时包括了各省"失出"和"失入"两种错误。其中"失出"指原拟过宽、出人应得之罪，具体包括由缓决改情实、由可矜改缓决等。与此相反，"失入"则指原拟过严、入人不应得之罪，具体包括由情实改缓决、由缓决改可矜等情况。

年份	涉及省份与人员	督抚、两司等员的错误及要害	相应处置
四年	广东巡抚王謩	经九卿改可矜为缓决二十起，是王謩有意从宽。从来谳狱贵得其平，有意从宽与有意从严，其失均也。	著传谕知之
	河南巡抚尹会一	经九卿情实改缓决十六起，可矜改缓决十五起。河南一省较他省为独多，则非人心之大同可见矣！	嗣后揆情度理，期于允当
六年	四川巡抚硕色、福建巡抚王恕以及湖广等省	实缓可矜经九卿改定甚多，各该巡抚不留心研鞫。	俱传谕申饬
七年	广西巡抚杨锡绂	奏请将完赃之情实贪赃官犯，减为发往军台效力。此奏甚属不合，汝身为巡抚，试思此奏为奖廉乎、为教贪乎？	汝心不可问，朕将留心看汝
	署山东巡抚魏定国	原拟招册经九卿缓决、可矜互改者多案。	传谕申饬
九年	贵州、湖北、湖南、山东、直隶等多省	督抚姑息，应情实而矜缓。又或草率拟断，应缓决而置情实，应矜减而置缓决者，不一而足。	传谕申饬
十年	广西、湖广、江苏、河南、山东等多省	原拟经九卿改缓为实、改可矜为缓决者甚多。又或应缓决而置情实，应矜减而置缓决。固不可过严而失之滥，亦不可过宽而流于纵。	再行传谕申饬
	山西巡抚阿里衮	情实各犯中，因赌博酿成人命者甚多。此皆平时地方官，不严禁赌博之故。若果查拿甚严，必不至于如此。	寄信阿里衮督率州县严查
十四年	四川总督策楞	原拟经九卿改缓为实八起，策楞此番调任远不如前，乃是欲以将就了事、和平邀誉者。	著严行申饬，善与改弦易辙
	江苏巡抚雅尔哈善	缓决改拟情实者六案，可矜该缓决四起。雅尔哈善姑息邀名之习屡加训谕，看来毫未悛改。	严行申饬，如仍前必从重处分
	各省经九卿由缓改实者众多	四川八名、湖北四名、江苏八名，河南、山东各五名，山西六名，直隶则有七名。	策楞、彭树葵等督抚严行申饬
十七年	陕西巡抚陈宏谋	两三年内秋审办理未协，经九卿改缓为实者，如此之多。陈宏谋素好沽名，岂数年以来，竟未悛改耶？	传旨申饬
	云南等十五省督抚有意姑息或草率定拟	经九卿由缓改实数目：云南2，贵州1，四川3，广西1，广东3，福建1，陕西3，湖广3，安徽1，江苏4，河南1，山东1，山西1，直隶2。非实心办事者所宜出。	俱严行申饬
十八年	多省抚司姑息邀誉	经九卿由缓改实数目：四川4，福建4，浙江、江西、江苏各3。夫法宽则犯者愈众。督抚牧养斯民，臬司为刑名总汇，岂得姑息邀誉，枉法市恩？	俱严行申饬
	河南巡抚蒋炳	情实各犯内因奸致死者，较他省独多，淫风积习深重。	令蒋炳遍行晓谕，俾人人畏法

续表

年份	涉及省份与人员	督抚、两司等员的错误及要害	相应处置
二十二年	湖南巡抚蒋炳、按察使夔舒	将完赃之情实贪赃湖南藩司杨景灏混列缓决，此非寻常朦混徇可比，背公党私。	蒋炳解京治罪，夔舒交部严处
	外省各督抚	办理刑名案件，往往惟事姑息。若徒博宽厚之美名，因循姑息，致讞狱日益繁多，岂所论于刑期无刑之道？	通行传谕内外问刑衙门知之
二十三年	浙江巡抚杨廷璋	经九卿改缓为实者五起，意存姑息。	传旨申饬
	署陕西巡抚吴士功	经九卿改缓为实者三起，意存姑息。	传旨申饬
	河南巡抚胡宝瑔	经九卿改缓为实者八起。胡宝瑔尚属实心任事之人，此次秋审何以姑息至此？	免予议处，著严行申饬
二十五年	广东巡抚讬恩多	经九卿改缓为实、改矜为缓者较他省独多，可见该抚在粤惟务姑息邀誉，其何以惩凶恶而昭宪典耶？	传旨申饬
	浙江巡抚庄有恭	经九卿改缓为实者四起，在督抚中尚属风厉能办事之人，何以宽纵至此？	传旨申饬
	山东巡抚阿尔泰	经九卿改缓为实者五起，几至十分之二。乃轻率若此，何以昭国宪而协情理之平耶？	传旨申饬
	河南巡抚胡宝瑔	经九卿改缓为实五起。老于案牍，何以办理失当若此？	传旨申饬
二十六年	山西巡抚鄂弼	经九卿改缓为实六起。曾为刑部堂官，非未谙牍者。草率致误，已不可为训。若意欲博宽厚之名，则深负朕恩。	传旨申饬
二十七年	江西巡抚常钧	经九卿改缓为实者七起，该抚一味意存姑息，是其渐染沽名恶习，已可概见。	严行申饬，痛加悛改不负委任
	直隶总督方观承江苏巡抚陈宏谋	经九卿由缓决改情实案件，分别为十一起和六起，自博虚誉是长奸顽而挠国宪……殊非委任封疆之意。	传旨申饬
二十八年	江苏巡抚庄有恭	经九卿改缓为实者七起。庄有恭在督抚中，尚属能办事之人，竟意存姑息以至定拟失当。	传谕知之
三十年	广西巡抚冯钤	经九卿改缓为实者两案，未免意存姑息。又或奉调离任，存五日京兆之念，于旧任谳牍不复加意详慎耶？	严行申饬
	江苏巡抚庄有恭	经九卿改缓为实者五起，较之他省独多。若非因暂管抚篆，于秋谳有意姑宽。即是于律例正意，不能体会。	何以胜秋卿之任，著严行申饬
	贵州巡抚方世俊	经九卿改缓为实三起，姑念初任封疆，不谙秋审。	嗣后毋得宽纵
	湖广督抚李因培、王检	由缓改实及由缓改入矜者独多，姑念初办秋审。	传旨申饬
	河南巡抚阿思哈	经九卿改缓为实者三起，均属宽纵。而于调奸之黄朝带一犯，办理尤为错谬。	传旨申饬，若仍蹈故辙，断不能再为宽恕

年份	涉及省份与人员	督抚、两司等员的错误及要害	相应处置
三十一年	江西巡抚吴绍诗	经九卿改缓为实三起，久任刑部司员，何以身任巡抚，乃于秋谳大典，不复详慎核拟，不应意存姑息若此。	传旨申饬
三十二年	河南巡抚阿思哈	经九卿改缓为实四起。此等情形凶恶，非寻常案犯可比，该抚俱拟入缓决，实为轻纵。	申饬并著覆奏，毋得姑息
三十三年	奉天府（盛京刑部侍郎尹朝铨汇奏）	改缓为实五起，均属凶残不法，本应拟以情实。朝铨久任盛京刑部，非不谙晓律例，何以宽纵若此？	交部严加议处
	湖北巡抚程焘	改缓为实四起，俱属凶横不法，并不细心核拟，辄尔意存轻纵，殊属非是。	初任封疆免予交部，传旨申饬
	四川总督阿尔泰	经九卿改缓为实四起，久任封疆，何以宽纵若是？	办事实心免予交部，传旨申饬
三十四年	湖南巡抚方世俊	改缓为实四起，办理刑名尚属详允，今年何以宽纵？	传旨申饬
	安徽巡抚富尼汉	经九卿改缓为实两起。降补蒙恩复用之员，辄尔意存姑息，殊属非是。	传旨申饬
三十五年	贵州巡抚宫兆璘	经九卿改缓为实两起，久任外省，何以宽纵若此？	舛误太甚，著明白回奏
	福建巡抚崔应阶	谢阿亮一案，刑部所办甚为允协。崔应阶屡任封疆，殊属意存宽纵，不应比拟失当若此。	传旨申饬
	安徽巡抚胡文伯 两江总督高晋	改缓为实五起，胡文伯错误如此之多，不胜巡抚。总督高晋虚词饰奏，一味袒护同官。	严行申饬高晋，并防故智复萌
	直隶总督杨廷璋、按察使裴宗锡	改缓为实六起，久任封疆且曾为刑部堂官，不应错谬若此。姑念本年直隶应办事多，姑宽以观后效。	传旨申饬，臬司严行申饬
三十七年	云南巡抚李湖	由缓改实四起，殊属轻纵。前任臬司办理刑名尚属妥协，何以甫任巡抚辄存姑息，岂欲借此以博宽厚之名？	传旨申饬
	福建巡抚余文仪	由缓改实两起，余文仪本刑部好司员，岂得以一任巡抚，遽染外省姑息骛名之习？甚非朕拔擢委任之意。	传旨申饬
三十八年	安徽巡抚裴宗锡	三案办理宽纵。前任直隶臬司，办理颇知详慎。今用为巡抚何，竟不能始终如一，惟事意存姑息，期博宽厚之名。	严行申饬并观后效
三十九年	安徽巡抚裴宗锡并及外省各督抚	裴宗锡恶习不改，曲词开脱，积德邀誉，止图博宽厚之名，而不顾事理之曲直。向来外省办理卑幼犯尊案件，每坐死者以不直，予凶犯以可原。其叙案加看，总不免存积德邀誉之见，最可鄙笑。	裴宗锡著传旨申饬

续表

年份	涉及省份与人员	督抚、两司等员的错误及要害	相应处置
四十年	四川总督文绶、署理按察使顾光旭	由缓改实五起。经九卿拟改过多者，每降旨申饬，每省不过二三起，从未有如今年川省之改至五起者。	文绶交部察议，署司交部严处
	福建巡抚余文仪	经九卿由缓改实两起，余文仪向系刑部出色司员，何轻率错拟若此？	故免交部，传旨申饬
四十二年	安徽巡抚闵鄂元	绞犯病故，拖延一年始行咨部，亦未奏报。该抚系刑部司员出身，事例素所熟悉，何漫不经心迟延若此？	著明白回奏
	河南巡抚徐绩、布政使荣柱	经九卿由缓改实五起，不免轻纵。荣柱虽专任藩司，但以刑部司员出身，且在省目击，不为救正即难辞咎。	传旨申饬并明白回奏
四十四年	由江西而刑部	刑部办理江西秋审情实曹守祥案，擅自加入死者理曲字样，欲为干犯尊属之凶徒开释，甚属非是。	刑部堂官著传旨申饬
四十六年	安徽巡抚闵鄂元	经九卿由缓改实十一起，伊系刑部司员出身，非不谙律例者可比。乃久任外省有意沽名，莫此为甚。	除照失出五案以上办理，另著交部严处
	广东巡抚李湖	经九卿由缓改实三起，岂可徒博宽大之名，转使凶徒漏网？殊属有意从宽。	例不交部议处，著传旨申饬
四十七年	湖北巡抚姚成烈等	经九卿由缓改实案件，湖北十九起、湖南八起。	交部严处
	四川总督福康安并按察使孙嘉乐	经九卿由缓改实十四起，所改十三起俱属允当，该督不谙刑名原拟缓决，自难辞失出之咎。	一体传旨申饬并交部议处
	山东巡抚明兴	由缓改实十四起。似此疏纵，何以昭明允而警凶横？明兴所办如此率忽，非寻常失出可比。	严行申饬并臬司严加议处
	山西巡抚农起并按察使费淳	由缓改实二十二起。农起久任封疆，且在藩臬任内有年，乃转较四川为多。	严饬并臬司一体交部议处
四十八年	山西巡抚农起	秋审案件仍多未协，降旨回奏仍文过饰非，意存姑息，特委派刑部能员长麟为臬司。	农起不得掣肘，否则不是更大
	山西、河南、直隶	三省由缓改实甚多：山西31，河南23，直隶15。直隶在臬司名下，追罚总督养廉一年。河南巡抚何裕城，降为三品顶戴，罚停养廉两年。山西巡抚农起，革顶戴，停三年养廉留任。	各省督、抚、司，由刑部查明起数，照例议处
四十九年	四川总督李世杰	由缓改实六起。李世杰久任藩臬督抚，乃于此等重案，率行列入缓决，是其漫不经心已可概见。	照例议处外严行申饬
	湖南巡抚伊星阿	由缓改实三起。尚属认真，何于此等重案，定拟错误如此？	严行申饬

续表

年份	涉及省份与人员	督抚、两司等员的错误及要害	相应处置
四十九年	山东巡抚明兴	由缓改实七起，于此等情罪显然重案，辄行列入缓决。是其于刑名案件，漫不经心亦可概见。	照例议处外，著传旨申饬
	直隶总督刘峩	由缓改实三起。率行问拟缓决，殊属错误。	著传旨申饬
五十年	湖北巡抚吴垣	由缓改实五起，该抚一家父子兄弟历任刑曹，秋谳大典自皆讲求有素。该抚因年老欲积阴德，遂至宽纵若此耶？殊属疏纵。	著传旨申饬并交部议处
	浙江巡抚福崧	由缓改实五起，福崧身任巡抚，何至宽纵若此？姑念非刑部出身，不谙律例。	传旨申饬毋得再事姑息
五十二年	四川总督保宁、按察使陈奉兹	由缓改实九起，臬司陈奉兹实属有意从宽，以为邀誉沽名之地。总督保宁因秋审时外出，不无责任。	臬司交部严处，总督保宁饬行
五十三年	盛京刑部侍郎荣柱	由缓改实多起，荣柱之父德福久任刑部，荣柱又由刑部司员出身，数年来总未见其实心任事。	荣柱交部察议，恒秀传旨申饬
	江苏巡抚闵鄂元	由缓改实两起，闵鄂元由刑部司员出身，何以于秋审大典，定拟轻纵错误若此？	传旨申饬
五十四年	陕西巡抚巴延三、按察使恩明	由缓改实六起，巴延三率行问题，失出至六案之多。而臬司为刑名总汇，恩明所司何事？	两人俱著交部议处
	甘肃巡抚勒保	由缓改实两起，情节均属可恶。该省不思严加惩创，转为有意存宽，实不可解。	传旨申饬
	广西巡抚孙永清	由缓改实三起，殊觉失之宽纵。	传旨申饬
	四川总督李世杰、按察使保宁	由缓改实七起。今四川省所办秋审，竟失出至七起之多。总督臬司，何漫不经心至此？总督李世杰年老且办理尚属认真，从宽。臬司轻纵多起，实属错误。	李世杰加恩免予交部议处，保宁照例议处
五十六年	云南巡抚谭尚忠	由缓改实三起，谭尚忠率行拟缓，殊属宽纵。	传旨申饬
	四川总督鄂辉、按察使闻嘉言	由缓改实五起，总督鄂辉并未留心确核。臬司闻嘉言，于秋审案件率行拟缓，殊属宽纵。	两人俱著传旨申饬
	甘肃巡抚勒保	办理绞犯林中萃逼毙李仲娃子一案，殊属轻纵。	严行申饬
	湖北巡抚福宁、按察使孙日秉	由缓改实七起，福宁曾任臬司，乃率行拟缓，殊属宽纵。臬司孙日秉何以疏忽若此？	俱传旨申饬
五十七年	盛京刑部侍郎巴延三	由缓改实六起。伊前经获罪，屡次加恩宽宥。乃一味因循，全不知感激朕恩。此非寻常玩误可比，若仅照例交部议处，不足示惩。	不仅解任交部，有子出仕革职，捐职则行注销
	浙江巡抚福崧	由缓改实三起，刑部所改皆为允当，福崧不应错误若此。秋谳大典岂容率意定拟，致有轻纵？	严行申饬

续表

年份	涉及省份与人员	督抚、两司等员的错误及要害	相应处置
五十七年	山东巡抚吉庆	由缓改实四起，姑念初任巡抚，且非刑名出身。	传谕详慎办理
五十八年	两广总督长麟、广东巡抚郭世勋	情实人犯内，因械斗致毙者甚多。	传谕长麟、郭世勋，务宜留心教导默化潜移，俾凶悍之风渐次敛戢
五十九年	四川总督孙士毅	经九卿改缓为实四起，岂孙士毅久任封圻。尚于刑名未能谙习耶？	传旨申饬

资料出处及说明：散见《清高宗实录》各卷次，笔者目力所限，内容或有遗漏。

　　表4-1显示，抚司们在秋审谕旨中，年复一年被乾隆皇帝申饬的原因确实多是"失出"，于情节恶劣、罪无可赦之案混列缓决、出人应得之罪，经九卿改拟情实，君上也表扬九卿所改甚为妥当。一般说来，每年各省经九卿改缓为实的失出案件从两三起到六七起不等。最多者，乾隆四十八年（1783），山西、河南、直隶三省各多达31、23 和15 起。与大量且经常改缓为实的失出情形相比，秋审谕旨中批评各省督抚"失入"的数量较少。在乾隆十四年（1749）以前尚能见到一些情实改缓决、缓决改可矜的说法，之后就少有所见了。

（二）外省督抚宽缓原因

　　官员多犯失出错误的原因，客观上是制度规定失出的处分轻于失入。《清高宗实录》的例证显示，各省秋审失出，每五起吏部处分才降一级。[①]而失入一次，即降一级调用。[②]《大清会典事例》规定官员审拟错误的行政责任，也是失出轻于失入，"若断罪失于入者，各减三等；失于出者，各减五等"[③]。《六部处分则例》规定官员审拟错误的行政处分，仍是失出轻于失入。[④] 规避风险是人的本能，两害相权则取其轻。对于身处严密制度惩处法网下的清代官员们来说，自然会选择处分较轻的行为方式。如果不能充分

---

① 《清高宗实录》卷一一九一"乾隆四十八年十月丙戌"。
② 《清高宗实录》卷一二三二"乾隆五十年六月壬辰"。
③ 《大清会典事例》卷八四三，第1 页。
④ 《六部处分则例》卷四八，第4 页。

原情拟罪、准确定拟，宁可从宽、出人之罪，毕竟处分关乎仕途，官员们都小心翼翼，作为省级大员的督抚、两司也不例外。

另外，从官员的主观意识看，似乎也有从宽办理、出人之罪的倾向性。对此，长期身任牧令的黄六鸿的观点很有代表性：

> 书云：罪疑唯轻。又云：与其杀不辜，宁失不经。要皆从圣人不忍人之心，每事作出人罪之想。勾有一线可宽，即从此处因而生之。若谓彼所自犯，于我何与，或据狱以谳，何能求宽？是则人在焚溺，号呼望救，而我方立而视其死，谅非仁人君子所忍出也。若词奉上批，或承审钦件……不妨具有详情。上或再驳，仍照原拟，并附以禀函，备言所以宜宽之情，与仰体上台慎狱好生之意。……即或不从，仍应字句包含，为将来矜疑之地。①

这里，黄六鸿更是要求官员出人之罪，因为这样做才是遵从圣人不忍人之心，否则"见死不救"非仁人君子所为。即使不能完全做到，在叙述案情时也要字句包含。此说虽有些偏颇，但仍有一定的代表性，至少说明了官员从宽办理的普遍心理。对此，乾隆皇帝深刻洞悉并多有批评，在十八年（1753）的秋审上谕中称之为"妇人之仁"：

> 向来督抚陋习，以死者不可复生，遂一任俗吏舞文，曲绘案情。多谓事由死者起衅，豫为凶徒设一开脱之地。明知法司必驳，宁可为失出之谈。此皆妇人之仁，适以纵恶而不足示惩。②

然而，乾隆皇帝连年迭降谕旨，至再至三地申饬外省失出错误的深义并不在此。依据我们在细读诸多秋审谕旨后的仔细揣度，从下到上依次蕴含三层深意，即警戒小民百姓、整饬吏治全局并且警惕臣下"干誉"，是为乾隆迭降秋审谕旨的根本要义。

---

① 黄六鸿：《问拟余论》，载贺长龄辑《皇朝经世文编》卷九一《刑政二·律例上》，道光七年（1827）刻本。
② 《清高宗实录》卷四四八"乾隆十八年十月庚寅"。

（三）乾隆皇帝谕旨要义

1. 警戒小民百姓，维护基层秩序

中国传统律例包括《大清律例》是事后惩戒性质的法律，不是先事保护当事人的利益，而是在事发之后通过惩戒恶人来重建被破坏的社会秩序，洗雪受害者的冤屈。更重要的是，通过惩恶尤其是盛大隆重的公开处决的震慑效应，严厉警戒其他小民百姓不可重蹈覆辙。因此总结而言是事后严惩、公开处决、警戒其余的运行机制，以维持社会秩序在低水平下的相对稳定状态。但是，如若外省督抚一味姑息从宽，将应拟情实之重犯混列缓决，中央覆核程序未必都能一一改拟纠正，结果凶恶之徒没有尽法惩治。受害者不能洗雪冤屈尤其是死者不能含笑于九泉自然是一方面，更关键的是没有起到震慑、警戒小民百姓不可复犯的后发效应，"法轻则犯者愈众"，对于维持基层社会秩序的稳定有百害而无一利。普天之下莫非王土，率土之滨莫非王臣，警戒小民百姓自然和王朝的稳定大有干系，乾隆不能不对督抚的宽纵行为严厉批评申饬。这也是常规司法模式下皇权对民间的渗透。①

2. 整饬吏治全局，以法制求吏治

中观层面，着眼外省吏治全局，不断敲打督抚因循姑息、市恩枉法、沽名邀誉的普遍习气，借秋审之事以法制求吏治，这是乾隆皇帝谕旨迭降的根本出发点，也是每年谕旨的核心思想。无论是集中批评多省，还是申饬一省都是围绕这一主题展开，而且不分满汉：

> （二十七年）谕军机大臣等。朕检阅刑部所进本年秋审招册内，江西一省经九卿改入情实者，共有七件之多。常钧前在军营少有劳绩，是以加恩擢任巡抚，理应益加感励实心奋勉，秋谳大典更当详慎核拟，以肃刑章。乃该抚一味意存姑息，竟致改驳七案。从前见常钧有渐趋邀誉之意，是以将伊调任甘肃。今于江西秋审一事观之，是其渐染沽名恶习，已可概见。常钧著传旨严行申饬。嗣后亟宜痛加湔改，诸事认真，方不负委任封疆之意。②

① 黄玲娟：《清代秋审制度的价值探讨》，《法制与社会》2009年第36期。
② 《清高宗实录》卷六七一"乾隆二十七年九月乙亥"。

（四十六年）昨披阅安徽上年秋审招册，经部由缓决改入情实者共十一案，俱系闵鹗元任内之事。秋谳大典，自宜悉心推核，期于情真罪当，庶无枉纵。乃闵鹗元办理案件，致改拟如此之多。若该部有意吹求，亦岂能逃朕洞鉴？今核其情罪，均属允当。各案内如纠抢官盐，致夫妇一死一伤之吴志广，及助兄加功、谋杀本夫之曹四二案，尤属情罪显然，法无可贷，闵鹗元拟以缓决。伊系刑部司员出身，非不谙律例者可比。乃久任外省，竟尔一切不准情酌理，详加妥办。有意沽名，莫此为甚。不得仅照昨所降旨失出五案以上之例办理，闵鹗元著交部严加议处。①

（五十七年）刑部进呈奉天省招册内，由缓决改入情实者共有六起。……细阅案情，刑部驳改俱属允协。向来外省办理秋审，经刑部核驳失出至五案者，吏部不过降级处分。但巴延三曾任督抚多年，并非不谙刑名者可比。且伊前经获罪，朕屡次曲加宽宥，复用至侍郎。自应倍加感奋，于此等案件，尤宜悉心详核，方不负朕委曲成全之意。乃巴延三并不实心办理，失出之案竟至六起之多。可见该侍郎一味因循，全不知感激朕恩。勉图改过怏怏自是，此非寻常玩误可比。若仅照例交部议处，不足示惩。巴延三著交部严加议处，即解任来京听候部议。并著查明巴延三之子，如已经出仕者著即革职，其有曾经捐职者即行注销，以示惩儆。所有盛京刑部侍郎员缺，著宜兴调补。②

明主治吏，然后治民。谕旨中对秋审具体案件的剖析，绝不是就案件说案件，旨在以刑名促吏治，作为整饬外省姑息宽纵、市恩枉法、沽名邀誉习气的切入点。同时乾隆皇帝申饬外省吏治和督抚等员的严厉程度，还和后者是否久任封疆、是否刑部司员出身大有关系。若是初任抚司、新办秋审没有经验，或非刑部司员出身不谙律例，尚且可以从宽办理。如若久

---

① 《清高宗实录》卷一一四〇 "乾隆四十六年九月甲寅"。
② 《清高宗实录》卷一四一二 "乾隆五十七年九月乙巳"。

任外省、承办秋审多年，或刑部司员出身熟谙刑名律例，经九卿改拟的失出案件仍然较多，则常被乾隆皇帝认定有意姑息纵容，那问题的性质就严重了，系市恩枉法、沽名邀誉，是个人为博取宽容、仁慈的虚名而故意曲法从事，必须严厉申饬、惩治以儆效尤（见表4-2、表4-3）。

表4-2 乾隆帝对初任和久任督抚的申饬对比表

初任	久任
贵州巡抚方世儁（姑念初任封疆，不谙秋审） 湖广督抚李因培、王检（姑念初办秋审） 山东巡抚吉庆（姑念初任巡抚，且非刑名出身）	四川总督策楞（此番调任远不如前） 河南巡抚胡宝琅（老于案牍，何以办理失当若此） 四川总督阿尔泰（久任封疆，何以宽纵若是） 福建巡抚崔应阶（屡任封疆，殊属意存宽纵） 直隶总督杨廷璋（久任封疆，不应错谬若此） 山西巡抚农起（农起久任封疆，且在藩臬任内有年） 四川总督李世杰（久任藩臬督抚，漫不经心，已可概见）

资料来源：散见《清高宗实录》各卷次，目力所限，内容或有遗漏。

表4-3 乾隆朝曾任刑部司员外放地方而"蜕变"者一览表

四川臬司周琬（由西曹外补，自应熟悉刑名，乃染外官陋习一味姑息，俱著饬行） 山西巡抚鄂弼（曾为刑部堂官） 江西巡抚吴绍诗（久任刑部司员） 盛京刑部侍郎朝铨（久任盛京刑部） 福建巡抚余文仪（本刑部好司员） 福建巡抚余文仪（向系刑部出色司员） 安徽巡抚闵鹗元（刑部司员出身）	河南臬司荣柱（虽专任藩司，但以刑部司员出身） 安徽巡抚闵鹗元（伊系刑部司员出身） 湖北巡抚吴垣（该抚一家父子兄弟历充刑曹） 奉天及盛京刑部侍郎荣柱（父德福久任刑部，荣柱又由刑部司员出身） 江苏巡抚闵鹗元（由刑部司员出身）

资料来源：散见《清高宗实录》各卷次，目力所限，内容或有遗漏。

这里，需要特别说明表4-3的深义。外省秋审错拟案件名义上是经九卿改拟（包括由缓改实），但具体是由刑部各司员经手办理，因为他们是熟悉律例、多年经办秋审事宜的技术专家。但在连年的勾到过程中，令乾隆皇帝不解甚至愠怒的悖论却是，为什么这些能够改拟外省秋审种种错误（主要指应情实而缓决的宽纵姑息）的刑部专家，在外放担任各省督抚臬司后，反而"蜕变"一仍外省地方的种种恶习宽纵定拟如故呢？

随之，乾隆皇帝更加认定外省吏治是积习难改的大染缸，同化甚或腐蚀了原本专业的刑部技术专家，必须时时敲打整饬。如对福建巡抚余文仪，

"本刑部好司员，岂得以一任巡抚，遽染外省姑息骛名之习？甚非朕拔擢委任之意"①。又如对安徽巡抚闵鹗元，"伊系刑部司员出身，非不谙律例者可比。乃久任外省有意沽名，莫此为甚"②。更典型者，吴绍诗及其子吴垣、吴坛，一家父子兄弟皆曾为名冠朝野的刑名技术专家，秋谳大典讲求有素，在外放担任江西、湖北等省巡抚后，也屡屡受到乾隆皇帝之姑息宽纵的申饬，吴绍诗"久任刑部司员，素称谙练。伊从前在刑部时，设遇刺等案件，岂有不行驳改之理？何以身任巡抚，乃于秋谳大典，不复详慎核拟……吴绍诗甫经简任封疆，不应意存姑息若此"③。乾隆更是严厉批评其子吴坛的"蜕变"行为可恶，"汝等在部中，尚为出色好司员。一至外省，即变为模棱养高之恶习，实属可恶"④，甚属辜负皇恩。

需要特别注意的是，在年复一年发布的大量秋审谕旨中，屡屡受到申饬和吏部议处的外省抚司们不仅仅有汉官，还包括不少汉军甚至满族官员，如荣柱、巴延三、朝铨、勒保、鄂辉、雅尔哈善等等。他们尤其是满人任职外省，被汉习熏染而在办理秋审中不断姑息纵容、沽名邀誉的行径，更让乾隆皇帝生气、忧虑甚至有些惧怕。因此，一方面严惩满族官员内沽染汉习严重、屡屡失出多案的害群之马。如巴延三，乾隆五十三年（1788）出任陕西巡抚时，就因为经刑部由缓改实而失出六案，被传旨严饬且交吏部严加处分。蒙恩宽宥后，待到五十七年（1792）担当龙兴之地的盛京刑部侍郎时仍失出六起，盛怒之下的乾隆皇帝不但命将巴延三本人解任交部，而且严惩其子，出仕者著即革职，捐职者则行注销⑤。而且，继续认定外省吏治是个大染缸，需要不断敲打震慑。

除秋审季节的集中谕旨外，乾隆皇帝对外省吏治的敲打更分散体现于督抚日常具题的案件，如发现有意姑息宽纵、博取宽大虚名的现象，随时降旨申饬批评，篇幅所限这里不再一一列举。其实在乾隆皇帝看来，外省

---

① 《清高宗实录》卷九一八"乾隆三十七年十月戊辰"。有意思的是，尽管乾隆皇帝对余文仪外放福建巡抚后的宽纵沽名习气如此严厉申饬，翌年十月仍迁其为刑部尚书，载钱实甫《清代职官年表》第二册，中华书局，1980，总第1627页。

② 《清高宗实录》卷一一四〇"乾隆四十六年九月甲寅"。

③ 《清高宗实录》卷七六九"乾隆三十一年九月庚寅"。《清高宗实录》卷一二三八"乾隆五十年九月甲寅"。

④ 《清高宗实录》卷八一七"乾隆三十三年八月（是月）"。

⑤ 《清高宗实录》卷一四一二"乾隆五十七年九月乙巳"。

的这种姑息恶习又不仅仅局限于刑名律例方面，督抚在用人察吏、钱粮用项等方面又何尝不是如此呢？诚如弘历本人所言，"外省此等姑息之风，亦不可枚举，应极力整顿"①。因此，他平时留心利用一切机会进行敲打和震慑，以求外省吏治的清明，每年秋审季节的谕旨只是其切入点之一，根本用意还是以法制求吏治。

3. 警惕臣下"干誉"，强调"恩出自上"

乾隆皇帝屡降秋审谕旨，申饬外省大员姑息宽纵、市恩枉法，最宏观也最微妙的层面，则是基于对督抚等臣下"干誉"嫌疑的天然敏感，不断强调"恩出自上"的权力原则。

"干誉"，语出《古文尚书·大禹谟》"罔违道以干百姓誉"。孔安国注："干，求也。失道求名，古人贱之。"可见，干誉即以违背常道的手段追求名誉之意。② 各省秋审的诸多案件，不是不能"宽"办，关键是由"谁"宽办，即由谁掌握宽严尺度的最高权力，是君主抑或臣下？《论语·季氏第十六》对君臣权力分野说得很明白："天下有道，则礼乐征伐自天子出；天下无道，则礼乐征伐自诸侯出。"③ 按照刑名家的观点，刑赏是君主垄断的专有政治权力，"刑赏出于独则君威震，刑赏出于共则君威替"④。即使人犯有一线可原之处，似可从宽办理，只能由君上唯一掌握，这样小民百姓是对皇帝感恩戴德，叩谢圣恩浩荡，可以不断强化仁君恤刑爱民、宽和仁慈的正面形象，此即"恩出自上"的权力要害。但如果外省督抚臬司在秋审具题时已经先期宽缓办理，不管是主观上故意博取宽厚的好名声，还是客观上草率定拟的结果，都僭越了只能由皇帝最后掌握的政治权力，同时也截留了百姓应向皇帝表达的感恩戴德，无疑有"干誉"的重大嫌疑。若是有意宽纵则性质更严重，属典型的沽名邀誉、市恩枉法。为臣下者只须原情拟罪、按律办理，至于人犯是否宽缓则须听候圣裁，宽办是法外施仁、皇恩浩荡，严办是情罪重大、罪有应得，总之就是君权无上"刑赏出于独"，

---

① 《宫中档乾隆朝奏折》第 21 辑 "乾隆二十八年四月二十九日"，第 335 页。
② 李学勤主编《十三经注疏》，《尚书正义》卷四《大禹谟第三》，北京大学出版社，1999。转引自郝英明《乾隆帝"干誉"理念初探》，《史林》2011 年第 1 期。
③ 杨伯峻：《论语译注·季氏第十六》，中华书局，2009，第 172 页。
④ 汪绂：《案刑家》，载贺长龄辑《皇朝经世文编》卷九〇《刑政一·刑论》，道光七年（1827）刻本。

这才是君臣之体。①

在君权专制发展到高度集中阶段的清代和注重主奴名分的"爱新觉罗王朝",清帝尤其是康雍乾三代强调必须而且只能由皇帝本人掌握死刑的最后裁决权,在以"乾纲独断"著称的乾隆王朝更是如此,因为这是皇帝的最高政治权力生发出的最高司法权力的具体表征,断不容臣下侵越。康熙皇帝晚年提出,"督抚依律具奏,乃其分也。若核其情由,酌量处置,皆出自上裁"②。雍正皇帝则说得更明确,"各省督抚臬司,执法科罪。而九卿详情平反,或九卿据法定议,而朕酌夺从宽,如此方合政体",关键就是"朕酌夺从宽"五个字,所以随之他又有"岂有执法之官,而任意于法外徇纵者乎"的反问,因为这样不合君臣之体,既僭越了君权,又侵渔了小民对浩荡皇恩的感恩戴德。③ 乾隆皇帝秉承祖、父观点,于五年(1740)提出"此次办理秋审、朝审,各案多从宽减,乃朕法外施仁,加意钦恤",复行强调"恩出自上"的根本原则。之后在历年的秋审谕旨中,反复申饬外省督抚们自作主张擅自宽纵办理、沽名邀誉、市恩枉法的行为,对典型者更是屡屡点名直接批评。

不仅外省督抚不能僭越君权、擅自宽纵办理,作为全国刑名总汇的刑部也不例外。乾隆二十九年(1764),刑部尚书舒赫德就是因为自行请旨将外省原拟情实的服刑人犯改为缓决,而受到乾隆皇帝的严厉批评,不但掷还原折,并通谕九卿和内外各问刑衙门:

> 凡有关服制之犯不得改拟缓决,盖以重伦常而昭法纪,正明刑弼教本义。是以向来督抚原拟,九卿核定,并未有轻议更张之事。惟朕于勾到时,量其案情稍轻,念缌麻与期服有间,自可酌予缓勾。……舒赫德喋喋议缓,唯恐不及,是已举三宥自居,朕将无所庸其矜恤,岂不转以议杀归过于上乎?朕以舒赫德素性好名,必将有挟其故智,另立局面,以博庸愚无识之人谬为称誉者,今果然故智复萌矣。且舒赫德为满洲尚书,今乘汉尚书之南归,而亟亟改其章程,以博宽厚之名。④

---

① 另参李振宏《秦至清皇权专制社会说的法制史论证》,《古代文明》2016年第3期。
② 《清圣祖实录》卷二一七"康熙四十三年八月乙未"。
③ 《清世宗实录》卷一三六"雍正十一年十月壬子"。
④ 《清高宗实录》卷七一八"乾隆二十九年九月甲寅"。

"惟朕于勾到时"一句生动刻画了乾隆皇帝内心深处敏感而强硬的最高权力神经，"恩出自上"是不二法则。在他看来，舒赫德以"三宥"自居，不但与君上争恩，而且反将议杀之过转嫁到自己身上，是可忍孰不可忍，必须严行申饬。

从刑名律例横向推而广之，乾隆皇帝晚年禁外省德政碑、万民伞等项，除了减轻百姓负担、杜绝外省沽名习气的考虑外，内心深处仍有防范臣下干誉的敏感。认为地方大员如果能认真行政、造福一方而被百姓称颂，那只是臣下仰体圣意爱养黎元的结果，是他们应尽的分内之责。① 言外之意，百姓感激的对象是皇上，而不是地方各级官员。这种敏感也可以纵向追溯到康熙、雍正朝的具体事件上。

康熙朝大清官汤斌在离任江宁巡抚、百姓依依不舍时发布的安民告示中，无意说了一句"爱民有心，救民无术"，被大学士明珠等抓住把柄告发说什么"谤讪"君上。此举自然有出于党争目的小题大做之嫌，但也确实抓住了君上防范臣下干誉的敏感神经。一切爱民、救民的恩典都出自康熙大帝，你汤斌作为皇上委任分治地方的巡抚，有什么资格在黎民百姓面前公然沽名邀誉？之后汤斌的仕途一蹶不振、抑郁而终，与此不无关联甚至大有关系。无独有偶，雍正朝曾任云南巡抚的理学名臣杨名时，在地方做了很多减轻农民负担的好事而被百姓称颂。可他在得意的同时却忘了归功于皇上，结果"干誉"之举大大激怒了雍正皇帝，被痛斥"只图沽一己之虚名，而不知纲常之大义。其心实愿父为瞽瞍，以成己之孝。君为桀纣，以成己之忠"②。

以上之所以要这样横向推演、纵向追溯，是要证明清代皇帝坚持"恩出自上"的原则和防范臣下干誉之微妙心理的普遍性。乾隆帝不仅继承了这种共性，并且进一步发展，仅在刑名方面就时刻不忘利用秋审勾到的集中机会和徒刑及以上案件题奏的日常机会，时刻敲打臣下尤其是外省督抚不可僭越侵渔，并将这一深层而敏感的考虑巧妙融合到警戒小民百姓和整

---

① 《清高宗实录》卷一二二八"乾隆五十年四月辛巳"。
② 郭成康：《宁用操守平常的能吏，不用因循误事的清官——雍正对用人之道的别一种见解》，《清史研究》2001 年第 4 期。

饬外省吏治的不同层面中，从而形成了严密的思想体系。①

以上种种用心良苦，落实到秋审谕旨的具体行文中，往往表现出以小见大（由一省或数省而推知外省吏治全局）、把事情闹大（由严惩个别而警戒全体）的行为策略，这在各谕旨内容中均有明确的痕迹，篇幅所限不再赘述。对于乾隆皇帝的良苦用心，地方大员的反应又如何呢？

二 外省督抚回应及其要害

面对乾隆皇帝每年秋审季节申饬外省宽纵办理的大量谕旨，相关省份督抚等员须例行恭折覆奏，感谢皇帝特旨改正本省若干案件，多数督抚是以诚惶诚恐的态度和文字认错。但在惶恐的表象之下，对谕旨批评外省吏治的核心如意存姑息以至沽名邀誉、市恩枉法等问题，多数督抚往往不予承认，采取回避性行为策略：或虚词惶恐避而不谈，或直接间接辩护万不敢姑息从事，只是才力不及、一时疏忽，因此所认之"错"并非乾隆皇帝所说之"错"。这种行为特点背后的思想渊源，应该包含对乾隆皇帝良苦用心尤其是整饬吏治深意的洞悉，加之从官僚传统中继承的历史经验。

需要注意的是，并非所有的督抚都是如此，也有个别敢于承认自己姑息错误或者拒不认错甚至百般辩护的情况，前者是基于君上信任的善体圣意，后者则因固执己见受到严厉的批评。这两种特殊情况，从侧面说明督抚回应秋审谕旨的要害首先是必须认错，其次才是具体怎么认错的技巧问题，是为督抚回应上谕批评的两个要害问题。下文即是多数督抚臬司（主要是督抚）在认错的主体态度下，具体认错技巧的分化。

（一）虚词惶恐，避而不谈

乾隆十八年（1753），乾隆皇帝在秋审上谕中指出四川、江西等五省经九卿由缓改实多案，并申饬督抚臬司们姑息邀誉、执法市恩。对此，江西按察使范廷楷的谢恩折如此缮写：

> 伏思臬司为刑名总汇，臣执掌攸关，理应详慎办理。乃于秋审大典，拟议未协，以至上烦圣聪，特旨更正三案，不即交部议处，倍觉

---

① 魏淑民：《君臣之间：清代乾隆朝秋审谕旨的政治史解读》，《中州学刊》2012 年第 6 期。

悚惶无地。唯有益加勉励，以副我皇上明刑弼教之意。①

奏折内容即三部曲，先承认本年秋审办理未协，进而谢恩不交部议处，最后表态日后当更加勤勉办理。说来说去，就是对谕旨所申饬的姑息邀誉、执法市恩的关键问题，避而不谈且只字不提。乾隆皇帝未置可否，仅朱批"览"。这一类的覆奏数量最多。

山东巡抚明兴在承认错误方面似乎更诚恳惶恐，但仍避而不谈关键问题。乾隆四十七年（1782），山东省经九卿由缓改实多达十四起，而被降旨严厉申饬，并明确斥责"似此疏纵，何以昭明允而警凶横"。奉到上谕，明兴的覆奏以"跪读之下，不胜惶悚"开始，随之承认定拟错误二十一案，因而愧悔无地，对皇上不予罢黜是"天恩高厚感激难名"，所以日后办理刑狱"务必详求，以仰报天恩"。从前到后，依次是惶恐、惭愧、感激和决心，唯独不见对"宽纵"要害的任何态度和文字：

> 奴才跪读之下，不胜惶悚。秋审重典，理应加倍详慎。今年山东秋审，经部由缓决改为情实者，竟至二十一案之多。而于吕明月扎死程和尚一案，本系理曲逞凶，奴才转称情急图脱，拟入缓决。经圣明指出，实觉愧悔无地。臣承办刑名已久，今定拟率忽至此，实属罪无可辞。蒙皇上天恩不即罢黜，唯降旨申饬，天恩高厚感激难名。嗣后凡遇谳狱务必详求，以仰报天恩。②

同年，刑部司员出身的江苏巡抚闵鹗元面对乾隆"所办殊属宽纵"的直接申饬和经九卿改缓为实十一案的数字，其谢恩折除跪读而感悚无地、知错而无地自容、嗣后悉心妥拟的套路外，再无他意，对"殊属宽纵"的批评毫无回应。③

认错态度"最好"的可能要属福建巡抚雅德了。乾隆四十八年（1783）福建秋审经九卿改缓为实十五起，上谕批评巡抚雅德"漫不经心"，在传旨

① 《宫中档乾隆朝奏折》第6辑"乾隆十八年十一月二十九日"，第900页。
② 《宫中档乾隆朝奏折》第53辑"乾隆四十七年十月初七日"，第278页。
③ 《宫中档乾隆朝奏折》第53辑"乾隆四十七年十月二十七日"，第526页。

申饬外例行交吏部严定处分。随之,雅德的认罪态度"极好",不仅援引案情承认自己当初确实定拟不当,经圣明训饬如梦方醒。

> 臣荷蒙圣恩寄任封疆,秋谳大典理应加意详慎。乃奴才昧于事理,罔知轻重,经九卿改情实者,有十五起之多。钦遵圣谕,将核改各案逐一细阅,即如何定、何栋一案,诚如圣谕实属情真罪当,法无可贷。又如……皆一无可原,情罪允协,丝毫不爽。臣于司道谒见时,恭示谕旨,令其抄单阅看,莫不猛然凛悟,愧悔交深。臣实属糊涂昏庸,仰蒙圣明训饬,如梦方醒,悔惧汗流。种种谬误罪无可咎,请将奴才交部严加议处。①

更难得的是,他还以上谕为教材教育全省司道一体反思警戒,由此进一步自我批评是糊涂昏庸、罪无可咎,应当交部议处。② 不过认错归认错,对错误定拟甚多的根源仍未涉及。

(二) 种种辩护,并非姑息

另外一些抚司则在认错的言辞之外,重点辩护并非也不敢姑息从事,不承认要害问题。或间接辩护只是才力不及、一时疏忽导致错拟案件,或直接辩护殚精竭虑万不敢姑息宽纵。

关于间接辩护的一些例证。乾隆十七年(1752)秋审,云南、贵州、湖南、广东等十余省经九卿改缓为实各多起,乾隆皇帝在上谕中明确而肯定地剖析其中原因,提出"非督抚有意姑息,即草率定拟,二者必居其一"。面对如此近乎绝对的上谕口吻,在署理湖南巡抚范时绶的谢恩折中,虽然承认本省有一案错拟缓决,但对错误的原因只承认是"才识庸愚",等于是在间接为自己辩护,并非草率定拟,更非有意姑息宽纵。

> 臣才识庸愚,秋审招册有曾文璧一案,错拟缓决,经九卿改拟情实。臣未能斟酌平允,荷蒙皇上圣谕,重申训诲。嗣后唯有殚心竭虑,

---

① 《宫中档乾隆朝奏折》第 57 辑 "乾隆四十八年九月二十八日",第 541 页。
② 《宫中档乾隆朝奏折》第 57 辑 "乾隆四十八年九月二十八日",第 541 页。

加意详慎，断不敢稍存疏懈之意。①

两广总督阿里衮、广东巡抚苏昌更是说平时都是认真办理刑名，即使是情节较轻的案件也不敢稍存大意。本年秋审广东之所以会出现错拟三案、应情实而缓决的情况，是因为才识驽钝，心有余而力不足。一副忠心耿耿、满腹委屈的样子，间接证明自己与有心姑息或草率定拟毫无关系。

> 臣等忝任封疆，有明刑弼教之专责。无论事涉重大，时思殚竭心智办理合宜。即情节稍轻之案，亦不敢少为大意。无如才识驽钝，每致力与心违。②

河南按察使荣柱的间接辩护词不是才力不及，而是一时疏忽。因为他是刑部司员出身熟谙刑名律例，虽是藩司也奉命帮办刑名重案。乾隆四十二年（1777），河南秋审经九卿由缓改实三起，乾隆在上谕中批评荣柱"在省目击，不为救正即难辞咎"。随后，荣柱的覆奏中在受恩深重咎无可辞的自我检讨后，马上话锋一转，随即辩解说错误的原因是一时疏忽，如其所言"奴才疏忽舛误之处，万无可辞"，并信誓旦旦地请求将自己交部严加议处，似乎与姑息宽纵、市恩枉法、沽名邀誉的根本问题也没有关联。③

湖北巡抚李因培的间接辩护更像是在推脱责任。乾隆三十年（1765），该省秋审经九卿改缓为实数目较之其他各省独多，乾隆皇帝在上谕中不禁斥问"该抚等原拟，何以错谬若此"，但念及李因培等人初办秋审不谙律例，从宽处置仅传旨申饬。对此，该抚李因培的覆奏与其说是间接辩护，不如说是在逐层推脱责任。首先，说自己是新任湖北巡抚，到任时按察使已经基本办妥招册事宜。之后虽然殚精竭虑加紧阅看，以至日不暇给，的确已经认真办理。最后，无奈才识有限，权衡轻重有失，才错拟缓决失出七案。层层推脱中也将乾隆皇帝的申饬化为无形，包括姑息的要害。④

比较之下，河南巡抚图尔炳阿更像直接为自己辩护并非姑息。而对乾

---

① 《宫中档乾隆朝奏折》第 4 辑 "乾隆十七年十一月二十六日"，第 425 页。
② 《宫中档乾隆朝奏折》第 4 辑 "乾隆十七年十一月二十七日"，第 441～442 页。
③ 《宫中档乾隆朝奏折》第 40 辑 "乾隆四十二年九月二十九日"，第 269 页。
④ 《宫中档乾隆朝奏折》第 26 辑 "乾隆三十年九月二十八日"，第 199 页。

隆二十一年（1756）秋审申饬其"意存姑息"的上谕，他声称蒙受圣恩、寄任封疆，"何敢稍存姑息，自取罪戾"，错拟缓决的原因仅在于知识昏昧才权衡失当。因此还是能力问题，并未态度问题，更非有意姑息。

> 荷蒙天恩，授以封疆重任，禁暴止奸是所专责，何敢稍存姑息，自取罪戾？乃因知识昏昧，权衡失当，将应入情实各犯议入缓决。错谬之咎，蒙恩宽宥，愧惧交集，嗣后唯有勉竭驽骀。①

以上种种，一言以蔽之即虚词惶恐下的回避策略，回避了君上所说的姑息要害，是多数督抚应对乾隆迭降秋审谕旨的基本"反行为"，也是督抚们回应秋审上谕的主体态度。就全局而言，也有个别敢于回应谕旨的要害、承认自己确实姑息的情况，但数量少之又少。

（三）承认姑息，微乎其微

据笔者所见，承认姑息者只有乾隆二十八年（1763）江苏巡抚庄有恭一例。是年，江苏秋审经九卿核拟改缓决为情实七起，经君上核阅案情俱属法无可贷，九卿所改俱属允当。为此，十月中旬乾隆皇帝在照例议处外专门发布上谕申饬："庄有恭在巡抚中，尚属能办事之人，乃于此等案件竟存姑息，以致定拟失当，非徒无以惩儆凶顽，亦何以协情理之平耶？"

一个月后，江苏巡抚庄有恭的谢恩折虽以"跪读之下，惕惶感愧无地"的套话开场，却直接承认了自己"实属姑息"，并表态以后将兢兢业业、谨慎办理。

> 跪读之下，惕惶感愧无地。伏查江省本年秋谳，经九卿改正各犯，其情节之法无可贷，较然明白。乃臣愚懵，于定案时皆轻拟缓决，实属姑息。嗣后办理案情，唯有益加兢慎，务期法无纵漏。②

将这一态度和上谕的申饬综合考虑，不难发现庄有恭敢于直接承认姑

---

① 《宫中档乾隆朝奏折》第16辑"乾隆二十一年十一月初四日"，第19页。
② 《宫中档乾隆朝奏折》第19辑"乾隆二十八年十一月二十日"，第648页。

息的要害，其头仔住着重要的前提，即乾隆皇帝对其行事风格的充分肯定和信任，上谕中首先表扬庄有恭在巡抚中尚属能办事之人，所以对他错拟缓决、失出七案还有些吃惊和意外。在这样宽松的前提下，对庄有恭来说，顺着乾隆皇帝的口气说话即使承认姑息，似乎也不会有什么风险，既是善体圣意的表现，多少也有些恃宠而骄的味道。结果，君上的朱批也是例行的一个字"览"，并未深究。显然，督抚中保有这种资本的人少之又少，所以就不难理解多数人的避而不谈或种种辩护了。

庄有恭的回应虽然有些特殊，但仍属于臣下需要首先认错的基本前提。督抚们在谢恩折中总是一副诚惶诚恐、乖乖认错的卑顺姿态，并从"跪读之下，不胜惶悚"的基调开始，虽然他们所认之"错"与乾隆皇帝上谕中所说之"错"常常并不一样，最后还念念不忘积极表态，表示日后将更加勤勉办理以谢皇恩。卑顺姿态下的绵里藏针是人臣侍君的手段之一，更是清代外省督抚们应对乾隆皇帝批评与申饬的基本艺术，既善体圣意给皇帝面子，又不轻易授人以把柄。但如果个别督抚面对上谕的批评，拒不认错甚至百般辩护，则会受到更为严厉的申饬和惩治，因为他们不懂以下侍上的基本原则而惹恼了君上。正如魏特夫（Wittfogel）所说，"感情外露的和绝对的屈从是对付极权力量的唯一有效的对策。显然，这种行为并不能为上司所重视，但是不这样做时就会招致灾祸"①。山西巡抚农起的经历，就是非常典型的例证。

（四）反面教材，终须认错

乾隆四十七年（1782），山西秋审经九卿由缓改实者多达二十二起，在例行的失出处分外，乾隆皇帝又专门发布上谕严行申饬巡抚农起，已经认定他错谬至此非寻常失出可比，并要求农起据实覆奏，其实是让他认错表态。② 山西巡抚农起的回应却是拒不认错甚至百般辩护。虽然也是以"跪读之下，不胜惶悚"开始，但马上转向辩护的种种理由：

---

① 〔美〕卡尔·A. 魏特夫：《东方专制主义——对极权力量的比较研究》，徐式谷等译，中国社会科学出版社，1989，第 154 页。
② 《清高宗实录》卷一一六五"乾隆四十七年九月戊午"。

秋审案件其入缓决者，多系斗殴之犯，因其激愤争殴，本无致人于死之念，是原情拟缓。间有事本理曲、情近故杀，或逞凶毒殴之类，则拟情实。又或衅起死者，伤因情急介在疑似者，则参考历年办过成案，按照各省地方民情，分别缓实，此外省查办秋审情形也。至晋省民情尚气好斗，伤多情重之案较之他省为多，秋审时系就本省各案，比较情节，分别定拟。如本年秋审内郭明一案，共殴伤多，其情觉重，但系高荣强令沽饮，持刀先伤，衅起死者，事本理曲。①

以上说法，可以归结为两点。第一，声称确系按照外省办理秋审的一般原则处事。即首先大致区分情实和缓决，疑似者则参考以前办过的成案，并结合本地的民风民情斟酌权衡。第二，山西民风使然。特别说明晋省民情尚气好斗，案犯普遍伤多情重，容易被认定为情实，并以郭明一案举例说明，而这个人恰恰是乾隆皇帝上谕中认定情节显然、应入情实的第一个案例。农起所说可能不无道理，比如山西民风好斗一项，但君臣之道并非事实认定那么清楚简单。认错首先是臣下善体圣意的表现，你农起拒不承认、百般辩护，难道是皇帝批评错了？退一步说即使君上说错了，也应该先行应承，以便给皇帝台阶下。而且他提到的两个理由很不讨乾隆皇帝的喜欢：第一，外省的办事风格，向来是君上不断整饬的对象；第二，摆出山西彪悍好斗的民风倒也罢了，偏偏还要列举郭明的案例，和君上对着干。

对于农起的态度，乾隆皇帝自然很是不悦，朱批"汝不应如此"。但事情并未到此结束，翌年山西秋审失出更多达三十一起，面对上谕中更严厉的申饬，巡抚农起仍然拒不认错并长篇申辩不休。乾隆皇帝在四十八年上谕中的语气已经很是有些生气了，不仅说"漫不经心咎实难辞，著交部严加议处"，甚至还命将该抚所拟缓决及九卿核改缘由摘录略节，让农起好好反思，并逐一明白覆奏。不料，"反思"之后的覆奏仍是百般辩护，而且口气更强烈、理由更充分。

臣于办理之时，悉心斟酌，并与司道等往复相商，务求允当，固不敢稍有宽纵，亦不敢因上年改实者多有意深求。

① 《宫中档乾隆朝奏折》第53辑"乾隆四十七年九月二十八日"，第194页。

晋省命案刃伤者十居七八，良由民情尚气好斗，嗜酒佩刀，因事相争，动辄挥刀，积习相沿已非一日，虽禁令频申而骤难化诲，是以致死之案刃伤者众，较之他省情形实有不同。办理秋审之时，必须详阅前后供情，参以地方风气，就其情节之中，稍有可原者拟归缓决，历年如此，有案可稽。（夹批：皆因法轻而用刀行凶者愈众，辟以止辟，水懦民玩，汝不知乎！）

臣本年定拟各案，除拟入情实之外，其余如情轻理直，死越旬余，并死系卑幼，及伤由拒殴，或衅起戏谑，或衅起解劝，是皆本无欲杀之心。核其情节，既与有心逞凶者不同，又将近前数年成案，再三参考，必得相符者，始行定拟。本年应入秋审，新事人犯二百三十三起，拟入情实者共六十六起。虽准情治法，原无定数，而核之连年秋审案犯，及入于情实数目，亦适为相准。（夹批：此何言耶？亦只论其情真罪当，岂有只论上年人数之理，更属胡说矣！）

伏念秋审大典，每届勾到之期，皇上反复批阅，酌理准情，务在权衡至当，臣安敢不悉心办理，仅托刑房幕友之手？委因误会情节稍轻，以为尚有一线可原，而又拘泥成案，遂致定拟失当，皆臣见识短浅，未能斟酌平允，实属罪无可辞。仰蒙谕旨查询，愧悔无地。谨遵谕旨，将改拟各案原拟缓决缘由，另具清单覆奏。①

以上说法惹得乾隆皇帝很是愤怒，不仅夹批反驳具体说法，更在折尾朱批农起此举是"公然饰非文过于朕前"，斥问他生此事端是否"福薄灾生"，并另下旨晓谕军机大臣等。新上谕中不仅重复农起文过饰非态度恶劣，更认定他办理秋审有心姑息。因此，特别派遣刑部出色司员长麟担任山西按察使，并严厉警告农起，不能因为本年山西秋审是长麟在刑部主稿驳斥而心存怨恨，日后长麟上任更不能以巡抚身份故意掣肘，否则长麟可以专折密奏。②

事后，乾隆皇帝又两次发布上谕，大意是本年秋审同时受到申饬的外省巡抚何裕城、雅德，或诚惶诚恐老实承认办理错误，或经训示不再强辩

---

① 《宫中档乾隆朝奏折》第57辑"乾隆四十八年九月二十九日"，第551页。
② 《清高宗实录》卷一一九○"乾隆四十八年十月甲子"。

而承认错误，而你农起一再饰词陈奏，不禁再次斥责"是诚何心？岂竟患疯疾，抑福薄灾生乎"。而且，还命令将两人虚心认错的奏折抄寄给农起，看他还有什么再狡辩之处，"农起抚心自问，更有何说"，看来乾隆的口气已经非常严厉了！①

在上谕的一再敲打和两个认罪奏折的启发下，固执的山西巡抚农起终于"如梦方醒"，急忙具折虚心认错，连连承认自己当初实属昏聩糊涂、罪无可辞。

> 本年秋审案件，不能办理允协，又复冒昧陈奏，仰蒙训饬，惶恐难名。又荷睿虑周详，命刑部能事司员长麟来司晋臬，复将何裕城、雅德奏折先后抄寄阅看。造就如此深仁之极，奴才稍具人心，能不痛改前非？并感如梦方醒，益觉从前办理错谬。实属昏聩糊涂，罪无可辞。嗣后于刑名事件，惟当细意讲求，不敢妄逞臆说。②

对这一姗姗来迟的谢罪折，乾隆朱批"览"，事情暂告结束。既知今日，何必当初！山西巡抚农起在乾隆四十七八年间的曲折经历，也再次证明督抚回应秋审上谕的基本原则，首先必须认错，其次才是如何认错的技巧问题，两者共同构成外省督抚回应艺术的两点要害。

三 乾隆皇帝的洞悉与惆怅

面对外省督抚们的种种回应艺术，乾隆皇帝是否知晓呢？答案是肯定的，他对安徽巡抚裴宗锡的覆奏，朱批"诲之谆谆，听之藐藐"，可谓一针见血。

乾隆三十八年（1773），安徽秋审宽纵办理三案，乾隆皇帝发布上谕申饬巡抚裴宗锡，并详细剖析案件，具体指出其办理错谬之处，但重在批评其沽名轻纵的关键问题。

> 刑部进呈安徽省秋审册内，陈孝等私铸钱文一案，又胡克巳、胡

---

① 《宫中档乾隆朝奏折》第57辑"乾隆四十八年十月二十一日"，第780页。
② 《宫中档乾隆朝奏折》第57辑"乾隆四十八年十月二十一日"，第780页。

克昌致毙胡孔贤父子一案，又张二扎死宋恒一案，裴宗锡所办均未妥协。……今经九卿改入情实，所改甚是。该抚于此等凶犯，仅拟缓决，实乖情法之平。秋谳大典，岂容任意宽纵若此？裴宗锡前任直隶臬司有年，办理刑名案件颇知详慎。今用为巡抚①，何竟不能始终如一。惟事意存姑息，期博宽厚之名，而置情罪轻重于不问，岂朕简任之意乎？裴宗锡著传旨严行申饬。明年办理秋审，若再以此有心沽名轻纵，朕即不能复为宽贷矣！②

虽然上谕最后以明年不可复犯的严厉警告结束，但十分"不幸"的是，在第二年的秋审上谕中，徽抚裴宗锡仍然榜上有名，而且被怒斥恶习不改："沿袭恶习，教而不改，只图博宽厚之名，而不顾事理之曲直，竟属何心？"③ 对此，该抚诚惶诚恐地覆奏④谢恩并做自我批评，言称"上年办理秋审错谬，蒙恩训饬。今岁叙案加看，仍于事理曲直未能允协，咎无可辞"。乾隆皇帝的朱批很是耐人寻味，"诲之谆谆，听之藐藐，实则汝矣！"⑤ 意思很明确，即我一而再、再而三地教导你们，不可宽纵沽名，无奈外省督抚们听者无心，并不认真吸取教训并付诸行动，这说的就是你安徽巡抚裴宗锡啊！

其实，"听之藐藐"的又何止安徽巡抚呢？这也可以代表乾隆本人对多数督抚回应的普遍认识。上面所说山西巡抚农起也是一犯再犯且拒不认错，此外还有河南巡抚胡宝瑔、江苏巡抚庄有恭和陈宏谋、福建巡抚余文仪、安徽巡抚闵鹗元、四川总督李世杰、陕西巡抚调任盛京刑部侍郎巴延三、甘肃巡抚勒保等等，不胜枚举。而且，督抚们在一省任职期间被上谕申饬轻纵沽名，调任他省后又被批评。或者，某年在多省集体名单中被饬姑息枉法，事隔一两年、两三年又被单独点名批评，反之亦然。另外，督抚们在卑顺态度下的回避策略，更直接证明了他们其实"听之藐藐"。

① 乾隆三十五年（1770）六月从直隶按察使迁安徽布政使，七月又迁安徽巡抚。参见钱实甫《清代职官年表》第2册，中华书局，1980，总第1850页。
② 《清高宗实录》卷九四三"乾隆三十八年九月甲戌"。
③ 《清高宗实录》卷九六九"乾隆三十九年十月庚子"。
④ 该谢恩折在《宫中档乾隆朝奏折》第37辑中一直没有找到，乾隆三十九年十月仅收录了裴宗锡三个无关刑名的奏折，十一月的奏折阙如。因此，这里暂且使用实录中的简要版本。
⑤ 《清高宗实录》卷九七一"乾隆三十九年十一月（是月）"。

　　总之，乾隆皇帝是年年秋审不厌其烦地发布谕旨督饬，外省督抚们又川流不息地"榜上有名"，难怪他埋怨自己是用心良苦"诲之谆谆"，而督抚们我行我素"听之藐藐"。乾隆皇帝自有他借助秋审案件以法制求吏治的种种深意，而外省督抚们往往又以他们的种种行为策略，让这种深意在实践中大打折扣，因而需要皇帝年复一年迭降谕旨，至再至三地叮嘱、申饬他的外省督抚们。秋审的政治过程也再次证明乾隆君臣关系的复杂维度：并非全然乾纲独断的静态结论，更多是君臣行为相互作用的动态过程。其间虽以君上为主导，但面对多数督抚连年的集体行为惯性，让他在再三申饬之余，多少也有些许无奈。

第五章　监狱内外：透析外省督抚与君上政治关系的特殊场域

在自理词讼和命盗重案后，本章转向剖析督抚等省级司法主体和监狱[1]的关联，因为无论自理词讼，还是命盗重案，它们涉及的犯证或多或少与监狱相关。命盗重案的人犯自然要在监狱锁禁[2]，自理词讼涉及的两造双方及干证人等也会暂时羁押在监。当时外省监狱有正式和非正式之分（班房），而一旦囚犯脱逃又是越狱大案。因此，我们的主要讨论对象是：监毙（外省督抚对重犯在监毙命的例行奏报）、班房（督抚例行奏报本省有无私设班房）、越狱（缉拿逃犯过程中的外省督抚和君上的政治关系）。考虑到乾隆皇帝垂意刑名、性矜明察的鲜明特点，乾隆朝是清代各项典章制度的定型期、完备期，故而本章讨论仍以乾隆君臣为主，兼及清代其他时段。

本章旨在以外省督抚为主体，以监毙、班房和越狱等三类司法事件为中心，展现动态政治过程中督抚和乾隆皇帝之间复杂而微妙的君臣关系。比如透过督抚们对监毙和班房的例行奏报，在封疆大吏们集体否认（本地存有情弊）→乾隆皇帝质疑→督抚继续否认→乾隆皇帝整饬→督抚们一仍其旧的动态政治过程的画面中，乾隆朝君臣之间复杂而微妙的关系逐渐凸显。其中乾隆皇帝的一些强势整饬，诚然是君权至上的直接表现，多少也是对督抚顽固的集体行为的被动应对，整饬过后的故智复萌更让高高在上的乾隆皇帝多少有些无奈。相对于奏报监毙和班房的日常性，越狱脱逃则

---

[1] 中国古代称"狱"为"监"，始于《大明律》。清代承袭相沿，监为狱之统称，且连绵成词。具体连绵成词时间的考证，请详参张世明《法律、资源与时空建构：1644—1945年的中国》（司法场域卷），广东人民出版社，2012，第189页。

[2] 需要特别说明的是，当时的五种主刑是笞、杖、徒、流、死，在监锁禁并非现代意义上的正式刑罚。即使是斩绞监候的重囚，关押的用意是等待来年的秋审结果。而且监候多年的"老缓"也存在一定的释放渠道。

是突发的重大事件，本章通过捉拿逃犯的政治过程及其结果，进一步刻画了乾隆和督抚之间君臣关系的复杂维度：乾隆皇帝是主导，严厉而急切地利用大案要案整饬外省地方吏治，督抚大员则往往以日常的行政方式应对，君上则不断批评他们姑息怠玩，但时间却将"要案"逐渐融化消弭，事情常常不了了之。乾隆朝晚期山东和两江的反狱事件即是典型例证。

第一节　监毙

各省斩绞监候重犯监毙（即在监毙命），督抚须例行题奏。然而，就是这种所谓"例行程序"，却展现了乾隆朝君臣之间关系逐层深入的动态画面：督抚例行奏报→乾隆皇帝明确怀疑→督抚集体否认→君主上升到外省吏治高度→督抚又未必买账。因此，全面考察"监毙"事件的全过程，有助于我们在动态的思维下，更加全面、深入地理解乾隆朝君臣关系的复杂维度。

一　外省督抚的例行题奏

督抚有统管地方已决未决人犯之总责，遇有判处斩绞监候的囚犯监毙，除咨部知道外，尚须具题上报或缮折奏闻，这也是一种例行公文格式。譬如乾隆十八年（1753）山西巡抚胡宝瑔具题拟绞监犯阴之茂在监病故身死一事：

> 谨题为监犯病故事。该臣看得监犯阴之茂，系殴伤阴万云身死，奉准部覆监候之犯。兹据按察使唐绥祖详：阴之茂染患痨病，医药无效，于乾隆十八年七月初八日，在监病故。讯明刑禁人等，并无凌虐致死情弊，绘具图结呈详前来。除图结送部外，谨题请旨。①

又如同年两江总督鄂容安奏报监犯尹得志身故一折：

---

① 《内阁刑科题本》（乾隆朝）卷 338 第 8 号，《监狱事务》。转引自吴吉远《清代地方政府的司法职能研究》，中国社会科学出版社，1998，第 258 页。

据南昌县详报，在监人犯尹得志，因患痰火病症，医治不痊，于本年三月十六日身故，臣遂批行布按两司确查。去后兹据详覆：尹得志系患病身故，验讯并无别情。……臣覆核无异，相应具折奏闻。①

两者虽题、奏形式不同，但核心意思一致：经查，案犯确系在监染病身死，并无凌虐等其他情弊。面对诸多这样的例行公文，多数学者认为：监犯多被折磨致死，但官员规避处分，捏报病故，是典型的官官相护。② 从时人经历和听闻来看，此言自然不虚。③ 然而，问题又不仅仅如此。

二　乾隆皇帝的种种质疑

大量翻检《宫中档乾隆朝奏折》和《清高宗实录》，发现乾隆皇帝对督抚们的例行监毙报告并不相信，整体上是怀疑一纸公文背后隐藏着诸多官场情弊（诸如刑讯致死、禁卒贿纵、胥吏诈财凌虐，深入考察则是督抚大员平日姑息怠玩），甚至明确质疑必有情弊。当时监察御史周绍儒对各省监毙内情的详细描述，也在很大程度上印证了乾隆皇帝的认识并非无端猜疑：

窃臣办事衙门，每见三法司会稿，各省命盗案内，监毙人犯颇多。但查人犯之监毙，固由管狱官周知轸恤，任听禁卒人等恣意凌虐，遇有疾病又不急予医药，以致病毙者居多。而由于承问官之戕害民命，滥用刑罚因伤生病，瘐虐致死者正复不少。每有不肖州县承审案件，并不细心体察详鞫狱情，无论事之大小一概施刑，甚至叠加夹打，取

---

① 《宫中档乾隆朝奏折》第 5 辑 "乾隆十八年五月初一日"，得朱批 "览"，第 324 页。但这种简单朱批了事的奏折甚少，多数为后文呈现的乾隆皇帝的明确质疑和申饬整治。

② 如吴吉远《清代地方政府的司法职能研究》第 258 页所言："这是每年上万瘐死人犯的两例，常以在监病故具题。如确查有凌虐情弊，管狱官和刑禁人等将受到议处、刑罚，但这样具报的情况很少，多以病故呈详，众口一词，官官相护"，监犯多被折磨致死。

③ 典型者莫如方苞困于刑部大狱的切身经历："苟之狱，不问罪之有无，必械手足置老监，俾困苦不可忍。然后导以取保，出居于外，量其家之所有以为剂，而官与吏剖分焉。……唯极贫无依，则械系不稍宽，是为标准以警其余。……积忧愤，寝食违节，及病又无医药，故往往致死。"见方苞《狱中杂记》。刑部大狱尚且如此，其府司狱更可想见。此外，《得一录》也载有 "羁所贼犯最易久押，以为贼犯不甚紧要，多漫置之。即病故亦视为寻常之事，但此中冤屈者不可胜数"。见余治《得一录》卷一六之二《羁所改作章程（附羁所流弊四则）》，同治八年（1869）得见斋刊本。

供之后该犯已奄奄一息，迫入图圄而气已垂竭矣。……况每有案件已经迟延，人犯尚未取供，忽闻患病，不问危笃与否，立时调出监狱，草率取供，删改成招，一面录报供词，一面申报患病，以免议处者。更有人犯业经病毙，捏造供词，倒提日月，先行申报后，再续报病故者。种种情弊，尤难枚举。①

另有时人关于山东监狱禁卒用插板凌虐囚犯的诗作为证：

哀东狱，狱卒狠，累囚一入成齑粉。东狱法，版为插，夜夜插入俨罗刹。尔罪轻，尔罪重，总加插版僵难动。狱卒怒，囚觳觫，上天下地两局促，始信人间有地狱。古者拘囚为犴牢，但严守视圉墙高，狱卒夜卧图逍遥，动辄借口防逋逃，呜呼？狱卒借口防逋逃，不闻狱中夜半声啾啾。②

回到乾隆皇帝的怀疑甚或质疑，具体有多种不同的表现形态。

1. 表示怀疑，因而另有旨意。如江苏按察使孔传炯奏报，监犯胡廷章于四十三年（1778）四月二十九日夜在监自缢身死之事。宣称已经会同府县亲诣司监验明，"项锁镣铐俱全，其上吊之处，俱用束腰布带。细验咽喉吊痕，委系生前自缢身死，并无他故"，得朱批"已有旨了"。③笔者虽最终未找到具体谕旨，但乾隆的潜台词比较明确：并不相信江苏臬司的例行公文，另有批示。

2. 明确怀疑甚或另行布置擒拿方略。诸如在乾隆十八年（1753）面谕军机大臣等，对邪教首犯冯进京在直隶监毙之事，直接表示"其中多有疑窦"。④乾隆三十三年（1768）广东奏报，官犯朱邦宁正好于接准刑部勾决部文后监毙，更是明确质疑，如其所言"监犯病毙，在常时虽间有其事。而朱邦宁之死，不先不后，适在予勾行刑之时，其中难保无李代桃僵情弊。

① 《汉军监察御史周绍儒为酌议监毙人犯承问官处分事奏折》（乾隆三年三月十二日），《历史档案》2003 年第 3 期。
② 金埴：《哀东狱》，参见张应昌编《清诗铎》卷十《刑狱》，中华书局，1960。
③ 《宫中档乾隆朝奏折》第 42 辑 "乾隆四十三年五月初二日"，第 846 页。
④ 《清高宗实录》卷四四四 "乾隆十八年八月己丑"。

所报监毙之处，殊不可信"。不但要求两广总督亲往确查实情，更是亲自布置涉及数省的捉拿方略：除令四川总督于该犯原籍梁山密查外，又传谕闽浙总督崔应阶、福建巡抚鄂宁、江西巡抚吴绍诗等，饬属实力密访。因为若该犯实系串换脱逃，断不敢仍留粤东，势必远扬潜匿。而广东又与福建、江西疆界毗连，或有可能窜入这些邻近省份。①

3. 明确指出个中情弊：禁卒凌虐或囚犯自戕，而地方官又规避处分，遂捏报病故。乾隆四十三年（1778），广东巡抚李质颖奏报拿获结盟匪犯冯亚根等严审究拟一折，乾隆皇帝对军机大臣提到了他的质疑，"何以为从拟军之马上彩等五人，均因病监毙"，直接宣称"非禁卒等多方凌虐，以致瘐毙多人，即系该犯等恐得重罪，乘间自戕，二者必居一于此"。读来口气甚是明确坚定，怀疑、不信任之心跃然纸上。并且，要求彻底根究为规避处分而捏报病故的各级地方官。②

三　督抚大员的集体否认

面对君上的怀疑之心和质疑之词，连年以来各省督抚大员的反应高度一致：众口一词的否认策略，即集体咬定实系病故、确无情弊。覆奏逻辑严密甚至滴水不漏，常常让乾隆皇帝虽仍心存疑窦但无话可说，甚或十分窝火。

（一）督抚们的众口一词

为了说明督抚们虽经乾隆皇帝质疑，仍覆奏坚称确无情弊、委系病故这种集体态度的普遍性，原计划搜集大量数据，列表论证其在乾隆朝各个不同年头和省份的绝对广泛分布。但遍查75本《宫中档乾隆朝奏折》和18册《清高宗实录》收获无多，发现这种绝对广泛性的想法有些过于理想化。但在笔者所见的此类材料范围内，督抚们的确是常常甚至全部回奏说确系病故、实无情弊，口气很是坚定而统一，这样笔者就只得退而求其次，证明其相对广泛性。现随机列举三四例，其中兼有乾隆皇帝的质疑和督抚大员的否认：

---

① 《宫中档乾隆朝奏折》第33辑"乾隆三十三年十二月二十七日"，第142页。
② 《清高宗实录》卷一○六四"乾隆四十三年八月甲子"。

又谕（军机大臣等）。河南巡抚硕色奏报，邪教匪犯王之卿监毙一折，王之卿系案内要犯，质讯之处甚多。硕色但据地方官转报，何以并不将王之卿致死之由，有无情弊严饬查究。……焉知非地方官欲避处分，以此灭口。豫省办理此案，甚属疏忽。可传谕硕色，令其将王之卿病故缘由，有无致死情弊，悉心严查。（硕色）寻奏：臣前奏王之卿监毙一案，未将有无凌虐于折内陈明，实属疏忽。今密查该犯，实系因病身故，并无灭口致死情弊。①

谕军机大臣等。（山西巡抚）阿里衮奏，咨拿邪教案内之刘恪、刘二、长儿，遵奉谕旨录取原供，解送山西归案办理。适刘二、长儿先在历城县监患病，医治不瘥，于四月十二日病故等语。此案收元邪教各犯，前据河南巡抚硕色奏报，王之卿于四月十五日病故，其供出之徐文美、吕大训籍在直隶者，又经那苏图奏称，于四月十五六日病故。一案之犯地分三省，而所称病故日期，止在数日之内，其中不无情弊。或因邪教处分，较失察监毙人犯处分更重。地方官恐干严例，因而回护前非，以致瘐毙灭口。更或该犯等知事已败露，罪恶难逭。暗通音信自尽，以免追究。种种弊窦，均未可定。著传谕阿里衮，令其详加查究，勿令属员蒙混。并将有无情弊之处，查明具奏。（阿里衮）寻奏：臣遵即密饬严查，刘二、长儿实系因病身故，并无别情。得旨：此案要犯皆已监毙，必有情弊也。②

谕军机大臣等。（福建巡抚）温福奏续获台湾匪伙王生等八犯内，在途病故二名。在途患病、进监身故三名等语。……何以八犯之中，竟至病毙过半？其中必有别故。或系该犯等自知情罪重大，豫行潜藏鸩毒乘间自戕，幸逃显戮。而管解各员惧干处分，辄以患病殒命验报了局，俱未可定。该抚何竟未见及此，一加推究耶？著传谕温福，将各犯因何病毙如许之多，押解各员有无讳饰捏报之处，逐一详细查明，

---

① 《清高宗实录》卷三一三"乾隆十三年四月辛巳"。
② 《清高宗实录》卷三一五"乾隆十三年五月癸丑"。

据实覆奏。并将此谕令崔应阶知之。（温福）寻奏：前因各犯途毙监毙太多，即委员检验尸身，并提现存三犯诘讯。昨又提讯原解官，暨沿途解送员弁，众口一词实系病故，并非捏饰。①

（二）两江总督尹继善的严密逻辑

乾隆十九年（1754）九月，南河总督兼署两江总督尹继善②等奏报南河亏空各案人员已完、未完结各银两情况，言及有官犯王德宣在监病故情由。乾隆皇帝当即怀疑，朱批："但称病故，其有无别情，何未查奏？"

面对君上的不信任，尹继善遵旨覆奏说先前各个环节已经充分防范查验，并无疏漏。具体包括：（1）在监防范严密：伏查亏空各犯俱在监锁禁，犹恐存有疏虞，每犯派兵役两名日夜看守。（2）报病后认真验看调治：山阳县具报王德宣染患伤寒病症后，仍恐有捏饰，委员不时查看，并选医认真调治。（3）病故后委员详细查验：及至病故，又特委标员并饬淮安知府等详加查验。③

总而言之，就是每个环节都实心稽查，结果"确系患病身故，并无别情"。对于这样以时间、环节为序的严密回答，乾隆皇帝纵然高高在上，似乎也无话可说，或许仍心存疑窦。末了朱批一个"览"字，已不单纯是对日常事件的知晓。

（三）江苏巡抚庄有恭的滴水不漏

庄有恭其人精湛的应对艺术，首先集中体现在十七八年间，江苏省砀山县生童激众罢考案中，首犯戚克讷、黄修皆以监毙报闻一事引发的君臣"对话"，堪称滴水不漏。④

在十七年十二月底（1752—1753）的上谕中，乾隆帝明确指出"二犯皆以监毙而逃显戮，看来非系冒名顶替，即属畏罪自戕"，其中大有情弊。并且，继续上升到外省督抚办事皆不可信的高度，"总之外省办事习气，多

---

① 《清高宗实录》卷八五三"乾隆三十五年二月乙丑"。
② 钱实甫编《清代职官年表》第 2 册，中华书局，1980，总第 1413 页。
③ 《宫中档乾隆朝奏折》第 9 辑"乾隆十九年九月十六日"，第 576 页。
④ 《宫中档乾隆朝奏折》第 4 辑"乾隆十八年三月初十日"，第 794 页。

涉虚伪。……朕于各该督抚所办事件，虽欲深信而不可得矣"，要求庄有恭悉心确查，不得徇庇。

在君上的明确质疑和严厉申饬下，江苏巡抚庄有恭冷静应对，十八年（1753）三月的回答滴水不漏令人叹服。（1）先据砀山县详报两人在监先后患寒症病故，已经恐有别情留心体访。查得当时伤寒疫气盛行，监犯多患此病，以致两人传染，已取有委任查验各官的印结。（2）接到上谕又悉心体察，遂进一步证实：第一，两人都是砀山生员，人所共识，当时又是和其他生童一起对簿公堂，难于冒名顶替；第二，戚克讷平时为人阴险苛刻，乡人恨之切齿，听说该犯被拿，纷纷前往羞辱泄愤，断难冒名顶替；第三，府审时两人先后报病，已经该府委员验明；第四，即使病故后，也是和尸亲一起验明通报，确非畏罪自戕。①

说来说去就是再三体访，认定伤寒疫气导致病故，断不敢庇护属吏欺瞒圣上，自取罪戾。前后读来，不得不惊叹其炉火纯青的应对艺术。

对此，乾隆皇帝朱批："既无情弊，知道了。"细细揣摩这七个字的意蕴，感觉很是微妙：表面上已经无话可说，不得不认同并无情弊。实则内心很窝火：前面已然用近乎绝对的口气肯定其中大有情弊，责令庄有恭确查严参。后者却百般论证并无其事，其言之凿凿，迫使皇帝本人也不得不承认，这就等于让乾隆皇帝承认自己先前的绝对怀疑是错误的，是凭空怀疑臣下。如此不善体圣意、不给皇上台阶下，乾隆皇帝怎么能不暗暗窝火呢？其内心深处，估计不仅有颜面无光的惆怅，或许更多了一层对汉官尤其是江南官员百般置喙、油滑处事和不善体圣意的反感。

无独有偶，乾隆十八九年间发生的江苏臬司衙门科房着火一案，虽性质迥然不同，但同样反映了乾隆皇帝的明确怀疑和庄有恭等人否认问题的滴水不漏。此事先据江苏布政使郭一裕奏，按察使许佶办理赈务公出，乾隆十八年（1753）十一月臬司署内失火烧毁科房六间，文卷抢救不及间有烧毁若干。乾隆皇帝当即指出，此必有书吏人等作奸情弊：乘本官出署，欲乘机舞弊销毁卷宗，饬令两江总督鄂容安②、江苏巡抚庄有恭严查治罪。

---

① 《宫中档乾隆朝奏折》第 4 辑 "乾隆十八年三月初十日"，第 794 页。
② 乾隆十九年八月初十进京，由南河总督尹继善兼署并于乾隆二十年正式任职，直到乾隆三十年三月，可印证前例尹继善身份，见钱实甫编《清代职官年表》第二册，中华书局，1980，总第 1413、1419 页。

十九年（1754）正月，巡抚庄有恭主稿、总督鄂容安会衔覆奏，在谦卑附和的口吻下仍严密辩解并无书吏情弊。（1）先是附和上意，初闻之下也认为有此种书吏情弊。"臣等在淮徐一带地方闻臬署失火，亦深疑书吏人等必有舞弊作奸、迷案灭迹之事。"（2）奉命严密差人查访，实无情弊。据藩司郭一裕及巡道禀称：缮书许二住宿科房，夜卧草铺，烘火熟睡遗失草上，以至延烧。而最关紧要的秋审文卷当时即已抢出，其余一切卷宗，上下一切衙门皆有案据照抄。（3）即使如此，犹恐另有别情，复遵旨严密查访。此次实系遗火延烧，并无别项情弊，并有巡抚衙门每日存留臬司详请文卷抄发之事为证。①

面对恭顺谦卑文字下滴水不漏式的论证，乾隆皇帝仍然朱批"知道了"。这三个字和上文生童罢考案一样，自然不仅是常规意义上的内涵，文字深处仍暗藏皇上多少有些窝火。而且两件事先后发生，或许更会增加他对庄有恭其人油滑处事的反感情绪。

十年后庄有恭奏报官犯夏廷来在监自缢一事，也是上述谦卑口吻下严密论证的风格。先恭维"皇上察弊防奸之至意"，自我批评之前并未说明狱内如何疏忽及各官查验之处。继而开始"论证"并无情弊：诸如怎样增派家人与知县、典史家人等，会同该犯在监同住防范意外；知县来省如何询问叮嘱；该犯如何狡猾异常乘机自缢。最后声称业经他本人以及县、府、两司共同查验，他们都老实可信、少有瞻徇之处。前后过程表明其如何认真办理，尤其最后加上省内各级官员的分量，用人数增加筹码，言外之意：您即使不相信我本人，总不能对省内各级官员一概怀疑吧？这是在用人数做赌注。虽以恭维与附和开始，但逐层深入终让乾隆皇上无话可说，以"览"字结束。②

如果说内地的两江是特殊个案，则龙兴之地的盛京刑部亦是如此行事，更证明了官员如上集体行为的普遍性。三十三年（1768）十月盛京刑部侍郎朝铨题报，拟绞情实官犯素林在监病故，乾隆皇帝怀疑其中有弊，"安知该犯非自揣罪在不赦，先期服毒殒命冀逃显戮"，更饬责朝铨尸位素餐：事前未严密防范，事后又不及时参处管狱官员，一句"所司何事"口气甚为

---

① 《宫中档乾隆朝奏折》第 7 辑 "乾隆十九年正月二十五日"，第 471 ~ 472 页。
② 《宫中档乾隆朝奏折》第 16 辑 "乾隆二十八年二月初八日"，第 792 页。

严厉。① 在这样的严厉申饬下，朝铨虽承认之前未将管狱官参处确属不妥，然而对核心问题绝对是坚口不认，咬定并无别故，"审讯时已见其龙钟老迈之态，本年六七月内司狱呈报，该犯染患痰喘病症，节次拨医调治，无效身死，并无别故"②。先说该犯已是老迈之躯。此后经报该犯染患痰喘病症，已经认真对待，数次拨医调治，结果无效身死。一句话，就是老迈病死的。对这种咬定不放的回答，乾隆皇帝也无话可说，批示"该部察议具奏"，交刑部议覆此事，结果可想而知。

这样，内地各省督抚和关外大员就形成了一致的"反行为"：一致认定监犯监毙实系病故身死，委无其他情弊。其中自然有如他们所说确系病故的，但如果所有的臣子都一口咬定在监病故，并且在皇上的质疑和申饬下仍众口一词，则非但乾隆皇帝不信，常人也不会相信。臣下越是如此，遇有例行奏报乾隆皇帝越是不信。面对督抚们"集体反行为"的隐性对抗，他既有不可相信的惆怅，在多少有些无奈的情况下发起了强势的行动：多次上升到吏治高度严厉整饬。

其实，更深层面上，乾隆皇帝对监毙事件一直抓住不放，用意本来就不在监犯本身，而是将其作为考察有无胥吏凌虐、贿纵尤其是各省大员有无怠玩姑息、瞻徇庇护的"试纸"，有些可能确实怀疑，有些或许就是一种"诈术"和敲打。怎奈不论真假，督抚大员们概不买账，这也迫使乾隆不得不将事情"闹大"，上升到更宏观的吏治层面予以整顿。

四 乾隆上升到吏治高度

（一）反面教材辅德

乾隆二十九年（1764）江西巡抚兼提督辅德奏报，参革安义县知县郭孙锦在监病故一折，乾隆皇帝在五月初六日的上谕中表示："虽该犯或系适当自毙，未必尽出畏罪戕身。……又焉知不与近日，山东参革寿光县知县萧应柱闻参自缢，同一鬼蜮伎俩？"继而设问："此等官犯本可原情定罪，何致一挂弹章，辄图乘隙自尽？"随之剖析了两项情由，均关乎地方吏治。

---

① 《清高宗实录》卷八二〇"乾隆三十三年十月壬戌"。
② 《宫中档乾隆朝奏折》第 32 辑"乾隆三十三年十月十四日"，第 166 页。

其一，督抚等平时姑息疏玩，以至于属员一经参劾，即害怕不已，认定是上司不再庇护自己，故生自戕以逃明正典刑之心。其二，收监后又审拟不速、防守不严，使得罪重者有隙可乘逃脱显戮，而罪轻者不得昭雪，督抚反被无知者目为执法严苛，认为这是封疆大臣"以宽纵之习，招严刻之尤"。并传谕各省督抚一体警示，勿得重蹈覆辙自取戾咎。有意思的是督抚对此一上谕的回应。被批评的江西巡抚辅德只说要饬属小心防范，未提及从速审拟，更不承认姑息。① 相比之下，四川总督阿尔泰稍微全面一些，提到"严行坚守，立速审拟"，但亦未承认姑息，此所谓避重就轻是也。② 同样，云贵总督吴达善也是避"姑息"要害，而只提及"严令防范，速为审理，以免疏虞"。③

（二）正面榜样苏昌

上文是树立反面教材，提醒各省督抚一并警戒。同年，乾隆也树立了正面榜样：对广东巡抚苏昌交部议叙，以供督抚学习。缘粤抚苏昌题参海丰县知县刘绍氾，规避处分捏报自缢官犯简尔岳病故。简尔岳系以恣意勒索拟绞在监之官犯，该县不能留心防范致令自缢。知县刘绍氾为规避处分，遂捏报病故。乾隆皇帝认为此事的严重性在于，"若不严加惩创，则狡狯重犯谁不思乘间自戕？看守庸懦之员，并得以捏饰幸免处分，甚至玩法作奸，无所底止"。著将该知县刘绍氾革职拿交刑部治罪，而巡抚苏昌等办理此案执法公正，不瞻徇属员照例题参，俱属可嘉，一并交部议叙，"为地方大吏实力奉公者劝"④。

（三）四川刑政如此废弛

缘乾隆皇帝于四十六年（1781）九月翻检四川省秋审招册，内有绞犯李万顺因听从周探齐纠约群匪、持械抢夺拟入情实一案。查此案内尚有刘濰山等五犯，俱系上年十二月内题准拟绞监候，因遇停勾之年未予勾决。册内现载刘濰山等五犯竟然全部在监病故，只有李万顺一人列入情实。对

---

① 《宫中档乾隆朝奏折》第 21 辑"乾隆二十九年五月初九日"，第 417 页。
② 《宫中档乾隆朝奏折》第 21 辑"乾隆二十九年五月二十日"，第 523 页。
③ 《宫中档乾隆朝奏折》第 21 辑"乾隆二十九年六月初九日"，第 699 页。
④ 《清高宗实录》卷七〇七"乾隆二十九年三月戊辰"。

此，他不禁质疑：“刘潍山等俱系聚众抢劫、法无可贷之犯，何至甫及半年，而案内病亡竟有五犯？”认定非贿嘱禁卒，即在监畏罪自戕，均系捏报病毙。究其根源是四川总督文绶任听属员蒙蔽、姑息了事，以致川省刑政如此废弛。刑名、钱粮是各级官员行政的两项基本要务，刑政严重废弛也说明四川地方行政和吏治有亏，不可不力为整顿。遂传谕福康安详查，并警告亦不得稍存回护文绶及该管属员之见。①

（四）尚安不应沽名若此

事情起因于乾隆五十五年（1790），广西巡抚尚安奏请将前此捏报病故之年迈北流知县援例省释。缘该县耿毓孝先因相验遗漏伤痕，尸子不服，控告不休，该员转将其拷打毙命，为规避处分而捏报病故，事发拟流改发乌鲁木齐。尚安的奏折逻辑是先援引定例“到配已十五年，应照例安插内地。若已到内地，遇有恩赦，应由该省督抚奏请释回”，再套用耿毓孝的特殊情形请旨，“因病未能起解，可否照已经起解在途会赦之例，准其省释？”

对此，乾隆皇帝专门发布谕旨严斥其错谬，言称“耿毓孝因相验不实，转将尸子拷毙捏报病故，实属酷虐。即遇恩诏，定例不准减等”，而尚安借称该犯年过七十、老病不堪代为声请，明系欲博宽厚之名。是年八十岁的乾隆皇帝不但语重心长地说“尚安不应沽名若此”，更传旨申饬并交部严加议处。②

（五）直隶冲击波

乾隆皇帝通过监毙现象对吏治的整饬，虽有上述各例，但远不如四十二年（1777）通过刑部书办的一时疏忽引发的直隶冲击波耐人寻味。问题虽始于刑部，但乾隆皇帝的矛头很快转向直隶的吏治，两度质疑该省督臬敷衍公文并未实心任事，饬责口气严厉。但是，总督周元理一口咬定本省办理并无情弊，屡屡软性弹回，最后君上也只能以其仅咨部查询、未及时奏闻议处。

先是刑部奏报直隶省斩犯王克钧的同案流犯王小五病故，而该部书办

---

① 《清高宗实录》卷一一四〇“乾隆四十六年九月庚子”。
② 《清高宗实录》卷一三五二“乾隆五十五年四月丁巳”。

樊承先马虎从事，将王克钧一并移付秋审处开除。对此，上谕不但同意严加议处堂司各官、彻底根究该书办樊承先有无贿嘱情弊。更是话锋一转，将问题的矛头指向直隶："直隶省于十月二十八日勾到，该督周元理、臬司达尔吉善接到部文，因何不行细查"，言下之意是责问直隶地方大员所司何事？看来并未实心办理，因令两人明白回奏。

对此，直隶总督周元理十一月二十六日覆奏"澄清"事实，简单说就是奉到部文时公出在外，回署查明该犯王克钧确系情实，猜系刑部赶入下年秋审，遂行文咨部，只承认自己错在并未及时奏闻。具体对公出和咨部的辩解提到：勾决部文于十月二十九日递到督衙，其时公出在外，且因秋审全卷早已办完，未携带随行详查原案。十三日在途中，接到臬司达尔吉善的消息：处决部文内并无斩犯王克钧之名，而缓决文内亦无其人，未知刑部如何办理。十六日回署后，查明秋审题稿已将王克钧列入情实，因此案办竣较晚，或许刑部有截止期限应入下年秋审，是以于本月（十一月）二十日具文咨请部示。随后，乾隆皇帝朱批"已有旨了"，批判进一步展开。[1]

皇上新谕旨的逻辑是：直隶省既然于十月二十八日勾到，督衙所在地保定城距离京师又非常近，刑部勾决部文到达直隶不过一两日工夫。该督等如果实心办理刑名，接到部文后应该立即检查，若发现有遗漏情实人犯及时奏闻。因何迟至二十余日，始行咨询该部？实在令人费解！遂认定必是周元理等先前在接到部文时，并未仔细检查，虽勾决关涉人命亦并未认真办理。后来听说刑部有检举遗漏人犯的消息，方才姗姗移咨询问，又不据实奏报上闻。因而，传谕周元理再行据实覆奏，不得稍有支展、粉饰。[2]

针对乾隆皇上的新质疑，直隶总督周元理很快拿出证据说明：事先并未得到刑部有检举遗漏人犯的消息，的确是于二十日缮文咨部，臬司文稿更早系初十日缮写，并有收发公文各日期详案号簿为证，并且还很委屈地说道："何敢于圣主之前稍有支饰？"[3]

对此新辩解，乾隆皇帝是否相信呢？又有旨了，面对周元理一再"论

---

① 《宫中档乾隆朝奏折》第 41 辑 "乾隆四十二年十一月二十六日"，第 181 页。
② 《清高宗实录》卷一〇四六 "乾隆四十二年十一月丁亥"。
③ 《宫中档乾隆朝奏折》第 41 辑 "乾隆四十二年十一月二十七日"，第 191 页。

证"直隶地方并无情弊,最后只得将其和臬司以仅咨部查询、并未奏闻,交部严加议处,① 事情就这样结束了。

不管乾隆皇帝从刑部书办的一时疏忽中,感觉直隶办理秋审勾决确有情弊,还是想以此为突破口敲打直隶的吏治,抑或兼而有之,都可以说是用意深刻,结果君上的尖锐矛头一再被直隶总督周元理软性弹回。虽然每次上谕的言外之意很明显且行文严厉,但考诸过程却是你有来言我有去语,而且直隶总督在恭顺下"论证"严密,无论如何就是不买账,也让乾隆皇帝无话可说,只得以未及时奏闻为由,交部严加议处定罪。

五 提禁司监的良苦用心

既然监犯尤其是官犯在县府监狱"意外"颇多(如自戕逃脱明正典刑),督抚们又不承认其中情弊,而官犯干系紧要,乾隆皇帝在三十三年(1768)九十月间又采取了一系列行动,核心是将情实官犯提禁司监加强防范。

先是九月十二日发布上谕,谕令将官犯提禁司监:"嗣后应入秋审官犯,俱在按察使监收禁。勾决本到全行绑赴市曹,即令按察使监视行刑。"作为明发谕旨,令军机大臣通谕各省,并抄录寄给各该督抚。② 复又六百里传谕:"现有情实官犯,各省之督抚等飞提到省。俟部文到日,遵照谕旨办理。"③ 这些谕旨应该是在县监不甚可靠的情况下,更多寄希望于作为刑名总汇的各省按察使尽职尽责及其治下的司监能严密防范减少意外,并把督抚拉进来一体承担责任,以保应勾之官犯明正典刑。细细琢磨,多少感觉是某种有些无奈兴味的良苦用心,而不仅仅是煌煌圣谕的高高在上。那么,督抚大员们这次是否善体圣意呢?

一个多月过去了,唯河南、直隶、湖南覆奏遵旨办理情形,下文即河南巡抚阿思哈的报告:

> 臣查河南本年秋审,情实官犯两名:曹承宣,原禁司监。蔡淮英,向在杞县收禁。当即密饬提至省内,收入司监。二十四日接准部咨奉

---

① 《清高宗实录》卷一〇四六"乾隆四十二年十一月庚寅"。
② 《清高宗实录》卷八一八"乾隆三十三年九月丁酉"。
③ 《宫中档乾隆朝奏折》第32辑,第326、377、402页。

旨：曹承宣著即处斩，蔡淮英著牢固监侯。随劫司持一人俱绑赴市曹，臬司亲行验视，曹承宣处斩，其蔡淮英仍还司监，牢固监候。①

乾隆皇帝有些着急，于十月十九日复行宣谕，督促其他各省迅速覆奏办理情形：

> 前经通谕各省……迄今已及月余，仅据河南、直隶二省奏覆，今日湖南省亦经奏到，而此外各省并未奏及。② 按其省份道路，且有近于湖南者，何以延迟至今？外省疲缓积习即此可见。著再行传谕各省督抚等，将接奉谕旨后，办理缘由速行覆奏。③

这样在乾隆皇帝看来，多数省份不仅是未能善体圣意，更是外省疲玩积习故智复萌，这又是上升到吏治层面督饬。之后，有盛京、湖广、广西等地陆续奏到。其内容与之前河南等省很是类似，几乎是一个流水线生产出来的例行公文产品。而且，多宣称本省应入秋审情实人犯只有一两名，业已从县监提禁司监严密防范。

贵州巡抚良卿推脱得更彻底，说什么黔省根本就没有官犯散禁外府州县之事，缘定案后一向在司监及首县贵筑监内收禁。④ 客观上多少有君上之风火急催纯属多余的嫌疑，不能善体圣意倒也罢了，毕竟不能强求。火上浇油的是良卿在本年处决完官犯几天后，马上提出扩建原来狭小的司监，分禁官犯以示官民之别，并请循例在司库动支工料银六百余两。无怪乎乾隆皇帝称其所见甚属舛谬，意在"欲借隔别稽查之名，阴示曲庇市恩之实"，最后再次严厉强调这种官官相护的风气"断不可长"，又回到了吏治高度。⑤

---

① 《宫中档乾隆朝奏折》第 32 辑"乾隆三十三年十月初三日"，第 74 页。
② 据《宫中档乾隆朝奏折》第 32 辑相关奏折末尾所载具体日期，与该上谕所说存有区别。在十月十九日前缮折的省份至少有：贵州和湖南（同为九月二十五）、直隶（九月二十八）、四川（十月初二）、河南（十月初三）、江苏（十月十三）。而且湖南是最早覆奏的，并非如十月十九日上谕所说刚刚奏到。不知道湖南、江苏和四川是因为路途遥远到达较晚，还是乾隆皇帝有意为之。
③ 《宫中档乾隆朝奏折》第 32 辑"乾隆三十三年十月二十九日"，第 325 页。
④ 《宫中档乾隆朝奏折》第 32 辑"乾隆三十三年九月二十五日"，第 3 页。
⑤ 《宫中档乾隆朝奏折》第 32 辑"乾隆三十三年十一月十二日"，第 457 页。《清高宗实录》卷八二四"乾隆三十三年十一月己巳"。

第二节 班房

监狱是羁押人犯的正式场所，而班房是明末以来地方官吏私自设立的非正式监狱，危害更甚于监狱，其间体现的君臣关系却和监毙问题异曲同工。乾隆皇帝虽有坚决要求各省切实取缔班房和私刑的严厉整饬，实际上在多年的例行奏报中，督抚们众口一词，坚决咬定本地并未私设班房、滥用私刑。虽然乾隆皇帝深刻洞悉其中弊端，一再叮嘱"为之以实"，并不断敲打震慑"不可阳奉阴违"，甚至生气地直接揭露其中的"猫腻"，但面对督抚群体长期的集体行为习惯，在叮嘱、敲打和震怒之余，仍是不免有些无奈。耐人寻味的是，除监毙、班房外，对于诸多类似例行奏报的事情，督抚们也是类似的行事风格。

一 私设班房危害惨烈

班房又称班馆，原指衙署官吏或豪宅仆役等分班值宿的处所，是明末以后到有清一代在国家正式监狱之外，由地方官吏非法设立的关押轻微未决人犯及干连人证的场所。是时各地对其称谓形形色色，所谓差馆、押馆、卡房、便民房、自新所、候质所、知过亭、支搁亭、中公所等等，均名异实同。①

对班房危害之烈，清朝臣工奏议、笔记小说等官私史料均有明确的记载。

(《阅微草堂笔记》) 雍正四年 (1726)，直隶河间府献县樊姓捕头，因制止其余捕快欲图奸污关在"官店"里为质的人犯妻子，积德迅获福报。

乾隆三年 (1738)，监察御史苏霖渤上奏：向来刑部应发保人犯，俱交五城司坊官取保，而该司坊官有暂羁人犯之所，或曰班房，或曰铺房，率皆卑隘湫湿，遇有无人保领之犯，即锁禁其中。若值粜卖官米，犹可日领三四成米一升，亦止有净米三四合，不足一次。有时即

---

① 张世明：《清代班房考释》，《清史研究》2006 年第 3 期。

成色米亦不能继，以致饥馁熬审，兼之暑湿熏蒸，每多病毙。缘非例设监所，诸无成规，凡一切修葺房屋，以及饮食、医药、灯油、帘席、煤火、凉棚等类，俱皆无项措办，是以无保之犯一经发坊，而死者接续非一日矣。

嘉庆十年（1805）底，两广督抚那彦成、百龄会奏，南海、番禺两县多处班馆之害：知县任听蠹役于各馆安设木栅，四围堵塞，将讹诈不遂之人闭锢其中，竟同黑狱。致令无辜拘系瘐死多人，甚至将各案未结女犯，发交官媒收管，设立女馆名目。遇有年少妇女，官媒竟逼令卖奸得赃，该令等置若罔闻。

嘉庆二十四年（1819），御史袁铣参奏，湖北江夏、汉阳两县班房之酷烈。遇有户婚田土细故，其族邻乡保之属，无论绅士平民，一经牵连传唤到省，即于此处押禁。有财力者，犹得行贿释放；无财力者，或数月数年不得脱，往往以铁索联拴数人，缀以猴儿重石，百般困辱，甚或械其手足，昏夜叫呼，酷刑恶气与疾病交迫，瘐死其中者，相继不绝。迨押毙之后，则令县役倒提年月，书立保状，总以在保病毙为词，弥缝销案，以致小民含冤，无路控告。

卡房最为惨烈，大县卡房恒羁禁数百人，小邑亦不下数十人，及十余人不等，甚至将户婚、田土、钱债细故被证人等亦羁禁其中，每日给稀糜一瓯，终年不见天日，苦楚百倍于囹圄。①

无怪乎《清史稿》也不得不承认班馆之害："每有班馆差带诸名目，胥役借端虐诈，弊窦丛滋。虽屡经内外臣工参奏，不能革也。"②

以上从笔记小说到史书的书写方式与意图，虽大相径庭，但不同文本对清代班馆黑魅的人间地狱景象的烛照，却恰如佛经所言"光光相入"，呈现出交光互影的样态。③

在这样的宏观背景下，我们即将看到的乾隆朝晚期君臣查禁班房的故事更是意蕴丰富：君上以小见大，风火急催。督抚们在恭维卑顺的口吻下

---

① 以上各条转引自张世明《清代班房考释》，《清史研究》2006 年第 3 期，特此说明并表示感谢。

② 赵尔巽等：《清史稿》卷一四四《刑法三·审判》，中华书局，1977。

③ 张世明：《清代班房考释》，《清史研究》2006 年第 3 期。

仍抱持众口一词的否认策略：集体咬定，查无此事。这一"对话"过程首先展现了君臣之间作用与反作用的动态行为方式；其次乾隆对此类奏折大量"为之以实"的朱批，不仅是其务实风格的烛照，更是乾隆对督抚行为艺术的洞悉和反复的苦心叮嘱；最后于五十七年发布的上谕，则是对督抚诸多类似例行奏报事例的集中反应：由洞悉以至愤怒，愤怒之余又仍有些惆怅和无助。

二 乾隆皇帝以小见大的逻辑

故事的缘起是在乾隆五十三年（1788）镇压台湾林爽文起义后，乾隆皇帝获悉台湾府县有关私设班房、勒贿殃民等情弊，遂于九月传谕各督抚，严饬各省内外问刑衙门将班房等项名目永行禁革，如有任令差役等设立班房、私置刑具等情事，一经发觉，不仅将纵容之地方官从重治罪，失察之上司也严加议处，并要求各省年终奏闻有无此弊。下面先行品读丙寅日（初八）的皇皇圣谕：

> 据徐嗣曾奏惩治台地棍徒，并拿获纠伙杀命匪犯，及设馆殃民之蠹役等各折，已交军机大臣，会同行在法司核拟速奏矣。……至府县差役，胆敢私设班馆，擅设刑杖等件，勾党盘踞肆恶殃民，其情节实属可恶。徐嗣曾将为首各犯定拟斩决，所办甚是。但此等蠹役，自因地方官平日倚为耳目。不肖者纵其贪婪，昏愦者受其蒙蔽，以致该役等有恃无恐，扰害良善，于吏治民生大有关系。台湾既有此弊，恐各省亦在所不免。著传谕各督抚，务严饬问刑衙门，将班房等项名目永行禁革，以除奸蠹而绝弊端。如有任令差役等设立班馆，私置刑具各情事，一经发觉，不特将纵容之地方官从重治罪，并将失察之上司一并严加议处，决不姑贷，仍著年终奏闻有无此弊。[1]

其中三层深意逐渐展现。其一，关于吏治。衙役私设班房的要害关乎吏治民生，尤其是吏治和官场习气，不可不严厉整饬。其二，见微知著，把事情"闹大"的行为策略。"台湾既有此弊，恐各省亦在所不免"，整顿

---

[1] 《清高宗实录》卷一三一二"乾隆五十三年九月丙寅"。

范围由台湾推向各省。由于君臣在地方信息上的严重不对称性，乾隆帝纵然勤政精明，无奈幅员辽阔，对个别省份出现的严重问题，需要也不得不见微知著推而广之，"把事情闹大"来震慑、督促各省认真查禁本地情弊，以整顿全局情形。其三，进一步严格处分，并要求形成年终奏报制度。

三　督抚大员恭顺之下的集体否认

对于君上的逻辑和严厉的制度，身为封疆大吏的各省督抚反应又如何呢？他们陆续遵旨覆奏本省情形，使得画卷逐渐展开。

率先上奏的是安徽巡抚陈用敷（十二月初八日），奠定了恭顺下一口否认的基调。

> 本年九月初八日钦奉上谕：府县差役胆敢私设班馆，擅置刑杖等件，勾党盘踞，肆恶殃民。台湾既有此弊，恐各省亦在所不免。著各省督抚严饬问刑衙门，将班房等项名目永行禁革。……仰见皇上轸念民隐、惩蠹安良之至意。臣禀遵谕旨，即严饬各属切实查明，有则革除，无则永远恪遵。兹据两司通查，各府州县，并无私设班房、刑具等弊。①

在援引上谕后，继之是臣下对君上一贯的颂扬恭维。继而又称虽奉旨严饬各属切实查明，各府州县并无私设班房、擅设刑具等弊。是为在卑顺口吻下，咬定查无此事，予以隐性软抵抗。乾隆批曰：以实为之。

无独有偶，五天后山东巡抚的覆奏结果与此类似：目前有差房管押候质人犯，"但并无私置刑具"。且此前已经未雨绸缪，严行饬禁拘押人犯，只许吏役该班听事。总之，"并无设立班馆及私置刑具等情"。这样，不仅否认此事，而且讨好卖乖，说之前已经严厉查禁。得弘历朱批：以实为之，毋为虚言。②

湖南巡抚浦霖的查禁似乎更早更彻底，到任三年来一直留心整饬衙役之害。

---

① 《宫中档乾隆朝奏折》第70辑"乾隆五十三年十二月初八日"，第548页。
② 《宫中档乾隆朝奏折》第70辑"乾隆五十三年十二月十三日"，第631页。

> 臣于到楚之始，遇有衙役诈赃之案，无论得赃多寡，皆按律严惩。并遍行晓谕，许受害之人赴臣衙门控究。三载以来，留心整饬。①

不仅遇有衙役诈赃之案，不论数额多寡皆按律严惩。而且，在百姓当中遍行晓谕，允许受害之人赴巡抚衙门控告，自然所属府州县差役并无设立班馆、私置刑具之事，虽然钦奉谕旨已经督饬各道府严查。乾隆仍朱批：为之以实，毋为虚言。

比较之下，四川总督李世杰在例行颂扬之外，似乎更深悉乾隆以班房促吏治的深意，言称"莅任川中一年以来，明察暗访各地方官，尚无纵容差役作奸舞弊之事"，这样自然没有私设班房之事。又继续表态，钦奉谕旨继续防范，"督率司道府州等官，时时防范，刻刻留心"。看到"时时刻刻"的衷心，乾隆交代"实力为之"。②

云南巡抚谭尚忠的结论自然也不例外，有趣的是还提出主客观两重证据。

> 据按察使查明，滇省僻处偏僻，民情素称淳朴，各府州县狱讼不繁，所设差役较少。臣与督臣平日留心体访，尚知畏官守法，易于约束。现在通行确查，并无如台湾之蠹役私立班馆及私置刑具等弊。但若辈良莠不齐，唯有钦遵谕旨，随时严饬，不敢因现在无此弊，稍存懈忽。如有阳奉阴违，任令蠹役作奸舞弊，一经发觉，即将该纵容之地方官，及失察之该上司，一并严参。③

客观上地处偏僻，民淳讼简，主观上在行政中又与总督严行督饬，因而结果自然是"并无如台湾之蠹役私立班馆及私置刑具等弊"。不知乾隆皇帝对此一句尤其是客观理由的感受如何，笔者读来的直觉倒是有一种嫌疑：似乎君上"台湾既有此弊，恐各省亦在所不免"以小见大的逻辑，有些多余和凭空猜疑。好在他还有继续遵旨留心查禁的表态，"唯有钦遵谕旨，

---

① 《宫中档乾隆朝奏折》第 70 辑 "乾隆五十三年十二月二十四日"，第 723 页。
② 《宫中档乾隆朝奏折》第 70 辑 "乾隆五十四年正月初三日"，第 787 页。
③ 《宫中档乾隆朝奏折》第 71 辑 "乾隆五十四年二月二十七日"，第 338 页。

随时严饬，不敢因现在无此弊，稍存懈忽"。乾隆皇帝嘱咐说，"仍应时常留心"。

在这些奏折之外，其他督抚也都是一样的态度和结果，即遵旨饬属稽核，据按察使查明：各属并无差役私设班馆、擅置刑具情事。并且不敢以现在无此种情弊而放松大意，仍将钦遵圣训率属留心查禁。乾隆皇帝亦朱批"时应留心可也"，或"勉为之"、"以实为之"、"恒留心可也"等语。①

当一省或几省奏报查无班房情弊时，尚在情理之中。但当所有的督抚在颂扬中众口一词咬定绝无此事时，则不得不让人质疑。以现代人的智慧，可以用制度经济学的术语称之为"代理人成本"②，也可以视其为督抚对皇上的集体"反行为"。其实，不管怎么界定，更重要的是乾隆皇帝本人是否清楚此一"猫腻"及态度如何，其对两江总督兼署江西巡抚书麟的朱批，似乎提供了耐人寻味的线索。书麟奏称经查江西省各府厅州县，现在并无私立班馆及私置刑具等弊，但仍将留心体访，"不使（各属）阳奉阴违"。对此，乾隆皇帝的朱批以子之矛攻子之盾："不可阳奉阴违。"③ 区区六个字，意味深长，一语双关。除同意书麟所说留心体访各属外，更是直接亮明对督抚的态度，敲打、警告他的封疆大吏们：要实心任事，不可掩饰实情、虚词奏闻，其实也是在或明或暗地表态知悉后者的"猫腻"，告诫其应该有所收敛。可是，实际效果如何呢？

四　一仍其旧的五十四年

转眼到了乾隆五十四年底（1789—1790），按照圣谕要求，各省又该例行奏报本年有无班房情弊，督抚们一仍其旧，在恭顺中集体认定：查无差役私设班馆、擅置刑具等弊。具体奏报和朱批情况详列如表5-1。

---

① 散见《宫中档乾隆朝奏折》第70辑第813页，第71辑第128、248、654页，第72辑第148页等。

② 皇帝的谕旨亦受到当时中央与地方权力制度性框架的制约，封疆兼坼的督抚大臣既被分寄事权，势必产生当今制度经济学所谓"代理人成本""信息不对称"等问题，多以对自己有利的措辞和方式控制信息的汇报呈奏，使班馆的实情真相在宦海风波起伏中，成为政务文牍字里行间时显时隐难以捕捉的幽灵。参见张世明《清代班房考释》，《清史研究》2006年第3期。

③ 《宫中档乾隆朝奏折》第71辑"乾隆五十四年二月二十六日"，第325页。

表 5-1　乾隆五十四年外省奏报班房情况一览表

省份和督抚	时间	班房私刑	朱批	材料出处
湖南巡抚浦霖	十月十九日	无	览	第 73 辑第 726 页
两广总督福康安、广东巡抚郭世勋	十月十九日	无	以实为之	第 73 辑第 730 页
江苏巡抚闵鄂元	十一月十日	无	以实稽察，勿久而懈	第 74 辑第 83 页
江西巡抚何裕城	十一月十九日	无	以实为之	第 74 辑第 189 页
陕甘总督勒保	十一月二十四日	无	以实为之	第 74 辑第 233 页
浙江巡抚觉罗琅玕	十一月二十六日	无	以实为之，勿久而懈	第 74 辑第 268 页
山东巡抚长麟	十一月二十九日	无	想汝自一切留心也	第 74 辑第 294 页
安徽巡抚陈用敷	十二月一日	无	览	第 74 辑第 300 页
河南巡抚梁肯堂	十二月二日	无	览	第 74 辑第 315 页
直隶总督刘峩	十二月五日	无	览	第 74 辑第 362 页
湖北巡抚惠龄	十二月九日	无	以实为之	第 74 辑第 387 页
广西巡抚孙永清	十二月十二日	无	仍应留心	第 74 辑第 415 页
陕西巡抚秦承恩	十二月十五日	无	以实为之	第 74 辑第 439 页

资料来源：《宫中档乾隆朝奏折》，目力所及，或有遗漏。

五　"未必不阳奉阴违"

由于《宫中档乾隆朝奏折》没有收录乾隆五十五到五十九年的折子，我们自然无从获悉查禁班馆情弊的例行奏折[1]，但可以约略猜想督抚们"一如既往"[2]，并终"迎来"了五十七年底乾隆皇帝对查禁鸟枪、班馆等例行覆奏事件的愤怒、彻底揭露和严厉申饬。事情的缘起是乾隆五十七年（1792）浙江巡抚福崧汇奏案件时，无意提到凶器是久经查禁的鸟枪，而督

---

[1] 《宫中档乾隆朝奏折》最后详细收录到乾隆五十四年十二月，此后就直接跳到乾隆六十年十月并结束。附录为无具体年月和奏报的个别奏折，参阅其目录也未有后续的记录。

[2] 不独乾隆朝如此。道光十四年（1834）四月，有人又奏称广东州县私设班馆非刑凌虐，请饬惩办以剔弊端。该奏在有清一代同类奏疏中对班房内幕的言之凿凿庶几于旷世罕见，绝非一般风闻言事未能指实的浮泛弹章。道光著该督抚等严密访查，粤省督抚寻奏，广东并无私设班馆，复大谈计划另设公所收宿匪徒窃贼、差役寓所不准押收等等，顾左右而言他，矢口否认粤省有私设班馆之事。转引自张世明《清代班房考释》，《清史研究》2006年第 3 期。

抚亦是每年多例行奏报本省查无余留，乾隆皇帝在偶然中明确发现督抚们"空文具奏"的把柄，感觉自己受到了莫大的欺骗，气愤之余在十二月底发布上谕对此类例行奏报集中整治：

> 　　不独此事为然。即如不准州县无故上省，及换帖宴会、私设班馆、政碑衣伞等事，久经查禁。该督抚于年终汇奏时，总以并无此事为词，而其实相沿积习，未必不阳奉阴违。是年终汇奏竟成具文，殊属非是。嗣后务以实力查禁，各属内如有复蹈故辙者，即当据实纠参。毋得托诸空言，仅以年终一奏塞责，以副朕整饬官方、谆切训诫之至意。①

　　在该上谕中，连续三次直接揭露了督抚们的"猫腻"：虽年复一年例行具奏，总以并无此事为词、未必不阳奉阴违、年终汇奏竟成具文，强烈谴责此举"殊属非是"甚或"外省习气实可恨"②，并再次从整饬吏治的高度严厉督饬他的封疆大吏："嗣后务以实力查禁，各属内如有复蹈故辙者，即当据实纠参。"并复行警告："毋得托诸空言，仅以年终一奏塞责。"乾隆皇帝的这种强势行动，既是君权无上的直接例证，也是被督抚们长期以来顽固的集体反行为逼迫的"反作用力"。

　　大量翻检乾隆朝晚期的奏折，发现各省例行覆奏查无其弊的事情，除了上文提到的班馆、鸟枪、思政碑、官员无故赴省和换帖宴会外，还有学政劣迹、劣幕盘踞、抽改通鉴纲目续编和流民偷渡奉天，更有每年本省发遣新疆人犯有无脱逃，不可不谓名目纷繁。它们多是乾隆皇帝针对一省一时的具体问题，"以小见大"推而广之，要求各省一体警戒并例行覆奏的。结果，年复一年各省的例行奏报纷至沓来，也形成了乾隆中晚期奏折的一个显著特征。中间虽也不时有乾隆皇帝"以实为之"的一再叮嘱，但终究一如班房、鸟枪之事的覆奏成为具文。乾隆皇帝最后的愤怒，既是对督抚群体长期以来"隐性对抗"的集中发作，也是他一直以来站在全局高度整饬吏治后的深层惆怅与无奈：虽高高在上、乾纲独断，在严厉督饬和处分

---

① 《清高宗实录》卷一四一九"乾隆五十七年十二月癸未"。
② 《宫中档乾隆朝奏折》第74辑"乾隆五十四年十一月初三日"，第27页。本折为安徽巡抚陈用敷奏闻本年查无余留鸟枪事。

警告之外，似乎也不能再怎么样了，毕竟面对的是外省督抚长期以来集体
一致的日常行为习惯。

第三节　越狱

奏报监毙和班房是日常的行政事务，一旦监犯脱逃越狱则成为突发的
重大事件，缉拿逃犯的动态政治过程，不仅体现了乾隆皇帝从重大案件出
发整饬吏治的雷厉风行，还有他厕身其中的急切关注和催督，更刻画了乾
隆皇帝和督抚之间君臣关系的复杂维度。这其中以乾隆朝晚期山东和两江
的反狱事件最为典型。

一　大有深意的两江越狱案

乾隆四十二年（1777）以后，各省监犯越狱事件频发，其中以四十八
年（1783）最为集中①，涉及安徽、贵州、陕西、广西、湖北、河南等省，
又以发生于安徽颍州府阜阳县的王刚反狱案引发的两江冲击波，最为深刻
而发人深思。

四十八年九月二十九日，安徽阜阳县监犯王刚等三十七人扭断镣铐，
放火烧伤禁卒、典史等反狱脱逃。此事先经江南、江北、寿春镇总兵李化
龙于十月初八日奏报，是年七十三岁的乾隆皇帝甚是关切，连忙催问：今
全获否？②

安徽巡抚富躬作为方面大员亦须正式奏闻，称已获二十五名，尚有十
二名未获，现在亲往督拿等语。此时乾隆皇帝的急切关注进一步升级，十
月十六日宣谕：

> 监犯结伙越狱，在边地偏僻小县，尚不应有此事。况内地府城，
> 岂容此等悍不畏死之徒，肆行无忌？若非狱官禁卒人等平日漫不经心
> 疏忽懈弛，即系多方需索扰累，以致激成事端。著传谕萨载即速亲往，

---

① 此系乾隆皇帝本人的观点，"监犯越狱，向来各省亦难保其必无，但从未有今年奏报之多
者"。参见《清高宗实录》卷一一九一，乾隆四十八年十月壬午、乙酉等处。
② 《宫中档乾隆朝奏折》第 57 辑 "乾隆四十八年十月初八日"，第 613 页。

提集禁卒人等及现获逃犯，讯取确供定拟具奏。

至未获各犯，并交萨载严饬文武各属，迅速擒拿务获，勿使一名漏网。其现已就获之逃犯共二十五名，毋论该犯等原犯情节轻重，此次胆敢打伤官卒人等越狱脱逃，情罪甚重法无可贷。无论首从，即一面奏闻一面正法，并将来续获各犯，即照此申明办理。

至该县监内人犯尚有一百余名，并未随同脱逃。是尚知畏惧王法，转可量从末减。此等人犯内，有无入于本年秋审情实，业已予勾者。著萨载、富躬，于奉勾到部文之日暂停行刑，查明具奏到日再降谕旨。如本系轻罪，亦一并查奏请旨。将此由六百里加紧传谕知之，仍即由驿迅速覆奏。①

透过监犯抗官反狱恶性事件的表象，乾隆皇帝认为根源仍在于吏治：不是狱官禁卒人等平日漫不经心疏忽懈弛，就是多方需索扰累以致激成事端。因而，急令两江总督萨载亲自前往督办，从速确查禁卒人等和监犯。对于逃犯则谕令区分已获、未获、未逃办理，尤其要严惩已获各犯，并须迅速擒拿未获逃犯。上谕末尾又充分透露了乾隆皇帝的急切程度：不仅六百里加急传谕，而且要求萨载和安徽巡抚富躬，就具体办理情形驰驿报闻。

面对君上要求亲自从严办理的风火急催，萨载虽两次回奏，终究让乾隆皇帝失望以至生气。十月十九日奏折的核心意思是：阜阳越狱之事，此前先后接到庐凤道、寿春镇和颍州府的报告，但当时尚在考校武闱，故飞咨安徽巡抚富躬、寿春镇李化龙并饬臬司查拿，又令通省文武和邻省各属堵截缉拿。现在武闱办妥，马上启程前往安徽，会同抚臣办理越狱重案。乾隆皇帝不动声色，以"览"批结。② 紧接着第二天萨载又行奏闻，大意是日夜兼程赶赴颍州，正在按照上谕的要求——办理：从严审讯禁卒人等和已获逃犯，并严督文武各属擒拿在逃各犯务求全获，等等。此时，君上已然按捺不住强烈的不满，批评说"何待朕旨而后行，错了"，意即萨载作为统辖三省的封疆大吏，遇有重案却不从速亲自办理，观望上意才肯有所行

---

① 《清高宗实录》卷一一九一 "乾隆四十八年十月甲戌"。
② 《宫中档乾隆朝奏折》第 57 辑 "乾隆四十八年十月十九日"，第 724 页。

动，又称已有进一步的旨意了，或许另有深意要做大文章。① 那么，圣心究竟如何呢？二十日两江总督的奏折刚刚写完尚未到达京师，当天紫禁城已经复行六百里传谕了：

> 萨载奏接据凤阳道王懿德禀报，阜阳县监犯王刚等逞凶越狱。当即飞札安徽抚臣及寿春镇，并饬属严拿查办一折，殊属错误，已于折内批示矣。监犯结群反狱，实为从来所未有。前据富躬奏到，已有旨令萨载亲往查办。该督身任总督，地方遇有此等重大事件。一经接据各属禀报，即应迅速前往，何得仅以咨缉了事？必待接奉朕旨，始行前往耶？萨载著传旨申饬。
>
> 至王刚等胆敢打伤官卒人等，反狱脱逃，情节实为重大，前已降旨将已获各犯，不分首从概行正法。著传谕该督等，即遵照前旨严办。其未获之首犯王刚及伙犯等共九名，仍严饬文武各属，按名迅速擒拿，勿使一名漏网。再此案人犯至三十七名之多，起意自非一日。该犯等平时在狱，必有豫行伙商情事，管狱典史及禁卒人等，岂竟毫无知觉？即知府、知县近在本城，亦何至漫不经心，玩视囹圄若此？并著该督等严行审讯。如禁卒人等有知情故纵情弊，即行从重究拟具奏。至颍州民俗素称习悍，此等悍不畏死之徒，肆行无忌。该处府县非得精明强干之员，难资治理。即江苏之淮徐丰沛等处，民情亦与颍州相仿。其府县等官，亦应加意遴选明干之员，方能整顿。
>
> 近来外省每有越狱之事，安徽此案尤堪骇异。总由该督远在省城，于各属人材未能留心拣择，任听各属层层欺蔽，互相委卸，于监狱重地亦漫无防范，以致疏脱人犯若此之多。可见外省官员，不能如京城之刑部堂司各官，尚知勤慎小心也。著一并传谕各督抚，于紧要地方，务须慎选妥员随时督饬。如仍前延玩颟顸，致滋贻误，则惟该督抚是问。将此由六百里传谕，萨载、富躬仍著速行回奏，并遇便通谕各督抚知之。②

---

① 《宫中档乾隆朝奏折》第 57 辑 "乾隆四十八年十月二十日"，第 749 页。几乎在同一天，安徽巡抚富躬也奏报了办理已获、未获、未逃各犯的具体情形，奉旨也让他听候新上谕，见第 57 辑，第 770 页。

② 《清高宗实录》卷一一九一 "乾隆四十八年十月戊寅（二十日）"。

果然乾隆皇帝在做大文章，从重申萨载的错误开始，继而逐层深入，指向县、府、省甚或全部外省的吏治：姑息怠玩，不实心任事。如其所言，非但知府、知县"漫不经心，玩视囹圄"，递至该督萨载"远在省城"，"任听各属层层欺蔽，互相委卸，于监狱重地亦漫无防范"，由此可见外省官员们"不能如京城之刑部堂司各官，尚知勤慎小心"。需要强调的是，由两江而至外省习气，无疑又是乾隆本人以小见大、把事情"闹"大的逻辑，借一省个案震慑敲打他的封疆大吏们，"如仍前延玩颟顸，致滋贻误，则惟该督抚是问"，并把刑部立为督抚们学习的榜样。强势中足见用心良苦：立足全局，整饬吏治，并令萨载、富躬在接到六百里传谕后从速覆奏表态，想来主要是上承旨意承认错误吧！

三天后（二十三日），两江总督萨载在卑顺惶恐的口气下缮折具奏，读来很有避重就轻的嫌疑，并极力辩白。虽称蒙旨申饬"悚惕靡宁"，但对"任听各属层层欺蔽，互相委卸"的要害避而不谈，只承认初次具奏时，未能说明等待办妥武闱事宜再亲往查办的疏忽之咎。言外之意，错在先前没有说明这一特殊情况，而不是未马上亲自赶往查办本身，等于说并未认同皇上的申饬。并再次强调赶到颍州后，如何遵旨办理。乾隆未置可否，仅批"览"。①

萨载此本什么时候能到达京师，我们尚不能给出精确时间。但乾隆皇帝随之在二十四、二十七日两天一再指出今年各省（此外还有广西、贵州、江苏、河南、陕西、湖北等）越狱事件频发的根源，还是外省吏治，复行强调"此皆由地方官平时视为泛常，毫无防范。而督抚等复任听属员层层欺蔽，不加整饬，以致监狱废弛"，并用了四个口气很重的字眼"实为可恨"，明确表达自己的态度和立场。

督抚的行为虽实为可恨，但身为君上的乾隆皇帝在严厉的上谕背后似乎也多少有些惆怅。一省哪怕数省如此犹可尽法惩治，如若面对多数外省督抚的这种集体"反行为"，强势的乾隆又能怎么办呢？只能反复传谕各督抚随时留心督饬文武员弁加强防范，倘若仍前疏纵唯督抚是问。② 这句话说

① 《宫中档乾隆朝奏折》第57辑 "乾隆四十八年十月二十三日"，第809页。
② 《清高宗实录》卷一一九一 "乾隆四十八年十月壬午（二十四）"。

是警告震慑也好，叮嘱规劝也罢，抑或兼而有之，但总觉文字背后隐藏着些许不可名状的惆怅。也许还可以传令安徽巡抚富躬严惩已获反狱首犯王刚（凌迟后仍应该锉尸、连坐以昭炯戒），仍六百里传谕萨载严拿务获在逃监犯。①

十一月案情又有了新的进展。先是安徽巡抚富躬奏报山东曹州兵丁盘获本案在逃要犯李四、武六两名，（初一日）乾隆皇帝自然表扬山东办事认真，但对富躬的奏报还有些将信将疑，意恐捏词虚报，故而提问"此事何以未据（山东巡抚）明兴奏到"②。而且，乾隆皇帝的怀疑并不止于此，又上升到了外省吏治层面，"外省积习，地方官与营员拿获要犯，非串同捏报，希图分得赏项兼避处分，即彼此争功"，著明兴查明拿获逃犯的究竟是兵是役，不得牵混。③ 当然，乾隆皇帝清楚记得还有六犯在逃未获，再行五百里传谕萨载等各属设法严缉。

同日两江总督萨载和安徽巡抚富躬会审已获各犯的奏报，也缮写完毕并驰驿送出，但受到乾隆皇帝以夹批形式标注的多处质疑和驳斥，诸如：

1. 叙及王刚因面刺凶犯字样自知罪重，四十八年九月初十日起意脱逃，经与同号监犯张德并西号监犯张恕雅、武三商量，俱已允从。夹批曰：既分号，监犯何约相商？

2. 提到与王刚同谋者只有十三人，其余皆系王刚代打木栅，随同逃走。诘讯禁卒人等，据供着实不知王刚等预先商谋脱狱，典史亦无知情故纵之弊。再三严究，各供如一，加以刑吓矢口不移。夹批驳斥：是何言耶？此等反狱之人尚欣为之开脱，反狱非汝等之罪？此言实汝等之罪矣，不可恕。

3. 两人查律载"罪囚反狱在逃，无论犯人原罪轻重，但谋助力者皆斩监候。又名例称与同罪故纵者，皆依本罪斩绞"。乾隆皇帝驳斥两人不知事理，"此亦指寻常犯罪者言，岂谓反狱之叛贼乎？汝等竟不知理，亦常有之事也"。

4. 又称王刚等竟敢商谋放火逃走，结群殴伤禁卒，情罪甚为重大。乾隆皇帝复驳他们化大为小，"反狱何得谓之逃走"？

---

① 《清高宗实录》卷一一九一"乾隆四十八年十月乙酉（二十七）"。
② 之后山东巡抚明兴于十一月初十日奏到，参见《宫中档乾隆朝奏折》第58辑（有越狱过程），第189页。
③ 《清高宗实录》卷一一九二"乾隆四十八年十一月戊子（初一）"。

以上四处对两人原情拟罪的态度跃然纸上，最后朱批：三法司核拟速奏。① 估计在此奏刚刚抵达紫禁城后，六日乾隆皇帝又发布了新的旨意，深入剖析两人的错误要害：

> 今王刚等纠伙至三十七名之多，且放火焚烧殴伤官役，非反狱而何？萨载等办理全案及所定罪名，虽问拟尚无故纵，乃折内故为婉转其词有意开脱，竟似该犯等应得罪名，转系情轻法重加等办理。是萨载等失察此案反狱之咎，尚且可宽。而其规避处分、化大为小，不知事理轻重、饰词陈奏之罪，实无可恕。萨载、富躬，俱著交部严加议处。臬司袁鉴，讯供成招是其专责。萨载等之填砌虚辞，即系原具详不实所致，袁鉴亦著一并交部，严加议处。并将朱批抹出萨载等原折，令大学士九卿等阅看。②

在辨析了王刚等三十七犯实属"反狱"要案而非单纯"逃狱"后，乾隆皇帝认定萨载等失察之错本身尚可原谅，但要害是竟在御前要小聪明，对案情轻描淡、婉转其词，客观上名为逃犯开脱，主观上是要规避平日姑息以致造成反狱要案的处分，存心化大为小欺罔圣听，因此萨载、富躬两人并按察使袁鉴俱著交部严加议处。有意思的是，乾隆皇帝还谕令大学士、九卿传阅萨载等人饰词上闻的奏折，以警示群臣。

相形之下，乾隆皇帝对萨载、富躬参奏的李化龙等武职加恩免予议处，缘于李化龙闻信亲往查拿，较之姑息在前、粉饰在后的督抚，尚属实心任事。此外，连当时努力拦阻反狱人犯的典史以至未逃监犯都加恩办理。看来，乾隆皇帝的确是要彰显赏罚严明的局面。③

对此，十八日萨载、富躬自然慌忙认罪表态，对罪大恶极之犯"臣等审拟具折内，所述情节乃为婉转其词，又复照依寻常办案引用律例"，钦奉谕旨"如梦方醒，愧悔无及"，语词很是卑顺，并认真表态日后钦遵圣训，

---

① 《宫中档乾隆朝奏折》第 58 辑 "乾隆四十八年十一月初一日"，第 31 页。同日两人会衔上奏还有一折，查参该管司道和武职并典史等人，并请将他们督抚两人一并交部严处，乾隆皇帝自然也没有客气，谕令"该部严察议奏"，另见第 58 辑，第 36 页。

② 《清高宗实录》卷一一九二 "乾隆四十八年十一月癸巳（初六日）"。

③ 《清高宗实录》卷一一九二 "乾隆四十八年十一月癸巳（初六日）"。

详慎查办切实敷陈。但两人同时也想尽快远离现场，结束这种非常态的事件，并有让人信服的客观理由，一来坐镇颍州日久，但余犯在本省一直未获，想必是远扬他省，已经派员购线前往缉捕，并在省内严加查拿。再则也是当务之急，迫近年底封印之期，督抚必须回省办理其他诸多公务。至于芮猛等逸犯，则商同推给庐凤道王懿德等暂住颍州往来督察。朱批：知道了。①

对吏部议覆安徽失察之督、抚、司、道的处分，十二日乾隆帝分别处置：萨载从宽免议。但富躬身任巡抚，前不能严饬所属实力稽查，又复饰词具奏，降为三品顶戴从宽留任。臬司袁鉴则照部议降三级调用等。② 三人自然又少不了一番诚惶诚恐、感激涕零的谢恩艺术：

> 臣跪读之下，惶恐感激，莫可名状……仰蒙天恩，寄任封疆，乃于监狱重地，平日不能严督在前，审拟回奏又婉转其词，办理错谬咎无可辞。部议革职留任，分所应得。蒙恩宽免，嗣后唯有倍加奋勉，以报圣主隆恩。③

乾隆四十八年十二月初一日，离开了颍州现场的安徽巡抚奏报了案件的新消息：据留守的庐凤道王懿德禀称，购线访至河南魏家沟地方拿获芮猛，中途被旧匪孟泽纠人抢去，十一月二十五日据河南襄城县禀称已将芮猛拿获。意恐往返提解复生意外，请于现获地方审办正法。此外，尚有三名逃犯未获，现仍设法缉拿。④ 对此，乾隆皇帝的旨意又把主场转移到了河南：在知晓孟泽实系知情窝留芮猛、复行聚赌拒捕后，第二天复行宣谕旨，进一步令河南大员李庆棻、何裕城严行鞫讯从严办理，并督饬所属根究豫省孟泽一伙等未获人犯。⑤

---

① 《宫中档乾隆朝奏折》第 58 辑 "乾隆四十八年十一月十八日"，第 316 页。
② 《清高宗实录》卷一一九二 "乾隆四十八年十一月己亥（十二日）"。
③ 这是萨载的谢恩折，见《宫中档乾隆朝奏折》第 58 辑 "乾隆四十八年十二月初六日"，第 566 页。富躬的谢恩折（并代臬司谢恩），见《宫中档乾隆朝奏折》第 58 辑 "乾隆四十八年十二月初六日"，第 541 页。
④ 《宫中档乾隆朝奏折》第 58 辑 "乾隆四十八年十二月初一日"，第 478 页。本处原书有误：正文如此，但目录错印成了湖北巡抚姚成烈。
⑤ 《清高宗实录》卷一一九三 "乾隆四十八年十二月丙寅（初九）"。

之后，在奏折和上谕中少有关于阜阳王刚反狱案的记载了。其实最后的缉拿结果已经不太重要了，或者我们搜查的资料有所遗漏，然而前文展现的两江督抚和乾隆皇帝相互作用的过程已经说明了君臣关系的复杂性：乾隆以此为契机把事情"闹大"以整饬吏治和外省风气，而两江督抚们的种种回应行动却让乾隆的深意大打折扣，而乾隆皇帝在继续整饬之余多少也有些无可奈何。这些无疑为我们重视了乾隆晚年君臣关系的动态鲜活画面。

二　风波迭起的山东越狱案

乾隆五十一年（1786）的山东刑狱很耐人寻味——连发两件越狱大案，而且间隔仅两月余。不仅涉及州县监狱，甚至连一般认为戒备森严的按察使治下的司监也牵涉其中。对此，乾隆皇帝以山东为基点，对吏治全局主动展开了大规模的集中整饬，实际效果又会如何呢？

（一）通省首县历城县监越狱

七月二十五日历城县监人犯许四妮等九人拧脱刑具、打伤禁卒、爬墙越狱而逃。三天后山东巡抚明兴奏闻此事，并照例处理：

> 臣即饬臬司杨廷桦，赴县监亲行履勘。查得许四妮等九犯，系多年秋审情实斩犯，禁卒汤志清等身受重伤。一面悬立赏格，多派妥干员弁分头缉捕，仍将禁卒兵役等严讯，是否贿纵，有无沟通引线之人。先行奏请将历城县典史朱连杰革职，知县宋其炜革职留于地方协缉，济南府知府一并革职。按察使杨廷桦不能加意防范，请交部加议处。①

也就是说，一面饬属严缉逃逸各犯，一面严讯禁卒兵役等有无贿纵情弊，并请将历城县典史、历城县知县、济南府知府等官吏革职，且将失察之按察使交部严处。②

可乾隆皇帝的圣心并非如此例行办事。在告诉明兴"有旨谕部"后，

---

① 《宫中档乾隆朝奏折》第 61 辑 "乾隆五十一年七月二十八日"，第 241 页。
② 《宫中档乾隆朝奏折》第 61 辑 "乾隆五十一年七月二十八日"，第 241 页。

闰七月初三就展开了对知县、知府、臬司，尤其是巡抚本人和山东吏治的
严厉清算：

> 历城系省城首县，该处监狱为解审要犯汇禁之地，理应严密防范，
> 毋得稍有疏虞。乃斩绞重犯，辄敢同时越狱，缒城而逸。则是该地方
> 官，平日漫不经心，毫无防范，以致多犯连夜脱逃，实属懈弛已极。
> 典史朱连杰，著革职拿问。知县宋其炜，著革职留于地方协缉。知府
> 李炤平日不能稽查防范，著革职，一并留于地方协缉。

> 按察使杨廷桦有通省监狱之责，历城近在同城，尤非隔属可比。
> 乃省城同日越狱之犯多至九名，则其平日之废弛玩纵，已可概见。杨
> 廷桦前于福建布政使任内，因事降调，经朕加恩以按察使衔，补授台
> 湾道。今其随同黄仕简，办理台湾械斗一案，彼时赖有黄仕简办理妥
> 协。伊不过因人成事，朕尚念其微劳，事竣后复简用山东按察使，自
> 应感激朕恩，愈加出力。乃于省城监狱，并不小心稽察。杨廷桦实属
> 辜恩旷职，仅予严处不足蔽辜，著革职拿交刑部治罪。

> 明兴为该省巡抚，于省城监狱，废弛至此。其平日漫无表率稽查
> 可知，咎实难辞，著交部严加议处。①

在批评知县、知府等直接责任人懈弛并予以革职外，君上的话锋很快
转向省级层面。按察使杨廷桦不仅罪在平日废弛玩纵，更严重地辜负当初
圣上对降调之员特别简用的良苦用心，总结而言是四个字"辜恩旷职"，从
重治罪。在乾隆皇帝的逻辑里，山东巡抚明兴作为方面大员更难辞其咎，
从越狱事件以小见大，可知平日疏于督察，使得各属层层相因，以致酿成
重案，故交部严加议处。

受到严厉处分和批评的山东省上下官员尤其是巡抚明兴，自然需要不
遗余力饬属严拿逃逸的许四妮等九名监犯。事发第九天，明兴奏报济南府
拿获越狱案内逃犯张五一名，讯供委无其他逃犯下落，恭请绑赴市曹即行
处斩。送达京城后乾隆皇帝甚不满意，不仅言称"多日仅获一犯，足见汝

---

① 《清高宗实录》卷一二六〇"乾隆五十一年闰七月甲戌（初三）"。

无能"，复发谕旨严厉申饬。①

> 谕军机大臣等。前据明兴奏，历城县越狱人犯，至九名之多。迄今已逾十日，仅止拿获张五一犯。可见该抚平日公事懈弛，既不能豫先防范，以致要犯脱逃。及至越狱后，又不能督率员弁，上紧查缉，俾各犯实时全获，实属无能。明兴著传旨申饬，仍令派委员弁督同兵役，将未获各犯分头严拿，务期迅速弋获。②

看来明兴的问题已升级到了"实属无能"的层面：平日公事懈弛，事发又不能率属上紧查缉，故而传旨申饬让他亲自督促，以从速全获在逃各犯。但明兴的新消息迟迟未到，近半月过去了，急切的乾隆皇帝火气也升级了，闰七月十八日再行申饬明兴漫不留心并行催督：

> 此案越狱人犯多至九名，节经降旨令该抚严行查缉。乃前据奏到仅获张五一名，迄今又时隔半月，尚有逸犯八名之多，何未据该抚将拿获之处续行奏报？足见漫不留心。著再传谕明兴，派员上紧跟缉，俾要犯速行就获，立正刑诛，毋使远扬漏网。③

短短三四行文字，读来却不仅有君上的严厉批评（明兴漫不留心），更可感觉到乾隆皇帝像厕身其中的当事人：急切关注并风火急催缉拿逃犯的每一步进展，并以此为表率希望他的督抚们能实心任事。不仅如此，还针对各省越狱频发的普遍现象，下旨定越狱罪名：嗣后如有越狱人犯，既逃就获，其本罪系属斩绞应入情实者，俱即行处决。如本罪斩绞缓决者，俱入于秋审情实。其原拟军流以下人犯，无论原犯罪名，概行问拟绞候，入于秋审缓决。此旨不仅交刑部载入则例，更令各督抚等安排刊刻分发，把旨意落到实处，于监狱处所悬挂晓示以资警戒。④

可惜，明兴办案仍然没有多少新进展，而且山东的监犯似乎并没有受

---

① 《宫中档乾隆朝奏折》第 61 辑 "乾隆五十一年闰七月初二日"，第 266 页。
② 《清高宗实录》卷一二六〇 "乾隆五十一年闰七月丁丑（初六）"。
③ 《清高宗实录》卷一二六一 "乾隆五十一年闰七月己丑（十八）"。
④ 《清高宗实录》卷一二六三 "乾隆五十一年八月乙丑（二十五）"。

到越狱罪名的充分警戒，又新发生了一起更为严重的越狱重案，而且地点还是在通省刑名总汇治下的司监之内。

（二）省城济南司监又发越狱

九月初二日在司监内，有重犯多人脱械反狱并公行拒捕，顾狗等四犯乘间脱逃。这次明兴也觉得不好交代了，在十日的奏折中屡称不胜骇异、不成事体：

> 臣接信之下，不胜骇异。前因历城县重犯越狱多名，甫经惩创提禁司监。今司监又有此反狱之事，实属不成事体。一面飞饬各属，将逃逸四名严行缉拿，臣即星驰回省，亲赴司监勘讯情形。①

盛怒的乾隆皇帝在奏折夹批中，口气甚为严厉："有何骇异？足见平时政务疏懈。前有县监越狱，后复有此事，尔等诚无人心人类者。"若说平时政务疏懈倒也罢了，一句"尔等诚无人心人类者"，把乾隆皇帝听闻消息之后的愤怒勾勒得淋漓尽致。另外，明兴折中还提到当时已经格杀的各犯和取供后因伤身死者不予议罪，乾隆皇帝又夹批："不应糊涂至此。"最后朱批"即有谕旨"，预示着新一轮的整饬即将到来。果然，估计也是在此折刚刚送达，十四日就有了新旨意宣谕军机大臣：

> 东省历城县越狱之案，事隔未久，且案内逸犯，尚有七名未获，乃司监又有反狱之事。可见该抚平日于地方事务，竟不能认真整顿，以致疏懈废弛若此。尚得谓之有人心者乎？且臬司于监狱是其专责，前此历城监犯越狱系在县监，尚将杨廷桦革职拿交刑部治罪。今乃在该臬司衙门监狱，该抚仅请将锦格革职已属错谬，非徇庇而何？至单大经等三名，该抚以业经受伤身死，应毋庸议，尤属糊涂已极，著严行申饬。单大经系起意反狱首犯，何得因其身死即置不议？所有单大经一犯，著即戮尸枭示。

看来明兴迭经此等案件，竟已神志昏瞀，手足无措。但地方事务

---

① 《宫中档乾隆朝奏折》第 61 辑 "乾隆五十一年九月初十日"，第 448 页。

紧要，该抚于此时，转不必过于惶惧，务宜安静料理，毋致张皇失措。其案内逃犯顾狗、张日虔二名，即速严饬所属四路侦缉，务克期就获，明正典刑。若再致远扬潜匿，漏网稽诛，则明兴罪上加罪，恐不能当此重庆也。

藩司缪其吉虽非专管，但近在同城且值抚臣公出，不能先事查察，著交部察议具奏。所遗山东按察使员缺，著玉德补授。玉德曾任山东道员，今又弃瑕录用，畀以臬司重任，倍应感激朕恩，益加奋勉。该省越狱之案已有两次，前任臬司因此均获重谴，玉德当以为戒，随时留心实力整顿。倘再有疏虞，杨廷桦、锦格即其前车之鉴。玉德接奉此旨，即行速赴新任，此时且不必前赴行在请训。①

此旨的核心自然是和巡抚明兴算账。先是劈头盖脸三宗罪：第一，平日政务严重废弛疏懈，实无人心；第二，庇护臬司锦格，遇此重案仅请革职了事；第三，处置首犯单大经等糊涂不堪，竟以身死毋庸置议奏请。行文不但多处重复了前面夹批的批评之词，而且称明兴业已"神志昏聩、手足无措"。有趣的是训斥完毕，又稍事安慰"务宜安静料理，毋致张皇失措"。对于新任臬司玉德，不仅有应承恩实心办事的殷殷期望，更有不得重蹈覆辙的严厉警告。在山东省之外，乾隆皇帝还另发谕旨广泛申饬外省"无一实心任事者"，通谕各省督抚"实心实力"认真办理。②

之后，山东巡抚明兴两次（十四、十七日）奏报拿获两次越狱大案内逃犯顾狗等三人：

> 据按察使锦格禀称：十二日在巨野县张家楼地方，捕获司监越狱逃犯顾狗一名，现在解省究办。③

> 司监逃犯续获两名高观灯、荆来子，并将前获逃犯顾狗押解到省，督同两司严加审讯。臣审明后即于十六日，恭请王命饬委济南府等，

---

① 《清高宗实录》卷一二六四"乾隆五十一年九月甲申（十四）"。
② 《清高宗实录》卷一二六五"乾隆五十一年九月乙未（二十五）"。
③ 《宫中档乾隆朝奏折》第61辑"乾隆五十一年九月十四日"，第505页。

将该犯顾狗绑赴市曹处斩，传首枭示，以昭炯戒。至逸犯现经派委妥干弁兵，悬立赏格，严密缉拿。[1]

乾隆皇帝复问：大名两犯何尚未获？这是指直隶大名聚众抢犯殴官逃逸案内之主犯段文经、徐克展两人，因为逃犯在各省流动，故而擒拿山东越狱案逃犯一直是和直隶段文经案及河南伊阳聚众戕官逃逸案纠结在一起进行的。由于三案进展缓慢，十月君上又对三省督抚有所清算，结果直隶总督刘峨、河南巡抚毕沅、山东巡抚明兴等，例应分别降革暂行从宽留任，但停三省督抚、藩臬养廉银（山东新任臬司玉德除外），并以十二月底为限，若仍逾期不获交吏部请旨严处，而且又提到了外省的不良习气：外省缉捕恶习全不认真，往往视为海捕具文。[2]

接下来似乎证明了乾隆皇帝对外省缉捕风气的看法。十一月，山东委员在安徽亳州缉获历城县越狱逃犯侯偏。乾隆皇帝由此批评两江总督李世杰，并未认真承缉要犯，并质问"该督等所司何事"。[3] 中旬明兴又奏报东省努力缉拿直隶大名案内首犯段文经的经过：

> 臣于途次见到处，官弁兵役四出缉拿。各州县地方，挨牌稽查保甲，尚属认真。无如该犯行踪诡秘，仍无就获。钦奉上谕段文经闻拿，或潜回豫东直隶地方，同教处所藏匿，亦属事之所有。臣已飞行各委员弁，严饬东昌、曹州、临清等处，时刻留心缉拿，一有窜回即行跟踪，迅速报解。[4]

提到各州县如何认真稽查，然该犯行踪诡秘仍无就获，乾隆皇帝批评其空言无益，并直指明兴的软肋："汝省越狱之犯，尚无一就获者，尔办何事？"你自己省内的应办要案都未实心经办，空言缉拿他省逃犯又一无所获，究竟有什么用呢？言辞之间既是批评，也有嘲讽。

十二月底，三省要犯自然仍未全数拿获，吏部等遵旨奏请给予相关督

---

[1] 《宫中档乾隆朝奏折》第61辑 "乾隆五十一年九月十七日"，第531页。
[2] 《清高宗实录》卷一二六六 "乾隆五十一年十月壬寅"。
[3] 《清高宗实录》卷一二六九 "乾隆五十一年十一月辛卯"。
[4] 《宫中档乾隆朝奏折》第62辑 "乾隆五十一年十一月十五日"，第262页。

抚藩臬大员处罚。乾隆皇帝虽仍令从宽留任，但一再强调照例革职是罪有应得，尤其是明兴两次越狱之犯俱所获无几。并著除山东按察使玉德外继续停发次年养廉银，以为尸位素餐者之戒。①

在乾隆五十二年（1787）以后，就少有拿获山东越狱逃犯的奏折和记录了。仅五十二年四月，河南布政使江兰奏报，随同山东委员在郯城郭家店地方，缉获山东历城县监越狱逃犯王宗本即王二，意恐押解疏虞现收禁司监严密看守，乾隆朱批"好"，并发谕旨表扬之。② 乾隆五十四年九月，新任山东巡抚长麟续报县监逃犯进展。除先前已经拿获之张五、许四妮、侯偏和王二等四犯外，本月经曹州府单县知县杨楷禀报，在河南永城拿获许作名一犯，亲率司道严讯，据供委无其他各犯下落。乾隆皇帝对单县知县杨楷甚为赞许，夹批："可嘉，送部引见。"③ 可惜，虽有这样可圈可点的正面榜样可资学习，之后却再少见拿获逃犯的消息了。

就这样，乾隆皇帝对山东两次越狱重案的大规模集中整饬，似乎以两个正面榜样的好消息无果而终了。或许我们呈现的事件过程并不十分全面，结果未必全然如此，然而众多片段拼接而成的动态画面，却为我们品味山东两次越狱重案背后的乾隆君臣关系提供了丰富的思想养料。

---

① 《清高宗实录》卷一二七一"乾隆五十一年十二月丁卯"。
② 《宫中档乾隆朝奏折》第 64 辑"乾隆五十二年四月二十三日"，第 124 页。
③ 《宫中档乾隆朝奏折》第 73 辑"乾隆五十四年九月二十九日"，第 558 页。

下　编

第六章　地方行政和君臣关系双重
视角下的刑名与钱粮

　　本章意在基于地方行政和君臣关系的宏观视野，讨论刑名和钱粮这两项基本要务的交汇点，主要选取三个结点：地方刑名经费、私铸（君臣讨论打击外省铜钱私铸的过程）和捐赎（督抚奏请本省人犯捐银赎罪）。其中第一节是简要介绍秋审、监狱、捕盗等项刑名事务的银两花费和资金来源，这些多由布政使负责督办，有时由臬司主稿共同向督抚呈报，展现了布、按两司既有职责分工又共同服务于一省地方行政的特点。

　　而私铸和捐赎问题尤其是后者，却又使我们的视野逐渐上行到君臣关系这一政治层面。因为外省捐赎事宜虽然只能由地方督抚奏报，但最后恩准的决策权掌握在君上手中，要害问题是"恩出自上"的根本原则。如果外省督抚擅自准许甚或不予奏闻，则是对君上无上政治权力及其最高司法权的僭越，也截留了小民百姓应该对皇权表达的感恩戴德，存有干誉的嫌疑，必须一查到底、严惩不贷，并让督抚大员们一体警戒。乾隆年间江苏省朱畇捐赎案中，巡抚庄有恭擅自批结而引发的轩然大波就是典型例证，而且其中也有乾隆皇帝借此整饬两江以至外省吏治全局的良苦用心。

第一节　刑名经费

　　各省年复一年不断进行的秋审活动，不仅是慎重人命的刑名要务，也是时间漫长、耗资巨大的经济活动，因此考察其具体花费和资金来源，有助于我们从地方行政的立场更加全面深入地把握秋审制度及其运行情况。监狱是地方刑名的载体，保甲和捕盗则关系地方的日常治安和稳定，它们的实际花费如何，银两出自何处，也是需要回答的重要实际问题，均属地方行政中刑名和钱粮的交汇点。这些有关刑名事宜的钱粮，多由布政使负责督办，有时由臬司主稿共同向督抚呈报，展现了布、按两司既有职责分工又共同服务于地方行政的特点，并且其具体数字又在君上的精确掌控之中，这在乾隆朝最为典型。本节材料同时涉及雍正、嘉庆、道光时期，力图更多呈现有清一代的宏观画面。

一　秋审费用及经费来源

雍正三年（1725），署理贵州巡抚石礼哈提到每年在省（会）秋审及解送刑部的饭食银为二百四十两①，经费来源是实行耗羡归公制度后，从中提解部分银两形成的通省公费银。《西江政要》中乾隆二十七年（1762）的记载显示，从雍正七年（1729）起江西每年在省审录、会勘的额定经费是三百三十八两②，包括赏给囚犯衣裤、钱物及搭盖棚厂、修理司监并案书造册、纸笔、饭食等项，亦从藩库公费银内支给，如有不敷则动用外结案件的赃罚银两③。如其所言，"每年于二月内详明批允，后赴藩库移领，事后造册报销。有余移还，不敷于外结赃贿内动支凑用"④。其中还包括每年照例赏给囚犯的各项财物：每犯红布衣裤一件、白布袜一双、纸底鞋一双、蒲扇一把、钱一百文，还有包子两个、猪肉半斤，由南昌、新建两个首县负责置办，先行垫付费用，事毕报销。其中包子、猪肉两项，经按察使亢保议定于乾隆二十四年（1759）改为折钱二十七文。⑤ 之后，为全面减少胥吏和工匠的浮冒弊端，续于乾隆二十八（1763）年议定，除蒲扇外将其余

---

① 《宫中档雍正朝奏折》第 4 辑 "雍正三年八月初三日"，第 776 页。另请参见〔美〕曾小萍《州县官的银两》，董建中译，中国人民大学出版社，2005，第 136 页。

② 雍正七年，江西巡抚谢旻奏折中的数字亦与此一致，称为 "秋审修监等费"，列于按察使衙门开支项下，系从耗羡归公中支用，或许正是该数字定制的开端。参见《宫中档雍正朝奏折》第 14 辑 "雍正七年十一月初九日"，第 879 页。这里，《宫中档雍正朝奏折》的数字受曾小萍女士的启发，遂将具体资料的出处进一步明确，参见〔美〕曾小萍《州县官的银两——18 世纪中国的合理化财政改革》，董建中译，中国人民大学出版社，2005，第 154 页。

③ 罪犯用抢劫、抢夺、窃盗、诈骗、敲诈勒索、贪污、受贿等手段占有公私财物为赃。清制，定获赃之罪有六款，即枉法赃、不枉法赃、窃盗赃、监守盗赃、常人盗赃、坐赃。各计赃数分等依律追纳。这些追回的银两，谓之赃罚银两。参见李鹏年等编著《清代六部成语词典》，天津人民出版社，1990，第 342 页。

④ 《西江政要》卷六《酌定办理秋审事宜》，乾隆西江布政使衙门刊本。

⑤ 《西江政要》卷六《酌定办理秋审事宜》。但在卷七再次提到此事时，折钱却为一百二十七文，姑且存疑。

赏项折银八钱二分一厘给发各犯。① 不管是实物抑或折钱，秋审支出总数应该没有太大变化。

受贵州和江西两省秋审花费来自耗羡归公后提解公费银的启发，本拟继续查找雍正朝其他各省提解的公费银和具体的秋审费用。结果参考美国学者曾小萍女士的研究成果，并翻阅《宫中档雍正朝奏折》中有关提解耗羡和费用支出的奏折，可以找到提解公费银的数字，但秋审的费用除贵州和江西外，其他省份尚未提及，不能不说是一种遗憾（见表6-1）。

表6-1 雍正时期部分省份养廉银、公费银数目及秋审等费用一览表

单位：两

省份	养廉银	公费银	秋审等费用	资料出处
山西	110513	93042	未提及	宫中档雍正3—823
河南	215200	184800	未提及	
直隶	179960	128227	未提及	
陕西	177393	126135	未提及	
四川	99414	656（以火耗外收入为补充）	未提及	
奉天	15459	36000（几乎全来自火耗外收入）	未提及	
山东	200000	140000（以火耗外收入为补充）	未提及	宫中档雍正5—811
江苏	184300	157600（以火耗外收入为补充）	未提及	
江西	162760	60608（以火耗外收入为补充）	秋审修监338	宫中档雍正14—879
安徽	108100	90173（以火耗外收入为补充）	未提及	宫中档雍正12—183
福建	133559	74732（以火耗外收入为补充）	未提及	
河北	91400	20439（以火耗外收入为补充）	未提及	
贵州	44700	16194（以火耗外收入为补充）	秋审部内饭钱240	宫中档雍正4—776

资料来源：主要依据《州县官的银两——18世纪中国的合理化财政改革》第120页的表格，并查照《宫中档雍正朝奏折》二年到八年各辑，栏目设置有增减，核对数字大体一致，并以《宫中档雍正朝奏折》为准增加部分详细的资料出处，表中最后一栏数字为具体辑数和页码。

嘉庆二十年（1815）前后，广东省一级每年的秋审造册花费为五千两，包括应需笔墨、纸张、人工、饭食等基本项目和一些具体细节。② 其经费并

---

① 《西江政要》卷七《秋审赏恤折钱》，"乾隆二十八年"。
② 还包括本省办理交代册籍、提解职名、查详迟延、申缴图结迟延及在配军流人犯、钦部事件等费。

非从公费银内动支，经布按两司会商议定，官员公捐养廉，"通省各州县官员按缺分繁简，均匀摊捐"，而且不分正式任职或暂时署理，具体派捐情况如下：

> 南海、番禺、东莞、香山、新会、顺德、海阳、潮阳、揭阳、澄海、阳江、高要十二县，每年各捐银一百二十三两；增城、从化、英德、归善、博罗、饶平、开平、茂名、新安、新宁、花县、曲江、乐昌等四十五州县，每年各捐银六十一两五钱；龙门、仁化、乳源、普宁等二十五州县，每年各捐银三十两二钱六分。以上统共捐银五千两。其三水、清远、感恩、昌化四缺，照向例免捐。①

为防止拖欠，还规定各府收缴完毕后，统一解往首府广州，否则先扣发知府的养廉银抵充，再由各府向欠费的所属州县催还。

广东省一级大员参加的皇皇秋谳大典，是重要的刑名事务和行政大典，其造册花费不是出自藩库的正式经费，而是自上而下的行政性摊派，由各州县官员"捐献"，如有拖欠还要先行扣充知府的养廉银，这有些出乎我们的意料，从个案的角度或许暴露出地方公费的渐趋紧张和清代刚性财政体制的弊端。而且，这还不是局限一时的权宜之计。②

到了道光二十二年（1842），原来的五千两已经不敷秋审工程造册费用，须再增加一千五百两，来源仍是向州县官员派捐，但范围仅限于"肥缺"州县，如其所言"再在缺分稍优州县，增捐一千五百两"，详细的州县名称和摊派数额如下：

> 南海、番禺、东莞、顺德、新会、香山、海阳、潮阳、澄海九县，

---

① 宁立悌等纂《粤东省例新纂》卷七《刑例·秋审·秋审工程册费》，（台北）成文出版社，1968 年影印（据道光二十六年刊本）。

② 广东似乎有官员公捐养廉的习惯和传统。又如嘉庆年间，为镇压民变支用银两超过户部定例，不能报销之数达三十五万两之多，遂议定每年摊扣各官实领养廉之三成归补。咸丰之后，各官养廉已减成发放，但仍要按实支之数再扣三成。不仅广东如此，同治年间直隶"凡例销不敷、经费不敷、军费不敷等项，均归通省大小官员捐廉摊办"。道光朝安徽各署办公经费不敷，遂定常捐、遇捐两项，扣提二至三成养廉以资办公。以上参见申学锋《晚清财政支出政策研究》，中国人民大学出版社，2006，第 115~116 页。

~~每年增捐银七十两~~；增城、化县、博罗、永安、揭阳、阳江等十五县，每年增捐银四十两；新安、归善、高要等九县，每年增捐银三十两。以上统共银二千五百两①，其余州县均免派捐。②

仍规定官员不分正署一律捐银，如有州县拖欠依照前定嘉庆二十年（1815）章程办理。

另外，广东每年还有秋审杂项开支共计八百七十两，声称可从藩库在刑名项下动支，但该刑名项下的经费，部分来自各州府因秋审解犯而向按察使司交纳的费用，如潮、高、廉、雷四府，每名人犯解臬司银十两、巡道银十两。其余各府州县人犯，每名解臬司银二十两，均应随犯批解。

二　监狱费用及经费来源

本项费用包括两类：一是日常性的囚犯口粮、衣药等项，费用来源主要为耗羡公费银内的额设囚粮，如有不敷其必须动支部分循例奏明动支；二是非经常性的县、府、司监翻修改建，费用多源于司库匣费或道库盐规。原为税关和盐商提供给省内官员个人的陋规，在推行耗羡归公和养廉银制度后，多提解藩库成为地方公费来源，此外也有因为数额较少而由官员公捐的情况存在。

（一）囚犯口粮、灯油柴薪等项

清代监犯的额设囚粮标准，雍正十二年（1734）经刑部议定"每囚日给米一升，灯油柴薪菜钱五文"，此额设囚粮系于存公银内动给。③ 如乾隆三十一年（1766），四川巴县梁仕刚等六十五名监犯，每日俱支米一升、钱五文。④ 若在常例之外仍有必需之处，应具折奏明动支，如乾隆四十七年（1782）福建巡抚杨魁所奏：

---

① 系原书记载，明显为书写错误，因为汇总各处具体捐银数字总和，原则上应该是一千五百两。
② 宁立梯等纂《粤东省例新纂》卷七《刑例·秋审·续捐秋审册费》，（台北）成文出版社，1968 年影印。
③ 海宁辑《晋政辑要》卷七《囚犯口粮》，乾隆五十四年布政使司刊本。
④ 四川档案馆编《清代四川巴县档案汇编》（乾隆朝），档案出版社，1991，第 60 页。

> 兹据署按察使会同布政使详称：乾隆四十六年分，州县各监囚犯口粮，并支更禁卒灯油等项，共用三千七百九十七两七钱零内，动支各州县额载囚犯月粮银一千三百七十两零，又额拨公费银六百两通融拨给外，尚不敷银一千八百九十两五钱零。缘人犯多寡数难拘定，按日支给势所必需，循例于存公银内动支。臣查核册籍并无浮冒，奏请在于乾隆四十六年公费项下动支报销。①

并称福建省狱囚不敷口粮，历来奏准在存公银下找给。

直隶的额设囚粮和超额必须支用部分亦均在耗羡公费银内动支。如乾隆四十八年（1783）、五十二年（1787）情形相同，仅数额与年份稍异，甚至行文用词都丝毫不差：

> 窃照直隶各属支给狱囚柴薪，并看监值更灯油等项钱文，前于耗羡章程案内每年酌定三千两，额外如有支用，随时奏明动拨。兹据布政使详称：四十七年各属囚柴薪并看监值更灯油等项钱文，合银三千零五两一钱一分，较原额多用银五两一钱零，系必须支用之项，造册详情动拨，臣覆核无异，请于乾隆四十七年耗羡项下支给。②

可以看出，直隶每年在耗羡内额设囚粮三千两，超出而必须动用的部分仍由耗羡内拨给，无论数额多寡一方面造册报部查核，更需循例具奏上闻。

至于囚犯的棉衣、看病吃药等其他需项，乾隆年间山西的做法是除支用外结赎锾银两③外，每年不敷之数，历经山西藩臬两司遵照乾隆二年（1737）的定例办理，于存公耗羡银内支给。因支给之银在耗羡章程之外，故每年由巡抚专折奏明获准。④ 迨至道光年间，广东的规定还是官员公捐养

---

① 《宫中档乾隆朝奏折》第51辑 "乾隆四十七年四月初六日"，第384页。另 "找给" 系清代财政用语，即 "补给"。凡某项拨解或支领之款项不足，补给所欠之数，谓之找给。参见《清代六部成语词典》，天津人民出版社，1990，第121页。
② 《宫中档乾隆朝奏折》第56辑 "乾隆四十八年七月十三日"，第734页。五十二年奏折，请见第65辑第682页。
③ 即自理赎锾，指州县、藩臬等自行管理的赎罪钱财。凡州县自理赎锾，年底造册申报臬司。藩臬自理赎锾，年底册报督抚。督抚再汇造清册具题，报刑部查核。
④ 海宁辑《晋政辑要》卷七《囚犯口粮》，乾隆五十四年布政使司刊本。

廉且颇有经营色彩。如道光十年（1830）经藩司捐银一千元，移解运司永
远发交盐商，按月一分生息，每年得息银一百二十元，遇闰月加增，由运
司按月催提移解藩署，作为臬司监内人犯不敷口粮、药资、衣裤之用。①

（二）司府县监的翻修改建

乾隆年间，督抚具奏翻修改建县、府、司监，一些省份请在司库匣费
银或道库盐规②项下动支。如安徽习惯从司库匣费银中动支，江西则主要从
道库盐规项下拨给。还有一些动用藩库耗羡银的情况③，或花费较少官员公
捐的例子④。不管是何种经费来源方式，督抚的奏折结构大致相同：经布政
使等汇报，某处监狱年久失修，亟须翻修改建；继而是具体而详细的数字，
包括旧料变抵的银数、实需工料银的数字，经覆核无异后，奏请以八分工
料银在司库匣费银或道库盐规项下动支。其中安徽动支司库匣费银的情况，
如四十八年（1783）巡抚富躬奏请改建南陵县监：

> 据布政使称，南陵县监已历百年，从未动项修葺，均已朽蛀倾颓，
> 详请拆修。除旧料变抵银二百两七钱七分六厘外，实需工料银九百七
> 十一两八钱四分，请先按八分工料在于司库匣费银内动支。臣覆核无
> 异，具折奏闻。⑤

又有五十二年（1787）经安徽巡抚书麟奏请，翻修泗州所属五河县、
池州府石埭县监狱，五十三年（1788）经巡抚陈用敷奏请翻修广德州建平
县监狱，五十四年（1789）翻修安庆府属潜山县、太平府芜湖县监狱，俱

---

① 宁立悌等辑《粤东省例新纂》卷七《刑例·监狱·司监经费》。经查当时的按察使是阿勒清阿，见钱实甫编《清代职官年表》第三册，中华书局，1980，总第1899页。
② 在火耗归公改革之前，盐规由商人呈送给他们生意所在地区的官员，额外的费用也由众商人向省城的大小官员呈送。养廉银制度建立后，普遍认为官员已经有了足够的经费用于他们自己的行政开支。而且，由于各藩库已有公共经费，州县也不再需要为省内的公共建设进行公捐。因此，命盐商将盐规解往藩库，或解给布政使或盐运使，由他们负责向省城转送。参见〔美〕曾小萍《州县官的银两——18世纪中国的合理化财政改革》，董建中译，中国人民大学出版社，2005，第193页。
③ 《宫中档乾隆朝奏折》第60辑"乾隆四十九年四月十九日"，第135页。
④ 《宫中档乾隆朝奏折》第59辑"乾隆四十九年闰三月初九日"，第718页。
⑤ 《宫中档乾隆朝奏折》第58辑"乾隆四十八年十二月十五日"，第700页。

系请从司库匣费银内动用。①

江西则是请动道库盐规项下银两，如五十二年（1787）改建上高、德兴、德安、浮梁等处县监：

> （巡抚何裕城）上高县请修监狱，估需工料银三百九十七两。德兴县请修监狱，估需工料银三百九十四两。臣查两县监狱俱历年久远，从未动项兴修，应循例准其动支道库盐规项下银两。②

> （巡抚何裕城）德安县请修监狱，约需工料银三百六十六两零。又浮梁县请修监狱，约需工料银三百八十九两零。臣查两县监狱俱历年久远，从未动项兴修，应循例准动支道库盐规项下银两，饬令兴修。③

广东办理修建监狱之事，一仍其旧，还是由府州官员依缺分不同公捐养廉。从《粤东省例新纂》的记载来看，乾隆年间移建司监、嘉道年间移建府监和司监似乎都是如此。

> 臬司监狱旧设归德门外西横街，因稽查不便，于乾隆五十一年移建城内高华里，并建司狱衙署一所，共用工料地价银六千三百六十二两六钱，在于臬司并各府州县养廉二十分内派捐一分半，共得银七千二百五十五两。除支用外，余银七百九十二两，留备工匠饭食、物价运脚、纸墨杂用之需。所设提牢、刑书、禁卒、更夫等项，由广肇二府，每年各捐银一百八十两；潮州、惠州、琚州三府，各捐银一百二十两。责令各府州于每年正月内全数解司，以凭支给司狱代雇。其廉州、雷州二府，南雄、连州、罗定三州，解司案犯较少，免其捐给。④

---

① 以上监狱翻修改建请分别见《宫中档乾隆朝奏折》第 66 辑第 373 页（泗州）、第 66 辑第 509 页（池州）、第 67 辑第 334 页（广德州）、第 72 辑第 667 页（安庆府）、第 73 辑第 222 页（太平府）。

② 《宫中档乾隆朝奏折》第 65 辑 "乾隆五十二年八月初六日"，第 200 页。

③ 《宫中档乾隆朝奏折》第 66 辑 "乾隆五十二年十一月二十一日"，第 386 页。

④ 宁立悌等纂《粤东省例新纂》卷七《刑例·监狱·移建司监》，（台北）成文出版社，1968 年影印（据道光二十六年刊本）。

广州府监狱原设老城，因稽查不便，房屋十一间亦不敷押禁罪囚。嘉庆二年，将城内仁和里地方空地，建造府监二十余间。所需经费，除旧地基房屋抵卖外，尚不敷银八千一百四十两，在于通省府州县养廉内派捐十分之一，共计得银八千九百六十两。①

三　保甲、捕盗等项需费

编查保甲是维持基层地方治安与稳定的基础工作，既可防患于未然，又可临事严密稽查。从乾隆年间江西省的情况来看并无额设经费，抚司们认为是州县主官分内应办之事，因此办理所需一切纸张、饭食等费，应自行捐备实心办理。② 但今日捐之于官，谁能保证来日不取之于民呢？③

不但承办保甲需要州县官自捐养廉，而且奖励捕役拿获盗贼的赏项，省级大员亦责令该州县等自行捐备：捕役每拿获一名新旧案内盗首、窝家及抢夺内杀人凶残者，赏银二十两。每拿获一名伤人伙盗及强窃案内应拟斩绞人犯，赏给十两。

有意思的是，按察使在发现一些州县存在赏项有名无实的弊端后，提出的两个建议以及巡抚的反馈意见和理由都很发人深思。第一，规定日后州县应将所捐赏银，由捕役并人犯一起经府验明后，到按察使衙门勘审时方才当堂发给。这样诚然是由臬司出面强化了发放管理，但客观上是否有"州县出银，臬司落好"的嫌疑呢？这多少也折射出在耗羡归公后，地方公费的控制权更多转移到省级层面，并服务于督抚藩臬衙门办公需要及城垣、水利等大型公共项目，其对州县日常行政的支撑力降低了。第二，针对贼盗中少数积匪猾贼的严重危害，建议捕役每获一名恶贼赏银五两，由该司动项发给，毋庸州县捐备。对后面的建议，乾隆二十七年（1762）的江西巡抚汤聘，却以所谓"以昭画一"的原则否决了，就是说上述奖励应该和捕役拿获寻常盗贼一样，都让州县官自捐养廉赏给。还表示如果州县惜赏，

---

① 宁立悌等纂《粤东省例新纂》卷七《刑例·监狱·移建府监》，（台北）成文出版社，1968年影印（据道光二十六年刊本）。
② 《西江政要》卷三《编查保甲所用纸张、饭食等严禁勒派》，江西按察司衙门刊（经历司藏板）。
③ 《西江政要》卷四《州县下乡跟随书役不许乘车坐轿》，江西按察司衙门刊（经历司藏板）。

必令道府据实严查详参。① 品味巡抚的说法，更反映出地方公费对州县行政支撑的弱化。

广东在道光年间的做法，则是从各项公费中提取形成专款，用部分利息（生息银）补充审解盗贼的大量费用支出，倘仍有不敷再令司道官员捐备养廉。

> 本省盗风素炽，各属获犯审解所费不赀，曾经道光四年奏请：查照广西章程，在于藩库米耗盈余项下借银二万两，充公项下借银二万两，通省充公项下借银一万两，粮道普济堂项下借银五万两，共银十万两，发南、番二县盐当二商生息（周年一分），每年计得息银一万两。以五千两归还原本，五千两拨充经费，递年于借垫册内报名。如有不敷随时酌议，在于司道养廉内捐给，以资津贴。②

四　乾隆朝湖南刑名经费

以上是单独的刑名各项费用，那么一省各府并所属州县的各项刑名费用累计大致是多少呢？乾隆朝湖南省奏折中的数字或许能给我们一个大致的概念（不含秋审造册费）。如四十三年（1778）三月巡抚奏报，上年长沙等各府及所属州县用于解囚、监犯口粮、看病医药、修理监房等项的详细支出并请报销的数额：

> 据署湖南布政使梁敦书详称：乾隆四十二年分，长沙等府并所属州县，应付一切递解军流遣犯，沿途支给口粮银米折价，共用银二百八两三钱四分九厘，按人犯多寡计口授食，并无虚冒，应请于乾隆四十二年耗羡银内，动支给发。
>
> 又湖南各属及臬司衙门，内外监禁轻重人犯，给过口粮衣物等项，共用银二千九百七十一两五钱三厘，坐支额设囚粮三百三十两八分一

---

① 《西江政要》卷六《兵役捕贼实给赏银》，江西按察司衙门刊（经历司藏板）。
② 宁立悌等纂《粤东省例新纂》卷七《刑例·盗贼·各属获解会盗经费》，（台北）成文出版社，1968 年影印（据道光二十六年刊本）。

厘，尚应补给二十六百四十一两四钱二分二厘。又各属内外监禁轻重
病犯服过药饵，共用银四百二十二两九钱，除动用外结赃银二十两三
钱八分三厘外，尚应补给四百二两五钱一分七厘。又各属修理监房围
墙，并搭盖凉棚工料，共用银一千一百一十八两六钱五厘。

　　以上共请销银四千一百六十二两五钱四分四厘，俱系实用实销，
并无虚冒，请在于乾隆四十二年耗羡银内支给。[①]

　　其后，四十六年（1781）和五十一年（1786）的统计大体类似，现三
者综合列表如下：

表 6 - 2　乾隆年间湖南刑名各项支出简表

单位：两

年份	解犯口粮	监犯口粮/额设囚粮	监犯药资	修理监房	奏销总数	费用来源	资料来源
四十二年	208	2971/330	422(补402)	1118	4162	耗羡	42—512
四十六年	126	4080/368	551	2155	6419	公项银	51—282
五十一年	202	3889/367	701	1685	5908	公项银	63—696

资料来源：《宫中档乾隆朝奏折》，表中最后一栏数字为具体辑数和页码。

　　需要特别说明几点，第一，上述数字虽事关刑名，但核心是钱粮开销，
故由布政使主稿并详报巡抚，可见布、按两司职能的交叉配合，都是在为
完成地方行政事宜服务。第二，具体项目中，增加了递解囚犯的花费，但
未列明花销标准。据四川巴县的档案记载，某犯每日每走五十里，应给发
和在监人犯一样的囚粮标准（米一升、钱五文）。[②] 又在监囚粮的实际支出
减去额设囚粮，即为应报销数目。如四十二年（1777）中，实际花费二千
九百七十一两左右，坐支额设囚粮三百三十两左右，故应补给二千六百四
十一两。监犯看病的医药费用与此类似。第三，各项累计总数是从存公银
内或耗羡中报销，符合前面提到的各单项经费来源。第四，此处修理监房
等项的工料银不知是以八成分数还是全额报销，然与各项相加后和督抚统
计的总数都不一致，但整体差别不大。

① 《宫中档乾隆朝奏折》第 42 辑"乾隆四十三年四月初二日"，第 512 页。
② 四川档案馆编《清代四川巴县档案汇编》，档案出版社，1991，第 60 页。

最后也是最核心的一点，以上在详细造册报送户部核销的同时，必须一一具折乾隆皇帝。如此精确的数字统计（原折数字都是精确到几钱几分几厘，笔者为统计方便，方才省略细节精确到"两"），乾隆作为一国之君，虽不如户部具体经手，但要掌握基本情况，故要求督抚须例行奏闻，其对地方行政事务的精准掌控可见一斑。

第二节　铜钱私铸

钱法是钱粮要务的基础，而私铸又为钱法第一大忌，故而打击私铸也是清代各省地方行政中刑名和钱粮事务的又一契合点。私铸的性质有些类似于今天的印制假钞，属于严重经济犯罪的范畴，对此历代刑法均载有专门的严厉刑罚，如《大清律例》第 359 条不但律文规定了主从各犯之罪，"凡私铸铜钱者，绞（监候），匠人罪同。为从及知情买使者，各减一等"，例文还涉及对里甲、邻右、房主等人的惩治。① 然而，在清代社会经济生活中，私铸问题一直连绵不断，乾隆朝更为普遍而严重，不仅是乾隆朝六十年间君臣一直讨论的热点话题，而且打击私铸也是各省督抚两司等官员的一项重要司法活动和行政任务。因此，研究乾隆朝君臣应对私铸问题的态度和行动，不仅可以从系统论的角度沟通地方行政宏观范畴中刑名和钱粮基本要务的关联，还可以上行到政治层面，从事件发展的动态过程窥知君臣关系的复杂维度。

在概述乾隆朝私铸的严重性和官方应对措施后，本节重点围绕乾隆皇帝对从私铸到私销的特别强调展开讨论。他提出督抚若只查私铸表象而不根究背后的私销（私自销毁制钱）要害，在本质上是不实心任事的表现。对此，督抚的回应不一，虽基调多是善体圣意的附和与恭维，但具体表现不一，或为皇上的私销要害说补充证据，或言及拿获私销事迹，或针对实际提出问题和对策，亦有讨巧甚或推脱问题者，且不乏个别不解上意被批评而幡然醒悟者。他们的作为和随之乾隆皇帝的态度共同推动了事情的不

---

① 见《大清律例·刑律·诈伪》第 359 条。有关邻右、房主等罪，仍见本条"其房主、邻右、总甲十家长，知而不拿获举首者，杖一百徒三年。若并不知情但失于查察者，杖一百。或有空房别舍误借匪人，一有见闻，立即驱逐未经首捕，果未在场亦未受贿纵容，俱以不知情科断"。

断发展。其间乾隆虽然是主导，但事情不完全是他个人的乾纲独断，而这再次体现了乾隆皇帝和督抚之间君臣关系的复杂性。

一　私铸问题的严重性和应对措施

私铸是指民间在官铸制钱之外私自铸造铜钱的非法活动，按照规定清代只有户部宝泉局、工部宝源局和各省官局铸造的铜钱，才可以正式合法流通，称为制钱。虽然有《大清律例》规定的严厉刑罚，但清代在制钱而外私铸的各种轻薄劣质小钱一直流通不断，并且由于格雷沙姆法则[①]的作用劣币驱逐良币，成色差但成本低的小钱对制钱干扰越来越大，逐渐成为社会商品交易的主要媒介，并不断抬高钱价，日益构成严重的社会经济问题。

乾隆年间私铸现象更为普遍而严重，且呈愈演愈烈的趋势，主要表现为三个特点。首先，在全国大部分地区普遍蔓延。大凡制钱流通之处，多有不法私铸。在两江、两广、湖广、云贵、四川、浙江、河南等省，每年都有私铸之案频发，尤以经济较为发达地区为甚。仅乾隆三十三年（1768），浙江省杭（州）、嘉（兴）、湖（州）、绍（兴）四府，就拿获私铸之案三十五起，[②] 仅仁和县半年之内曾拿获私铸十三案。广东私铸案件亦每年俱有拿获。[③] 此外，一些铜铅产地（如云南、贵州、四川等省）或水陆通衢之处，更是私铸渊薮。乾隆五十年（1785）后，"小钱之多，如水涌山出。贩小钱者，或马骡重载，或舟舫潜贮，百方掩匿，期于不败"[④]。其次，私铸人犯的身份范围逐渐扩大，由不安本分的游荡分子，波及谋生艰难的普通贫民。私铸人犯以失业或买卖不兴隆的铜锡手工业匠人和官局斥退的炉头工匠为主。在乾隆初期，这些人大多是些游手好闲者，一般务本农民

---

① 如果自身价值各不相同的两到三种流通中介具有相同的名义价值，那么只要有可能，支付将总是以那种生产成本最低的中介进行，而且比较贵重的中介将会从流通中逐渐消失。转引自李强《清乾隆年间制钱的流通与政府应对》，《学术探索》2004 年第 5 期。

② 中国第一历史档案馆藏《朱批奏折·货币》第 1269 卷，转引自王光越《试析乾隆时期的私铸》，《历史档案》1988 年第 1 期。

③ 《朱批奏折·货币》第 1271 卷，转引自王光越《试析乾隆时期的私铸》，《历史档案》1988年第 1 期。

④ 岳震川：《兴安郡志·食货论》，转引自彭信威《中国货币史》，上海人民出版社，2007，第 54 页。

很少参加。到了中后期，因家境贫难而参加私铸的农民比例逐渐上升。① 最后，各省官局的炉匠贿通管局官员监守自"造"的现象也多有存在，以官铸之名行私铸之实。他们或将铸出的轻薄沙眼之类废钱掺和行使，或有意偷工减料不照规定重量铸钱，无疑大大加速了整个私铸活动的扩大和发展，甚至成为私铸的主要渠道，"小钱之弊，出于民间私铸者，不过十之二三。出于钱局减小多铸者，竟有十之七八"②。

大量私铸的直接后果就是小钱的泛滥，它们往往轻薄劣质。③ 乾隆初年，江西省南昌、九江、临江、吉安等府，所用钱文皆为小钱，其中半系"沙铅""漏风""鹅眼"等类。广东通省行使也多系"鹅眼""环薄"及铅铸钱文。江苏淮安流通的钱文中，每串掺入薄小铜钱多达一二百文。到乾隆二十六（1761）年时，江苏一省通行的钱文中，宝苏局官铸的制钱不过十分之二三。此外，湖南、湖北与浙江的情形亦大致相同。④

对于以上日益严重的私铸问题，乾隆朝官方采取了一系列对策，以求净尽根诛。在逐步完善惩处私铸的律例条文之外，主要行动有：第一，最初乾隆皇帝要求各省深入查禁私铸，认为不仅要查出私铸团伙，更要求根究背后是否另藏有私自熔化销毁制钱的恶劣行为（即私销），务必一查到底，严惩不贷，不能简单地以拿获私铸而草率结案。⑤ 第二，加强对两省边界地带、山泽地区私铸行为的排查。私铸人犯常选择两省交界或依山傍水之处便宜行事，因为这些地方便于聚散，而且官兵不得随意跨省行动。为此，清廷加紧了对这类地区的稽查。一旦发现私铸允许官兵越省追捕，强调两省协调会剿。第三，针对某些以官铸之名行私铸之实的监守自"造"现象，严禁钱局、铜厂工匠扣减透漏鼓铸铜铅。并且，加强了对钱局斥退

---

① 《刑科题本·违禁案件》，转引自王光越《试析乾隆时期的私铸》，《历史档案》1988 年第 1 期。

② 《清高宗实录》卷一四五五"乾隆五十九年六月乙亥"。

③ "官钱鼓铸之法，由刬滚磨洗而后成钱。今私铸钱每文止重八九分，一炉之外别无刬滚磨洗等事，称为沙板，为外向锤扁，既省铜斤，又省工力。"转引自周玉英《论清前期平抑钱价政策》，《福建师范大学学报》（哲学社会科学版）2005 年第 5 期。

④ 《朱批奏折·货币》第 1250、1232、1235、1260、1271 卷，转引自王光越《试析乾隆时期的私铸》，《历史档案》1988 年第 1 期。

⑤ "朕意私销之罪，应重于私铸。而外省题到案件多属私铸，并未见有拿获私销之案。……地方官办理私铸之案，从不究及私销，殊非禁遏奸匪之道"（见《清高宗实录》卷三三六"乾隆十四年三月戊午"），以后又多次强调。

工匠的管理。由于这些人熟谙铸务，一旦革退生活无着，最易铤而走险。地方督抚大多认为欲杜私铸之源，必须严密控制钱局工匠的去留。第四，查禁钱铺、钱桌等处的中介私贩行动。私钱铸出之后，不敢明目张胆直接进入日常流通领域，通常是转卖给钱铺、钱桌，经由他们将私钱掺入制钱中兑出，大量混入市井各处。清廷历来重视对钱铺、钱桌的监督，并对掺和私钱定有较严的处罚。① 乾隆时期不仅继续着这些措施且更加严厉，经常突袭盘查钱铺、钱桌，并把检查的范围扩大到一般的店铺。第五，在后期主要是严厉收缴小钱。在前期查禁私铸不力的情况下，退而求其次，大力查禁私铸出来的各种小钱。于乾隆三十四年（1769）和五十五（1790）年组织了两次大规模的收缴行动。在三十四年六月的上谕中，乾隆皇帝申饬了各省督抚敷衍塞责的态度，规定了给价收买小钱的具体办法，还针对在收缴过程中可能出现的弊端，如差役乘机勒索、隐匿存留收缴钱文等情况，制定了防范措施。②

二　从私铸到私销的要害及督抚的回应

所谓私销是指民间私自将官铸制钱熔化销毁，转用以私铸小钱或另图牟利的违法行为。由此可以看出私铸和私销密切关联，正如薛允升所言"私铸匪徒大抵系将制钱销化，以一铸二，或以二铸三，从中取利，二事本系相连"③。因此，从理论上讲要有效遏制私铸，还必须顺藤摸瓜，从源头上根究私销并从严惩治。乾隆皇帝早已有类似的观点，"看来私铸必由私销"，并批评地方官浅尝辄止，"地方官查获奸徒，往往以私铸定案。而私销之由，即不复深究，乃向来积弊"④。其实乾隆皇帝不仅着眼钱法，而且大有深意，更多把督抚是否深究私销作为其能否实心任事的表现。原因有二：其一，私铸人手多、动静大明显易获，而私销隐蔽且不易掌握证据，非实心者不愿深究，须认真经办方能发现问题；其二，根据乾隆皇帝本人

---

① "有敢挽和行使者，不论多寡，俱发黑龙江，给披甲人为奴"，参见刘锦藻《清续文献通考·钱币考三》卷一五，第 14 页。

② 以上措施，除第一条外均转引自王光越《试析乾隆时期的私铸》，《历史档案》1988 年第 1 期。

③ 薛允升：《读例存疑》卷四二《刑律之十八·诈伪》。

④ 《清高宗实录》卷三九九"乾隆十六年九月辛卯"。

的说法，私销刑罚低于私铸，即使认真费力拿获案犯，反而不如查出私铸显得更有政绩，颇有些费力不讨好的意味，所以地方官更不愿实心查拿。① 因此，乾隆皇帝要求督抚们一改前弊，督率属员实力奉行。对此，地方大员们的反应各有特色，从而上演了一场耐人寻味的君臣关系画卷。故事正式开始于对乾隆十七年（1752）对河南巡抚陈宏谋的批评。

（一）陈宏谋"知其一，不知其二"

二月初九日，酝酿已久的乾隆皇帝正式公布了要求各省在私铸表象背后务必深究私销的谕旨，契机即是对河南巡抚陈宏谋的批评，并通谕各省督抚一体警戒：

> 河南巡抚陈宏谋，奏请查拿私铸奸徒折内，请将民间行使私钱一体问罪，私钱官为收买镕化，可充官局鼓铸之用等语。
>
> 朕思私铸固当严禁，而私销之罪浮于私铸，乃地方官惟事查获私铸以邀议叙，而拿获私销者甚属寥寥。前经通行传谕，惟在该督抚等，督率所属实力奉行耳。至因严私铸，而并重行使私钱之罪，则因愚懵不辨而罹咎者，既虞其滋扰。若官为收买，则将镕铅图售，私铸者不更多乎？此奏所谓知其一，不知其二，不可见之施行者。惟私销之弊，究未能得其肯綮。著于伊等奏事之便，再行传谕知之。②

其实乾隆皇帝早在十四年（1749）三月就有特别强调根究私铸背后私销要害的想法，并批评各省督抚题奏案件多就私铸草率了结。③ 一个月后，适有江苏巡抚雅尔哈善为拿获的应拟斩决私销罪犯声请，说只犯过两次情有可原等语，被乾隆斥为"素有沽名邀誉之习"，并令交部议处。④ 十六年复行强调"看来私铸必由私销"，要求务必彻底严究，不可草率。⑤

---

① 查《大清律例》第359条律例条文，并非如此：私销之罪为斩决，而私铸反为斩候。另外，反复琢磨《读例存疑》所讲条文的变革过程，亦并未说是私销之罪轻于私铸。乾隆所说"私销之罪，浮于私铸"，不知是出于何故，或许时人的感觉和评论会比后人更准确吧！

② 《清高宗实录》卷四〇八"乾隆十七年二月辛丑"。

③ 《清高宗实录》卷三三六"乾隆十四年三月戊午"。

④ 《清高宗实录》卷三三九"乾隆十四年四月癸巳"。

⑤ 《清高宗实录》卷三九九"乾隆十六年九月辛卯"。

在上述背景下，陈宏谋重提①官方出钱收买私铸小钱、再行熔铸这样一个打击私铸的下游问题，而不是秉承圣意指出私铸背后的私销关键。因此，这里乾隆皇帝批评陈宏谋只知其一，不知其二，可能有两层深意。首先，仍就私铸说私铸，不善体圣意，固执己见。再者也是更关键的，既然没有领会精神，平日是否督饬属员实力奉行深究私销就更不确定了，或许还是简单拿获私铸便宜了事。所以，乾隆皇帝再行强调问题的关键在于"该督抚等，督率所属实力奉行"，并提醒其他各省一体警戒。

对此，封疆大吏们的反应如何呢？他们的基调多是善体上意的颂扬与附和，具体表现形式却不一而足，或为皇上的私销要害说补充证据，或言及拿获私销事迹，或针对实际提出问题和对策，亦有讨巧甚至推脱问题者，且不乏不解上意被批评而幡然醒悟者。正是他们的回应和随之乾隆皇帝的态度共同推动了事情的深入发展。

广西巡抚定长，称"私销最为钱法之蠹"。不但率先表态附和上意，还用心良苦地为君上的观点补充证据，言称"私销竟无炉房器具，首伙聚集出入，暗运铜铅煤炭，随手将钱入火，顷刻之间即可融化成铜，邻右房主人等，实无从见其销毁，即使治罪徒属冤抑"。因此认为应从源头上严格控制民间能私铸铜钱的原料——黄铜，建议"请嗣后除乐器一项，仍许将黄铜打造开铺外，其余一切大小轻重黄铜器皿，无论官民概不许买用、制造"，至于民间原有的铜器，为防止差役滋扰不是一概收缴，而是只许存旧不许添新。对此，乾隆含蓄表扬说"不无所见"，但指出若一概禁止民间制造使用铜器有些绝对化，"然终恐滋扰"，需要进一步权衡考虑。② 其实，也是在等待希望后面能有更体会上意的督抚实力奉行的典型。果然，新任河南巡抚蒋炳的奏折让他眼前一亮。

（二）蒋炳"办理甚属可嘉"

由于新任河南巡抚蒋炳多次"访获私铸究出私销"，以实际行动落实了乾隆皇帝严查私销的深意，因此成为实心办理地方公事的典型，"可见伊于

---

① 陈宏谋早在乾隆七年就提出从下游环节禁止民间使用小钱，应由官方给价收买再行熔化铸造，经户部议覆的结果是"应如所请"，更印证户部就事论事的专业技术性风格与乾隆着眼全局整饬吏治的宏观立场大不相同。参见《清高宗实录》卷一七一"乾隆七年七月丙子"。
② 《宫中档乾隆朝奏折》第 4 辑"乾隆十七年十月初三日"，第 60 页。

地方诸事，尚属留心"①。几个月后，乾隆皇帝再次表扬其所办"甚属合宜"，并批评其他省份未实力奉行，仍旧"拿获私铸不过就案完结，未有能实力根查"，是因循疲玩积习的表现。明确要求各省以蒋炳为榜样认真办理，"嗣后各该督抚等，均应照蒋炳所办，严饬各属实力奉行，务须究出销毁确情，按律定拟"，不得混行结案。②

湖南巡抚胡宝瑔，称"向来积弊皆圣明洞鉴"。他的回应在善体圣意之余，给人的感觉似乎更多奉承，几次三番地说凡私铸之案务须根究私销，"诚如上谕，非实心访察难以跟寻"。而地方办理未周，"向来积弊皆圣明洞鉴"。此外，还表态说以前奉到上谕，已经钦遵圣训严饬各属实力查拿，却未提到什么实际的行动和案件，言语之间又不无讨巧之意。③相形之下，两广总督班第更会讨巧，声称任内每遇私铸之案，均已严切饬究。现在奉到谕旨，又严饬广东、广西两省大小文武各官员，务必将私销棍徒缜密查访。无怪乎乾隆皇帝最后叮嘱他说，"只在行之实力耳"④。

安徽巡抚卫哲治，称"照豫省一体查办"。既含蓄附和上意，又提出"剪边"的实际问题和对策。首先从理论上提出铸造钱文日多而钱价并未平减的关键是私销，"其弊全在于私销"，从而含蓄附和上意，并表示经办过程中的确是以河南为榜样，饬督所属实心访察，不敢因循从事。然而，他没有停留在恭维与表态的层面，而是进一步提出实际执行中出现的特殊形式——剪边问题，即小民私自将制钱的边沿剪下，用所得零碎铜料再行销毁熔化，转以私铸小钱另图牟利，仍将被剪过的制钱掺和使用。⑤ 因律例规定其在数量不足十千时处罚较轻，所以小民百姓避法牟利趋之若鹜，危害日甚。卫哲治随之提出三项应对措施：加重律例刑罚，广为晓谕百姓严行禁止，宽以时限以防胥吏滋扰。如此有实际问题和对策，较之胡宝瑔和班第

---

① 《清高宗实录》卷四四〇"乾隆十八年六月丙戌"。
② 《清高宗实录》卷四五〇"乾隆十八年十一月己未"。
③ 《宫中档乾隆朝奏折》第7辑"乾隆十八年十二月七日"，第50页。
④ 《宫中档乾隆朝奏折》第7辑"乾隆十八年十二月二十七日"，第273页。
⑤ 如乾隆七年（1742），江西省每剪官钱一文所得铜材，可铸小钱两到三文，剪边之钱仍然可抵大制钱一文流通。乾隆十四年（1749）湖北有人剪边制钱二十六余串得铜材十斤，然后卖与铜匠打造茶匙，钱心换给过往客商、钱桌、钱铺，掺入制钱之中行使。转引自李强《清乾隆年间制钱的流通与政府应对》，《学术探索》2004年第5期。

办理更足身实而深刻，乾隆皇帝遂命军机大臣会同户、刑等部议奏。①

以上尽管具体表现形式不同，然都有善体圣意的共性。不过并非所有的督抚都是这样，如江西巡抚范时绥，而他的经历又从反面间接证明为臣下者着实需要善体圣意。

（三）范时绥"不治其本而治其末"

乾隆十九年（1754）四月，身为江右巡抚的范时绥忽然重弹当初陈宏谋之官方出钱收买私铸小钱的旧调，并建议各省一体行事，结果受到乾隆皇帝的长篇批评，"若不查囤积及私铸、私销，而惟禁私钱，是不治其本而治末之见，大不可者"，因此"不但各省不必，即汝江省亦尚在可缓之事"。②后又专门发布上谕，剖析须治钱法之本的道理：

> 谕军机大臣等，范时绥奏请查禁挽用私钱一折，可谓不治其本而治其末，所见非是。钱法之弊，以有余者囤积居奇，犯法之徒复私销私铸希图渔利，钱价之昂率由于此。若地方官实力严行查办，则钱价自渐平减。前者朕降旨查禁囤积，顺天、直隶地方，经方观承遵旨查办之后，钱价已大减于前，即其明验。总之官钱充裕，民间自无须更用私钱。不然则私钱之禁愈严，钱价之增必且日甚。于调剂本意，未见其有当也。项各省钱价未必尽平，恐其办理之方，或尚有未得宜者。可于各省督抚奏事之便，将范时绥原折抄寄，令其阅看。并将此传谕知之。③

这里，乾隆皇帝认为治理钱法之弊要在查禁私销、囤积等根本问题，而不是就事论事地禁止民间使用私钱。提出若官钱充裕，则小民自然不会使用私钱。并且，有些自鸣得意地举例说明，顺天、直隶等地奉旨实力查禁囤积，结果钱价大为平减。末了，还念念不忘将江西巡抚的奏折抄录后，发给各省督抚一体省思警戒。

---

① 《宫中档乾隆朝奏折》第 7 辑"乾隆十九年正月十一日"，第 368～369 页。
② 《宫中档乾隆朝奏折》第 8 辑"乾隆十九年四月十一日"，第 21 页。
③ 《清高宗实录》卷四六二"乾隆十九年闰四月壬子"。

受到批评的范时绶，此时幡然醒悟自己的错误所在，连忙覆奏表态。先恭维"皇上为小民筹划生计之至意"，在为自己略加辩解后，言称正在钦遵圣训改抓关键问题了，"缓其禁用收买，唯留心查禁囤积钱文，并严拿私铸、私销剪边要犯"①。

（四）胡宝瑔"（楚南）素少囤积之事"

面对新一轮上谕，湖南巡抚胡宝瑔和两广总督杨应琚在恭维之余，又开始讨巧了，准确说是在推脱问题，声称本省钱价并不昂贵，对于皇上得意宣扬的囤积一项亦少有之。如湖南巡抚胡宝瑔宣称，湖南钱价较之他省稍为平减。由于本省矿厂出产铜铅，设炉鼓铸，源源不断。加之本地民俗交易多半用银，仅零星交易用钱。此外，本省亦少有囤积之事。即使没有上述严重问题，先前仍对私铸尤其是私销认真办理。不仅遍行出示晓谕饬属严厉查拿，而且遇有私铸之犯，详慎查究是否另有私销情弊。最后，当然不忘称颂皇上所说"官钱充裕，民间自无须更用私钱"为探本清源之道，要继续钦遵圣训行事。既推脱问题又恭维颂扬，乾隆皇帝不置可否，朱批"知道了"②。

新署理两广总督杨应琚的覆奏有异曲同工之嫌，说所辖之处铜钱并未构成严重问题。亦云东西两省交易少用钱文，即使使用也是随时兑换、随时流通，所以粤东钱价并未昂贵，而广西一省则更为平减。对问题推脱得也很干净，又表态即使这样仍饬属严密查拿，遇有私铸等案严加根究有无私销情弊。③ 可惜三天后，广东巡抚鹤年所奏，马上就表明总督所言并非全然属实，因为原来广东钱价甚为不平，经严查私铸、私销，虽钱价稍平但"小钱尚多掺用"④。好在随后广西巡抚李锡秦以具体的数字表示，本省情形确如署理总督所言。⑤

乾隆皇帝对以上推脱加恭维的折子虽不置可否，批以"知道了"甚或一个字"览"，但外省督抚中谁在实心办理，他当然一清二楚并赏罚分明。

---

① 《宫中档乾隆朝奏折》第8辑"乾隆十九年闰四月二十九日"，第400页。
② 《宫中档乾隆朝奏折》第8辑"乾隆十九年五月十四日"，第493页。
③ 《宫中档乾隆朝奏折》第8辑"乾隆十九年六月十二日"，第768页。
④ 《宫中档乾隆朝奏折》第8辑"乾隆十九年六月十五日"，第803页。
⑤ 《宫中档乾隆朝奏折》第9辑"乾隆十九年七月八日"，第105页。

（五）"著将该员弁等送部引见"

乾隆三十二年（1767）九月，江苏巡抚明德带来了一个拿获大型私销团伙的好消息，据巡抚标下苏州城守营守备韦永福禀称：把总蔡飞鹏访闻得知，阊门外芝麻街外有施姓房屋，租给开纸货铺，但该铺日久并不开张，门户终日紧闭行踪可疑。并有人外出购买铜铅，售卖小钱，显有私铸私销情弊。八月二十四日夜，蔡飞鹏带同前往查拿，当场于炉上起获销毁制钱两罐，并拿获人犯王裕元等二十一名。① 乾隆皇帝欣喜之余，遂发布上谕表扬，说"所有拿获此案罪犯之守备韦永福、把总蔡飞鹏，看来尚属能事"，并让明德为他们出具考语，以送部引见。② 属下有功劳，自然是巡抚明德督率有方。

比较之下，继任的苏抚永德③则"所见全然不晓事理"，因为到了乾隆三十四年（1769）他居然还把私销之罪从轻归入私铸之内，由此乾隆皇帝认定此举不仅是为属员开脱，更嘲讽他作为巡抚竟然对律例条文"瞢然不省"，实在不成体统，必须传旨申饬。④

以上过程中，乾隆皇帝自然是主导局面的君上，谕旨迭降，从用心良苦强调从私铸到私销的要害，树立实力奉行的好榜样蒋炳以资外省督抚学习，到批评本末倒置的范时绥并警醒全体大员，再到对两任江苏巡抚的赏罚分明。但从另一角度看，以上也是督抚们对君上圣意的不同反应持续推动的过程，而且表现为逐层深入的轨迹：乾隆皇帝谕旨→督抚回应的分化→君上新一轮的上谕→督抚们新一轮的不同回应。也就是说，督抚是推动事情发展的隐性主体，他们和处于主导地位的乾隆皇帝在互动过程中共同决定了事情的最终走向。事实证明，前期打击私铸、私销的效果并不理想，私铸的小钱越发泛滥。到后期只好退而求其次大力收缴小钱，于乾隆三十四年（1769）、五十五年（1790）两次大规模收缴，其中以五十五年力度最大，但亦不能挽回局面。其中的原因究竟何在呢？

暂时放下货币经济理论而专论"人"的因素，五十五年乾隆皇帝一席意蕴绵长的感慨或许透露了一些天机："地方应办事务，必须朕降旨督饬，

---

① 《宫中档乾隆朝奏折》第 28 辑 "乾隆三十二年九月十六日"，第 172 页。

② 《清高宗实录》卷七九五 "乾隆三十二年九月庚申"。

③ 钱实甫：《清代职官年表》第二册，中华书局，1980，总第 1620 页。

④ 《清高宗实录》卷八二六 "乾隆三十四年正月丙申"。

方肯留心办理。及事过之后，仍复因循玩忽"，即君推一推、臣动一动，而且还未必是实心而"动"①，过后又一仍其旧②，需要君上不断地施加作用力，典型者如对湖南巡抚的交代，"再传谕浦霖，务须实力严查禁绝，勿谓已办六案塞责。遂以私铸净尽，竟不留心查禁也"③。在一次次叮嘱、批评和整饬后，乾隆皇帝此话着实意味深长，不仅有对督抚群体行为习惯的深刻洞悉、愤怒痛恨，多少也有积极努力之后无可奈何的怅然若失。

第三节　捐赎事宜

清代朱批奏折中，经常有大量督抚关于本省人犯捐银赎罪因而上报皇帝呈请恩准的情况。捐赎最初由于同时关涉各省刑名和钱粮而开始进入本章的关注视野，但在细读大量捐赎奏折文本后，越发感觉其并非单纯意义上的地方行政性事务，而应上行到政治权力和君臣关系的高度考察，意蕴更丰富而深刻。

捐赎案件在地方只能由督抚奏闻，最后只能由皇帝恩准。这在地方和中央两级最高司法权的表征背后，反映的更是督抚和皇帝两级政治权力中枢的实体地位。因此，透过奏折中各省具体的捐赎案件，我们更多看到了督抚大员和乾隆皇帝之间君臣关系的画面。其中除了有乾隆皇帝垂意刑名④甚至对具体案情了如指掌的个人特点外，更有君臣权力之间敏感而不可逾越的"红线"。督抚奏折的末尾常常说"是否准其捐赎，出自圣恩"，"恩出自上"的根本原则绝不仅仅是地方大员恭维颂扬的例行词汇，而是君臣之

---

① 诸如"浙省既有客贩搀和夹带之事，他省自必大致相同。何以自查禁小钱以来，从未见各省有奏及拿获私贩小钱，治罪入官之案。可见不过虚应故事，并未实力稽查"，参见《清高宗实录》卷一四五九"乾隆五十九年八月癸酉"。
② "从前整顿钱法，曾经通行饬禁，不得擅用小钱。近年以来，地方官视为具文，因循不问。"参见《清高宗实录》卷一三五一"乾隆五十五年三月甲辰"。
③ 《清高宗实录》卷一三五三"乾隆五十五年四月己巳"。
④ 史书屡次提到乾隆皇帝这一特点，如"高宗尤垂意刑名，秋审册上，每干饬责"，见赵尔巽等《清史稿》卷一四四。又有"高宗临御六十年，性矜明察。每阅谳牍，必求其情罪曲当"，见《清史稿》卷一四二。事实上，乾隆皇帝的"垂意刑名""性矜明察"广泛体现于日常各类刑名事件上，而不仅仅是每年的秋谳大典。对此，林乾先生在《中国古代权力与法律》一书中，更多是以"权断"一词隐性批判政治对法律的干涉。参见林乾《中国古代权力与法律》，中国政法大学出版社，2004，第 184、191、199、202 页。

间实实在在的权力界限，各省捐赎案件督抚只是奏闻，到最后只能出皇帝恩准。若是巧于规避隐匿不报甚或自行决定，则是对无上君权的僭越。二十一二年间，乾隆皇帝大张旗鼓地严厉整治江苏巡抚庄有恭擅自外结办理朱晫的捐赎案件，根本用意就是要让群臣尤其是外省督抚警醒，皇帝的这一权力神圣不可侵犯，不容任何臣下稍有僭越，其间也逐渐展开了对两江吏治尤其是总督姑息习气的批判和整顿，两者纠结在一起引发的轩然大波很是耐人寻味。

一　制度沿革和清代捐赎基本标准

赎刑是我国古代统治阶级规定犯人可用财物折抵刑罚的制度。古人对赎刑的概念已有论及。《说文》曰："赎，贸也。"《玉篇》说："赎，质也，以财拔罪也。"它在夏朝已经出现，《世本》载："夏作赎刑。"周代的赎刑已大量运用。秦朝有关赎刑的规定空前增加，如赎耐、赎棘、赎迁等规定。汉承秦制，并且赎刑在东汉成为定制。魏晋南北朝至隋，赎刑逐渐形成制度。唐初实行"明德慎刑"政策，赎罪进一步法律化，经宋元至明代，关于赎罪的规定更为详尽，《明史·刑法志》称本朝"赎法比历代特详"。[①]

沿袭到清朝，赎刑基本上分为三种：纳赎、收赎和赎罪。其中，纳赎"以军民犯公罪和生员以上犯轻罪时为限"。收赎是"老、幼、废疾、天文生及妇人折杖，照律收赎"。赎罪"为律应决杖一百，收赎余罪者而设"。收赎名曰律赎，原本唐律纳赎。赎罪名为例赎，系明代所创行。[②]

另外，清代赎刑还有"捐赎"。它原是一种临时筹款办法，必须"叙其情罪"，报请皇帝批准。捐赎的各具体项目，在几经沿革后逐渐形成了固定的标准。关于其变迁，顺治十八年（1661）有官员犯流徒籍没认工赎罪例；康熙二十九年（1690），有死罪现监人犯输米边口赎罪例；三十年（1691），有军流人犯捐赎例；三十四年（1695），有通仓运米捐赎例；三十九年（1700），有永定河工捐赎例；六十年（1721），有河工捐赎例。但多随事而设，事竣停止。相形之下，长期沿用的固定项目则是雍正十二年（1734）

---

①　参见刘广安《古代"赎刑"考略》，《政法论坛》1985 年第 6 期；胡建中、江宪《明代赎刑制度初探》，《学术月刊》1982 年第 7 期。

②　赵尔巽等：《清史稿》卷一四三《刑法二》，中华书局，1977。参见刘广安《古代"赎刑"考略》，《政法论坛》1985 年第 6 期。

户部会同刑部奏准的《预筹粮运事例》，以斩绞重刑为基准，详细规定了非常赦所不原的各级官员、贡监生和平民，在罪犯斩绞重刑、军流和徒刑（及其以下）等不同情况下的捐赎标准，如其所言：

> 不论旗民，罪应斩绞，非常赦所不原者，三品以上官照西安驼捐例，捐运粮银一万二千两；四品官照营田例，捐运粮银五千两；五、六品官照营田例，捐银四千两；七品及其以下官员、进士、举人，为二千五百两；贡、监生二千两；平人一千二百两。军、流各减十分之四，徒以下各减十分之六。俱准其免罪，仍照例请旨。①

并针对徒、流已发遣者，列有具体的规定：

> 军流人犯已经发遣者，照西安驼例，捐运粮银六百两。徒罪人犯，捐运粮银四百八十两，准其免罪回籍。仍照例请旨。②

以上各款的要害在于"仍照例请旨"，彰显了皇帝的最高司法权及其背后的最高政治权力。并且，可列表直观说明不同身份的罪犯在不同罪刑下的基本捐银标准（见表6-3）。

表6-3　清代捐赎基本标准一览表

单位：两

罪刑	身份					
	三品以上官员	四品官员	五、六品官	七品以下官进士、举人	贡、监生	平民
斩绞	12000	5000	4000	2500	2000	1200
军流	7200	3000	2400	1500	1200	720
徒刑及以下	4800	2000	1600	1000	800	480

在具体执行的过程中，除了基本数额，可能还会有给付死者亲属（即

---

① 薛允升：《读例存疑》卷一。赵尔巽等：《清史稿》卷一四三《刑法二》，中华书局，1977。
② 薛允升：《读例存疑》卷一。赵尔巽等：《清史稿》卷一四三《刑法二》，中华书局，1977。

尸亲）的埋葬银①或交付衙门的公费银（相当于手续费之类的行政性收费），更或兼而有之。②

乾隆元年（1736）重申古人金作赎刑之义，宣布赎罪一条仍照旧例办理，规定中央由刑部奏请，而地方各省则只能由督抚出面奏请。而且，将捐赎进一步规范化、制度化。八年（1743），经刑部将《预筹粮运事例》捐赎标准通行各省在案。③ 二十三年（1758），规定斩绞重刑不得捐赎。倘遇恩赦减等后方准纳赎，但须按照原拟罪名的标准纳银赎罪，不得按照减等之后的标准办理。④ 表6-4中王昌泰等犯就是直接例证。

从乾隆朝督抚奏闻的诸多捐赎事例看，基本是严格按照前定的赎银标准执行的。如规定普通平民罪犯斩绞、军流、徒刑（含以下），捐赎标准分别为1200两、720两、480两，随机抽取⑤的大量例证亦确实如此。

表6-4　乾隆朝平民捐赎事例一览表

时间	省份	犯罪人及罪刑	捐赎金额（两）	资料来源
十七年	广东	程时梅 徒刑	480	《宫中档乾隆朝奏折》第3辑第232页
二十年	奉天	李永清 徒刑	480	《宫中档乾隆朝奏折》第10辑第792页
二十九年	山西	孟兆南 徒刑	480	《宫中档乾隆朝奏折》第22辑第29页
四十三年	浙江	柳俊杰 徒刑	480+公费银24	《宫中档乾隆朝奏折》第45辑第21页
十七年	江西	朱董 流刑	720	《宫中档乾隆朝奏折》第4辑第534页
十七年	广东	刘绍化 流刑	720	《宫中档乾隆朝奏折》第3辑第725页
十八年	江西	黄艮 绞候减流	720	《宫中档乾隆朝奏折》第6辑第27页
十八年	福建	林廉 绞候减军	720+埋葬银20	《宫中档乾隆朝奏折》第6辑第310页
十八年	福建	陈象 绞候减流	720	《宫中档乾隆朝奏折》第6辑第516页

① 埋葬银，即埋葬死者的银两。清律规定，戏杀、误杀、过失杀人，即无害人之意而偶致杀伤人者，皆按斗殴杀伤人律，依律收赎，给付被杀家属埋葬银两。又如律例规定应该偿命罪囚，若遇蒙赦宥，仍应追银二十两给付被杀家属。如果十分贫难者，量追一半。参见李鹏年等编著《清代六部成语词典》，天津人民出版社，1990，第370~371页。
② 以上请见《宫中档乾隆朝奏折》第56辑第170、456、569页，第57辑第50页。
③ 薛允升：《读例存疑》卷一。吴吉远：《清代的赎刑与捐赎》，《历史大观园》1993年第11期。
④ 《清高宗实录》卷五五九"乾隆二十三年三月壬子"。
⑤ 例证很多，因一一摘出列表过于繁琐且不是本节的主要用意，因而暂时采用随机抽样的方式从全套七十五册《宫中档乾隆朝奏折》中随机抽取，验证是否与基本的捐赎标准一致。

续表

时间	省份	犯罪人及罪刑	捐赎金额（两）	资料来源
十九年	广西	陆绍明 拟军	720	《宫中档乾隆朝奏折》第 10 辑第 4 页
十九年	广西	蔡宗源 流已发遣	600	《宫中档乾隆朝奏折》第 10 辑第 5 页
二十一年	河南	晋之凤 流刑	720	《宫中档乾隆朝奏折》第 16 辑第 358 页
二十八年	广东	雷永泰 流已发遣	600	《宫中档乾隆朝奏折》第 18 辑第 383 页
四十九年	河南	何士明 流刑	720	《宫中档乾隆朝奏折》第 60 辑第 282 页
十七年	安徽	陈万伯 绞候	1200	《宫中档乾隆朝奏折》第 4 辑第 114 页
二十一年	福建	钟华等 绞候	1200	《宫中档乾隆朝奏折》第 15 辑第 347 页
二十一年	山西	闫志让 绞候	1200	《宫中档乾隆朝奏折》第 16 辑第 194 页
三十年	河南	陈治学 斩候减流	720，应 1200	《宫中档乾隆朝奏折》第 26 辑第 315 页
三十年	甘肃	王昌泰 绞候减流	1200 + 公费银 60	《宫中档乾隆朝奏折》第 26 辑第 535 页
三十三年	甘肃	韩琛 绞候减流	1200	《宫中档乾隆朝奏折》第 29 辑第 490 页

又如，贡监生从徒刑、军流到斩绞的捐赎标准是 800 两、1200 两、2000 两，随机事例亦完全符合官方规定（见表 6-5）。

表 6-5 乾隆朝贡监生捐赎事例一览表

时间	省份	犯罪人及罪刑	捐赎金额（两）	资料来源
十七年	广东	孟继世 徒刑	800	《宫中档乾隆朝奏折》第 4 辑第 272 页
二十年	福建	陈绳武 徒刑	800	《宫中档乾隆朝奏折》第 10 辑第 528 页
二十九年	广东	梁聘朝 徒刑	800	《宫中档乾隆朝奏折》第 2 辑第 656 页
十七年	福建	戴维扬 流刑	1200	《宫中档乾隆朝奏折》第 3 辑第 210 页
十七年	四川	林潜珍 绞候减流	1200	《宫中档乾隆朝奏折》第 4 辑第 257 页
十八年	云南	汤训 流刑	1200	《宫中档乾隆朝奏折》第 7 辑第 212 页
二十八年	江西	董逢盈 拟军	1200 + 埋葬银 60	《宫中档乾隆朝奏折》第 18 辑第 416 页
十八年	江西	邝日煌 绞候	2000	《宫中档乾隆朝奏折》第 6 辑第 492 页

二 布按两司在捐赎程序中的作用

清代按察使在捐赎办理过程中是承上启下的关键角色，负责总汇省内各府州报送而来的捐赎案件，覆核案犯是否常赦所不原，是否符合捐赎的规定，并将详细案情、原拟罪刑、捐赎请求和捐银数目等转呈督抚，督抚在履行覆核无误的程序后，即可奏请皇帝恩准。所以，督抚的捐赎奏折经常甚或必须有的一句话就是"据按察使某某详称……"。

这里之所以说督抚是在履行覆核的程序，有两层意思：一是，按察使作为一省刑名总汇，已完成大部分的实质性专业工作，督抚更多是在完成捐赎在省内的最后一道程序，即以地方最高行政长官的名义照拟奏请皇帝。二是，这又印证了前面第一章所说，督抚管理地方行政事务的职能特点是既统又不统，也就是说其管理是宏观的而非事务性的。这一特点是清代高度强化的君主专制制度在地方权力体系的集中体现。

因捐赎事涉钱粮，故布政使亦参与其中，其作用大体有三。第一，按察使有时会和布政使会商，联合向督抚转呈捐赎的申请。第二，总体负责捐赎银两的缴存入库，以作地方公用经费。第三，每年例行向皇帝上报本省该年的捐赎银两数目（内无案情），通常开列旧管、新收、除授、实在四柱奏闻。在乾隆朝的录副奏折中，我们就看到了不少布政使奏报本年捐赎银两的奏折。[①]

不难看出，这里布按两司发挥的主要是有交叉重合的刑名和钱粮方面的行政事务性作用。上升到政治的高度，各省的核心角色是督抚，在全国则是皇帝。因此在后面的行文中，我们看到的更多是以具体捐赎事件为线索的督抚大员和乾隆皇帝之间的君臣关系。

三　督抚捐赎奏折的格式及其要害

各省囚犯的捐赎申请在按察使呈详后，经由且只能经由作为最高行政主官的督抚向皇帝奏闻，其奏折的基本格式比较固定，即开始援引捐赎的相关谕旨和规定，继而是说明据按察使详报的个案概况，包括家属呈请捐赎人犯的简要案情、罪刑、捐赎金额。随后是督抚覆核案情，认为不是常赦所不原的罪大恶极之犯，似与捐赎之例相符，最后例行表态恭请皇上圣裁是否恩准。典型者如乾隆十七年（1752），福建巡抚陈宏谋呈请为拟流监生戴维扬捐赎的奏折。

---

① 如乾隆三十年直隶布政使观音保，档号03－1123－042。乾隆三十一年直隶布政使观音保，档号03－0648－069。乾隆三十二年直隶布政使观音保，档号03－0650－007。乾隆三十八年直隶布政使杨景素，档号03－0652－017。乾隆三十九年直隶布政使单功擢，档号03－0654－054。

乾隆元年三月内奉上谕：赎罪一条，原系古人金作赎刑之义，况在内由部臣奏请，在外由督抚奏请，皆属斟酌情罪，有可原者方准纳赎，其事尚属可行。嗣后将此赎罪一条，仍照旧例办理，钦此。又乾隆八年四月刑部咨：军流罪犯，贡监生捐运粮银一千二百两，准其免罪。又乾隆十一年正月内准刑部定议：嗣后如有罪犯家属，在州县具呈赎罪者，州县即将该犯取具的保，详明督抚照例具奏，俟部覆奉恩准赎者，令将捐赎银两，或折交谷石照数交明，将该犯释放等因，通行遵照在案。

今据按察使德舒呈详，漳州府属之南靖县革监戴维扬，因戴饮等共殴张深身死，戴饮（系）下手正凶，照例拟绞监候，将戴维扬拟依原谋律，杖一百、流三千里，经前抚臣潘思榘题。兹据戴维扬胞弟戴维屏赴县具呈，兄弟分离情实难忍，情愿变产，照例捐银一千二百两，代兄赎罪。经该县府查明，将犯属取具的保，候奉谕旨准行，照数兑收解司，将戴维扬释放等情，详情循例具奏前来。

臣查戴维扬原系斗殴命案，按拟流罪，非常赦所不原，与捐赎之例相符，可否准其捐赎出自圣恩。臣谨会同闽浙总督喀尔吉善恭折奏请。①

这种督抚的例行奏折，经刑部议奏后呈请圣裁的结果，很多都是同意捐赎，看似日常程序却大有玄机和深意，很是耐人寻味。

首先，刻画了乾隆皇帝垂意刑名的个人特点。在整体上，面对各省督抚奏折中每多努力为因犯"衅起一时、伤出无心、情有可原"式的辩解②，

---

① 《宫中档乾隆朝奏折》第 3 辑 "乾隆十七年五月二十八日"，第 210～211 页。
② 读多了督抚的捐赎奏折，确实感觉大员们有努力为有钱罪犯辩护的强烈倾向，事例也很多。诸如乾隆十七年，广东巡抚苏昌在徒犯孟继世捐赎折中，言称"是继世之行贿，系承祖母之意，虽计赃律应满徒，而情尚可原"，见《宫中档乾隆朝奏折》第 4 辑，第 272 页。乾隆十八年两江总督鄂容安为流犯黄艮、黄次元捐赎奏请一事，称"黄艮因争山松，回打致伤卢韩颞角，越二十余日殒命。黄次元因被抢钱殴打，还殴黄才俚，致伤身死，俱非常赦所不原"，见《宫中档乾隆朝奏折》第 6 辑，第 27 页。又如乾隆二十一年，福建巡抚钟音为绞候之犯钟华等捐赎一事，言及"事本理直，衅起一时，并非有心欲杀，是以历邀缓决"，见《宫中档乾隆朝奏折》第 15 辑，第 347 页。还有乾隆三十三年陕甘总督吴达善奏请流犯韩琛捐赎一事，说到"该犯同兄向理被打……距今已二十三载，安静无过"，见《宫中档乾隆朝奏折》第 29 辑，第 490 页。等等。以上都是在说衅起一时，致死人命也是事出无心，实属情有可原请予恩准。

不断批评督抚有请必呈过于宽纵，告诫大员们不可因钱粮而废刑名，如三十一年（1766）就曾将河南巡抚阿思哈只论银两多寡而不覆核情罪是否可原的奏折掷回，并通谕各省督抚一体警觉。在细节上，甚至还具体考察、详细剖析案情，针对其中可疑之处明确提出问题，诸如乾隆十九年（1754）直隶奏请流犯李季夏捐赎一事。该犯因欠油饼钱文被人讨要并村辱，一时情急殴伤人命致死被拟流刑，其兄循例捐银七百二十两为之请赎，经总督方观承奏达御前。细核案情后，乾隆皇帝明确质疑"该犯之兄李时中既有力代弟捐赎，则该犯谅亦非赤贫之人，何至因欠钱细故与债主扭殴，致毙人命"，因此要求该督务必详查案情是否尚有牵混不明之处，并从速据实覆奏。① 此时查核的结果已经不太重要了，关键是乾隆皇帝在警告督抚大员们：所奏地方诸务，事无巨细均在圣聪的精确核察之中，平日不可不留意刑名，认真办理。

再者，最根本而要害的方面，强调"恩出自上"的根本原则，不容督抚稍有僭越。在各封疆大吏奏折的首尾常常甚或必须有一句"套话"：或开始说"奏恳天恩"，或最后表示"可否准其捐赎，出自皇上天恩"，抑或兼而有之，前后呼应。这绝对不是一句简单的臣下对君上的恭维与颂扬，而是从本质上划定了中央和地方、君臣之间政治权力的明确界限：捐赎只能由乾隆皇帝最后裁决。如若允准，表示对小民百姓的恩泽源于浩荡皇恩，而不是来自地方的督抚大员，此即"恩出自上"的基本原则，也是此类捐赎奏折的要害所在。

若督抚不经奏闻擅自决定，则既是对皇上最高权力的僭越，又侵夺了百姓对皇上的感恩戴德，有干誉的嫌疑。这两点又是君主心中触碰不得的逆鳞，犹如建筑上的"红线"，敏感而不容侵犯。汪绩在《案刑家》开篇就明确指出："君之有尊，刑赏之所自出也。刑赏出于独，则君威振。刑赏出于共，则君威替。"② 可谓一针见血。更何况是在注重主奴名分并痛恨官员沽名习气的爱新觉罗王朝呢！乾隆皇帝以"乾纲独断"著称，自然不容督抚对君权的任何僭越。若有此类情况，乾隆会一查到底严惩不贷，更推而广之警戒督抚群体，并展开对地方吏治的严厉整饬。乾隆二十一二年间，

---

① 《宫中档乾隆朝奏折》第 7 辑"乾隆十九年三月九日"，第 728 页；"乾隆十九年三月十五日"，第 759 页。

② 贺长龄辑《皇朝经世文编》卷九〇《刑政一·刑论》，道光七年（1827）刻本。

江苏巡抚庄有恭擅自外结朱晫捐赎一案引起的轩然大波就是最典型的例证。

四　江苏省朱晫捐赎案的轩然大波

本案的缘起，简单说就是乾隆二十年（1755）春夏之际，江苏巡抚庄有恭对应拟绞候之泰兴人犯朱晫亲属捐银代为赎罪一事①，未经具题定案，更未具折呈请，就擅自外结②案件，接受赎银释放人犯。但朱晫在交完一万六千两③后，剩余赎银屡催不应，后来庄有恭因丁忧离任，须交代未完事宜，兼之意恐后任巡抚发现参革，无奈之下于二十一年（1756）冬天，才向乾隆皇帝奏报了这起自作主张又未执行完毕的捐赎案件，并巧为辩解说朱晫情有可原，加之当时泰兴正有严重虫灾亟需银两赈济，才暂时决定受理，原是想等该犯赎银交纳完毕后再行奏闻。乾隆皇帝发现了其未经题奏擅自批结的要害问题，大张旗鼓一查到底，先后令其居家待罪、革职受审并拟绞候、发遣。最后有趣的是，又以其并未牵涉银钱，从宽赦免并令暂署湖北巡抚，可谓大起大落多有惊恐。而且在严厉查办的过程中，乾隆迭降谕旨一再重申庄有恭错误的要害是僭越君权，并对两江督抚等官员姑息迁就的习气大加振刷，也念念不忘警告其他督抚引以为戒，不可重蹈覆辙。

但乾隆批判的要害问题亦不可直接"赤裸裸"地进行，一则这种敏感之处会直接暴露。再则抓住"其中必有其他情弊"深入持久地查案，才能给其他督抚以更深刻的警醒。

---

① 该案主要案情：江苏省泰兴县捐职州同朱晫，因横行不法被揭出以前犯事的人命案件及盗卖族产、重利盘剥等恶行，主要是乾隆十二年主使仆人梅二殴伤雇工顾五殒命一案。缘朱晫仆人梅二的雇工顾五因图奸陶永盛之妻，被陶永盛之弟撞获告知朱晫，朱遂令陶永盛将顾五捆绑责打以消怒气，后顾五因伤殒命。朱晫因惧怕罪名，匿案不报私下给死者家属银两了事。经县检验审讯，依照威力指使殴打致死者、以主使之人为首律，将朱晫逐级审转招解到江苏巡抚庄有恭案前。见《宫中档乾隆朝奏折》第16辑"乾隆二十一年十一月十七日"，第110页。
② 请注意，"外结"在这里是一个很严重的字眼，意指对应该纳入逐级审转覆核制度内并由皇帝批结的外省徒刑及以上案件，没有按照权力级别和法定程序办理，而是在制度和权限之外自行批结。
③ 这个捐赎金额有些特殊。根据案情，朱晫为捐赎州同，为从六品官员，捐赎基本标准应是4000两。此处其亲属捐银一万六千两，而且还只是一部分，反复核对发现系"亲属自愿捐银三万两"，即使这样还是有些让人不解。而且日后乾隆皇帝拿此案大做文章，不知道和这个特殊的捐赎金额有无关联？姑且存疑。

刘庄有恭这份姗姗来迟的奏折（乾隆二十一年十一月十七日），乾隆皇帝马上朱批"此事殊属不明"，并称即将有谕旨发布。那么圣心对此僭越之举究竟是何反应？三十日，他明确昭告了自己的立场和态度：

> 庄有恭所奏，泰兴县捐职州同朱晭捐银赎罪一案，此事殊不明晰。朱晭既从重归于殴死顾五案内，应拟绞监候。即据家属呈请，亦应俟题结核拟，再行据实奏明饬部定议。岂有未经具题，遽行准赎之理？是外省督抚竟可虚拟罪名，饬司拟赎自行完结，不必上闻矣，从来无此理也。乃庄有恭于此案并未具奏，竟收其捐项，又以交银未足发县勒追。奏折中许多隐跃其辞，竟至不能解。庄有恭办事不应糊涂至此，看来必有别项情节。且上年江省绅士随处捐赈，乃敦睦桑梓、乐善好施之谊，并非有罪可赎。若朱晭以煮赈为名，赎缳首重罪，则江省众绅士，岂皆有罪耶？且称该县有借动之项，现不无亏缺。此又何谓耶？
>
> 此案尹继善若有所闻，自应实时参奏，何以并未奏及？著将庄有恭原折抄录，传谕尹继善、爱必达，将此案缘由，秉公据实详悉查明，即速具奏。尹继善于此等处，朕实不能保其必无周旋回护之处，然不肯舍己从人，亦朕所深知，且爱必达必不敢随同朦混也。[1]

可以看出，乾隆皇帝认定庄有恭在刑和赏两个方面一再侵夺了君权：斩绞重罪没有具题在先，侵夺了皇上对死刑的最后裁定权；朱晭亲属呈请捐赎，未经奏闻擅自允准，侵夺了君上对捐赎的最高裁决权。两者名义上是皇帝的最高司法权，而本质上是君上无上政治权力的产物。因此，庄有恭的错误就在"自行完结，不必上闻"八个字上，这当然是对君权的僭越之举，而不仅仅是办事糊涂了，必须尽快从严彻底究查。

而且，乾隆皇帝更有自己的深层担心和忧虑：此事是庄有恭出于朱晭拒不缴纳后续赎银和丁忧离任的意外，无奈之下奏报后才东窗事发的，而且是乾隆皇帝本人主动发现了问题。对此，他不禁联想如果没有这些意外，江苏岂不是可以办理甚或可能已经悄悄擅自办理了不少诸如此类应行奏闻的案件，自己还一无知晓被蒙在鼓里。再推而广之，后果更不堪设想。倘

---

[1] 《清高宗实录》卷五二七"乾隆二十一年十一月癸亥（三十日）"。

若天下督抚竞相效尤，办理地方诸事都像江苏捐赎这样擅权专断，那岂不是要逐渐架空他这个高高在上的皇帝？作为现代社会的平常一员，想想如此严重的可能后果已然觉得有些不寒而栗，不知道作为历史当事人的乾隆会是何等感受？不妨听听他自己的心声："此案若不彻底根究，痛加惩创，则嗣后内外大臣，俱可任意置人重辟，旋以罚赎取利，其弊尚可问乎？"仅仅"尚可问乎"四个字，已然道出了乾隆皇帝对种种严重后果可能性的无限担心，甚或还有些后怕，因此他必然要对百官尤其是外省的封疆大吏们一查到底，决不能稍有宽贷。①

在彻查的具体操作方式上，乾隆皇帝自然不会仅仅只清算"僭越"这个核心的要害问题，因为这样会让人一眼就看穿自己的敏感心思，而且查案的官员也会马上善体圣意以擅权专断定案，如此就没有深入持久通查、以警醒全体封疆大吏的全局效果。故而，精明的乾隆皇帝找出"看来必有别项情节"的枝蔓一并算账，认为庄有恭可能存在侵吞赎银（赃私入己）或者地方帑亏空借此弥补等种种情弊。正好，也可以借此看看两江官员（尤其是总督尹继善②）是否瞻徇迁就如故，毕竟乾隆皇帝对手下督抚的行事方式，如同家长清楚自家孩子的脾气秉性一样了如指掌。因此，谕旨最后要求两江总督尹继善和新任江苏巡抚爱必达详查其中情弊，并从速奏报上闻。

二十余天后（十二月二十一日），督抚会衔的案情报告姗姗来迟。两人自是善体圣意，声讨庄有恭的两次错误。通过审问江苏按察使许松佶，描述了抚臬两人通同舞弊、擅自外结案件的经过，指责他们均属悖谬。但是，对于庄有恭是否存有别项情节的"枝蔓"问题，果然不出乾隆皇帝本人所料。尹继善等照依许松佶的口供，汇报说虽然泰兴不是如庄有恭所言发生虫灾，但赎银的确是用于通州、泰州等处的赈济活动，并未填补其他亏空。③于是，之后查办庄有恭本人一案，就和乾隆皇帝整饬两江吏治紧密纠

---

① 《清高宗实录》卷五三〇"乾隆二十二年正月庚子（初八）"。
② 乾隆皇帝在针对此事而发的上谕中，反复说尹继善的姑息迁就还是"故智复萌"甚或是其本技，见《清高宗实录》卷五三〇"乾隆二十二年正月庚子（初八）"。《清高宗实录》卷五三六"乾隆二十二年四月辛未（初十）"。
③ 《宫中档乾隆朝奏折》第16辑"乾隆二十一年十二月二十一日"，第405页。《清高宗实录》卷五二八"乾隆二十一年十二月壬申（初九）"。

结在一起了。

　　他们的案情报告尚未到达御前，急不可待的乾隆皇帝于十二月初九日已经又催促从速办理了①，二十日左右②更发廷寄谕旨责备两人查办动作迟缓，怀疑他们尤其是两江总督尹继善在故意拖延时间：

　　　　前因庄有恭所奏朱�赎罪一案，当经降旨该督等据实查办，即行奏闻。今览尹继善折内，并未奏及此事③，十一月三十日所降谕旨，系六百里封发，何尚未到耶？若已接到而故为迟延，是复何心？著再传谕询问，令其速为据实查奏。

　　其中"若已接到而故为迟延，是复何心"一语包含了乾隆皇帝的诸多良苦用心：批评、怀疑、警告和震慑。对庄有恭错误的查处，已不再是一个单纯而孤立的事件，由此对两江官员习气的整饬和敲打也在逐渐展开。大约五天以后，尹继善他们的案情报告抵达京师，乾隆皇帝的朱批继续前面的整饬思路，并且口气很是严厉："汝等若于此案，稍涉瞻徇了事，试思朕为何如主也？"并且认为尹继善对庄有恭此案，可能知情瞻徇在先，又复拖延观望在后，指出："有如此悖谬之事，而总督尚在不知之理乎？且此事汝等所审甚迟，尹继善必俟爱必达共审，是又何心？"因此，让尹继善从速具折解释说明。相形之下，这时对案情本身的关注倒显得有些像陪衬的背景，只说该案的始末原委，前任江苏按察使应该很清楚，应该尽快解任严审。④

　　受到严厉批评和敲打的两江总督尹继善，以诚惶诚恐的语气进行了自我批评，但更多是略带委屈的辩解，说自己在十二月初四日接到查案的谕旨，就马上着手行动，但庄有恭原折言辞闪烁，故要彻底查明证据并详细

　　① 《清高宗实录》卷五二八"乾隆二十一年十二月壬申（初九日）"。
　　② 系推算而来的时间。后文尹继善说他于十二月四日接到了十一月三十日的谕旨，公文在途时间为四五天左右。并有乾隆皇帝本人的估计为证："计该督接奉谕旨，应在十二月初四五间"。本条上谕尹继善接到的时间是十二月二十五日，因此倒推乾隆发出的时间是在二十日左右。
　　③ 此话的背景应该是十二月初八日，尹继善同时送达关于雨雪折、孙家集工程折和有关南巡事宜折，但均未言及查办庄有恭一案的进展。
　　④ 《宫中档乾隆朝奏折》第16辑"乾隆二十一年十二月二十一日"，第405页。

审问当初的承办官员，都需要时间谨慎办理。如果查核不清而在其他的奏事折中匆忙交代，又有草率办理的嫌疑。又称等待爱必达一同审理，并不是要故意拖延、观望形势，而是爱必达作为新任巡抚于十二月十二日要到苏州接印，且当时按察使许松佶也在苏州，所以才于当天赶到苏州会审，并且在二十一日的奏折中已经详细奏明案情了。行文以"承认"错误的自我批评结束，说什么咎无可辞，但只承认错在以前奏及他事时，没有交代已经接到谕旨正在办理之中，因而格外让圣聪挂念了，故是"一时愚昧"，至于其他乾隆认定的种种要害问题都是避而不谈。① 两江总督尹继善的这个"认罪折"于腊月二十五日缮写，送到京师估计正好是二十二年的正月初一前后。辞旧迎新，本该是与民同庆的欢喜日子，但正月里的乾隆皇帝似乎没有这种闲情逸致，连续下了五道谕旨严厉清算庄有恭错误的要害和两江官员的不良习气，其中多数还是在正月十五日元宵节之前。

第一道是在大年初三。继续说庄有恭错误的要害在于"天下岂有绞候重辟，督抚擅自问拟，不先奏明遽行准赎收银"，行令解任从严审理。然而，同时以至更多是批评、警告、督促尹继善：平日姑息迁就，案发奏事迟回观望，报告案情敷衍塞责。再次要求他务必彻底查出实情并即刻覆奏，并警告说不可再含混了事，"倘模棱两可，仍存大事化小、小事化无之见，希图苟且完结，朕必另派大臣审讯"，让这位两江总督好自为之，同时也在敲打刚刚上任的江苏巡抚爱必达。②

五天之后，正月初八清算的口气更为严厉。乾隆一如既往地申饬庄有恭的错误，"试思缳首重罪，岂有竟不上闻，而督抚即可擅自批结者乎"？而且反问的口气加重了他对这种"不与上闻""擅自批结"行径的愤怒，还树立了一个老实报告尊重皇帝的好榜样——直隶总督方观承，以资督抚大员们学习。由此，更进一步印证前面所说乾隆皇帝决定对此大张旗鼓严厉整饬的种种担心和忧虑。同时，对两江总督尹继善的批判也进一步升级，断定他当时肯定知晓此事，现在如此拖延塞责办理，是姑息迁就的老毛病又犯了，著严旨申饬，并让新任江苏巡抚一体听闻以资警告。③

---

① 《宫中档乾隆朝奏折》第 16 辑"乾隆二十一年十二月二十五日"，第 448 页。
② 《清高宗实录》卷五三〇"乾隆二十二年正月乙未（初三）"。
③ 《清高宗实录》卷五三〇"乾隆二十二年正月庚子（初八）"。

正月十一日，乾隆皇帝让丁忧期满原本安排就任南河总督①的庄有恭在家老实待罪，准备接受审判，为什么呢？一句"观其擅专妄谬如此，大失人臣敬事之道"，再次刻画了他对庄有恭有失臣道、僭越君权的批判，而且声称"实为观之骇然"，当然不愿意"将来督抚相率效尤"了。② 五天后，又命将深负皇恩的庄有恭彻底革职，并从广东番禺老家③押解到江苏听候审问，同时把案内涉及的其他府州官员一并解任严审。④

尹继善、爱必达等人审来审去，还是认定庄有恭于朱晠捐赎一事仅错在不具题、奏闻实属"悖谬荒唐"，对乾隆皇上所说的"必有别项情节"一直说审无其事，这不禁让借此深入持久查案的乾隆皇帝有些光火，说尹继善"希图草率了事"，著再传旨严厉申饬，并令两人将一干人犯押赴接驾处，交其他官员审理。⑤ 四月份，更认定庄有恭的错误源于尹继善平时的姑息迁就，"是庄有恭之情罪，尹继善实有以纵之"。事前知悉此事但既不制止，又未查参，令将尹继善交部严加议处，并准备将庄有恭拟绞。⑥

有趣的是，经后来接手的其他官员审讯查实，庄有恭确实没有侵吞赎银的"别项情节"，先免死发往军台效力，后又署理湖北巡抚，庄有恭的"过山车"命运似可暂告一段落，但事情还未最后终结，乾隆皇帝念念不忘再行警告各省督抚日后必须老实奏报，不可再行重蹈覆辙，"嗣后民间词讼、案件，概不得滥行准罚。若果所犯之罪本轻，而为富不仁情实可恶，则酌量示罚……但须奏明请旨，不许擅自批结"。最后的"不可擅自批结"一句，终于又落在了他的根本用意和原始出发点上了。综观这个"杀一儆百"的过程，乾隆不可不谓用心良苦，他要让外省督抚都牢记，日后必须严格尊重君权不得擅断，否则庄有恭被忽予忽夺的曲折经历就是实实在在的教训。⑦

---

① "二十一年，丁母忧，命予假百日，回籍治丧，于伏汛前至淮安，署江南河道总督。"参见赵尔巽等《清史稿》卷三二三，中华书局，1977。
② 《清高宗实录》卷五三〇"乾隆二十二年正月癸卯（十一日）"。
③ "庄有恭，字容可，广东番禺人。"参见赵尔巽等《清史稿》卷三二三，中华书局，1977。
④ 《清高宗实录》卷五三一"乾隆二十二年正月戊申（十六日）"。同时，又审出庄有恭另有此前擅准生监陆谷孙捐赎一案。
⑤ 《清高宗实录》卷五三一"乾隆二十二年正月己酉"。
⑥ 《清高宗实录》卷五三六"乾隆二十二年四月辛未"。
⑦ 《清高宗实录》卷五三六"乾隆二十二年四月辛未"，卷五三七"乾隆二十二年四月丙戌"，卷五四〇"二十二年六月庚午"。

　　通观朱珊捐赎案的前后过程，乾隆皇帝始终处在操控局面的主导地位，掌控事情的不断发展和最后结果。此事从另一角度提醒我们，需要冷静看待乾隆皇帝和外省督抚政治关系的全面内涵。虽然有诸多类别的司法案件表明君臣之间关系复杂而微妙，并非绝对的乾纲独断的静态结论，而是彼此作用与反作用不断持续的动态过程，但也不能全然矫枉过正，毕竟乾隆的主导作用仍是必须正视和强调的关键因素，尤其在关系君臣权力界限的大案要案上更是如此。而这种对乾隆君臣关系的部分冷静回归，不是倒退到原点，而是认识论上的螺旋上升。

第七章　清代省例的立法基础及其
与中央制定法的关系

本章的研究对象是清代兼有立法与司法、行政三重意义的省例。作为立法形式，省例不仅是清代地方各省此前司法和行政实践的总结，又将指导随后的司法和行政实践。省例本质上属于地方性法规而又非普通的地方性法规。中国古代地方性法规由来已久。清代是传统帝制社会地方性法规发展的集大成阶段，其中地位最高、最有特色者当属省例。本章将继续基于司法与行政的互动视角，在介绍清代省例概况（沿革流变、存留概况、类型分布、制定程序以及批准颁行程序）基础上，基于儒家元典进一步阐发清代省例的立法基础，并探求清代以省例为代表的地方性法规与中央制定法的关系以至中央和地方的权力关系。

第一节　清代省例概况

地方性法规①在中国帝制社会中早已出现。清代是地方性法规编纂的集大成阶段，其中地位最高、最有特色者当属省例，系由省级政府长官（主要是督抚大员）制定颁行，是以地方性行政法规为主体，并部分含有地区性特别法的法规汇编，对中央法具有重申、解释、补充甚至修正作用。虽然省例大多以各省最高行政长官督抚为最终立法主体，其制定程序却须经过文书草拟、审查、批准等步骤，呈现自上而下、自下向上、上下结合等不

---

① 古代地方性法规（地方法律体系）是由朝廷就某一地区特定事务管理制定的特别法以及县以上各级地方官府或长官发布的各种形式的地方法律构成的。参见杨一凡《重新认识中国法律史》，社会科学文献出版社，2013，第6页。

同制定程序，客观上集合了上上下下不同级别官员的经验与智慧，也使得省例不再是过去那种人存政举、人亡政息的官员个体性告示，而是效力更为持久、影响更为广泛的地方性法规。清代省例的最后批准颁行，须经本省最高行政长官之手。在督抚意见不一时，可能会出现反复汇议、修改，须更加慎重考察。

一 从传统地方性法规到清代省例

历史时期中国疆域不断扩大、人口日益增加、经济文化发展不均衡，兼之各地自然地理、风土人情各有不同，可谓"事有无穷之变"。尽管自秦汉以至明清，法律形式愈发多样（律、令、格、式、典以及律例、则例、事例、会典、成案等等），不同领域立法愈发丰富（行政、经济、刑事、民事、军政、文化教育等等），然而以有限数量的全国性统一立法应对处理各地层出不穷的种种具体问题，难免心余力绌，由此地方性法规应运而生。在实践意义上，地方性法规在中国帝制社会中早已出现，包括地方官的临时告谕和出自较高层政府的地方立法，然而正式的法律意义上的地方立法权到民国初年才最终实现。

秦朝时法律体系既包括君上颁行的律令与朝廷制定的各种式、例，也包括郡守颁布的地方性法规，譬如《睡虎地秦墓竹简》中的《语书》，系南郡太守腾给县、道啬夫的告谕文书，具有地方法令性质。[①] 秦汉时期，地方性法规多以语书、教、条教、记、府书、科令、条式等形式发布，内容涉及劝课农桑、移风易俗、学校教化等等，被认为是地方行政长官行使职权的重要手段，体现了封建政治的人治精神。[②] 唐宋时期亦不乏地方立法及适用于民族地区的法律，如敦煌出土的唐代《沙州敦煌县行用水细则》，系唐代中央法规《水部式》在地方层面的执行细则。[③] 迨至宋代，地方性告谕十

---

① 刘海年：《云梦秦简〈语书〉探析——秦始皇时期颁行的一个地方性法规》，《学习和探索》1984 年第 6 期。《语书》详细文本，请见杨一凡、刘笃才编《中国古代地方法律文献》甲编第一册，世界图书出版公司，2006。

② 阎晓君：《略论秦汉时期地方性立法》，《江西师范大学学报》（哲学社会科学版）2000 年第 3 期。

③ 宁欣：《唐代敦煌地区农业水利问题初探》，载《敦煌吐鲁番文献研究论集》第三辑，北京大学出版社，1986，第 638～651 页。转引自王志强《中国传统法的地域性论略》，《复旦学报》（社会科学版）2002 年第 3 期。

分盛行，榜文、禁约已经成为地方各级衙署行政过程中时常采用的法律形式，而且还存在地方保护性规定与中央制定法彼此矛盾的情形，宋人判牍中更有援引地方官员制定的"使州约束"作为审判依据的事例。① 以上，各级地方衙署制定的法规内容主要聚焦地方行政事务及民间事宜管理，而且法律形式较为简单，有关法规的记载较少。明代中后期到清末，随着社会变革和经济的发展，地方立法日益发达。②

有明一代地方立法法律形式更加多样，数量也更为丰富。不仅有省、府、州县等各级地方长官发布的大量政令、制定的地方法规，还有巡按各地的官员以告示、禁约、条例、则例等形式颁布的地方性法规。清初陆寿名、韩诩辑录的《治安文献》中，收录有明代应天巡抚胡应台、江西巡抚王守仁等人所作条约、批申、公檄和告谕等。明代吕坤著《实政录》收录多种禁约，包括他巡抚山西及担任提刑按察使时发布的《籴谷条约》《乡甲事宜》《提刑事宜》等。一代名臣海瑞任官十八年间，制定了《告示八则》《拟丈田则例》《督抚约束》《兴革条例》《教约》等地方法规。而《全陕政要》《宝坻政书》《惠安政书》等专门性地方政书的出现，则彰显出明中后期地方法制的长足进展，编撰者多系地方官员或文人，旨在将已掌握的地方政务经验提供给时人或后人镜鉴。③

清代是地方性法规编纂的集大成阶段。一方面，地方官员以告谕等形式颁布的地方法规更为多见。如《总制闽浙文檄》系刘兆麟总督闽浙期间发布的告示、禁约等地方法规集成；《莅蒙平政录》中有撰者陈朝君任山东蒙阴知县时发布的各种告谕；王凤生《宋州从政录》包括其居官期间制定的捕蝗、保甲及义仓等地方性规定；戴肇辰《从公录》（三编）中则收录了其任职多地的告谕；余治《得一录》中留存有各种地方制定的章程、社约；戴杰《敬简堂学治杂录》卷四收录了《署规》《堂规》《差役条约》《捕役条约》《保甲章程》等各种地方政策法规。④ 然而，这种告示禁约具有较强

①　杨一凡、刘笃才编《中国古代地方法律文献》甲编第一册"前言"，世界图书出版公司，2006。田珍芳：《清代地方法规研究》，硕士学位论文，华东政法大学，2018。《名公书判清明集》卷四《袁明与袁安互诉田产》，中华书局，1987，第111页。
②　杨一凡、刘笃才编《中国古代地方法律文献》甲编第一册"前言"，世界图书出版公司，2006。
③　官箴书集成编纂委员会编《官箴书集成》，黄山书社，1997。
④　以上，请参官箴书集成编纂委员会编《官箴书集成》，黄山书社，1997。

的个体性，往往"人存则政举，人亡则政息"，随官员离任或去世而名存实亡。另一方面，地方性法规中地位最高、最有特色的省例（或名为宪规、成规、成例、通饬、通饬章程等等）出现。"省例"作为法律用语最早出现在清代，乾隆时期的法律文书中已经出现了"省例"的称谓。①

清代省例属于地方性法规的范畴而又不是普通的地方性法规。它多由省级政府长官（主要是督抚）制定颁行，是以地方性行政法规为主体，并部分含有地区性特别法②的法规汇编。③ 正如《福建省例》弁言所载，"本书内容，多系办理福建全省各项政务的章程条例，所以称作省例"④。它对中央法具有重申、解释、补充甚至修正的作用，在某省区域内具有通行的效力，得到各级地方官的充分尊重，是目前所见数量最为可观、最具有典型地方立法性质的史料。在制定主体方面，省例并非出自一般基层官员，而是以地方官员中地位最高的省级政府长官为主体，并非个人性质的作品汇编，而是官方主持的重要文件集成；形式方面，并非只鳞片爪的零星罗列，而是具有相当完备、系统化的载体形式；时间上，不同于人存政举、人亡政息的一般性告谕，具有相对比较稳定长久的效力；地域上，影响力

---

① 据考证，在福建省，"省例"一词在乾隆三十八年（1773）以前已然开始使用，"捐款例"中《署理悬缺员应俟修署扣完后始可详借》载，"窃查各官借廉修理衙署，前于乾隆三十八年间原定省例"，说明"省例"的说法至少在乾隆三十八年已然开始使用。与之类似的"成规"一词出现于乾隆二十六年（1761）左右，其中一条《航船被失分别赔赃》同年经督抚批准后载入。更早者，乾隆九年（1744）根据湖北按察使石去浮的建议，规定对于"涉定例之部文"，督抚接到同日须一并告知藩臬两司，然后逐级向下传达，如有传达不力或者遗漏则酌情治罪。自此，由各省地方对朝廷定例进行汇编、刊印开始成为制度。发展到后来不仅分类汇编中央定例，逐渐也把本省的地方法规囊括进去。参见田珍芳《清代地方法规研究》，硕士学位论文，华东政法大学，2018，第 25～26 页。
② 地区性特别法是指由中央制定发布，对特定地区内的某些特别现象作出不同于其他区域的专门规定。虽广泛存在于全国性通行法中，然而仅适用于特定区域，因而具有鲜明的地域性。清代地区性特别法，地域上，多聚焦"首善之区"京师、"龙兴之地"盛京以及福建、云南、贵州、新疆、蒙古、四川等省份（地区），反映了以首都为中心、以边疆为屏障的基本指导思想；立法主体上，多经地方督抚、藩臬两司、办事大臣、顺天府尹、盛京各部等地方官员建议而制定，明确由中央刑部、理藩院或都察院制定者相对较少，是中央和地方司法权力分配与互动的产物；内容上，多针对重大犯罪且强调从重处罚。参见王志强《清代国家法：多元差异与集权统一》，社会科学文献出版社，2017，第 1～21 页。
③ 田珍芳：《清代地方法规研究》，硕士学位论文，华东政法大学，2018，第 9 页。
④ 《福建省例·弁言》，"台湾文献资料丛刊"第七辑，（台北）大通书局，1987。

相当广泛，在一省范围内具有普遍的法律约束力。^① 因此，省例作为补充律例的独立法律形式，其地位和效力得到时人普遍认同，是最重要且最具代表性的地方性法规，不仅为历史时期地方立法研究提供了不可替代的重要史料，而且对于当下科学立法及法治政府建设多有镜鉴意义。

迨至清末，地方立法更加繁盛，各种单行性省例更是呈井喷之势。时值列强入侵、农民起义此起彼伏、社会动荡变革之际，各省为救亡图强，积极推进法制变革，制定了一系列专门性的单行地方法规，包括旨在加强实业、财政、商业、税务管理的实业章程、裁减公费章程、清赋章程和各种商税则例，另有用以加强社会治安管理的城治章程、警察章程，兼及以社会救济为内容的赈捐章程、义仓章程等。^② 以上这些，不仅立法数量多、专门性强，而且内容更加近代化。

二　现存清代省例概况

（一）清代省例整体分布

根据既往国内外学者的研究成果^③，现存清代省例大体有两类。第一类

---

① 王志强：《论清代的地方法规：以清代省例为中心》，载刘东主编《中国学术》2001 年第 3 辑，商务印书馆，2001。王志强：《中国传统法的地域性论略》，《复旦学报》（社会科学版）2002 年第 3 期。曾哲、高珂：《清代省例：地方法对中央法的分权》，《武汉大学学报》（哲学社会科学版）2011 年第 3 期。侯欣一：《学科定位、史料和议题——中国大陆法律史研究现状之反思》，《江苏社会科学》2016 年第 2 期。

② 杨一凡、刘笃才编《中国古代地方法律文献》甲编第一册“前言”，世界图书出版公司，2006。

③ 海外方面，日本学者较早展开清代省例研究。20 世纪初，织田万在《清国行政法》第二编“清国行政法之渊源”中，专门以一节内容介绍了清代省例，认为是清代行政法的成文法渊源，并简介省例的概念、性质与纂修。寺田浩明《清代の省例》（1993）立足日本所藏文献，对清代省例的存世状况、基本结构和性质作了较为详尽的研究。谷井阳子《清代则例省例考》（1995）沿用寺田浩明的观点，剖析了藩臬两司在地方立法中的作用以及省例的刊发状况。国内学界，较早涉及清代省例研究者当属著名清史专家王锺翰先生，其《清代则例及其与政法关系之研究》（1940、2003）一文，论及省例的性质、内容、产生时间及其与中央律例的关系。张晋藩先生在《清代民法综论》（1998）中，提到省例、告示等地方文献中也含有民事法律规范，并援引《治浙成规》《福建省例》论证开垦荒田的归属及清代“一田二主”现象。苏亦工《明清律典与条例》（2000）提出，省例与会典、则例并称清代三大行政法源。郑秦《清代法律制度研究》（2000）认为清代省例作为地方性法规，在清代法律体系中的地位虽然没有明文规定，却是一种在地方发生实际效（转下页注）

综合性省例是主体，涉及一省行政、民事、刑事、经济、文教、司法、风俗等，如现存福建、广东、江苏、浙江、江西、湖南、四川、山西、山东、河南等地省例①。第二类是专门性省例，专治一省专门事项，如《直隶清讼章程》《豫省文闱供给章程》《山东交代章程》等等。②其中，各综合性省例具体名称、版本及大致内容详见表7-1。

（接上页注③）力的实在法，并具体介绍了《山东（现行）通饬章程》。杨一凡、刘笃才在专著《历代例考》（2012）中专文论及"清代的省例"，对清代各省例的基本情况做了简要论述，界定了省例的性质，并认为与清前中期相比，晚清地方立法具有整体数量多、专门性法规多、内容更为近代化等特征。王志强的系列论著，对包括省例在内的清代地方性法规着力颇深，尤以修订的新作《清代国家法：多元差异与集权统一》（2017）为代表，立足中央集权的政治结构分析地区多元差异的基本体制背景，指出通过省例对中央法的重申、解释和补充，两者关系的主流是地方统一于中央，然而地方省例并非单纯的中央制定法的传声筒，某些情况下也会出现一些偏差甚至背离，也时常受到来自中央的干预，同时阐发了不同省例之间异同共存的状态，认为这些无不折射出地方与中央关系的"动态平衡格局"。胡震《清代省级地方立法：以"省例"为中心》是目前国内第一部以清代省例为研究对象的专著（2019），介绍了现存各省省例的名称、版本、刊印年代、存世状况等基本信息，进而以省例为中心对清代地方立法进行综合研究（涉及省例的含义、性质、产生及其编纂刊刻），并以《治浙成规》和清代多省普遍面临的"当赃取赎"为例展开个案研究。他认为清代内外相维的中央集权政体决定省例整体上是中央通行法的补充与发展，然而省例体现的中央与地方关系，不是静止不变的命令与被命令状态，而是某种此消彼长、变动统一的动态平衡格局。陈子盼（2016）基于《治浙成规》和《福建省例》，探讨了清代省例的基本范式（立法主体、基本内容与公布方式等）。与既往论著经常强调省例内容多为行政立法不同，刘正刚（2020）通过检视孤本同治《河南省例》，指出以户例为代表的社会经济立法占有较大比重，彰显了清代河南社会经济发展的地方特色，同时具有因应社会变化而不断调整的动态特征。专题研究方面，典型者莫如郑振满透过《福建省例》阐述了有清一代地方财政与政治职能的演变，邱澎生分析《治浙成规》中有关当铺、染坊因业务过失赔偿立法的过程。相关研究还聚焦官员交接制度、土地制度、典当业行规、禁毁戏剧等。此外，在清代监察制度、保甲制度、救灾法规、契约法制的研究论著中亦有涉及省例者，篇幅所限不再赘述。就省例研究的区域分布而言，多集中于福建、江苏、浙江、河南等。以上参见胡震《清代省级地方立法：以省例为中心》"绪论"，社会科学文献出版社，2019，第3~5页；王志强《论清代的地方法规：以清代省例为中心》，载刘东主编《中国学术》2001年第3辑，商务印书馆，2001；王志强《清代国家法：多元差异与集权统一》，社会科学文献出版社，2017，第66~100页；田珍芳《清代地方法规研究》，硕士学位论文，华东政法大学，2018。

① 根据胡震统计，现存清代综合性省例涉及12省份，包括江苏、浙江、福建、广东、山东、湖南、河南、四川、江西、山西、安徽、陕西等地。胡震《清代省级地方立法：以"省例"为中心》，社会科学文献出版社，2019，第10~29页。

② 张晋藩：《中华法文化的传统与史鉴价值》，《求是》2019年第7期。

表 7 - 1　现存清代省例分布概览表

省份	省例名称	版本内容	备注
福建	《福建省例》	现存四个版本（日本东洋文化研究所本、台湾大通书局版本即戴炎辉藏本、上海图书馆本、北京大学图书馆本）。时间从乾隆十七年（1752）到同治十一年（1872），依照内容和时间编排，包括公式、仓库、钱粮、奏销、交代、税课、田宅、科场、盐政、铁政、海防、邮政、刑政、铨政、征收、杂例等33类484件章则条款、告示禁令	另有续编、再续共 60 册，系中央单行法规汇编，少有地方立法
广东	《广东省例》	清抄本，一册48条不分门，内容涉及刑狱者颇多	或系地方官、刑名幕友自用版本
	《粤东省例》	清抄本，7 函68 册，内容不限于省例。标明"省例"的部分 18 册 54 门，除了一般吏户礼兵刑工六部内容外，还有渔疍、瑶客、释道等特色门类	
	《粤东成案初编》	道光十二年（1832）刊本，朱枟编，共 38 册	
	《粤东省例新纂》	道光二十六年藩署刻本，八卷，其中吏例、礼例、刑例、工例等各一卷，户例和兵例各两卷，共收例文198 件	
江苏	《江苏省例初编》	同治八年（1869）江苏书局刊本，4册，分为藩政（钱粮款项、升迁调补等）、臬政（命盗、杂案、监狱、驿传等）两类，内容始于清廷镇压太平天国起义后，各按时间顺序编排	
	《江苏省例续编》	光绪元年（1875）江苏书局刊本，2册，内容从同治八年至光绪元年	
	《江苏省例三编》	光绪九年（1883）江苏书局刊本，2册，内容从光绪元年到光绪九年	
	《江苏省例四编》	光绪十七年（1891）江苏书局刊本，4 册，内容从光绪元年到十七年	

续表

省份	省例名称	版本内容	备注
浙江	《治浙成规》	现存 4 种刊本（乾隆观察使衙门刻本、清乾隆刻本、道光十七年刻本、清末刻本）。其中道光十七年（1837）刻本 8 卷 162 件，包括藩政 4 卷、臬政 4 卷，时间从乾隆二十一年（1756）至宣宗道光十三年（1833）	
	《成规拾遗》	万维翰撰，乾隆三十九年芸晖堂刻本，3 册线装	
江西	《西江政要》	现存 4 种版本，乾隆西江布政使衙门刊本 2 册、江西按察司衙门刻本 39 册 132 卷、乾隆十六年至道光十三年官撰刻本 18 册、咸丰十年至光绪十八年官撰刻本 14 册不分卷	
	《西江政略》	刻本，清杨朝麟辑	
湖南	《湖南省例》	北京大学图书馆藏，湖广总督吴达善纂修本，134 册 136 卷 1440 余件，时间从雍正五年（1727）到嘉庆五六年（1801），内容分名例、吏、户、礼、兵、刑、工七类	
	《湖南省例成案》	日本东洋文化研究所藏本，16 册 84 卷，收录省例成案 805 件，内容分类同上	
	《湖南部驳成案》	刻本，不分卷 100 册，乾隆二年（1737）至嘉庆五年（1800）	
四川	《四川通饬章程》	钟庆熙辑，光绪二十七年（1901）四川谳局刻本，两卷 57 条。多为按察使针对所属各地的狱讼事务发布的条规	
安徽	《皖政辑要》	手抄，稿本，100 卷，宣统末年安徽巡抚陈煦主修，仿照《晋政辑要》和清末官制分为十科，包括交涉科、吏科、民政科、度支科、礼科、学务科、军政科、法科、农工商科、邮传科等，时间从光绪初年到光绪三十四年	清代地方完成的最后一部大型政书

续表

省份	省例名称	版本内容	备注
山西	《晋政辑要》 《晋政辑要》	海宁等辑，乾隆五十四年（1789）山西布政使司刊本，8卷8册 刚毅等重辑，光绪十四年（1888）山西布政使司刊本，40卷32册，按六科分类，末列名例	严格说来，两个版本皆为政书，不是省例。日本寺田浩明认为属于省例
陕西	《（陕西）省例》	据《陕西地方文献目录》（1977年内部文献油印本），陕西省图书馆藏，抄本1册，线装	
河南	《豫省成例》 （乾隆《河南省例》）	清抄本，上海图书馆藏，1册，乾隆十六年（1751）至乾隆五十八年（1793），多为巡抚、藩臬两司、河道、盐驿道等官颁行的地方章程，包括驿马、征收、雨雪、灾赈、盐硝、普济堂、杂税、杂例八类60条	
	同治《河南省例》（孤本）	5册，按吏、户、礼、兵、刑、工六科分类，其中户例较多（24%左右），刑例14%左右	
山东	《乾隆朝山东宪规》	二卷六册，乾隆四年（1739）到乾隆四十二年（1777），多系巡抚、藩司、臬司等发布的政令，亦有户部等衙门咨准巡抚上报的法规文件，内容涉及省级地方行政的方方面面。目录与实际内容差别较大	没有严格分类，亦未按时间排列。杨一凡先生据此认为并非严格意义上的省例，或系幕友及其他文人编录。《中国珍稀法律典籍续编》点校说明认为，这是目前所知最早的一部清代地方法规
	《东省通饬》	中国社科院法学所藏，清抄本，4册1函未分卷，主要是乾隆至光绪年间山东本省发布的处理相关事宜的通饬，亦有少数中央有关机构发布者	
	《山东（现行）通饬章程》		郑秦《清代司法审判制度研究》第134页言及

　　资料来源：综合胡震《清代省级地方立法：以"省例"为中心》，社会科学文献出版社，2019，第10~29页；王志强《清代国家法：多元差异与集权统一》，社会科学文献出版社，2017，第66~100页；刘正刚《清代地方经济立法探析——以孤本同治〈河南省例〉为例》，《安徽师范大学学报》（人文社会科学版）2020年第2期；田珍芳《清代地方法规研究》，硕士学位论文，华东政法大学，2018；杨露《清抄本乾隆〈河南省例〉整理与研究》，硕士学位论文，暨南大学，2019。

　　以上即普遍收录的清代综合性省例，涉及12省、20多种、30余版本。

需要说明的是，经学者考证，多认为《晋政辑要》《皖政辑要》《西江政要》属于政书性质，《乾隆朝山东宪规》属于私家辑录，并非严格意义上的省例。

（二）清代省例的编排体例

目前所见清代十余省综合性省例，内容编排体例可以大致分为三种。

1. 藩臬二分法。即把整体内容分为"藩政""臬政"两个类别，如《江苏省例》与《治浙成规》，但具体处理方式略有区别。《江苏省例》根据例文的具体内容确定归属，如钱粮款项、官员升迁调补归于藩政，而命盗杂案、监狱、驿传事宜则为臬政。而《治浙成规》则是依据具体例文的制定机关归类。

2. 六部分类法。即按照《大清律例》吏、户、礼、兵、刑、工六部框架依次编排具体内容，如《湖南省例》《湖南省例成案》《粤东省例新纂》等。这里有两点需要特别注意。其一，"名例"的特殊存在。湖南的两种省例在六部具体内容之前，各有名例4卷、2卷，正与《大清律例》首列名例律、次及六部律例的顺序一致，符合自南北朝以来律典首列"名例"传统，正如《唐律疏议·名例》所言："名者，五刑之罪名；例者，五刑之体例。名训为命，例训为比，命诸篇之刑名，比诸篇之法例。"其二，清末官制改革催生的新兴门类。典型者莫如《皖政辑要》，因为编纂于清末官制改革前后，所以编排门类中既有传统的吏科、礼科名称，有新瓶装旧酒性质的度支科、法科、军政科名目，更有交涉科、民政科、学务科、农工商科、邮传科等崭新门类，是晚清时局大变动的直接反映。

3. 事务性分类法。即根据具体规范事例的不同分类排列，类似不少清代方志的体例。譬如《晋政辑要》《粤东省例》《福建省例》等，但具体涵括门类不同，并呈现出一定的地域特色。如《晋政辑要》与黄河密切相关，特别设有"黄河源流""渡夫工食""晋省水利"三个门类，并且府州设置也和黄河息息相关。《粤东省例》则具有鲜明的沿海省份特点，涉及渔凿、海防、渡船、瑶客等特殊内容，与此类似，《福建省例》则有"海防"门类。

此外，就省例内容的呈现形式而言，主要分为两类：一种是行政公文形式，例如《湖南省例成案》，一定程度上保留了官场议事过程；另一种是条文形式，如《粤东省例》，呈现的是议事结果。①

（三）清代省例的文书类型分布

在省例中，不同立法主体颁布的不同法规被以不同的公文种类记录下来。按照行文走向划分，包括上行文书、平行文书和下行文书三类。第一类上行文书（包括"呈""详""禀"等形式），系下级向上级汇报和请示的公文，而且用"详"抑或"禀"也有一定章程，如《福建省例》规定，"若地方雨水紧要大案，须令上司早为闻知，缮详恐致迟误，则当用禀。其余攸关动支销算仓库钱粮，并申报实伤拿获人犯等事，当用详"②。

第二类平行文书（包括省部之间"咨""照会"及两司之间"票"等形式），系平级衙署或职能部门之间的来往公文。如前《福建省例》中《各省有将关系生死出入大案审出实情著督抚核实题奏》一条，系道光六年闽浙总督（孙）准吏部咨文，命刊入省例，因地方督抚与中央六部地位相当，故公文往来用"咨"。③ 此外，藩臬之间地位大体相当故也用平行文书，如藩司本《福建省例》多处载有"按察使司某票"④。

第三类下行文书（包括"牌""札""檄""批"以及"宪示""宪谕""宪票""示谕"等），系上级长官向下级官员发布命令以及指示的公文。具体可参看下文《拿获窃犯审实即行刺字 三犯分别赃数绞遣》中的公文往来称谓：

> 一件遵批议覆事。乾隆十八年十一月，奉巡抚部院陈批：查例载，直省窃盗首犯者，俱照例刺字，不得以赃少罪轻免刺。其应遣者，俱照例发遣等语。……据延平府胡守禀称，各属办理窃案，虽屡犯屡获，

① 杜金：《清代法律体系的多重叙述与重构——评王志强〈清代国家法：多元差异与集权统一〉》，《交大法学》2018 年第 4 期。
② 《福建省例·公式例·用详用禀章程》，"台湾文献资料丛刊"第七辑，（台北）大通书局，1987，第 2 页。
③ 《福建省例·刑政例下·各省有将关系生死出入大案审出实情著督抚核实题奏》，"台湾文献资料丛刊"第七辑，（台北）大通书局，1987，第 1006 页。
④ 《福建省例·刑政例上·夫殴妻妾轻伤因而自尽照例勿论》《福建省例·刑政例上·斩绞军流人犯所穿红衣只需填写某县犯人某人不必写斩绞等字》《福建省例·刑政例上·贫民卖妻严禁棍徒妄为洗街通闻名色横分财礼》等条，"台湾文献资料丛刊"第七辑，（台北）大通书局，1987，第 843、857、860 页。

并不刺字，请严檄通饬。并请犯至三次者，即拟军流等因。奉宪批司查议等因。本司查窃犯刺字，原应遵例而行，应如该府所请，通饬各属，凡获到贼犯，务必照例刺字。……该府所请，三犯窃盗，赃数不多，应拟军流案件，毋庸解司之处，应毋庸议。是否合就详覆，伏俟宪夺，批示饬遵缘由。

奉批，办理窃案务遵定例刺字。……仍候督部堂批示。缴等因。

乾隆十八年十一月初九日 福建按察使司刘详①

以上延平府知府（胡）"禀"系上行公文，巡抚（陈）"批"按察使司刘查议系下行公文。该司查议后，以"详"形式向巡抚汇报。巡抚（陈）自上而下"批示：如详通饬各属"，并候闽浙总督最终"批示"。通检《福建省例》，各类公文分布数量大体统计如表7-2。

表7-2 《福建省例》各类公文种类及数量一览表

公文性质	公文种类	数量
上行文书	呈	2
	详	169
	禀	17
平行文书	咨	4
	案	7
	票	4
下行文书	牌	60
	札	40
	批	5
	示谕	5
	宪示	3
	宪票	2
	宪谕	1

资料来源：以上据台湾大通书局版《福建省例》。部分参考田珍芳《清代地方法规研究》，硕士学位论文，华东政法大学，2018，第35页。

---

① 《福建省例·刑政例上·拿获窃犯审实即行刺字 三犯分别赃数绞遣》，"台湾文献资料丛刊"第七辑，（台北）大通书局，1987，第840页。

三　省例的立法主体和制定程序

省例的立法主体，在大体一致的基础上有所差异。一些省例如《江苏省例初编》强调省例仅限于本省省级政府层面制定，"《省例》一书，原为外办事件遵引而设。如已奏咨有案，概归条例，以清界限"①，这里的外办事宜系指地方衙署自身独立处理或终审的事项。而《广东省例》指出在此之外，还包括地方官针对地方性事务提出建议、经中央批准的事项，据《粤东省例新纂》称所载内容，"悉属本省外办章程，及与成例稍有变通者，或经详明两院，或经咨准部覆，俾昭程式"②。现存各个省例兼有这两类情况，而地方尤其是省级衙署制定的法规占绝大多数。以《福建省例》为例，在 484 件法规中，经中央批准、颁布实施或者上报中央者仅有 22 件。③ 又如《治浙成规》162 件法规中，本省提出立法建议、由君上或中央六部批准的仅有 9 件，另有 4 件直接将其他省份的咨文通饬遵行，余者皆是本省督抚两司等官员制定颁行的。

虽然省例大多以各省最高行政长官督抚为最终立法主体，却非成于一时一人之手，一般需要经过文书草拟、审查、批准等步骤。仍据《福建省例》，大体可见三种制定程序，即自上而下、自下向上、上下结合。

第一种自上而下的方式，即布政使司（按察使司）将接到的督抚指令转化为省例。如《福建省例》中《命案只准指告正凶》一例，系同治元年（1862）福建巡抚（徐）札行布政使司通饬各属并刊入省例：

> 一件饬遵事。同治元年九月十八日，奉巡抚部院徐宪札：照得各属命盗及词讼案件，株连多人，以致家破身亡者不可胜计。衙门丁胥勾串奸徒，牵引索诈，讦讼不休，拖累致毙者，又不知凡几。言念及此，实堪痛恨！合亟剀切晓谕：以后各属斗殴人命，实系因伤身死，只准指告正凶，其并未帮殴者不得连累，命案干证词内不得过二人。……

---

① 《江苏省例初编·凡例》，同治八年（1869）江苏书局刻本。
② 黄恩彤编《粤东省例新纂·凡例》，道光二十六年（1846）广东藩署刻本，（台北）成文出版社，1968 年影印。
③ 王志强：《清代国家法：多元差异与集权统一》，社会科学文献出版社，2017，第 31～32 页。田珍芳：《清代地方法规研究》，硕士学位论文，华东政法大学，2018，第 28 页。

除出示晓谕，并札饬各府州，即速将示谕转发所属，严饬痛改前非，力除锢习，庶几官民相安，感召天和，以冀挽回灾劫，考成其小焉者也。特札外合并札行。札到该司，立即一体转饬遵办，毋违等因。奉此，通饬遵照在案。①

第二种系自下向上方式。先由各级地方官或藩臬两司先行请示报告，经督抚允准后颁布实施而成为省例。具体例证可以参考《福建省例·捐款例·闽省公捐资助照原定章程分别办理，从前所办与例未符之案，概不准其援照，一律查销》：

一件详请刊刷省例通饬遵照事。嘉庆二十四年九月十六日，奉总督部堂董批本司呈详：窃查闽省议立公捐资助一款，原定省例内载……仍有与例不符者。缘历年既久、法弛弊生，迨后复藉有办过准给成案，一任相沿给领，殊与省例不符。应请通饬各府州遵照，自嘉庆二十四年九月为始，悉照原定章程分别办理。其从前所办与例未符之案，概不准其援照，一律查销，仍刊入省例颁行，俾期永远遵循。……奉批：仰候抚部院衙门批示饬遵，录报。缴。又于九月二十日，奉兼署巡抚部院董批：如详饬遵，仍刊入例册颁送。并候督部堂衙门批示。缴各等因。奉此，刊入省例通颁遵照。②

以上从颁布到施行过程中自下而上，先由福建布政使司请示，再由总督、巡抚（这里系闽浙总督董教增兼任）核查批准，最后颁布实施并刊入省例。

第三种系最为普遍的上下结合方式。先由县、府官长或藩臬两司等提出建议，继之督抚批示，并提出一些具体要求，而后由藩司联合臬司等汇议，制定具体规范，最后再向督抚报告，经批准后颁布实施。如乾隆年间福建为防止递解途中军流人犯脱逃而提出的兜解之法，上下结合的互动程

---

① 《福建省例·刑政例下·命案只准指告正凶》，"台湾文献资料丛刊"第七辑，（台北）大通书局，1987，第1011页。
② 《福建省例·捐款例·闽省公捐资助照原定章程分别办理，从前所办与例未符之案，概不准其援照，一律查销》，"台湾文献资料丛刊"第七辑，（台北）大通书局，1987，第367~368页。

度很是深入，而且更清晰地呈现出刑名政策在一省之内行政层级之间逐级流转的详细程序。该法先经将乐县知县靳汉文提出，对此闽浙总督杨应琚批示按察使史奕昂作为通省"刑名总汇"议详。之后，该臬司先行令将乐知县的上级延平府知府查议此事，在后者认同此一建议后，方与布政使两司会详，呈报巡抚、总督批示。经督抚同意后，通饬各属遵照办理并载入《福建省例》。[①]

由此经过几上几下的程序，原拟文书方可颁布实施，刊入省例，客观上集合了上上下下不同级别官员的经验与智慧，同时也使法规政令具有较为完备而系统的载体形式。有基于此，省例不再是过去那种人存政举、人亡政息的官员个体性告示，而是效力更为持久、影响更为广泛的地方性法规。

四　省例的批准与颁行程序

清代省例的批准颁行，须经本省最高行政长官之手。若一省中只设总督或者巡抚，程序相对简单，只需经过总督或巡抚允准即可颁行。如若既设巡抚又有总督节制甚至督抚同城办公，则程序相对繁复，须分别请示总督和巡抚。[②] 仍据《福建省例》，一般行书中皆先记录总督批示，如"奉批：如详通饬遵照，刊入省例。仍候抚部院批示"。继而是巡抚批示，"如详通饬遵照，刊入省例，并候督部堂批示。"最后的结语多是："奉此，刊入省例通颁遵照。"

在督抚意见不一时，可能会出现反复汇议、修改，更加慎重处理。据《福建省例·铨政例·凡告病人员，毋论州县丞倅以及教杂等官，文报到司五日内详咨开缺》，开篇"一件为妥议章程，详请示遵事"，系布政使司于嘉庆十九年四月将"妥议章程"向上请示，对此总督批示："奉批：据详已悉。仍候抚部院批示，刊入《省例》遵行，通颁呈送。此缴。"接下来，巡抚张（师诚）并未直接同意刊入《省例》，而是提出了章程中存在的一些问题。据此，布政使司按照再进行讨论、修改、向上申报，获得总督汪（志

---

① 《福建省例·刑政例上·解审重犯，县捐雇夫两名，将链锁拴住兜杠，不必同差搭锁》，"台湾文献资料丛刊"第七辑，（台北）大通书局，1987，第844页。

② 对于自上而下型省例的制定程序，如果总督未特别指出必须经过巡抚批示，布政使司一般不会再去请求巡抚批示。田珍芳：《清代地方法规研究》，硕士学位论文，华东政法大学，2018，第28页。

伊）最后批准。①

在各个省例包括《福建省例》条文形成过程中，也会看到一些特殊情形。譬如仅有督抚一人批示，甚或两者批示皆无。这些可能是由于原批示件丢失，或者发生于总督兼任巡抚以及官员尚未到任之际。也有可能事出紧急，或许可以跳过其中之一或者由布政使司、按察使司直接颁布实施，事后再追补程序。② 还有一种可能是，一些省份常设非地方政府序列的"专业性质"的机构（如漕运、河道、盐务、税关、仓场等等），一些较为特殊的省例文书需要漕、河、盐、税、仓等官员联合签署方能生效。③ 如乾隆年间《福建省例·刑政例上·防范徒犯章程》，文末署名系由布政使司德、按察使司来与粮驿道杨会详，因为徒犯安插谋生需要根据不同情形，涉及安插驿站者以及辨别是否孤贫给发口粮者，故需粮驿道会详副署。④ 而嘉庆十五年间《示严禁天主教》，更系福建督粮道赵、福建布政使司瞻、福建按察使司韩、福建盐法道陈四人联名发布的禁约，旨在严禁传习"邪教"以正人心、敦风俗。⑤

第二节　基于儒家元典对清代省例立法基础的再思考

关于清代省例的立法基础，自然首先合乎"因俗而治、因地立法、制与事宜"的基本原则。⑥ 正如清末两广总督耆英在《粤东省例新纂》序中所

---

① 《福建省例·铨政例·凡告病人员，毋论州县丞倅以及教杂等官，文报到司五日内详咨开缺》，"台湾文献资料丛刊"第七辑，（台北）大通书局，1987，第1117页。
② 杨一凡：《清代的省例》，载《历代例考》，社会科学文献出版社，2009，第450页。田珍芳：《清代地方法规研究》，硕士学位论文，华东政法大学，2018，第32页。
③ 王志强：《法律多元视角下的清代国家法》，北京大学出版社，2003，第28~29页。
④ 《福建省例·刑政例上·防范徒犯章程》，"台湾文献资料丛刊"第七辑，（台北）大通书局，1987，第839页。
⑤ 《福建省例·刑政例下·示严禁天主教》，"台湾文献资料丛刊"第七辑，（台北）大通书局，1987，第988页。
⑥ 张晋藩：《中国古代立法经验镜鉴》，《中共中央党校学报》2015年第1期。张晋藩：《"法与时转"与"因俗而治"——谈古代中国的立法传统》，《北京日报》2019年6月24日，第011版。因俗而治、因地立法、制与事宜在古今中外范围内也是普遍立法原则，《礼记·王制》言及对百姓须辨俗而治，"凡居民材，必因天地寒暖燥湿，广谷大川异制，民生其间者异俗"。明代王夫之更是明确指出，治理天下民众之法决不能一刀切，否则会顾此失彼，"要而论之，天下之大，田赋之多，人民之众，固不可以一切之法治之也。……（转下页注）

言，"律一成而不易，例随时而变通，省例则尤因地制宜，助部例所不备"①；清末光绪朝臬司本《四川通饬章程》"序"也一再声称，"举凡通行部章，因时损益，所以辅律例之简严；通饬省章，因地制宜，所以阐部章之意指"②。两者均特别强调了省例因地、因时制宜的基本属性。

同时，近年来也有一种较有影响的观点值得注意：基于不同省例对于普遍性事务规定的差异，指出省例并非各地因应社风民俗因地制宜的集中反映，各省例之间的差异更多体现了各地官员的利益和经验。具有浓郁行政色彩的省例制定及修改程序，除极个别由民间议请外，绝大多数源于政府在管理、审判中的弊病、疑难，或应中央政府的要求，由各级官员提出制定或修改的建议。他们往往从有利于官方管理的角度出发，即使在个别特殊情况下对客观地理因素有所顾及，也更多源自便利官方管理的主观需要。③除非民间习俗与官员们的切身利益紧密联系时，他们才会将其作为立法时参考的要素。④

（接上页注⑥）盖一切之法者，大利于此，则大害于彼者也。如之何其可行也！"世界范围内，孟德斯鸠《论法的精神》指出地理、气候、物产特别是风俗习惯对法律的影响，以致形成各国法律的不同特点。美国著名人类学家克利福德·吉尔兹进一步认为，"法律是地方性知识"。参见刘笃才《中国古代地方法制的功能结构与发展》，《北方法学》2002年第1期。

① （清）黄恩彤编《粤东省例新纂·两广总督耆英序》，道光二十六年（1846）广东藩署刻本，（台北）成文出版社，1968年影印，第7页。

② （清）钟庆熙辑《四川通饬章程·臬司序》，杨一凡主编《中国古代地方法律文献》丙编第15册，社会科学文献出版社，2012，第387页。

③ 如《粤东省例新纂》对崖、陵、昌、感四州县官员病故，不论年限多少均发给较多周恤银，显然是对官员任职远地的鼓励措施。而来自民间、反映地方客观状况的吁请，如果与官方的利益相抵触或影响其管理的便利，要取得官府首肯则颇有难度。如乾隆十六年（1751），当时规定广东渔民出海以五日为限，经归善县、海丰县渔民请求，按察司依据当地鱼汛的特点要求适当延长，结果被巡抚驳回，后经臬司再度据理力争，要求将期限改为半月，才暂时得到批准。然而根据《粤东省例》乾隆三十一年的规定以及道光年间编定的《粤东省例新纂》中，又改定以船只大小为标准确定出海期限，最多不得超过十日。此事前后经过，详参《粤东省例》卷二十《海防·归等州县渔船出海宽限半月归港 如违照例按日治罪 其食米盐斤按日酌增》《海防·稽查出海船只条款并携带盐斤定数》，《粤东省例新纂》卷六《渔船分别带盐》。参见王志强《清代国家法：多元差异与集权统一》，社会科学文献出版社，2017，第59~60页。

④ 王志强：《论清代的地方法规：以清代省例为中心》，载刘东主编《中国学术》2001年第3辑，商务印书馆，2001，第120~150页。王志强：《清代国家法：多元差异与集权统一》，社会科学文献出版社，2017，第52~63页。

前述王志强先生的研究，史料丰富、论证周详，读来不无道理。然而，反复品读清代省例中最有代表性、研究成果也最为丰硕的《福建省例》① 尤其是刑政例部分，笔者的观感很是不同。在《福建省例·刑政例》上下两部分共计 121 案中，关涉闽省习俗者有 24 案，占五分之一左右（见表 7 - 3）。

表 7 - 3 《福建省例·刑政例》有关当地风俗类禁约分布一览表

案数	篇目
《刑政例》上共计 63 案 有关闽省民俗 17 案	1 劝改械斗
	2 严禁闹丧
	3 严禁赌博
	4 申禁械斗
	5 禁摇会赌博
	6 禁士民锢婢奸媒开馆
	7 禁尼僧受徒卖奸
	8 速葬棺枢
	9 严禁掷石卜兆
	10 禁谋穴盗葬
	11 严禁放火
	12 劝诫械斗
	13 饬首邪教
	14 私开媒馆
	15 禁械斗
	16 禁服毒草轻生
	17 禁健讼

---

① 如郑振满《清代福建地方财政与政府职能的演变——〈福建省例〉研究》，《清史研究》2002 年第 2 期；陈子盼《清代省例的法律范式考据——基于〈治浙成规〉和〈福建省例〉》，《中共青岛市委党校（青岛行政学院）学报》2016 年第 6 期；田珍芳《清代地方法规研究》，硕士学位论文，华东政法大学，2018；魏淑民《儒者之刑名：清代省例立法基础的再思考——基于儒家元典对〈福建省例〉的文本解读》，《史学月刊》2020 年第 9 期；等等。而且，王志强先生在《论清代的地方法规：以清代省例为中心》一文中论及以省例为代表的清地方性法规的立法基础时，对《福建省例》亦时有援引。

续表

案数	篇目
《刑政例》下共 58 案，有关闽省风俗 7 案	1 查禁讼棍串害
	2 禁服毒草毙命图赖
	3 示禁畜蛊害人
	4 示严禁天主教
	5 示禁移尸图诈
	6 谕禁小说淫词
	7 严禁赶书恶习

资料来源：《福建省例》，（台北）大通书局，1987，第 839～1047 页。

此外，在恤赏例中有严禁溺女、杂例中有禁止迎神赛会等类似规定。反复翻阅之下，倍感督抚两司等省级司法主体对闽省民风习俗很是重视，相关告示禁约基于儒家伦理往往具有浓郁的教化为本色彩，在申饬教化的同时甚或存有某种同情之理解（其情可恶，其愚可矜）。在省例文本中，有针对闽省典型恶习而反复禁谕者（禁止械斗四案），有应民人强烈吁请而札行两司会详刊入者（禁服毒草毙命图赖），亦有将近年终岁末而反复告诫提醒百姓者（禁赌博及其变种形式摇会赌博、禁止放火、禁止掷石卜兆等等），有体恤"摽梅"之怨而禁止锢婢、私开媒馆者，等等。如此种种不一而足，很难全然定论其基本立法基础是官僚群体的利益和经验，反而是儒者之刑名的集中体现。

一　对福建民间典型恶习"械斗"的谆谆劝诫

清代闽省民间恶习首推械斗，尤以漳、泉两地最甚，而且往往波及广东等邻近省份[1]，这在清代督抚大员奏折、君上朱批谕旨、《福建省例》及清人笔记小说中均有明确反映，而且问题非常严重：

> 闽省山海交错，风俗剽悍，尚气好争。大姓恃其族众欺凌小姓，小姓联合几姓抵敌大姓，列械相殴，虽云斗殴严同厮杀。更有预为议

---

[1]　《清高宗实录》卷一四三八"乾隆五十八年十月丙寅"。

定抵命之人，然后出殴者。通省命案，起于械斗者居多，漳泉两府尤甚。①

其械斗之风，漳、泉为甚。……大姓欺小姓，强房凌弱房，势不相下，则聚而互斗。竟有起衅甚微，酿成多命者。迨经拿办，责成族房交犯，大率顶凶居多。尸亲意在图讹，或真凶亦指为假冒。讼连祸结，后衅迭生，言之深堪痛恨！②

对此，督抚大员一方面在对君上的奏折中明确指出，本省械斗恶习屡禁不止的根本原因是地方官疲玩，提出以督促地方官速审速结讼案为核心的探本清源之道。③另一方面，在面向普通百姓反复严禁械斗的告示中，却更多是苦口婆心的种种劝诫，因之与风俗人心大有关系。

《福建省例》收录有关于禁止械斗的专门告示四份，时间跨度从乾隆二十三年到三十七年（1758—1772），反复品读告示内容，无一不是督抚两司等员站在小民百姓角度的苦心劝诫：或申明律例对械斗惩治綦严，万不可自罹重辟，"斩绞重犯苟有一线可生之处，无不仰邀恩旨予以缓决。唯械斗之犯，无论起衅附和，一伤人命，概拟情实，即行处决"④；或提醒小民保全一己性命，以便上而行孝亲老、下而妻儿完聚，"身犯王章，典刑西市。上遗忧于父母，下失望于妻子，悔之何及"⑤；或以邻里守望相助之义劝勉，"虽分各姓，然皆同井共里之人，岂可忘却守望相助之义，自相残贼，以丧身命"⑥；或指出助殴之人好心办坏事的悖论，"助殴之初心，本欲相帮卫

① 《宫中档乾隆朝奏折》第 5 辑 "（福建巡抚陈宏谋）乾隆十八年四月二十四日"，第 163 ~ 164 页

② 《福建省例·刑政例下·清讼事宜八条》（同治九年十二月），"台湾文献史料丛刊"第七辑，（台北）大通书局，1987，第 1038 页。

③ 《宫中档乾隆朝奏折》第 5 辑 "（福建巡抚陈宏谋）乾隆十八年四月二十四日"，第 163 ~ 164 页

④ 《福建省例·刑政例上·劝改械斗》，"台湾文献史料丛刊"第七辑，（台北）大通书局，1987，第 846 页。

⑤ 《福建省例·刑政例上·劝改械斗》，"台湾文献史料丛刊"第七辑，（台北）大通书局，1987，第 846 页。

⑥ 《福建省例·刑政例上·劝诫械斗》，"台湾文献史料丛刊"第七辑，（台北）大通书局，1987，第 893 页。

护。而殊不知二人对殴，或者不致杀人。今两家各有协助凶徒，小事遂变成大案，下手伤重者因应抵偿，即在场助殴者亦陷身缧绁，是爱之实所以害之也"①。当然，在各个具体的劝诫械斗告示中，以上意蕴多兼而有之。最后，还念念不忘叮嘱军民人等，"各体我婆心，免贻后悔"②。不厌其烦的啰唆中，悉心教化的用心一览无余。

以上，对父母妻子孝道亲情及邻里关系的强调，正是儒家家族伦理的集中体现，而对律例严惩械斗的强调则是从反面发挥警醒、威慑作用。督抚大员在告示中，常常强调自己作为父母官教化为先的责任，不忍不教而诛，甚或因此而自我批评，"虽其孽由自作，良亦本部堂莅任未久，教化不先，致陷斯民于法网，抚衷只深愧罪"③。对械斗重案中的犯罪者，亦秉持"既属可恶，亦复可怜"的双重态度。④

有意思的是，乾隆三十三年（1768）闽浙总督崔应阶还在劝诫告示中大打感情牌，言及自幼随宦闽中，现在总督闽浙视父老如亲人，总思倍加爱护，以求家家户户安宁祥和，不忍看到他们因械斗而身陷囹圄，更不能因此而市恩枉法。故此发布告示"谆谆诫劝"，希望百姓听其"苦口良言"。⑤

从这样的劝诫逻辑出发，接下来督抚等员在告示中对百姓开出的解决械斗之道自然不难理解，仍然围绕"正人心、厚风俗"展开：

> 遇有微嫌细故，只以忍让为先，尤宜交相劝勉，共为守分良民，断不可因一时小忿，辄即行凶。凡乡邻械殴，务须凭理调停，不得挺身协助。至大姓之家长，果能平时规训，临期禁阻，则合族之中，既不至于被人所伤，亦不致伤人坐罪。息事宁人，最为良善。即有万不

---

① 《福建省例·刑政例上·禁械斗》，"台湾文献史料丛刊"第七辑，（台北）大通书局，1987，第903页。
② 《福建省例·刑政例上·劝诫械斗》，"台湾文献史料丛刊"第七辑，（台北）大通书局，1987，第893页。
③ 《福建省例·刑政例上·劝诫械斗》，"台湾文献史料丛刊"第七辑，（台北）大通书局，1987，第893页。
④ 《福建省例·刑政例上·劝诫械斗》，"台湾文献史料丛刊"第七辑，（台北）大通书局，1987，第893页。
⑤ 《福建省例·刑政例上·劝诫械斗》，"台湾文献史料丛刊"第七辑，（台北）大通书局，1987，第893页。

得已之苦情，呈控当官，宁无公断，何苦任性忿争自投法网。①

在其他三份告示中，虽开列的解决之道具体表述不一，然基本思路高度一致：小事忍让，大案告官。并且，注重发挥乡保、族正等人的日常管理约束职责，"都内如有争坟、争水、争地，仍前纠众持械互斗，即先预行阻止。如劝阻不息，立即禀报。如敢纵容，以致酿成大祸者，不问是非曲直，先将该约保族邻枷责"②。其中，特别强调百姓在日常亲邻相处中须多忍让，做守分良民，万不可因一时之忿而械斗行凶，否则不仅自己有性命之虞，更殃及妻儿老小，如此因一时任性而自投法网，正是儒家所说小民"惑"的表现。昔者，樊迟跟随孔子游于舞雩之下，请教如何做到崇德、修慝、辨惑。对于最后一个问题，孔子认为"一朝之忿，忘其身，以及其亲，非惑与"？如果因为偶然的一时小忿，便忘记了自身性命甚至是亲老妻儿，难道不是糊涂吗？③ 在饱受儒家思想浸润的地方大员看来，起于一时小忿的大规模械斗正是缠绕闽中百姓最大的"惑"，并由"惑"而"愚"，种种恶行危害重重，这或许也是史料中官方经常称呼百姓"愚民"的一个重要原因，客观上强化了官方加意教化劝导的必要性。

迨至晚清同治年间福建刊布的《清讼事宜八条》言及械斗恶习治理，仍延续上述思路，并特别强调地方官尤其是州县官的教化、听断之责。因为他们作为基层官员贵在亲民，平日当视民事如家事，遇有百姓因细故争讼，当及时妥为剖断，并因势利导详加教化，喻以情理，这样从日常出发取信于民，亦可从源头上预防械斗，较之事后镇压、惩罚更为正本清源。④ 其中，"视民事如家事"借鉴自曾任直隶总督的曾国藩的说法，内蕴着儒家的"恕"道⑤，既然官员是身在高位的"君子"，标榜爱民如子，自当在行

---

① 《福建省例·刑政例上·禁械斗》，"台湾文献史料丛刊"第七辑，（台北）大通书局，1987，第 903 页。
② 《福建省例·刑政例上·申禁械斗》，"台湾文献史料丛刊"第七辑，（台北）大通书局，1987，第 855 页。
③ 杨伯峻译注《论语·颜渊》，中华书局，2009，第 128～129 页。
④ 《福建省例·刑政例下·清讼事宜八条》，"台湾文献史料丛刊"第七辑，（台北）大通书局，1987，第 1038 页。
⑤ 子贡问曰："有一言而可以终身行之者乎？"子曰："其恕乎！己所不欲，勿施于人。"参见杨伯峻译注《论语·卫灵公》，中华书局，2009，第 164～165 页。

动上视民事如家事，洞悉百姓词讼之苦并着力解决，如其所言，"视民家有差骚扰，如吾家有差未退；视民家有讼纠缠，如吾家有讼未结。官长设身处地，则民家受福无穷"①。

二　对奸徒服毒讹诈行为的同情式之理解

乾隆六十年（1795）《福建省例》刊发的《禁服毒草毙命图赖》例，是应受害民人冯恒裕等人强烈吁请而立，而且两司在议详过程中指出，此种恶习"半为饥寒所迫，半由恶习所移""其情可恶，其愚可矜"，品读之下颇有牧民之官对民间陋习恶行"同情之理解"的意味。此案源于是年闽县县民冯恒裕、林永泰向署理巡抚魁伦的呈请：

> 闽邑之北里塘头墩地方，风尚刁悍蛮顽，俗多寡廉少耻，常服毒草毙命图赖者，为害不浅。……裕等省居业户，孤身到乡收租，借强欺弱，勒凑勒尽，稍不遂欲，即拦阻租谷不许出水，甚至挟带毒草，到寓恐吓。如此乡蛮，难以理喻，无奈委曲，受其荼毒。……冒叩大宪大人，剔弊厘奸，除暴安良，振风易俗之盛，恩准出示严禁服毒图赖之恶习。②

对此，巡抚批示藩臬两司会详核议。两司的讨论自然在例行的行政程序之内，然而对于民间"服毒草毙命图赖"恶习成因的分析很是深入，"其间半为饥寒所迫，半由恶习所移"。读来不仅没有官员高高在上、不解民瘼的隔膜，甚至还有对小民愚行的某种同情之理解：

> 闽省以剽悍之俗，处积疲之余，加以生齿日繁、生计日蹙，富者朘削积委而罔知任恤，贫者穷急愁苦而无可告诉。宁不知产业久经杜绝，不过借词以求升斗之需；亦明知毒草非可轻尝，方具拼死而搏妻孥之活。其间半为饥寒所迫，半由恶习所移。兼之地方官教化不先，

---

① 《福建省例·刑政例下·清讼事宜八条》，"台湾文献史料丛刊"第七辑，（台北）大通书局，1987，第1032~1038页。

② 《福建省例·刑政例下·禁服毒草毙命图赖》，"台湾文献史料丛刊"第七辑，（台北）大通书局，1987，第972~974页。

补救之术，此民俗之所以日偷，而讹诈之所以公行也。①

在其看来，在习俗相沿之外，人口激增、富户压榨、官长教化乏力均是诱因所在，"服毒草毙命图赖"陋习恶行在印证儒家"小人行险以侥幸"② 行为逻辑的同时，背后似乎也蕴含着草民"借词以求升斗之需""拼死而搏妻孥之活"的无奈！而且，对于案发报官之后的胥吏、讼棍盘剥也多有忧虑，"一经报官验讯，胥役则乘机而婪索，讼棍每诬张而为幻，以致被害之家，小则废时失业，大则荡产倾家"。最后，不仅严厉告谕禁服毒草毙命图赖并刊入省例，而且从多个方面着手综合治理以求正本清源之道，如及时清除荒野毒草，又特别强调州县作为亲民之官的重大责任：平素须勤加劝导百姓，自理词讼及时秉公剖断，身边胥吏严加管束，如此方是正本清源之举，具有风行草偃③之效。

> 该州县为亲民之官，倘能各抒天良，共图整顿，洁己奉公，以生其敬惮之心；随时劝谕，以驯其桀骜之气。自理词讼，平情剖断，以息其争端；书役家丁，严加约束，以免其毒害。则官既不烦，民亦不扰，将见风行而草偃，何难革面以洗心？是又正本清源之一道也。并请刊入省例，通行各府州一体遵照。④

早在三十年前，福建已有类似禁谕《禁服毒草轻生》，秉持"其情可恶，其愚可矜"态度，又针对其中多有女子轻生采食，特别提醒父兄子弟留心劝导、乡保留心察看并采取措施根除毒草等。⑤

---

① 《福建省例·刑政例下·禁服毒草毙命图赖》，"台湾文献史料丛刊"第七辑，（台北）大通书局，1987，第 972~974 页。
② "君子居易以俟命，小人行险以侥幸"，参见王文锦译解《礼记·中庸》，中华书局，2016，第 805 页。
③ "小人之德草，君子之德风。草上之风，必偃。"参见杨伯峻译注《论语·颜渊》，中华书局，2009，第 127 页。
④ 《福建省例·刑政例下·禁服毒草毙命图赖》，"台湾文献史料丛刊"第七辑，（台北）大通书局，1987，第 972~974 页。
⑤ 《福建省例·刑政例上·禁服毒草轻生》，"台湾文献史料丛刊"第七辑，（台北）大通书局，1987，第 904~905 页。

三　年终岁暮反复提醒告诫小民百姓禁赌防火的良苦用心

除了个别应民人所请通省示禁并刊入省例者,《福建省例》还有不少督抚两司于年终岁暮主动发布的禁约,旨在提醒小民百姓禁赌、防火防盗,爱惜父祖之家业、自己终岁辛劳之所得。如乾隆二十三年年底《严禁赌博》例:

> ……以祖父辛勤血挣之业,供奸棍抽头股削之资,妻子啼饥,亲朋厌恶。败露之后,国宪难逃。人生消遣之事,正自多端,诚不解赌博何益于人,而坐贾行商、衣冠世胄,亦俱陷溺于此也。时已岁暮,转瞬新春,诚恐不法之徒,借年节无事,假此消遣之说,哄诱血气未定之少年、远离乡井之客旅,仍前聚赌贻害地方。除经秘访查拿外,合行出示严禁。为此示抚属军民生监客商人等知悉:尔等躬逢盛世,履端伊始,各宜守法安分,共享昇平,切勿轻听诱惑,依然赌博,致罹法网。乡保地邻仍于本处多方时加稽察,如有不遵禁令,仍蹈前辙者,许通知兵役获实赌具,赴地方官不时禀报,严拿详究,慎勿纵容徇隐以及借端生事,并干重处。各宜凛遵,勿忽等因。①

以上严禁小民百姓赌博的省例,不仅针对年终岁末的特殊时机发布,而且以各地奏报的日常案件为佐证,一并提醒各级地方官平时主动悉心教化、一旦事发须上紧查办,不得纵容徇隐。其中一个细节背后的立场引人注意,省例行文中对小民沉溺于赌博很是不解,"人生消遣之事,正自多端,诚不解赌博何益于人"? 在饱受儒家经典濡染的精英官员看来,即使饱食终日、无所事事,尚且可以对弈下棋,他们对赌博之举很是不解,因为这不但是律例严禁之事,而且可能导致倾家荡产、贻害妻儿亲族。②

不仅如此,乾隆二十五年(1760)复行禁止兴化府等地滋生的摇会等变种赌博形式。"兴郡游手之徒,于牌骰押宝之外,复设立卖会、买会名色,捏写鬼名凑钱,扣抽头钱聚集无赖,用骰摇会。买会者贪其本少利多,

---

① 《福建省例・刑政例上・严禁赌博》,"台湾文献史料丛刊"第七辑,(台北)大通书局,1987,第848~849页。

② 《论语・阳货》:"饱食终日,无所用心,难矣哉! 不有博弈者乎? 为之,犹贤乎已。"朱熹集注:博,局戏;弈,围棋也。参见杨伯峻译注《论语・阳货》,中华书局,2009,第187页。

堕其术中，实与开场诱赌无异。"① 此事先经署理兴化府知府具禀后，巡抚吴士功批示两司会详，有意思的是巡抚之批示，在例行同意"如详通饬各属"的同时，专门提及另外听闻汀州、漳州等地打标之风危害地方，应一并严加饬禁。虽然查阅资料"打标"究竟是何活动不太明晰，却也彰显出巡抚由此及彼、以正风俗以安民心的良苦用心。

省例中年底示禁者，亦有乾隆三十年底（1765—1766）禁掷石卜兆②、乾隆三十二年冬季（1767—1768）严禁放火③。尤其是后者《严禁放火》，在时值年底、省城人烟稠密须注意防火的例行逻辑背后，更是对防止恶徒蓄意放火、乘乱盗抢财物的特别警惕。该条禁约对官民如何防范综合布置，甚至一一提醒普通居民水缸多多蓄水、灯烛切勿靠近纸壁、厨灶之前勿贮柴草、遇到可疑之人及时报告等等，读来颇像平日里家长对自家儿女不厌其烦的种种叮嘱甚或唠叨：

> 一件严行查禁放火棍徒，以安民生事。乾隆三十二年十月，奉总督部堂崔示谕：照得省会人烟稠密，一遇火患易致蔓延。查其起火根由，总缘居民自不小心，以致延烧。但闻尚有一种凶恶棍徒，平日游手好闲，不事生业，黑夜潜藏辟出，将引火器物抛掷居民房屋，及至延烧，则假充救火之营兵衙役，或捏称失火之家亲戚，乘机抢窃财物。……兹值冬令风高物燥，况转瞬岁暮，正民间经营卒岁之候，若不预先设法查拿禁约，诚恐此辈故智复萌。自投法网，罪所应当。唯是本部院犹念不教而杀之婆心，除现在严饬文武各衙门，选拔干练兵役，分定地方彻夜巡辑暗访密拿外，合行出示晓谕。……嗣后尔等家内凡有缸盆，多多贮水。一应灯烛，勿近纸壁。厨灶之前，勿贮柴草。

---

① 《福建省例·刑政例上·禁摇会赌博》，"台湾文献史料丛刊"第七辑，（台北）大通书局，1987，第858页。
② 乾隆三十年十一月，奉巡抚部院定宪牌：照有泉漳等属，民间向有一种恶习，每逢新年，互相掷石，以卜吉兆。先止幼孩掷耍，继则壮丁附和。或以头面见血为祥，或以掷不着身者为祥。荒唐乖谬，莫此为甚。滋衅生端，贻害匪浅，历经本部院饬行严禁在案。兹已年届新正，诚恐不法棍徒，复蹈前辙，合再饬行严禁。参见《福建省例·刑政例上·严禁掷石卜兆》，"台湾文献丛刊"第七辑，（台北）大通书局，1987，第878~879页。
③ 《福建省例·刑政例上·严禁放火》，"台湾文献史料丛刊"第七辑，（台北）大通书局，1987，第888~889页。

昼夜提防，小心火烛。如遇有形迹可疑之奸匪及素行凶恶棍徒，黑夜潜行放火，希图抢窃财物，查有证据者立即擒拿，解送地方官究确具详，定行立毙杖下，断不稍宽。其各铺地保，务须协同兵役，实力常川查缉。①

其中，特别引人注意的是"本部院犹念不教而杀之婆心"一句，其不忍"不教而杀"之深意正是儒家经典的基本政治理念。昔者，子张向孔子请教为政之道，孔子答以"尊五美""屏四恶"。其中，"四恶"之首即为"不教而杀"，即对百姓不事先教化，犯了错即行杀戮，是为虐民之举。② 在后世各代种种地方性法规、官方告示中，这种不忍不教而杀、反复强调对百姓勤加劝导的"碎碎念"随处可见，恰是儒家一以贯之的"仁"在刑名司法事务中的映照。亦如《论语·为政》开宗明义所强调者，"道之以政，齐之以刑，民免而无耻；道之以德，齐之以礼，有耻且格"，即用政令来治理百姓，用刑法来约束他们，老百姓只求能免于犯罪受惩罚，却没有廉耻之心；而用道德引导百姓，用礼制去同化他们，百姓不仅会有羞耻之心，而且有归服之心。③ 对后世种种文献中儒家"仁"之基本理念的体认，需要研究者首先熟稔经典文本，如此方能与文字背后官员的精神世界"同频共振"，否则很容易将这些文字归为形式性的套话。

四　对民间闹丧、锢婢等种种陋习的苦心规劝

在《福建省例》尤其是《刑政例》中，更多禁约是基于儒家仁孝伦理对民间闹丧、洗筋、停棺不葬、谋穴盗葬等陋习的苦心教化，以及基于夫妇为人伦之首的认识而对锢婢、私开媒馆等行为的反复劝导教化。

（一）禁止闹丧

儒家经典尤其是《论语》《礼记》《孝经》等崇德尚礼，重视"孝道"，

---

① 《福建省例·刑政例上·严禁放火》，"台湾文献史料丛刊"第七辑，（台北）大通书局，1987，第 888～889 页。
② 杨伯峻译注《论语·尧曰》，中华书局，2009，第 208 页。
③ 杨伯峻译注《论语·为政》，中华书局，2009，第 11～12 页。

反复申说"生，事之以礼。死，葬之以礼，祭之以礼"①。又强调丧事从简，"礼，与其奢也，宁简。丧，与其易也，宁戚"②。多年受儒家伦理的熏陶，督抚两司等省级司法主体及州县府道等各级官员，常常认为福建民间闹丧、冥寿、火化、洗骸等习俗骇人听闻，是为人伦之大逆。省例告示内容在严厉禁止的同时，时常循循善诱，申之以孝悌之道：

> 一件严禁闹丧、冥寿、火化、洗骸之恶习，以正民俗事。乾隆二十三年十一月，奉前巡抚部院吴宪示：照得人子不幸亲丧，唯当尽诚尽哀。乃闻闽俗，亲丧之后自敛，及葬，鼓乐喧闹，宾客盈门，食必盛馔，酒必佳酿。哀戚之中，俨如庆贺之举，名曰"闹丧"。其费大者数百金，小亦数十金。或卖公田，或鬻己业。中人之产，无不立罄。又父母已殁，凡遇诞辰，正人子风木增悲之候，乃附会阴寿之说，送分庆祝，鼓乐筵宴，群聚狂欢。迨至闹丧、阴寿事毕，兄弟派分，争多较寡，遂至衅起阋墙，攘臂牵依。违礼伤教，莫此为甚。至于火化亲柩、开墓洗筋，更属不孝之极，罪应骈斩。
>
> 《记》曰：死，葬之以礼，祭之以礼。凡越礼者举有罪。念此无知之民，狃于习俗，自蹈刑戮，殊为可悯。合行出示晓谕。为此示仰各属军民人等一体知悉：嗣后切勿焚化亲柩、开墓洗筋，自干斩绞重罪，并累地师亦干大辟。盖地师教诱开墓，例应与本人同罪，均难轻纵也。至于治丧之家，各宜循分守礼，宁俭勿奢，宁戚勿易。除附身附棺之外，其余概从俭约，只许素羹粝饭，勿得仍前酒肉宴会，自取越礼之愆。倘谓家本素封，孝思不展，不妨省此无益之费，力行善事，如周贫济困、养老育婴、修桥补路之类，随力行之，亦足为父母资冥寿、绵世泽也。思之，思之，勿贻后悔等因。③

在省级大员看来，民间闹丧、冥寿、火化、洗筋等恶习虽然违礼伤教，殊乖人伦，但同时又唯恐系小民无知，随波逐流狃于习俗，如果因此而自

---

① 杨伯峻译注《论语·为政》，中华书局，2009，第13页。
② 杨伯峻译注《论语·八佾》，中华书局，2009，第24页。
③ 《福建省例·刑政例上·严禁闹丧》，"台湾文献史料丛刊"第七辑，（台北）大通书局，1987，第847～848页。

蹈刑戮也是"殊为可悯",不能不教而诛。因此,告示最后除了明确强调日后不得焚化亲枢、不得开墓洗筋、勤俭办理丧事外,又特别引导殷实素封之家,与其靡费于闹丧、冥寿等有悖于礼乐的陋习,不如多行善事,如周贫济困、养老育婴、修桥补路等,以资考妣冥寿,而这些善行正是孔孟乐见并积极倡导的"富而好礼"① 之举。

无独有偶,同年福建亦有告示督促速葬棺枢。② 抚司秉持"大夫士庶人死三日而殡,三月而葬"理念,客观分析民间停枢在家、经年不葬的不同成因,并谋求以"孝"和"礼"化解愚民风水之惑。并且,对于赤贫无地埋葬者,巡抚率领省城司道等员经现场勘查,安排于闽县梅亭地方设置义地,并收拾道路骸骨埋葬,此举在言辞教化之外又有了具体可行的恤民措施。③ 末了,告示仍不忘警告地保差役不得借端滋扰。虽然后续具体实施情况如何暂未可知,但此心此举还是相当可圈可点的。而且,告示中援引去年省城失火屡有延烧棺枢,论证停枢不葬陋俗的客观性弊端,亦属有心。④ 此外,《福建省例》尚有乾隆三十二年(1767)禁止谋穴盗葬例,规定嗣后不得妄听堪舆墓佃之言,贪图别家祖业坟山。⑤

---

① 子曰:"君子食无求饱,居无求安,敏于事而慎于言,就有道而正焉,可谓好学已。"子贡曰:"贫而无谄,富而无骄,何如?"子曰:"可也。未若贫而乐,富而好礼也。"参见杨伯峻译注《论语·学而》,中华书局,2009,第9页。

② 长期停棺不葬现象不独福建一省有之,在清代各地是延续前代习俗的普遍现象。譬如康熙二十九年(1690),江苏昆山人邵德祖父母亡故二十年、母去世七年均未安葬,后托人买浮葬地,被吞没二十多两银子,浮葬亦未能实现。不独小民百姓如此,停棺不葬在士大夫阶层也时有发生。康熙五十四年(1715)秋天,大学士李光地请假回原籍福建安溪安葬母亲和妻子,此时其父李兆庆业已亡故三十年,此前棺枢系浅土封埋,需要起出与其母合葬。其妻迟至次年夏天仍未安葬,原因是一时难于谋得吉地,故请求康熙帝多给假期,最终前后用了三年时间。此外,四川万源亦有停丧不葬之俗,"直欲以先人遗骸,为子孙求富求贵之资"。因为停丧不葬,当时还出现了集中停枢之所。有的寺院附设存棺房,有的会馆义冢借人浮厝,有的人家特辟闲房停枢。参见冯尔康《略述清代宗族与族人丧礼》,《安徽史学》2010年第1期。

③ 《福建省例·刑政例上·速葬棺枢》,"台湾文献史料丛刊"第七辑,(台北)大通书局,1987,第873~874页。

④ 《福建省例·刑政例上·速葬棺枢》,"台湾文献史料丛刊"第七辑,(台北)大通书局,1987,第873~874页。

⑤ 《福建省例·刑政例上·禁谋穴盗葬》,"台湾文献史料丛刊"第七辑,(台北)大通书局,1987,第885页。

（二）禁止锢婢、私开媒馆

夫妇之伦也是省例社风民俗类告示关注的对象。《福建省例》中反复强调"夫妇为人伦之首，奸淫为风化攸关"，"怨女旷夫，王政所戒"，禁止士民锢婢、奸媒私开媒馆：

> 一件禁士民锢婢之陋习、奸媒开馆之浇风，以正人伦、以厚风俗事。乾隆二十六年九月，奉署巡抚部院杨宪牌：照得夫妇为人伦之首，奸淫为风化攸关，故怨女旷夫，王政所戒，有家有室，父母之心。彼贫寒女子，鬻身为婢，或因孤苦无依，或因厄穷失所，势出无可如何，隶身供役，受尽辛勤，备尝艰苦。而为其主者，见其年岁渐长，自当乘时择配，庶免致怨標（摽）梅，兴嗟行露。例载绅衿庶民之家，如有将婢女不行婚配致令孤寡者，照不应重律杖八十。
>
> 乃闻闽省陋习，民间畜养婢女，竟有年至二十以上及三十岁，尚未配偶遣嫁者。殊不思婢女虽云卑贱，亦为父母所生，莫不愿其各有室家，何独令其抱泣向隅青春孤守？至于婢女遣嫁，更当择偶得人，庶使终身有托。乃又闻闽省竟有一种无赖棍徒，惯作媒人，私开媒馆，无论士庶之家，欲将婢女遣嫁，概系送至馆中，引人看卖，而土棍奸媒乘机勾引。无耻恶少，捏称失偶求婚，至馆观看，侮淫恣肆，百弊丛生。甚至勒令卖奸，从中渔利。而该婢之主，唯知贪取重价，其余概置不问。地保土棍受规包庇，伤风败俗，殊堪发指！
>
> 除檄行地方官密防严拿外，合行示禁：……凡婢女年至二十以上者，念其服役有年，及时早为遣嫁。至婢女择配，只许唤令媒人，领同买主至家看视议价，交银娶回完聚，不许将婢女领居媒馆，引人观看，致令受辱生端。其奸棍私开媒馆，永行禁绝。[①]

品读告示全文，抚司对被禁锢不得婚配的婢女很是同情：出身贫寒，

---

① 《福建省例·刑政例上·禁士民锢婢、奸媒开馆》，"台湾文献史料丛刊"第七辑，（台北）大通书局，1987，第865～866页。此时闽浙总督杨应琚兼署福建巡抚，参见钱实甫《清代职官年表》第二册，中华书局，1980，总第1612页。

孤苦无依，无奈之下供人驱使，看人颜色备尝艰辛。而且巧用《诗经》关于剩女嗟叹的"摽有梅"① 之典，苦心劝导士民尤其是诗礼素封之家，读圣贤书更要多行"恕"道，体察大龄婢女之苦（身体和精神两方面，尤其是青春易逝之叹、人生大事之忧），适时择人遣嫁婚配。不得锢婢不嫁，亦不可简单交与媒馆了事，任由奸徒恶少欺辱甚至被迫卖奸。

乾隆三十年（1765），闽浙总督崔应阶复行援引《诗经·关雎》，强调"好逑是望，男女同情。婚嫁蹉跎，误人不浅"，故而再次示谕强调禁止私开媒馆："倘有仍前私开媒馆，将婢女久养在家，并逼勒卖奸图利者，一经察出，定将不法奸媒与徇隐地保，一体严拿从重治罪。"②

（三）饬禁小说淫词、迎神赛会

以上，《福建省例》中禁止民间闹丧、锢婢及私开媒馆等重在正人心、厚风俗，清末同治年间饬禁小说淫词、迎神赛会亦是如此，因其为风俗人心之害。清代在两百多年的时间里，颁布了近 30 条禁毁小说的中央政令、地方法规等。在《福建省例·刑政例下》中，收录有一条同治年间查禁淫词小说的例文。该例开门见山地指出，"小说淫词，诲淫诲盗，最足坏人心术，是以例禁綦严"，并援引上谕指出此番查禁销毁的目的在于端士习、正民心：

> 一件饬禁事。同治七年九月初四日，奉巡抚部院下宪札：昭得小说淫词，诲淫诲盗，最足坏人心术，是以例禁綦严。同治七年三月十

---

① 《摽有梅》是《诗经·召南》中的一篇，以花木盛衰感慨青春易逝并追求婚恋及时，在今人看来颇似大龄剩女恨嫁之叹。诗曰："摽有梅，其实七兮。求我庶士，迨其吉兮。摽有梅，其实三兮。求我庶士，迨其今兮。摽有梅，顷筐塈之。求我庶士，迨其谓之。"参见周振甫译注《诗经·国风·召南·摽有梅》，中华书局，2002，第 26 页。《福建省例》中，"摽"原文写为"標"。

② 《福建省例·刑政例上·私开媒馆》，"台湾文献史料丛刊"第七辑，（台北）大通书局，1987，第 902 页。另据研究，浙江省在康熙朝、乾隆朝禁止锢婢的年龄标准是 20 岁、25 岁，而光绪朝江苏的年龄标准是 22 岁，参见王志强《清代国法：多元差异与集权统一》，附录《地方各地方法规饬令及时遣嫁婢女的规定（一览表）》，社会科学文献出版社，2017，第 200 页。虽具体规定有所差异，但这些禁约的法意大体一致。此外，乾隆三十年闽浙总督崔的身份尚且存疑，从乾隆二十二年到乾隆三十三年正月，闽浙总督是杨应琚、杨廷璋和苏昌。崔应阶迟至三十三年正月丁未才从福建巡抚升任闽浙总督。参见钱实甫《清代职官年表》第二册，中华书局，1980，总第 1414 ~ 1420 页。

一日，奉上谕：丁奏详局刊刻牧令各书一折，州县为亲民之官，地方之安危系之。丁亲拟编刊牧令各书，颁发所属，即著实力举行，俾各州县得所效法。其小学经史等编，有裨学校者，并著络续刊刻，广为流布。至邪说传奇，为风俗人心之害，自应严行禁止。著各省督抚饬属一体查禁焚毁，不准坊肆售卖，以端士习而正民心。钦此。钦遵当经通饬查禁在案。昨接江苏巡抚丁函称：有福建板小说各种，亦应查禁等因。除札饬内地九府二州转饬所属，密向坊肆查取小说各种，当堂一律焚毁，并究明书板共有若干付，现存何处，一并查追销毁具报。至应禁小说，如《水浒》等部聚众插盟，各有绰号，尤为诲盗之书。寇乱之初，结会拜盟，类多效此，流毒已非浅鲜，应即与《金瓶梅》各类淫书一并查禁焚毁，毋得视为具文，致干重咎外，合并札行。札到该司，立即一体饬遵毋违等因。通饬遵照在案。①

另外，《福建省例·杂例》收录有两份禁迎神赛会的例文也是以正民心、厚风俗为旨归。② 第一份例文刊发于乾隆三十二年（1767），首先援引儒家"敬鬼神而远之"③ 的观点，指出其呼朋引伴、旗鼓喧闹、抬驾闯神之害，结果是意在求福反而得祸，因此责令父老子弟只许在本社地方答谢神庙，或在家礼忏诵经。④ 之后，第二份同治十年的例文虽然更加详细，一一开列了"十不准"的规定（如不准巨宗迎神、不准迎神像赴家、不准道旁添搭矮屋供奉土神、不准沿街张贴某神行台公所字样、不准扮作长爷矮爷、不准假扮凶恶罪犯、不准各听演唱夜戏、不准非僧非道混号降童、不准挟

① 《福建省例·刑政例下·饬禁小说淫词》，"台湾文献史料丛刊"第七辑，（台北）大通书局，1987，第1019页。目录页作"谕禁小说淫词"。

② 迎神赛会由民间"社祭"习俗发展而来，兴起于北宋，明朝洪武年间遭禁，成化年间复兴，自明嘉靖以降迎神赛会之风日趋兴盛，到清乾隆年间臻于鼎盛，其间虽有地方官员屡次颁布相关禁约、禁令，试图严加控制，但民间赛会之风仍屡禁而不止。魏文静：《明清迎神赛会屡禁不止与商业化——以江南迎神赛会经济功能为中心的探讨》，《历史教学》（高校版）2009年第7期。

③ "樊迟问知，子曰：'务民之义，敬鬼神而远之，可谓知矣。'"参见杨伯峻译注《论语·雍也》，中华书局，2009，第60页。"季路问事鬼神，子曰：'未能事人，焉能事鬼？'"参见杨伯峻译注《论语·先进》，中华书局，2009，第112页。

④ 《福建省例·杂例·禁迎神赛会》，"台湾文献史料丛刊"第七辑，（台北）大通书局，1964，第1201页。

隙打牛头、不准青年妇女入庙烧香等），仍是在开篇重申了“务民之义，敬鬼神而远之”的理念。两条例文一脉相承、大同小异。①

五　其他省份的类似情形及其与福建的互动

前文以福建为中心，详细剖析了禁止械斗、赌博、锢婢、淫词小说、迎神赛会等项省例规定中反映的儒家政治伦理。翻检多种清代省例，发现这些不是东南福建一省独有，而是全国范围内的普遍现象，且在晚清多有延续，并与福建多有互动。各省省例之间基于伦常事理有不约而同，有彼此迁移、借鉴（甚或直接借用）与合作，隐约之间也带来某种潜在的压力。

（一）江苏查禁淫词小说引发福建的合作与压力

上文言及同治七年（1868）九月福建饬禁淫词小说，从例文中不难看出这不是福建一省的单独行动。追根溯源，此事源于同年四月江苏巡抚丁日昌在江省的做法。他立破并举，不仅大力查禁祸害风俗人心的淫词小说，更指出固本培元之策，“前在藩司任内，曾通饬所属宣讲《圣谕》，并颁发小学各书，饬令认真劝解，俾城乡士民，得以目染耳濡，纳身轨物”，正所谓黜邪言以崇正学。②此举得到君上的高度赞扬，并明发上谕要求各省对淫词小说一体严加查禁，遂有《福建省例》中“谕禁淫词小说”的规定。有意思的是，苏抚丁日昌在私下致函福建巡抚时言及，江苏在查禁行动中发现有福建板小说多种，请求一体联防联控。透过前后过程，可以看到君上对化民成俗的高度重视，亦有同一例禁在不同省份之间的迁移合作，细细读来似乎还有江苏同僚积极行政、拿获福建违禁小说刻板从而带给闽省官

---

① 《福建省例·杂例·严禁迎神赛会》，“台湾文献史料丛刊”第七辑，（台北）大通书局，1987，第 1218～1220 页。民国成立以后，提倡科学、反对迷信成为一种斩钉截铁的态度，民国政府通过一系列法令的颁布，对迎神赛会活动进行了严格的控制和管理，努力将民间信仰纳入政府日常管辖中。新的社会价值在逐渐普及，而旧的传统却又不可能在短时间内彻底消除，于是新价值与旧传统之间的碰撞在所难免。参见武人斐《“迎神赛会”还是“普通烧香”——从民国杭州三台山庙会事件看政治社会变迁中的民间信仰》，浙江大学硕士学位论文，2012。又见江苏省省政府民政厅训令（第一一三四号，中华民国十七年三月）：“各县县长、各县公安局局长、市公安局局长，严予申禁迎神赛会，以保治安，仰即遵照，一体查禁勿懈。”茅祖权：《江苏省政府民政厅公报》第 234 期，1928。

② 《江苏省例·藩政》，同治八年（1869）江苏书局刻本。张弦生、张燕萍：《丁日昌查禁“淫词小说”析》，《明清小说研究》1997 年第 1 期。

员的些许压力。

而且，清代江苏查禁淫词小说的举动不止于此。康熙二十五年（1686），江苏巡抚汤斌发布《严禁私刻淫邪小说戏文告谕》，严禁各个书坊编次、刊刻、发卖各种宣淫诲诈、伤败风俗的书籍。道光十八年（1838），复又设立惜书局收毁淫书，这是继康熙朝之后清代又一次由地方政府主持的大规模禁毁小说运动，且声势更为浩大。道光二十四年（1844），浙江巡抚效仿设公局收买淫书，所开《禁毁书目》包括小说戏曲 120 种，与道光十八年（1838）所开禁毁书目大体一致。① 严格说来，不管是君上谕旨还是各省地方规定，饬禁淫词小说，可以认为如历史当事人所言重在正人心厚风俗，也可以如后人所论旨在钳制思想、维护统治秩序。而在笔者看来，两者兼而有之、互为表里。

（二）福建《清讼事宜八条》对直隶《清讼事宜十条》的直接借鉴

同治九年十二月（1870—1871），福建刊布《清讼事宜八条》，意在以"恕"道体恤百姓词讼之苦，并谋求正本清源解决词讼长期积压的问题，以期实现"无讼"的儒家理想。细读例文，福建此例当是对曾国藩督直期间《清讼事宜十条》的直接借鉴。清代直隶作为京畿重地，原本讼案繁甲于他省。自咸丰初年军兴以来，地方官或办理防堵，或供应兵差，未能专治讼事，更加导致大量词讼案件积压延宕，"日积月累年复一年，截至同治八年三月底止，通省未结同治七年以前之案，积至一万二千余起之多"。曾国藩到任不日，着手制定出直隶《清讼事宜十条》《清讼期限功过章程》等单项省例。②

从时间上看，两省之清讼省例均发布于同治九年前后。福建例文明确说，"曾见两江阁督部堂曾前在直督任内，发给各属《清讼事宜十条》，法简词赅，洞彻利弊"，可略微区别南北情形变通办理。从内容上看，福建的八条例文对直隶的十条例文多有借鉴甚或直接借用。从表 7 - 4 对比可见，闽省八条例文中，第（1）（3）（4）（5）四条标题与直隶完全相同，内容

---

① 蔡瑜清：《清代小说禁毁研究》，暨南大学硕士学位论文，2015，第 11~20 页。

② 董丛林：《曾国藩督直期间的"清讼"处置》，载朱诚如、徐凯主编《明清论丛》第十五辑，故宫出版社，2015。

几乎一致，尤其"公文宜速""州县须躬亲六事"更是针对清末各省地方行政、司法实践通病开出的"药方"，无怪乎福建例文中赞誉说"名为清讼事宜，实则致治针砭"。第（2）条属闽省酌量变通，主旨差别不大。最后一条，虽具体表述不同，然皆旨在力挽民间恶习移风易俗。

表7-4　清末闽直两省省例清讼例文对比一览表

福建《清讼事宜八条》目次	直隶《清讼事宜十条》目次
（1）通省大小衙门公文宜速	（1）通省大小衙门公文宜速
（2）谳局宜首先整顿	（2）保定府发审局宜首先整顿
（3）州县须躬亲六事，不得尽信幕友丁书	（3）州县须躬亲六事，不得尽信幕友丁书
（4）禁止滥传滥押，头门悬押示众	（4）禁止滥传滥押，头门悬牌示众
（5）禁止书差索费	（5）禁止书差索费
（6）分别皂白，严办诬告讼棍	（6）四种四柱册按月呈报悬榜
（7）严惩假命图诈	（7）严治盗贼以弭隐患
（8）挽回地方恶习	（8）讼案久悬不结，核明注销
	（9）分别皂白，严办诬告、讼棍
	（10）奖借人才，变易风俗

资料来源：《福建省例·刑政例下·清讼事宜八条》，"台湾文献史料丛刊"第七辑，（台北）大通书局，1987，第1032~1038页；《曾国藩全集》（修订版），"奏稿之十二"，岳麓书社，2011，第88~89页。

　　而且，除了专门的清讼事宜例文外，《福建省例》中《各属自理词讼刊定比较册式》等处，亦说明系根据直隶成规刊发。① 以上，通过两省的比较，省例规定的相互借鉴、迁移可见一斑。

（三）浙江、江西等省禁止锢婢的类似规定

　　前面详细剖析了福建禁止锢婢的例文及其内蕴的儒家伦理，无独有偶，在清代浙江、江西等省省例、告示及方志中亦多有禁止溺女锢婢的规定，意在以儒家不忍之"仁"教化小民百姓，以正人心、以厚风俗。

　　在浙江，溺女、锢婢号称"浙中第一恶俗"，屡经饬禁仍多有发生，殊

---

① 《福建省例·刑政例下·各属自理词讼刊定比较册式》，"台湾文献史料丛刊"第七辑，（台北）大通书局，1987，第1030页。

乖伦常。因此，闽浙总督刘兆麒发布告示开宗明义，声明"为再禁溺女陋俗，以重人民，以广好生事"。就普遍发生的溺女陋习，檄文首先指出此举大害伦常天良，"男女生长本乎人伦，父子至情出于天性。若因家贫不能养育，日后嫁送无赀，辄将女婴毙命不举，此诚良心渐灭殆尽"。故而，除了重申律例规定綦严、违者尽法惩治外，还提出了建立育婴堂等救济措施。对于锢婢陋习，继续强调"人家婢女有年过二十岁以上者，或内婚僮仆或鬻嫁外人，俱要尽数婚配全完。如有不遵，亦许里邻首告，将家长治罪，婢女尚官嫁卖财礼入官"①。江西省溺女、锢婢之风尤盛，"此风各直省所在皆有，福建较多，惟江西尤甚"。因而各级官员上任多颁布告示或撰写"劝民歌"，以期从道德和法律两方面劝诫警示，而儒家的仁义之道多是首先援引的理论"武器"。希望通过批判溺女的"不仁"唤醒人之为人的恻隐之心，时常强调"虎狼至残犹不食子"。恰如康熙四十六年（1707），巡抚郎廷极《禁溺女檄》所言："本部院往任以来，访闻江右有溺女故习，最为残忍……试思狠如狼虎，尚不食其子，岂有为人父母而反自溺其女，则其存心惨毒，岂不甚于虎狼？"② 又如，雍正年间亦有南安知府游绍安作《禁溺女锢婢示》，认为此举"尤政治之大者"，希望通过先劝后惩、冀得仁善。③以上，虽言之谆谆，奈何听之藐藐，积习相沿，殊难遏止！

六 从立法到司法的逻辑自洽与方法论启示

以上福建等地方省例立法基础体现的"儒者之刑名"，自然是长期以来儒家传统浸润的结果，某种程度上也是清代皇帝一脉相承的仁爱传统的映射。从孔孟以来历两汉经学至宋明理学，到清代仍一以贯之，并未因满洲入主中原而夭折、衰变，反而因历朝皇帝的持续倡导俨然成为一代祖宗家法并延续到清末，细读各类实录、方志和政书随处可见。正是在君上的不断耳提面命之下，地方官员更加着力在行政过程中传承、践行。

---

① （清）刘兆麒撰《浙闽总制文檄》卷四《再禁溺女》，康熙朝刻本。
② （同治）《广信府志》卷二《建置·寺观附》。转引自肖倩《清代江西溺女状况与禁诫文》，《史林》2001 年第 1 期。王有英：《清前期社会教化研究》，华东师范大学博士学位论文，2005。
③ 江西省省志编辑室：《江西地方志风俗志文辑录·禁溺女锢婢示》，江西省省志编辑室，1987，第 289 页。

那么，又当如何理解此一温情脉脉的立法基础与并不尽然完善甚至某些角落饱受诟病的清代司法实践之间的逻辑自洽性呢？我们似可沿着如下思路渐次深入。首先，客观认识"知易行难"的规律。儒家强调笃行，"君子欲讷于言而敏于行"，然而知易行难无论对个体正己化人还是宏观国家治理都是普遍性情形。在孔门七十二贤中，似乎也只有颜回能做到"三月不违仁"①，而其他一众弟子只是"日月至焉而已矣"，对身处官场旋涡之中的传统官员似也不可过分求全责备。其次，不断变革完善的王朝各项司法制度正是历代国家治理从"知"到"行"不断取得的阶段性成果。尽管某一具体的司法制度仍存有这样或那样的弊端，但整体呈现螺旋上升的态势，并非只是王朝鼎革的循环往复。再次，辩证看待司法文明与政治文明的关系。中国古代司法文明是政治文明的重要支撑，政治文明是司法文明的根本保障。换言之，司法是治国理政的重要组成部分，司法文明的推进有赖于政治文明对于治理秩序的维系。② 最后，合理区分司法实践中官与吏的不同角色影响。清人郭嵩焘说"本朝与胥吏共天下"，地位卑微而寻租空间大的胥吏直接与百姓打交道，史料中他们常常是如狼似虎、需索无度的形象，是制造种种司法不公甚或司法黑暗的主体。相对而言，虽然历史上从来不缺乏贪官，可是整体上作为司法实践核心的"官"往往饱读诗书，更多秉持仁心居官行事。在司法实践乃至大而化之的国家治理中，主官对胥吏弊政了然于胸并想方设法谋求化解之道，同时又不得不用胥吏而无可奈何。

回到清代省例立法基础这个关键问题上，本节详细阐发相关告示中督抚、两司对民俗风情的高度重视与悉心化导，并非意在反驳王志强先生的观点。本地风俗人情和官僚集团的利益经验，或许正如一个硬币的两面，有些是"官"方的管理便利，有些则是民风民俗的集中反映，并折射出深受儒家伦理熏陶的精英官员对所谓民间"恶习"的同情之理解、不厌其烦的劝诫，共同构成以省例为代表的地方性法规的立法基础。研究者经见史料不同，观感不同，甚至会有天壤之别。面对同一史料，学科背景不同、

---

① 杨伯峻译注《论语·雍也》，中华书局，2009，第 56 页。
② 陈景良：《新时代下的新思考：张晋藩先生对中国司法文明史的探索与贡献》，《中国检察官》2020 年第 1 期。

人生阅历不同，亦有"横看成岭侧成峰"的差别以至大相径庭。

钱穆先生说，史学研究有"当代意见"与"历史意见"之别。为了无限接近"历史意见"的理想境界，研究者在尽可能广泛搜求不同类别史料的基础上，更宜多熟悉儒家元典文本，进而多揣摩、品读文本，以求更多地与历史当事人的价值追求、精神世界"同频共振"，这或许也是现代社科研究者亟须补足的功课。

第三节　清代省例与中央制定法的关系

本节不仅探讨清代省例与中央制定法的关系，而且从地方立法权出发，深入考察古今中外中央和地方的关系，回望本来、审视外来，以期为新时代更为科学地处理中央与地方关系，以政府治理为突破口进一步推进国家治理体系和治理能力现代化建设提供历史镜鉴。

一　地方省例与中央制定法的关系

通过省例内容管窥清代地方性法规与中央制定法的关系，可以发现，省例整体上以统一于中央法框架内为基本前提，同时又是对中央法的补充和发展，这是两者关系的主体方面。同时，地方透过文字表达上的恭顺，在实际执行中央法以处理地方事务过程中的变通甚或较大偏离，形成了某种程度的地方离心力。究其根源，这与不同地域社风民俗存在差异，以及官员的个体经验及利益诉求密切相关。然而，司法实践的结果最终多回复定例，由此表现为中央和地方关系的动态平衡过程。①

地方性法规统一于中央制定法的基本状态，在各个省例序言或内文中多有明确强调。正如两广总督耆英在《粤东省例新纂》序中所言，"律一成而不易，例随时而变通，省例则尤因地制宜，助部例所不备"②；臬司本《四川通饬章程》"序"也一再声称，"举凡通行部章，因时损益，所以辅律例之简严；通饬省章，因地制宜，所以阐部章之意指"③。江苏省例在办理

---

① 王志强：《清代国家法：多元差异与集权统一》，社会科学文献出版社，2017，第37~40页。
② 《粤东省例新纂·两广总督耆英序》，（台北）成文出版社，1968年影印（据道光二十六年刊本）。
③ 《四川通饬章程·臬司序》，光绪二十七年（1901）刊本。

盐犯事宜的例义中也有声明，"各直省省例于因时制宜之中，仍应（与）定律并行不悖，方可施行"①。无怪乎时人评点，"条例是国家令典，天下通行，一律遵办。省例是外省申详事件，酌定章程，各就一省而言，南北办法互有不同，各自成书"②。究其根源，一方面是权力来源决定的。各省地方官员皆由朝廷任命，升迁受制于中央，他们的切身利益也与朝廷中枢基本一致，由此决定他们不可能有完全自主行事的权力，也不愿意公然与中央分庭抗礼。另一方面是地方权力制约的影响。制定颁行省例的决定权，多由地方督抚等封疆大吏掌握。道、府、县等各级官员仅有逐级申上的建议权，即使藩臬两司的权力较大，也只是具有立法起草权，草案必须经过督、抚批准方可颁行生效。另有某些特殊事件，又需督学、盐运等官员签署。地方官员之间的互相牵制，使省例的基本精神不可能与中央立法发生重大偏离。此外，亦有逐级审转覆核制度的制约。地方徒刑及以上命盗重案实行自动向上覆核的逐级审转覆核制度，在地方由督抚监督属下，在中央则由刑部监督各省，这样不仅限制了地方的司法专断，也使得体现司法实践结果的地方单行立法难以随意自逞其是。③

同时，地方也在中央默许之下享有不同程度的立法权。这种局面源于中央法律有限性与地方政务复杂性之间的客观矛盾。虽然中央朝廷不厌其烦地一再颁行各种"例""则例""事例"，试图将所有事件和情形一一纳入中央立法范围，甚至不惜大量制定地区性特别法，然而法律的具体施行终究需要借助地方官员主持，他们必须基于纷繁复杂的具体情势进行法律解释和适用，由此制定实施细则性的地方法规，以注释、补充中央法律。同时，以中央制定法为主体的中国传统法律体系重案件轻词讼、重内容轻程序，民事、程序立法薄弱，而这些民事纠纷和程序问题又在各级行政与司法实践中不可避免地客观存在，只能仰赖于地方官员的处断。中央立法在这些领域出现的空白，由地方法规加以规范自然顺理成章。

具体而言，清代综合性省例的具体内容，根据其与中央制定法的关系，

① 《江苏省例续编》（不分卷）《会议办理盐犯》，光绪元年（1875）江苏书局刻本。
② 王有孚：《一得偶谈》，载徐栋辑《牧令书》卷一七，道光十八年（1838）刊本。
③ 王志强：《论清代的地方法规：以清代省例为中心》，载刘东主编《中国学术》2001年第3辑，商务印书馆，2001。

大体可以分为四类。①

（一）地方省例重述性规则对中央制定法的简单重申

对实质性规范内容则未作损益，这类省例数量相对较少。如《治浙成规》八卷162件法规中，直接归属此类的仅有6件。究其原因，清代省例的主要使用对象是省级以下的府县衙署及其官员。一般情况下，他们对已颁中央制定法的字面意义应有所知。对于新颁中央法，省级政府只须直接转发即可，不必再行专门转述。② 如福建省例中《各省有将关系生死出入大案审出实情著督抚核实题奏》一案，开篇即"一件通行事"，系从上到下逐级简单传达君上旨意。主体内容原系道光六年（1826）五月十三日上谕，后由吏部以平行咨文形式发交闽浙总督（刘），该督札行藩臬两司通饬各属严格遵行，并刊入省例。③

（二）地方省例实施性规则对中央制定法的再创造

相当一部分省例是在适用中央通行法过程中，对相关概念抑或适用方式所作的解释性规定，或是为执行中央法而制定的实施细则。各省因地制宜对中央法的解释显然不能直接动摇中央法的权威，某种程度上却基于法律解释的意义构成对中央法内容实质性的再创造，往往可能偏离原有表达，有时是扩大解释，有时是缩小解释，以实现本省具体适用时所要达到的效果。如雍正七年（1729）刑部定例"积匪猾贼为害地方，审实，不论曾否刺字，改发云、贵极边烟瘴充军"，处罚远远重于一般性质的窃盗，却未申明具体适用对象。对此，乾隆三十五年（1770）江西明确规定，"嗣后先经犯案，虽经发落，但再犯前后共计四案、三犯前后共止三案者，照积匪例酌减一等拟徒。如再犯前后共计五案，三犯前后共计四案者，照积

---

① 王志强：《清代国家法：多元差异与集权统一》，社会科学文献出版社，2017，第34～40页。胡震：《清代省例地方立法：以省例为中心》，社会科学文献出版社，2019，第55～64页。王志强将省例大体分为三类，胡震则具体分为四类，然而折射的地方性法规与中央制定法、中央与地方的关系并无本质性差异，这里本书兼而采之。
② 王志强：《清代国家法：多元差异与集权统一》，社会科学文献出版社，2017，第34～35页。
③ 《福建省例·刑政例下·各省有将关系生死出入大案审出实情著督抚核实题奏》，"台湾文献资料丛刊"第七辑，（台北）大通书局，1987，第1006页。

獗问拟"①。又如，《治浙成规》中《浙省仿照江南改定小埋积匪章程》《积匪獗贼分别案数定拟亲属相盗及无人看守之物免并计》等类似规定，皆是浙江本省对"积匪滑贼"例具体适用对象的解释。

（三）地方省例补充性规则对尚付阙如的中央制定法的补充

当中央立法尚无全国统一规定可以援引时，各省往往根据自身需要制定相关办法进行弥补或救济，以免出现无法可依的局面。补充性规则（或救济性规则）是省例的重要组成部分，主要针对本省具体行政事宜、民事纠纷处理以及风俗教化等问题。其一，涉及具体行政事项的省例包括地方各种行政办法和办事细则，主要规范衙署官吏的行为，如《西江政要》卷一《申详文案规式》、《福建省例》卷一《公式例·公牍内犯名地名勿用土音俗字》和《江苏省例·案牍文字不准杜撰》等，都对公文用字作出详细规定。其二，还有一批专门法规以民事为规范对象。州县民事争端纷繁不已，需要有相对稳定的规范加以调整。譬如在《治浙成规》《西江政要》《广东省例》《湖南省例成案》等省例中，收录了关于典铺、染铺失火失窃，向船户、脚夫托运或客店住宿发生失窃等问题的处理办法。其三，风教因与地方官政绩息息相关，也成为省例规范的重要方面。督抚两司道府州县等各级官员深受儒家经典濡染，崇德尚礼，秉持"明刑弼教"理念，注重教化为本，本着"不忍不教而诛"之心颁布禁约教化民间习俗，以期正风俗、厚民心。如《福建省例》禁止械斗、闹丧、赌博、摇会赌博、锢婢私开媒馆、尼僧受徒卖奸、放火、健讼、讼棍蠹害、服毒草轻生（毙命图赖）、畜蛊害人、移尸图诈等种种陋习恶行，既严加禁止又谆谆化导。② 又如《江苏省例四编·示禁妇女入馆喝茶》以六字歌谣形式颁行，特意申严男女大防。

　　　　　妇女入馆吃茶，迭经严申禁令。日久视为具文，过市招摇尤甚。

---

① 《西江政要》卷十《窃盗三犯案犯查明恩赦前后分别办理》，（乾隆—同治）江西按察司刊本。王志强：《论清代的地方法规：以清代省例为中心》，载刘东主编《中国学术》2001年第3辑，商务印书馆，2001。

② 王志强：《论清代的地方法规：以清代省例为中心》，载刘东主编《中国学术》2001年第3辑，商务印书馆，2001。

同坐不避男女，无耻殊堪痛恨。唯有责成茶馆，务将妇女拦摒。无论年岁老少，一概不准留饮。倘于妇女入座，即属故违谕禁。立提店伙重惩，枷号通衢示警。并饬官役稽查，言出法随宜凛。①

需要特别说明的是，一省或数省的补充性规则有可能通过地方大员的奏疏和严格的程序，上升为国家通行法。同时，中央法原来的盲点在已经制定全国统一的规定后，地方原有的补充性规则往往因为丧失补充性功能而被废除。

（四）地方省例变通性规则对中央制定法的偏离与回归

在具体执行中央制定法的过程中，各省也时常结合本地情形，因地、因时制宜地酌量变通以便施行，在变通中有发展，亦有某种程度的背离。一般而言，变通性规则必须限制在地方"外办"事宜范围内，即地方政府独立处理或终审的事项，与之相对的"内办"是指中央职权范围内的事宜，决定权掌握在君上或中央各部院手中，不容地方染指，正如《粤东省例新纂》所言："是书所辑，皆属本省外办章程，及与成例稍有变通者，或经详明两院，或经咨准部覆，俾昭程序。"② 亦如《江苏省例》声称，"省例一书，原为外办事件遵引而设。如已奏咨有案，概归条例，以清界限"③。所以，各省必须把变通性规则限制在外结事项范围内，在上报中央的法律文件中有所隐瞒，会受到中央层面的干预甚或惩罚。④

在个别情况下，也出现了地方法对中央法的明显变通和公然规避，有些变通程度和影响范围还相当可观，某种程度上呈现出地方对中央的离心力，如南方多个省份对辖区内小民百姓贩卖私盐的处理办法。贩卖私盐是被《大清律例》严厉禁止的行为。⑤ 然而各省在司法实践中多有默许，且仍嫌容许私贩四十斤的额度过少，雍正、乾隆至嘉庆、道光年间不少省份便宜行事多有背离，并相互效法援引。地方各省的权宜之计终被废止，政务

---

① 《江苏省例四编·示禁妇女入馆喝茶》，光绪十六年（1890）江苏书局刻本。
② 《粤东省例新纂》"凡例"，（台北）成文出版社，1968年影印（据道光二十六年刊本）。
③ 《江苏省例》"凡例"，同治八年（1869）江苏书局刻本。
④ 胡震：《清代省级立法：以省例为中心》，社会科学文献出版社，2019，第50、63页。
⑤ 《清会典事例》卷七六二《刑部·户律·课程·盐法》。

实践重新与通行法律的要求归于一致。① 在中央集权体制下，以皇权为核心的朝廷向地方让渡立法大权是有限度的。这种变通性的地方法规与维护皇权与中央权威的要义相抵触，虽然一度可以掩人耳目，但除非经中央正式认可，其效力始终处于朝不保夕的不稳定状态。一旦时过境迁，甚至是地方官的调任，都可能使该类地方法规在中央法的权威之下失去存在空间。以省例为中心的地方法规体现出的中央对地方的控制关系，并非处于静止凝固的命令和被命令状态，而是某种此消彼长的动态关系，整体呈现"动态平衡"的局面。问题的关键在于不同时期中央对地方离心力的掌控能力不同。在"康乾盛世"时期，这种地方离心力处于皇权和中央政府的基本控制之下，迨至晚清随着地方势力的崛起、坐大，中央的控制能力逐渐式微。

站在地方的角度，督抚大员也并非完全意义上的中央传声筒，而是执掌方面大权的封疆要员。由于客观现实需要和官员利益诉求，地方法规也完全可能背离中央立法。如果地方官认为执行中央法律可能出现不合理的现象，或给他们带来某些不便，一些地方大员会适度调整，酌定自己的对策。虽然法律领域的实际情况并非通常理解的那种中央法一统天下的状态，但这也绝不意味着在清代已经普遍出现了地方公然对抗中央的格局，绝不意味着地方享有完全独立的立法权甚至存在自治的倾向。②

二　从地方立法权到中央与地方关系的全面考察

（一）从清末到当代地方立法权的确立与扩大

虽然在传统帝制社会尤其是有清一代，包括省例在内的地方性法规广泛存在，但地方立法权终究未得到正式认可。清末"预备立宪"之际拟定《各省咨议局章程》，其第六章《职责权限》第 21 条规定咨议局应办事件包括"决议本省单行章程规则之增删修改事件""决议本省权利之存废事宜"，并申明两者皆为"参与立法事宜"，这或许是最早规定各省享有地方立法权

---

① 具体请参王志强《清代国家法：多元差异与集权统一》，社会科学文献出版社，2017，第 45～50 页。
② 王志强：《论清代的地方法规：以清代省例为中心》，载刘东主编《中国学术》2001 年第 3 辑，商务印书馆，2001。

的法案。迄至民国二年（1913），参议院制定《省议会暂行法》，正式规定各省议会享有决议本省单行条例的权力。1923 年，《中华民国宪法》进一步明确规定，各省有权在不与国家制定法抵触的前提下单独立法，成为中国第一部系统授权地方立法的宪法。虽然这些法规受时局影响多未真正付诸实施，然而地方享有立法权却逐渐成为普遍共识。[1]

中华人民共和国成立以来尤其是改革开放以后，以经济体制改革为突破口，与简政放权改革相配套，通过《宪法》、《组织法》和《立法法》等授权，地方立法主体不断扩容，由原来的省级人大及其常委会与省级政府逐步扩大到设区的市。尤其是 2015 年 3 月，十二届全国人大三次会议修改《立法法》，赋予所有设区的市地方立法权，规定设区的市人民代表大会及其常务委员会，根据本市的具体情况和实际需要，在不同宪法、法律、行政法规和本省、自治区的地方性法规相抵触的前提下，可以对城乡建设与管理、环境保护、历史文化保护等方面的事项制定地方性法规。享有地方立法权的主体在原有 31 个省（自治区、直辖市）和 49 个较大的市基础上，又增加 274 个，包括 240 个设区的市、30 个自治州和 4 个未设区的地级市。近年来，新赋予地方立法权的市（州）人大制定地方性法规 595 件，地方立法逐步成为我国立法体系中立法主体最多、立法数量最大的部分。随着经济、政治和社会条件的发展，地方立法所发挥的作用也日益受到关注，为加强和创新地方治理提供了有力法治支撑。[2] 地方立法主体扩容的趋势，是现代法治国家的重要特征之一。

（二）从地方立法权到中央与地方关系的全面考察

地方立法权仅是中央与地方关系的一个维度。中央与地方的关系，即在一定的国家政权组织形式下，中央政府与地方政府之间的权力分配及统

---

[1] 以上，参见《法令·宪政编查馆等奏拟各省咨议局并议员选举章程折》，《东方杂志》第五年第 7 期（光绪三十四年），第 21 页；谢振民《中华民国立法史》，正中书局，1948，第808 页。以上，转引自王志强《清代国家法：多元差异与集权统一》，社会科学文献出版社，2017，第 25~26 页。

[2] 《中华人民共和国立法法》第四章《地方性法规、自治条例和单行条例、规章》第 72 条。张德江委员长在十三届全国人大一次会议第三次全体会议上的报告，人民政协网，2018 年3 月 11 日，http://www.rmzxb.com.cn/c/2018-03-11/1990273.shtml。参见包玉秋《改革开放四十年地方立法权检视》，《党政干部学刊》2018 年第 12 期。

属关系，实质上反映的是国家权力（包括行政、财政、军事、立法及司法权等）在中央与地方政府之间如何纵向分配的问题，受到国体、社会制度及时代条件的制约。①

在世界范围内，处理中央与地方关系的模式大致有两种：单一制和联邦制。成熟的联邦制是一种较为有效的央地权力划分方式。在单一制下，中央享有至高的权力，地方服从中央管辖，但在具体实践中往往存在较多起伏和争议。马克思主义经典论著指出，东方国家中央集权制的产生与强化有着迥异于西方的深刻社会经济根源，两者虽发展路径不同，却共同体现了国家作为政治实体所具有的集权本质属性，正如恩格斯在早期著作中曾明确指出："集权是国家的本质、国家的生命基础……每个国家必然要力求实现集权，每个国家，从专制君主政体起到共和政体止，都是集权的。"②在后来的《家庭、私有制和国家的起源》中，他进一步把在阶级社会代表统治阶级意志的"公共权力"理解为"国家的本质特征"，很显然这种"公共权力"在阶级社会中具强烈的集权化趋向。③ 同时，也指出了"集权"原则的种种缺陷。因此马克思认为，"分权和权力互相监督"是"为了自由的利益所十分必需的"④。马克思主义思想视阈下的无产阶级专政国家"中央集权制"，既是与现代共和制联系在一起的，又是对资产阶级国家"中央集权制"的扬弃，应遵循议行合一、去官僚化、组织权威以及有限集权等原则，从而将无产阶级专政国家的中央集权制与充分的地方自治辩证地结合在一起。⑤

历史时期中国的中央与地方关系，大体有中央集权和地方分权两种基本模式。前者中央集权模式指大部分甚或全部统治权归中央政府，地方政府没有独立性，统一服从于中央政府，受到后者的领导和监督，执行中央政府的法律、法令、政策、指示及命令，秦、隋、宋、元、明、清时期属于较为典型的专制主义集权。地方分权模式指中央政府和地方政府各有独

---

① 李治安：《论古代中央与地方关系的演化和若干制约因素》，《天津社会科学》1996 年第 4 期。
② 《马克思恩格斯全集》第 41 卷，人民出版社，1982，第 396 页。连朝毅：《论马克思恩格斯思想视阈的"中央集权制"》，《马克思主义研究》2008 年第 10 期。
③ 《马克思恩格斯选集》第 4 卷，人民出版社，1995，第 116 页。
④ 《马克思恩格斯选集》第 1 卷，人民出版社，1995，第 314 页。
⑤ 连朝毅：《论马克思恩格斯思想视阈的"中央集权制"》，《马克思主义研究》2008 年第 10 期。

立的权力划分范围，地方政府在权力范围内具有高度的裁量权与自主权，中央政府不得随意干预，如商、周、魏晋南北朝、唐后期。① 从夏商周到明清，中央与地方的关系经历了从集权统一到分权分裂、再到集权统一的曲折变迁历程，次第相连、螺旋上升，中央集权越来越完善、成熟。这或许正是华夏统一多民族国家能够不断发展壮大的重要动因，也是中华文明能够在四大古典文明中延续数千年而不中断的基石所在。然而，高度集权随之也带来诸多问题，一方面，对地方政府权力剥夺过多，直接影响行政效率，不利于区域社会经济文化的发展进步，容易造成地方积贫积弱，降低对突发事件的应对能力等；另一方面，则是对皇帝个人独裁专制的推波助澜。历史事实证明，单纯的中央集权或者地方分权，均不是处理中央与地方关系的理想选择。较为理想的中央与地方的关系，当是平衡与协调的关系。在权力分配上，既能保障中央政府有足够的力量统摄全国，又能给予地方适度的权力。任何一方权力过大或过小，均将破坏权力的正常运转。② 正如明清鼎革之际顾炎武所言，"封建之失，其专在下；郡县之失，其专在上"，"寓封建之意于郡县之中，而天下治矣"③。与此同时，王船山也强调中央集权与地方分权主次结合，"封建之天下分而简，简而可治之以密；郡县之天下合而繁，繁必御之以简"④。

清末以来，地方自治思想和制度从西方传入中国，《城镇乡地方自治章程》、《府厅州乡地方自治章程》以及《京师地方自治章程》等相关法规陆续颁布。民主主义革命先行者孙中山曾认为联邦分权制最适宜中国，也曾认为中央集权是统一中国的重要途径。他总结历史经验教训，最终提出了融合集权与分权优点于一体的均权主义。1924 年 1 月，他在《中国国民党第一次全国代表大会宣言》中提出"均权主义"的地方自治原则，"关于中央及地方之权限采均权主义。……不偏于中央集权制或地方分权制"。均权主义是孙中山先生首创和倡导的，是在集权和分权各自优点基础上综合提

① 李治安：《唐宋元明清中央与地方关系研究》，南开大学出版社，1996，第 1~2 页。
② 李治安：《唐宋元明清中央与地方关系研究》，南开大学出版社，1996，第 434~446 页。李治安：《论古代中央与地方关系的演化和若干制约因素》，《天津社会科学》1996 年第 4 期。
③ 顾炎武：《亭林文集》卷一《郡县论一》，转引自李治安《唐宋元明清中央与地方关系研究》，南开大学出版社，1996，第 443 页。
④ 王夫之：《读通鉴论》卷一九《隋文帝》，同治四年（1865）金陵书局《船山遗书》本。

出的中央与地方关系模式。它跳出了集权主义和地方分权主义在中央与地方权力分配问题上的争论，从两者的职能关系上寻求央地关系的平衡和地方自治的合理性。虽然民国时期中央权威式微、地方主义盛行，加之南京国民政府的一党专制与独裁，使均权主义仅仅停留在理论探讨上，却为现实政治下中央与地方关系提供了一种合理的价值取向和结构模式。①

中华人民共和国成立后，第一代领导集体恪守马克思主义关于无产阶级国家政权"坚持民主集中制，坚持单一而不可分的共和国"的思想，并结合我国自古以来就是统一多民族国家的基本国情，采取了单一制的国家结构形式。同时，清醒认识到"处理好中央和地方的关系，这对于我们这样的大国大党是一个十分重要的问题"②。1956 年，毛泽东在《论十大关系》中指出，中央和地方的关系也是一个矛盾，提出要发展社会主义建设，必须发挥地方的积极性。③ 总体而言，新中国成立初期由于社会主义建设仍然处于探索阶段，对于如何处理中央与地方关系尚且缺乏经验，加之不同时期对中央集权、地方分权重要性的认识左右摇摆，央地关系大起大落，陷入集权—放权—再集权—再放权的循环之中。改革开放以来，邓小平同志深刻总结经验教训，指出"权力过分集中，妨碍社会主义民主制度和党的民主集中制的实行，妨碍社会主义建设的发展，妨碍集体智慧的发挥，容易造成个人专断，破坏集体领导"，并逐渐从经济领域入手理顺中央与地方的关系，把生产经营自主权下放给农民、企业和基层，另外地方财政包干、分税制等举措无不涉及中央与地方关系的调整。强调在向地方分权的同时，坚持维护中央权威。进而主张用制度建设调整中央与地方关系，并谋求依法规范中央和地方的职责和权限，为构建中央与地方权力政治关系提供法律保证。④ 同时，这一阶段在继续坚持少数民族区域自治基础上，吸收了分权制和集权制的优点，在基层实行村民自治和居民自治制度，在香港、澳门实行特别行政区高度自治，标志地方自治制度取得了新进展，体

---

① 李明强：《论孙中山的均权主义》，《江汉论坛》2003 年第 6 期。
② 《毛泽东文集》第 7 卷，人民出版社，1999，第 32 页。
③ 《毛泽东文集》第 7 卷，人民出版社，1999，第 31 页。
④ 夏丽华：《中国共产党处理中央与地方关系思想的发展》，《毛泽东思想研究》2009 年第 1 期。杨海坤、金亮新：《中央与地方关系法治化问题刍议》，载张千帆、〔美〕葛维宝编《中央与地方关系的法治化》，译林出版社，2009，第 155 页。

现了国家治理能力的不断提高。

党的十八届三中全会提出，推进实现国家治理体系和治理能力的现代化。十八届四中全会提出，全面推进依法治国，建设中国特色社会主义法治体系，建设社会主义法治国家。十八届五中全会及《中华人民共和国国民经济和社会发展第十四个五年规划和 2035 年远景目标纲要》提出，2035年基本实现国家治理体系和治理能力现代化，到本世纪中叶实现国家治理体系和治理能力现代化。在此背景下，如何科学处理中央与地方关系，在"两个维护"基础上，既有利于中央统一领导，又有利于发挥地方积极性，是重要的理论①和实践命题。赋予设区的市立法权在立法方面迈出了关键一步，而实现国家治理体系和治理能力的现代化仍任重而道远。

---

① 基于现代和谐社会必定是法治社会的认识，有学者提出"中央与地方关系法治化"概念。在规范方面，以立法上的明确规定作为处理中央与地方关系的依据，特别是宪法、宪法性法律和自治法律应有明确的规定。在实践层面，中央与地方权力机构需要严格遵守权力的法定划分，违宪（法）行为应受到相应的制约。在学理方面，需要研究并形成中央与地方关系法治化的基本意愿，用以指导中央和地方关系法治化的立法和实践。参见杨海坤、金亮新《中央与地方关系法治化问题刍议》，载张千帆、〔美〕葛维宝编《中央与地方关系的法治化》，译林出版社，2009，第 147～148 页。另见封丽霞《中央与地方立法关系法治化研究》，北京大学出版社，2008。

第八章　清代典型督抚刑名思想探析

　　本章将继续基于刑名司法与地方行政、君臣政治互动的视角，探讨清代不同阶段典型督抚大员的刑名思想及其行政实践。康乾时期主要选择历官十二省的资深汉员巡抚陈宏谋以及积极忠实执行雍正朝政治路线的汉军督抚田文镜，晚清时期则聚焦晚清中兴名臣曾国藩。不仅介绍他们具体而微的刑名思想，更基于督抚大员对刑名事宜统而不管的职能特点，观照其刑名思想在地方行政大局中的实践及对朝政大局的映射与影响，如站在养民足民的高度理解陈宏谋的刑名主张，又如置身雍正朝新政雷厉风行革除积弊的背景解析宠臣田文镜在河南的刑名主张与作为。而对于曾国藩，则基于晚清时局危机，阐述其戡乱、治军、外交多位一体的刑名思想。对于以上人物，并非就个体论个体，而是进一步剖析与之密切相关的群体特征，如以陈宏谋为代表的"18世纪经世学派"，以曾国藩为首的"晚清中兴名臣"。前者面对18世纪人口爆炸、土地不足等经济社会问题，经时济世，他们作为地方大员关注的领域已经从传统意义上的钱粮、刑名两大要务，拓展到事关国计民生的粮、河、漕、盐等方方面面。后者面对晚清内外种种统治危机，在秉承传统儒家"一秉于礼"的德政思想基础上，高度重视"法"对"礼"的维护保障作用，主张礼法并用，以法治军、治吏，并以严刑重罚惩治民众的反抗起义，从而催生了清代法律制度的重大变化——就地正法，更引发了晚清以降中央与地方之间权力分配的重大变化。

第一节　康乾时期汉员督抚陈宏谋养民教民
视野下的刑名思想

　　作为汉人资深巡抚，陈宏谋多年寄任封疆，是清朝历史上担任巡抚时间最长、调任次数最多、官声最高的官员。作为统揽地方钱粮、刑名要务的督抚大员，其具体的法律思想包括理讼审断要"耐烦劳"，理讼审断要"息忿怒"，反对淹禁滥禁，等等。然而对于集理学名臣、治世疆臣于一身的陈宏谋而言，考察其刑名法律思想，宜更进一步基于其教民养民的理学经世思想及行政实践的高度。不仅于此，身处18世纪康乾时期的陈宏谋，作为地方大员，关注的领域业已从传统意义上的钱粮、刑名两大要务，渐次拓展到粮、河、漕、盐等国计民生的方方面面，从而成为"18世纪经世学派"的典型代表。

一 久任封疆的仕宦经历及其影响

陈宏谋（1696—1771），字汝咨，号榕门，广西临桂（今桂林临桂区）人，原名弘谋，后为避"弘历"名讳而自请改名"宏谋"。生于清康熙三十五年（1696），雍正元年（1723）进士，历任翰林院检讨、知府、按察使、布政使、巡抚、总督、尚书、大学士等职，从政四十余年。其中，从乾隆六年至二十八年（1741—1763）一直寄任封疆，历官十二省、居督抚二十一任：四次巡抚陕西，二次巡抚湖南、江苏，巡抚甘肃、江西、河南、福建等省各一次，总督两广、两湖、两江、陕甘各一次，宦迹半天下，是清朝历史上担任巡抚时间最长、调任次数最多、官声最高的官员。乾隆三十六年（1771）卒，谥号"文恭"。宦游之余著述颇丰，撰辑刊书达四十多种、千卷之多，有《纲鉴正史约（增订）》《课士直解》《甲子纪元》《大学衍义辑要》《培远堂文集》《三通序目》《培远堂文录》《湖南通志》《五种遗规》等书流传于世，被誉为"岭南儒宗""太平宰相、理学名臣"。《清史稿》有传，称"乾隆间论疆吏之贤者，尹继善与陈宏谋其最也。……宏谋学尤醇，所至惓惓民生风俗，古所谓大儒之效也"[1]。乾隆帝在其御赐墓志铭中也说，"原任大学士陈宏谋，老成敦朴，才品端方，中外宣劳，恪勤素著"[2]。作为一代理学名臣、治世能臣及汉员资深督抚的陈宏谋，影响纵跨18、19、20世纪并被推崇至今，有学者认为陈宏谋形象经历了18世纪当朝能吏、19世纪革新家政治榜样、20世纪道德文化典范的递嬗。[3]

---

① 赵尔巽等：《清史稿》卷三〇七《陈宏谋传》，中华书局，1977，第10564页。
② 王锺翰点校《清史列传》卷一八，中华书局，1987，第1373~1384页。
③ 郭漫：《陈宏谋研究史述评》，《玉林师范学院学报》2017年第6期。

20 世纪八九十年代以来，国内学界对陈宏谋的生平治绩、学术思想及其著述进行了广泛而较为深入的探讨，并形成了大量研究成果。[1] 海外方面，日本学者菊池秀明认为，陈宏谋是"当代唯一有能力的地方官"[2]。美国著名汉学家罗威廉赞誉陈宏谋是 18 世纪清帝国最有影响的汉族官员、盛清时代的缩影、地方官员的典范，并专门著有《救世：陈宏谋与十八世纪中国的精英意识》一书，以陈宏谋为中心探讨 18 世纪中国的精英意识及其经世实践，认为陈宏谋关于人和社会认识的基本点，与欧洲启蒙时期的许多欧洲学者十分相似，其思想与实践所涉及的几乎所有主要方面，也是当时欧洲社会文化发展所面临的问题，从而使其影响从中国走向世界，成为"世界的陈宏谋"。[3]

二 陈宏谋教民养民实践下的刑名思想

(一) 理讼审断要"耐烦劳"

陈宏谋对明代嘉靖朝进士、户部尚书耿定向所编《耐烦说》很是欣赏，认为居官首当"耐烦"，这一功夫甚至在"清廉"的要求之上，否则"一有厌苦之心，便有不耐之意，或草率了事，或假手他人，或急遽无序，民亦多蒙其累，事便不得其平"[4]，特意将《耐烦说》收入《从政遗规》。在任陕西巡抚期间颁布《申饬官箴檄》，明确提出官员为民父母要"耐烦劳"。居官莅事牒诉纷错，每件事都必须躬身处理，而知县等员身为父母官，更

---

[1] 1996 年，广西专门举办了纪念陈宏谋 300 周年诞辰学术研讨会，并出版了国内首部专门的陈宏谋研究论文集，参见朱方枫主编《陈宏谋研究论文集》，广西师范大学出版社，1998。相关综述文章方面，诸如刘亮红《陈宏谋研究综述》，《文史博览》（理论）2008 年第 10 期；熊帝兵、朱玉菠《陈宏谋研究综述补》，《宜春学院学报》2017 年第 2 期；郭漫《陈宏谋研究史述评》，《玉林师范学院学报》2017 年第 6 期。具体论著在三篇综述论文章亦有详细介绍评论，篇幅所限不再赘述。

[2] 〔日〕菊池秀明：《陈宏谋研究在日本》，载朱方枫主编《陈宏谋研究论文集》，广西师范大学出版社，1998，第 275 页。

[3] 〔美〕罗威廉：《救世：陈宏谋与十八世纪中国的精英意识》（*Saving the World：Chen Hong-mou and Elite Consciousness in Eighteenth-Century China*），陈乃宜、李兴华等译，中国人民大学出版社，2013。王笛：《罗威廉著〈救世：陈宏谋与十八世纪中国的精英意识〉》，《历史研究》2002 年第 1 期。黄继树：《世界的陈宏谋》，《当代广西》2007 年第 23 期。

[4] 陈宏谋：《从政遗规》卷上《耿恭简公定向耐烦说》，陈生玺辑《政书集成》第八辑，中州古籍出版社，1996，第 69 ~ 72 页。

要有耐烦劳的本领：

> 看案而耐烦劳，则原委透明；审事而耐烦劳，则虚实可办；立谳而耐烦劳，则供看明确切；检验而耐烦劳，则尸伤明确，后来案无疑窦；鞫囚而耐烦劳，则反复研讯，不事刑求，真情可得；批词而耐烦劳，则批断切中，小民不致守候再告；禀复而耐烦劳，则确切对针，不致答非所问；踏勘而耐烦劳，则界址分明，堂审则更有把握；佥票而耐烦劳，则票内字句轻重，名目多寡，俱有斟酌。胥役不能朦混，而里民免无端之惊扰，绝意外之株连。①

总之，只有为官者"耐一时之烦劳"，才能使百姓"受无穷之福泽"。每至一处，陈宏谋对各种刑名事务，往往不厌其烦，"必究人心风俗之得失，及民间利害当兴革者，分条勾考，次第举行"，对地方情形了然于胸。

与此相应，他对官吏审断因循、推诿等危害有着清醒的认识，巡抚江苏时曾严厉指出，"江苏吏治颇有因循之病，一事到官迁延不结，穷者守候失业，富者营求荡产。一波未平一波复起，讼棍从中把持，胥蠹因而饱索，讼庭日扰，催驳盈帙。及至结案，仍是只能海市蜃楼，未彰公道"②。同时，他也深知自己无力遏制官场恶习蔓延，唯有抱着"每处一地、临一事，即就其地，悉心讲求，以其稍有裨益"③的态度，为百姓多做实事。④每到一地，即命属下对所有旧案进行彻底清查，按月办理，对新案则随手办理，不使迁延积压。

（二）理讼审断须"息忿怒"

陈宏谋反复告诫属下办案时切记要"息忿怒"。为官者即使心平气和，审理词讼案件也难免发生"下情难悉，处置失当"之事。假如以忿怒之心审断，很可能是除了依靠刑讯逼供外别无他法，当事人即使有冤情也难以

---

① 贺长龄、魏源等辑《清经世文编》（上册）《申饬官箴檄》，中华书局，1992，第506页。李景屏：《陈宏谋与〈从政遗规〉》，《清史研究》2004年第1期。
② 陈宏谋：《陈文恭公手扎节要》卷上《培远堂偶存稿·寄杨星亭书》。
③ 陈宏谋：《陈文恭公手扎节要》卷上《培远堂偶存稿·寄圣泉法书》。
④ 孔祥文：《陈宏谋吏治思想研究》，《兰州学刊》2007年第6期。

甲诉，事后觉知但冤狱已成后悔莫及。更兼叫有"唯恐官之不忿不怒"的吏役兴风作浪，"阴肆其毒，激官怒而倒持其柄"，故而再三强调官长"能息一分忿怒，即昭一分平允，以此临民，庶几无过"。① 由此认为，牧民之官在断案用刑时，切不可感情用事，"亦惟有就事论事，平心静气，秉公持正，久后自有公论"。② 正如其在《从政遗规》中专门收录《居官格言》，特别提到听讼审断要"息忿"，"听讼凡觉有一分怒意，切不可用刑。即稍停片时，待心和气平，从头再问。未能治人之顽，先当平己之忿"③。这一点与后文雍正朝得力干将、河南巡抚田文镜的主张大同小异。田文镜在其政书《抚豫宣化录》中谈到，披阅各地刑名案件时，官员经常提到"连掅不承""屡经夹讯"等语，而细查犯证供词却多有前后矛盾、互异之处。究其根源，总因承审官员粗浮（类似于"耐不得烦劳"），案件未审之前不肯细阅卷宗，临审之际又不肯耐心驳诘，肝火上升，怒从中发，颐指气使，以至不顾堂下人犯死活。因此叮嘱各地父母官日后无论审理大小案件，各个环节均须耐得烦劳，平息忿怒，如其所言"务宜秉公，细心体鞫，勿得酷法严刑，草菅民命"④。

（三）反对滥禁淹禁

清代入监牢并非正式刑罚，而是正式审判定罪到最终执行之前的临时羁押之所，却常有无良吏役以此为利薮，滥禁、淹禁多有发生，牢房内外条件恶劣兼之胥吏虐待，常有监毙现象发生，对此各级官吏惧怕处分，往往以人犯系因病正常死亡蒙混了事。陈宏谋对此殊为痛恨，如其所言"监狱之设，专为羁禁罪犯。应禁罪犯不可砍，纵亦不可凌虐。至于不应禁而

---

① 贺长龄、魏源等辑《清经世文编》（中册）《申饬官箴檄》，中华书局，1992，第506页。
② 孔祥文：《陈宏谋吏治思想研究》，《兰州学刊》2007年第6期。
③ 陈宏谋：《从政遗规》卷下《熊勉庵宝善堂居官格言》，载陈生玺辑《政书集成》第八辑，中州古籍出版社，1996，第251页。考诸政书、官箴书，居官当"耐烦"是普遍共识。如清代康乾之际袁守定《图民录》卷一也有"耐烦"一则，特别强调"居是职者，无他谬巧，只耐烦便了一切。如案牍不耐烦，则不能详阅，而吏胥得乘其惰矣！词讼不耐烦，则不能详鞫，而奸民得售其欺矣！……论语曰：君子无众寡、无小大、无敢慢，其耐烦之谓乎？"参见袁守定《图民录》卷一，"耐烦"，载陈生玺辑《政书集成》第八辑，中州古籍出版社，1996，第1007页。
④ 田文镜著，张民服点校《抚豫宣化录》卷三上《严饬慎用大刑以全生命事（不许轻用大刑）》，中州古籍出版社，1995，第85页。

禁，是谓滥禁。可以保释而仍久禁，是谓淹禁，皆属有干功令"①。儒家出身的陈宏谋常以不忍人之心，行不忍人之政，严格整顿刑狱。在江苏按察使任上，对管狱官吏作出严格规定，随时究处滥禁淹禁情况。凡遇人犯进监，不得索取规礼。对积恶大盗自应严加防范，然而衣食所需不许借名克扣，枷锁等项不许非刑吊拷。对于轻罪人犯，不能非礼凌虐、滥用刑拷；犯人患病时要小心看管，不得挟嫌隐匿。如系女犯则另设女牢分别管禁，不得任人凌辱。为严格贯彻上述条规，特设专门登记监狱犯人的清册，册内载明监狱环境、刑具种类、犯人入监事由、犯人数目、生活待遇等项，下发给各州县，要求每年如实填报上交，以便查阅。如有相关上级官员往来经过不时稽查，"即令持册出其不意，赴监查点"，以防管狱官吏凌虐之弊。②

以上是陈宏谋一些具体而微的理讼审断、刑狱治理思想及行政实践。对于一代名宦陈宏谋的法律思想，有学者归结为礼治思想（强调知行合一、礼主刑辅）、德治思想（教化和民生）以及人治思想（官吏自律和举用贤人）三个方面，自然不无道理。③ 从刑名司法与地方行政的互动角度而言，洞察阐发陈宏谋的刑名思想，更宜站在其教民养民的理学经世思想及其行政实践的高度。

如其在江苏按察使任上所言，"盗贼起于贫穷，贫穷起于无业"，深刻认识到安民与富民之间的辩证关系，安民必先富民，只有使百姓安居乐业，社会才能安定，政治才能清明。进而，明确提出"牧民之道，不过教养二端"。其中，"教民"之道尤为重要，因之"为政以教化为先"，并且在众多著述中表现出教化百姓、化民成俗的强烈使命感，具体行政实践包括积极倡建学校、设计教学大纲、编制教材，力行书院义学、广发书籍，等等，以厚植民风民俗。他为什么特别强调教化为本呢？除了基于根深蒂固的儒家传统政治理念，陈宏谋也相信百姓本质上有道德、有理性因而是可以教育引导的。同时，就国家治理层面而言，有效实施教化是治理天下最根本

---

① 陈宏谋：《湖南巡抚任清查监狱檄》。转引自桂署钦《陈宏谋吏治思想刍议》，《柳州师专学报》1995 年第 1 期。

② 陈宏谋：《江苏按察使任严禁监狱诸弊谕》。参见桂署钦《陈宏谋吏治思想刍议》，《柳州师专学报》1995 年第 1 期。

③ 刘华政：《陈宏谋法律思想初探》，《广西教育学院学报》2007 年第 3 期。

的方法之一，也是良好治理的可靠标志。正如康乾时期的《圣谕十六条》《圣谕广训》，均把"厚风俗"作为国家治理的首要目标。①

"养民"之道在于兴修水利、劝谕垦种、劝谕养蚕、力行社仓等等，每年多种几亩田地，多收几石粮食，是为穷民资生之计，村寨多积几石粮食，不但社谷籽种有赖，而且遇有荒歉可以有备无患。并且，陈宏谋认为教民要最终落实到养民上，两者在行政实践中往往密不可分，如 1744—1745 年期间他在陕西等省开展"兴除"运动清理地方积弊，文化因素（人际关系、家庭关系、婚丧仪式等等）和物质因素（耕作体系、社仓、灌溉设施等等）同样受到高度重视，皆是实现良俗善治社会的重要抓手。② 另外，他主张"以官养民，不如以民养民；藏富于官，不如藏富于民"，将其当作为官治政的最高境界。③ 为此，他在几十年的督抚生涯中躬行力行。每到一地，无论时间长短、条件好坏，陈宏谋常能"以民心为己心，亦视官事如家事"，从当地实际出发，对水利、农桑、河防、矿产、运输等与民生有关之事热心考察、悉心策划，不避艰辛，积极改善黎民百姓生活条件。④

三　从钱粮刑名要务到 18 世纪经世学派

以上不难发现，陈宏谋作为地方大员关注的领域已经从传统意义上的钱粮、刑名两大要务，拓展到事关国计民生的粮、河、漕、盐等方方面面。在担任福建巡抚期间，陈宏谋将"地方官所必应办理之事"归纳条列，一体知照：

> 曰田赋，曰地丁，曰粮米，曰田功，曰粮价，曰垦殖，曰物产，曰仓储，曰社谷，曰生计，曰钱法，曰杂税，曰食盐，曰街市，曰桥路，曰河海，曰城垣，曰官署，曰防兵，曰坛庙，曰文风，曰民俗，

---

① 〔美〕罗威廉：《救世：陈宏谋与十八世纪中国的精英意识》，陈乃宜、李兴华等译，中国人民大学出版社，2013，第 584～591 页。按照该书作者罗威廉先生的观点，人类是一种文明化的存在，然而文明却不是先验性的存在，其再生产依赖个人道德的提升与社会风俗的提升，这个过程就是中国儒家反复倡导的"化"或西文文献中的"启蒙"，第 584 页。

② 〔美〕罗威廉：《救世：陈宏谋与十八世纪中国的精英意识》，陈乃宜、李兴华等译，中国人民大学出版社，2013，第 585～586 页。

③ 陈宏谋：《陈文恭公手扎节要》卷上《培远堂偶存稿·寄广西府书》。

④ 刘华政：《陈宏谋法律思想初探》，《广西教育学院学报》2007 年第 3 期。

曰乡约，曰氏族，曰命盗，曰词讼，曰军流，曰匪类，曰邪教。①

不独陈宏谋如此，18 世纪的名臣如孙嘉淦、李绂、鄂尔泰、舒赫德、方观承、刘统勋等诸家皆被晚清名臣张之洞誉为"经济之显著者"②。近代经世学先驱魏源，更是将 18 世纪以官僚为主体的经世奏疏与文章编辑成书，直接命名《皇朝经世文编》。当代清史学者刘凤云将这一群体称为"18 世纪的技术官僚"，认为他们的技术不是来自学校，而是源于官僚生涯的历练，从他们身上我们看到了政务与技术在官僚身上的统一，正是这样一个精英群体将 18 世纪的中国推向了"盛世"。尽管学界对"盛世"的说法存有异议，然而技术官僚的作用却并非有名无实。③ 清史学者高王凌更将其定义为"18 世纪经世学派"④，他们以康乾时期的地方督抚大员为主体，数量庞大，其行政实践按照《皇朝经世文编·户政》的标准，涉及理财、养民、赋役、屯垦、八旗生计、农政、仓储、荒政、漕运、盐课、榷酤、钱币等各个领域。如果按照《清史稿·食货志》，则涉及户口、田制、赋役、仓库、漕运、盐法、钱法、茶法、矿政、征榷、会计等方面。不同于明末清初之际在野的思想家，18 世纪具有鲜明经世特征的地方督抚有职有权，直接面对国家或地方的现实问题，并以此为己任谋求解决之道。他们可能也从事学术活动并有所著述，却非他们的主体事业。由此出发，高王凌提出 18 世纪的历史不但对 19 世纪，更对 20 世纪有着重大的影响。⑤

追根溯源，18 世纪经世学派形成的基础有三个方面。首先，内圣外王

---

① 《五种遗规》卷下《从政遗规》。参见李景屏《陈宏谋与〈从政遗规〉》，《清史研究》2004 年第 1 期。又见《咨询民情土俗谕》，载《皇朝经世文编·吏政·大吏》，道光七年（1827）刻本。

② 张之洞：《书目答问二种》，三联书店，1998，第 27 ~ 278 页。

③ 刘凤云：《十八世纪的"技术官僚"》，《清史研究》2010 年第 2 期。

④ 据统计，康乾时期仅地方大员属于经世学派者已有多人，见于《清史稿》的有陈宏谋（数省）、陈大受（安徽）、塞楞额（江西）、杨永斌（广东）、潘思榘（安徽）、裴宗锡（安徽）、阿尔泰（四川）、沈善富（安徽）；见于《清实录》的省级官员有张广泗（贵州）、陈荣（贵州）、姜顺龙（四川）、黄廷桂（甘肃）、张允随（云南）、方观承（直隶）、准泰（安徽）、陆耀（山东）、蒋溥（湖南）、郝玉麟（两江）、庄有恭（江苏）；见于《皇朝经世文编》的有尹会一（河南）、毕沅（陕西）、乔光烈（陕西）、岳震川（陕西）、宋如林（贵州）、李绂（福建）、俞森（陕西）、杨锡绂（湖南、广西）；等等。参见高王凌《18 世纪经世学派》，《史林》2007 年第 1 期。

⑤ 高王凌：《18 世纪经世学派》，《史林》2007 年第 1 期。

的理学传统。作为中国传统文化中的主流，理学以齐家、治国、平天下为主旨，并以成圣为目标。在强调内圣的同时，致力于由内圣转为外王。面对 18 世纪的现实，理学仍在以"外王"的形式展示其经世的本质。以积极的入世精神，去解决诸多现实问题，将经世思想转化为实际行动。[1] 其次，18 世纪的时代环境要求使然。诚然当时中国传统社会走向巅峰时期，同时也面临诸多社会挑战如人口压力等亘古未有的历史性课题。因此，讲求经济，探索养民、足民之道的要求格外迫切，以解决国计民生问题为主导，成为此时经世之学的价值取向，并与明末清初及嘉道之际"反思""变革""挽救"的经世取向有所区别。[2] 最后，与康雍乾等最高统治者的倡导不无关系。如圣祖认为："君子先行后言，果如周、程、张、朱勉行道学之实者，自当见诸议论。若但以空言而讲道学，断乎不可。朱子洵称大儒，非泛言道学者可比拟也。"[3] 世宗在给国子监的谕令中指示："尔诸生亦当殚心肄业，实践躬行。……勿营奔竞，勿事浮华。文必贵乎明经，学务期乎济世。"[4] 高宗更是指出："读书将以致用，非徒诵习其文辞也。"[5] 康熙后期以来，皇权逐渐占据真理的制高点，甚或将思想话语的权力垄断在自己手中。作为官方意识形态的理学的发展，与最高统治者的导向是密切相关的。[6]

第二节 雍正朝汉军督抚田文镜的刑名
思想及其行政实践

田文镜是清代康乾时期汉军督抚的典范人物。原本年逾六十、仕途不济的他，却在雍正朝受到特殊宠遇，不仅成为兼辖数省的模范督抚，更与鄂尔泰、李卫并称雍正朝三大宠臣。他们皆是雍正帝雷厉风行、大刀阔斧革除积弊的坚定拥护者和积极执行者。考察田文镜的刑名法律思想，不应

---

[1] 刘凤云：《十八世纪的"技术官僚"》，《清史研究》2010 年第 2 期。

[2] 和卫国：《理学官僚杨锡绂与 18 世纪理学经世》，《兰州学刊》2006 年第 7 期。

[3] 《康熙政要》，中央党校出版社，1994，第 305 页。

[4] 《钦定国子监志》，北京古籍出版社，2000，第 13 页。

[5] 中国第一历史档案馆编《乾隆朝上谕档》第一册，档案出版社，1991，第 18 页。

[6] 葛兆光：《中国思想史》第二卷，复旦大学出版社，2004，第 393 页。和卫国：《理学官僚杨锡绂与 18 世纪理学经世》，《兰州学刊》2006 年第 7 期。

局限于力行保甲、严惩老瓜贼、整饬监狱、注重日常教化等具体而微的领域，更宜放在其积极践行雍正新政的大背景之下理解，而且其刑名方面的实践性远远大于思想性，一则是地方封疆大吏的职位特点，再者也和他的监生出身有关。此外，从田文镜的仕途经历出发，不难窥见雍正朝三大宠臣的共同特征：非科甲出身，生性耿介直爽，在康熙朝仕途不济，官职较低。在雍正新政雷厉风行亟须用人之际，获得世宗赏识而一再被破格提拔，位列封疆、位高权重。他们在感恩戴德之下，坚定拥护君上政治路线，是雍正朝诸多改革大政的积极实践者和成就者，他们在君上的引领下共同成就了雍正朝"严"字当头、务求"实"效的政治特征。

一　大器晚成的仕宦经历及特殊宠遇

田文镜（1662—1732），字抑光，汉军正黄旗人（原隶汉军正蓝旗，雍正五年抬旗），监生出身。康熙二十二年（1683）授福建长乐县丞，寻迁山西宁乡知县、直隶易州知州。后转任京官，擢升吏部员外郎，历官任郎中、御史，康熙末年升内阁侍读学士。在康熙朝宦海沉浮近四十年，此时六十岁出头的田文镜已然两鬓花白，仕途似乎也到了尽头。

不期然的是，田文镜却在雍正朝受到特殊宠遇，不仅成为兼辖数省的模范督抚，更与鄂尔泰、李卫并称雍正朝三大宠臣。雍正元年（1723），署山西布政使，因"故有吏才，清厘积牍，剔除宿弊，吏治为一新，自是遂受世宗眷遇"。二年正月，调河南布政使，九月即署理河南巡抚，十二月补授河南巡抚，遂上折谢恩：

> 伏念臣一介庸愚，至微极陋，仰蒙皇上圣明独断，不次擢用，由内阁侍读学士署理晋藩，洊至河南布政使。到任半年，涓埃未报。雍正二年九月初一日，恭蒙特旨：巡抚河南印务著臣署理。臣以为暂时署理，犹可勉力支持。本年十一月二十三日，又蒙特旨：河南巡抚事务著臣署理，布政司事务著杨文乾署理。俾臣专心料理巡抚一任之事，已邀非分之荣。不谓恭膺谕旨甫逾十日，又蒙圣恩补授河南巡抚，恩纶叠锡，简畀弥优。闻命之下，心神俱惊，手足莫措。臣不知何修何幸，而遭逢圣主恩遇之隆一至此极也。臣荷恩日重，图报日难，惟有益加勉励，洁己率属，殚臣心力，竭尽血诚，以仰报皇上高厚隆恩于

万一耳。①

　　此折虽然难免臣下谢恩折感恩戴德的套路，然而对于监生出身、一两年内屡次破格超擢、年逾六十的田文镜而言，可能确实是言为心声，圣主知遇隆恩天高地厚。雍正五年，又晋河南总督，加兵部尚书衔，并从汉军正蓝旗抬入正黄旗。② 六年，雍正帝为褒奖其公正廉明，特授河南山东总督，并专意强调此系"因人设官，不为定例"。七年，加太子太保，兼北河总督。十年底病卒，终年七十岁，谥"端肃"，御赐河南省城设立专祠，并祀河南贤良祠。③ 遗存政书《抚豫宣化录》《钦颁州县事宜》，前者是其主政河南期间奏疏、条奏、文移、告示的汇编，后者是与雍正朝另一模范督抚李卫共同领衔编写、用以指导州县官日常刑名钱粮行政并且获得君上支持广泛颁行的官箴书。④

　　田文镜抚豫期间，大刀阔斧以高压之势追查亏空积欠、推行耗羡归公和养廉银、实施摊丁入亩、严饬垦荒，而这些无一不是世宗时代雷厉风行改革的大政要务。由此，田文镜不仅忠心耿耿贯彻君上的政治路线，更是

---

① 田文镜撰，张民服点校《抚豫宣化录·奏为恭谢天恩事（谢补授巡抚）》，中州古籍出版社，1995，第 4 页。

② 考虑到雍正帝对汉军群体的不良印象，田文镜的经历更可谓特殊宠遇。雍正帝认为汉军多是营私、狡猾、油气之人，经常指责"你们汉军习气甚是不好"，"汉军风俗一无可取之处"。《清代官员履历档全编·雍正朝》中对汉军官员的折辱文字亦历历可见，由此大力压缩汉军群体的职权，如"汉军缺归并汉缺"，"汉军回避直隶"。唯有对持身刚介的杨宗仁、言行如一的田文镜以及"全无汉军顽劣习气"的郝玉麟等少数汉军官员比较满意。参见孙守朋《汉军旗人官员与清代政治研究》，人民日报出版社，2011，第 100～110 页。

③ 赵尔巽等：《清史稿》卷二九四，中华书局，1977。关于入祀贤良祠一事，乾隆五年（1740）四月，河南巡抚雅尔图奏言，河南百姓对田文镜怨恨很深，田氏"不应入豫省贤良祠"。主张"宽猛相济"的乾隆皇帝虽然并不认同集能吏、酷吏于一身的田文镜，然又恐雅尔图此奏别有他图，加之田文镜入祀贤良祠系乃父世宗钦定，终未改之。

④ 田文镜撰，张民服点校《抚豫宣化录》，中州古籍出版社，1995。《钦颁州县事宜》的编纂过程也较为波折，雍正二年先命朱轼、沈近思主持，后因沈近思故世、朱轼久病而未能如期成书，雍正七年又命田文镜、李卫两人领衔，具体内容涉及：到任、交盘、关防、宣讲圣谕律条、放告、催科、借桑仓谷、弭盗、验伤、听断、堂事、防胥吏、慎延幕宾、待绅士、免行户、谨差下乡、劝农桑、严禁狱、讲读律令、操守等，关乎钱粮、刑名等行政要务的技术知识颇多，操守反而列于最后，似与黄仁宇所谓"以道德之长，补技术之短"判断有所背离。对此，可以这样理解：在"知"的层面，中国古人可能确实强调道德的重要，但在"行"的方面却不得不凸显技术的作用。参见杜金《清代皇权推动下"官箴书"的编撰与传播——以〈钦颁州县事宜〉为例》，《学术研究》2011 年第 11 期。

行有实绩、颇受嘉许的急先锋、模范督抚。田文镜生前身后，雍正帝对他屡加赞誉，多次说他"公正廉明""吏治民风之善妥，实为直省第一""若各省督抚皆能如田文镜、鄂尔泰，则天下允称大治矣"①！迨至六年五月，破格特授为河东总督时，又褒奖其"忠诚体国，公正廉明，是以豫省境内吏畏民怀，本省之人及往来经过者皆称为乐土"②。及至病卒后，又特颁谕旨，高度评价其政绩："田文镜老成历练，才守兼优。自简任督抚以来，府库不亏，仓储充足，察吏安民，惩贪除暴，不避嫌怨，庶务具举。"③ 然而，百姓、同僚及后世对他却多有责难，核心是认为他执政严刻，过于苛求。正如《清史稿·田文镜列传》所云："文镜希上指，以严厉割深为治……诸州县稍不中程，谴谪立至。"④ 曾任直隶总督的同僚、同时也是科甲名流的李绂指出，田文镜"日以参官为事，州县之吏或一岁半岁而被参，或数月而即逐，或一疏而参十数员，或一疏而参数十员"⑤。乾隆皇帝即位伊始，也认为田文镜"苛刻搜求以严厉相尚，而属员又复承其意指剥削成风，豫民重受其困"⑥。《论语》谈到君子有"三戒"：少之时，血气未定，戒之在色；及其壮也，血气方刚，戒之在斗；及其老也，血气既衰，戒之在得。⑦ 田文镜六十岁老迈之际，得到雍正帝的异常宠遇，成为忠实拥护、大力践行雍正朝政治路线的"斗士"。这种不同寻常的"得"与"斗"，使他成为叱咤风云的历史人物，或许也是其身后种种非议责难的根源。

二　与雍正朝改革大政相表里的刑名思想及其行政实践

需要特别说明的是，对于田文镜的刑名法律思想，始终应放在积极践行雍正新政的大背景之下理解，而且其实践性远远大于思想性，一则是地方封疆大吏统而不管的职位特点，再者也和其监生出身有关，并非如陈宏

---

① 王锺翰点校《清史列传》卷一三《田文镜传》，中华书局，1987。
② 《上谕内阁》，雍正五年五月二十五日条。
③ 王锺翰点校《清史列传》卷一三《田文镜传》，中华书局，1987。
④ 赵尔巽等：《清史稿》卷二九四《田文镜列传》，中华书局，1977。
⑤ 李绂：《备陈用人三法札》，《皇朝经世文编》卷一五《吏政一·吏论上》，道光七年（1827）刻本。这里李绂对田文镜的看法，涉及雍正朝的一件公案——"李绂、田文镜互参案"，忠实执行君上政治路线的田文镜获得了雍正帝的极大支持，篇幅所限不再赘述。
⑥ 《清高宗实录》卷七，雍正十三年十一月丙辰。关于对田文镜的评价问题，亦多参考张民服《从〈抚豫宣化录〉看田文镜抚豫》，《史学月刊》1994年第5期。
⑦ 杨伯峻译注《论语·季氏》，中华书局，2009，第174页。

谋既是一代理学名臣又是治世疆臣。但在注重日常教化百姓以正人心、厚风俗方面，两者皆是谆谆告诫不厌其烦，虽然出身不同却都饱受儒家政治理念熏染多年，相较而言或许田文镜更强调实力奉行。

（一）力行保甲

保甲制度是中国古代包括有清一代治理基层社会的基本制度，也是消弭盗贼、维护治安的重要手段，无奈日久弊生，地方官吏往往奉为具文、虚应故事。顺康时期著名清官彭鹏强调，"保甲行而弭盗贼、缉逃人、查赌博、诘奸宄、均力役、息武断、睦乡里、课耕桑、寓旌别，无一善不备焉。"① 康熙年间《福惠全书》的撰述者黄六鸿提出，"夫保甲之设，所以弭盗逃而严奸宄，法至善也"②。雍正朝严行保甲，作为世宗政治路线的坚定实施者，河南巡抚田文镜认为"吏治之首务莫过于杜盗源，而弥盗之良规莫过于严保甲"③，在奏疏、文移、告示中多次强调，基于综合治理思路不断完善保甲制度，并至再至三严饬属员务必实力奉行，不得视为具文。

先是，雍正三年（1725）正月发布《特揭保甲之要法以课吏治事》，从地方官奉行不力、徒有保甲之名而无弥盗之策的现实，基于综合治理思路提出完善保甲制度的五条"要法"。（1）选择捕役当定有责成。认为捕役原系与盗贼狼狈为奸，必须挑选年轻健壮且有家口的干练捕役，将原籍住址、妻儿家属登记造册，同班捕役须签署连环保结，这样才能让他们分路承缉案犯。（2）严查窝家使盗贼无处栖身。因之盗贼和窝家密切相关，若无窝家盗贼无以托足。而查拿窝家，要在赏罚分明，充分依靠乡保、邻佑、民壮、捕役，提出"不论诸色人等，有能出首确实窝家、赃正证确者，照例重赏；容隐不报者，按律连坐"。（3）训练民壮使之协助巡捕。每州县精选年轻体健的民壮五十名，学习弓矢鸟枪。平日在所管地方协助乡保、营兵、捕役严行稽查，如有匪类入境即行拿解。（4）寺庙饭店当严加查察。这些

---

① 彭鹏：《保甲示》，载《古代乡约及乡治法律文献十种》第二册，黑龙江人民出版社，2005，第286页。肖如平、蔡禹龙：《清末保甲与城市社会治理》，《唐都学刊》2012年第2期。

② 黄六鸿：《福惠全书》卷二一《保甲部·总论》，《官箴书集成》第三册，黄山书社，1997，第449页。

③ 田文镜：《抚豫宣化录》卷一《特揭保甲之要法以课吏治事》，道光辛卯（1831）点易山房藏版；中州古籍出版社，1995，第105页。特别说明，后文引用《抚豫宣化录》标注以中州古籍出版社版本为主，因之有具体页码方便查找。

特殊场所最易藏奸，对于无僧道之空庙，破落者即行拆毁，完固者一概垒塞。饭店须设立循环簿严格登记，凡有客商到店，务须盘问来踪去迹详细登记。如遇无行李且面生可疑之人，概不许容留安歇。（5）高台啰戏应严行禁逐。豫省习俗，集镇冲要所在常有扎搭高台演唱啰戏，戏台之旁常常开设酒馆饭店，正是匪类闻风群集之所，他们白日当街赌博，黑夜行窃作案。而捕役得钱故纵，乡保徇情不报，恶习相沿不可救止。各地方官应严行禁逐，以绝盗源。如敢故犯，立将戏班行头收缴贮库，为首之人严拿究治。①

三年八月，因各属尤其是归德、南阳、汝宁三地呈报盗案数目并未明显减少，田文镜再次发布文移，意在严饬各地方官实力奉行保甲要法，不得阳奉阴违、视为具文。② 此外，又发文强调各地需要加以防范之处，包括修葺城垣，严加防范仓库监狱重地，城内街巷、关厢、镇店、村庄安设栅栏，各处夜巡宜多设梆锣，等等。③ 有意思的是，在雍正四年八月发布的文移中，田文镜依然强调力行保甲重在得人，严饬各地属员中仍有虚应故事、阳奉阴违者，直接斥之为"懒"，再次严饬务必时刻留心，平时朔望之日对百姓勤加劝谕，或下乡验尸时就近稽查村庄，或因出门踏勘时盘诘附近烟户，或白日单骑巡行发现潜在问题，或深夜巡街以杜更夫之惰。④

（二）不遗余力严惩老瓜恶贼

老瓜贼，康乾时期流窜于河南、山东、直隶、陕甘及山西等北方省区作案，多在夜晚假扮商旅、乞丐、僧道等对客商行人图财害命，社会危害极大。康乾时期，通过兵部、刑部定例，官员议叙、议处制度，地方营汛巡查防范以及基层社会保甲制度等综合治理措施，老瓜贼问题得

---

① 田文镜撰，张民服点校《抚豫宣化录》卷一《特揭保甲之要法以课吏治事》，中州古籍出版社，1995，第103～105页。另参张旭、王亚民《河南巡抚田文镜与地方社会治理》，《兰台世界》2018年第8期。
② 田文镜撰，张民服点校《抚豫宣化录》卷三上《再行严饬保甲以靖地方事》，中州古籍出版社，1995，第143页。
③ 田文镜撰，张民服点校《抚豫宣化录》卷三下《再行严饬力查保甲加意巡防以杜盗源以靖地方事》，中州古籍出版社，1995，第161页。
④ 田文镜撰，张民服点校《抚豫宣化录》卷三下《再行严饬保甲以杜盗源事（各属弥盗当首严保甲）》，中州古籍出版社，1995，第186页。

到有效解决。① 雍正朝治理老瓜贼较为得力者当属河南巡抚田文镜，《抚豫宣化录》中有不少相关记载。

在雍正二年（1724）的告示中，田文镜指出豫省居天下之中，东西南北尽属通衢，商旅往来络绎不绝，却屡有老瓜贼戕害人命，令人发指。② 结合雍正朝雷厉风行、锐意整治的大环境，田文镜提出各地方官务必高度重视，除严厉查拿老瓜恶贼外，强调从源头上强化防范治理，要求各个歇店加强管理防范，设立专门簿册，每晚遇客投店，查明姓名、籍贯、一行几人、何去何来。本处乡地于起更时分逐店按簿稽查，各个店家务必将门上锁，次日天明方可放行。③

从五年正月的告示看，其对老瓜贼贻害客商的种种伎俩很是熟稔。他们常常身穿破烂衣服，假扮远来乞丐，三五成群，晓散夜聚，寄身于空庙、空窑、车屋、草棚之内。凡黄昏五鼓，遇有孤身及一二行客即行谋害，并将被害之人衣服剥取，换上所穿破烂衣服，旁置篮筐、打狗棒、碗箸之类，装成乞丐被杀模样，误导地方官以仇杀处置。一旦官方被误导，他们就越发肆无忌惮。对此，田文镜进一步提出杜源绝流之法：严禁歇家饭铺早放行人，各处空庙、空窑、空塘房墩铺尽行垒塞，大街小镇有卖药、拆字、说书唱曲、打卦算命、看相、弄猴弄蛇者概行驱逐，以上旨在根本上杜绝根源，减少流动的闲杂人等。对于外来乞丐则直接采取断流之策，除老幼、妇女及废疾者或收入养济院，或听令管束许在地方讨吃活命外，若强壮少年或毫无残废疾病者，拿送问明后解回原籍收管。④

五年四月，再次发布告示指出各属奉行不力，沿途杀害仇盗未明之案叠次发生，强调严惩老瓜贼的赏罚办法：守巡道员，一年内所属地方无仇盗未明之案，记大功三次；府州管捕同判，一年内所属地方无仇盗未明之

---

① 常建华：《清代治理"老瓜贼"问题初探》，《南开学报》（哲学社会科学版）1997 年第 3 期；常建华：《清朝治理"老瓜贼"问题续探》，《南开学报》（哲学社会科学版）2009 年第 5 期。

② 田文镜撰，张民服点校《抚豫宣化录》卷四《通饬严拿老瓜恶贼以安行旅以靖地方事（令歇店天明放行）》，中州古籍出版社，1995，第 233 页。

③ 田文镜撰，张民服点校《抚豫宣化录》卷四《通饬严拿老瓜恶贼以安行旅以靖地方事（令歇店天明放行）》，中州古籍出版社，1995，第 233 页。

④ 田文镜撰，张民服点校《抚豫宣化录》卷四《严饬查拿老瓜恶贼以安行旅以靖地方事（查拿老瓜贼之要法）》，中州古籍出版社，1995，第 287 页。

案，记大功二次；州县，一年内无一案者，记大功一次。道员一年内有七案者，记大过二次；府州管捕同判，一年内有五案者，记大过三次；州县，一年内有三案者，即照溺职例特疏参革。①

（三）推动出台全国性调整租佃关系的法令

雍正五年（1727），河南巡抚田文镜奏请将苛虐佃户的乡绅按照违制例议处，如系衿监吏员则革去职衔，雍正帝认为此举仅考虑到绅衿欺凌佃户，却未顾及佃农拖欠地租及欺慢田主等情形，要求再行筹划完善，后遂定出田主苛虐佃户及佃户欺慢田主之例，并得以推行各省。② 雍正十二年，律文进一步完善，又增加了地方官失察之则，"凡不法绅衿，私置板棍，擅责佃户，勘实，乡绅照违制律议处。衿监吏员革去衣顶职衔，照律治罪。地方官容隐不行查究，经上司题参，照徇庇例议处。失去觉察，照不行查出例罚俸一年"③。如此，既保护地主收租，又一定程度上保障佃户的人身地位。④ 同时，田文镜响应雍正帝谕令，严禁河南绅衿包揽钱粮词讼，"若有故违，革斥功名，枷号示众。若官吏朋比为奸，实行题参"⑤，并取消绅衿豁免杂项差徭的权利，推行"绅衿里民一体当差"。

（四）严饬慎用大刑，及时清理监牢

严饬属员慎用大刑。针对各属申详刑名案件时经常使用的"连梭不承""屡经夹讯"等习语，指出即使大刑之下，犯证供词仍多有前后矛盾、彼此互异。究其原因，"总因问官粗浮，之前不肯细阅卷宗，临审之前又不肯耐心驳诘，肝火上升怒从中发，颐指气使，遂不顾阶下之存亡矣"！因此，田文镜从慎重人命的角度，严饬各属嗣后审理大小案件，务宜秉公细心体鞫，

① 田文镜撰，张民服点校《抚豫宣化录》卷三下《再行严饬查拿老瓜贼以靖地方以安行旅事（严拿老瓜恶贼）》，中州古籍出版社，1995，第214页。
② 《清朝文献通考》卷一九七《刑考三》。
③ （清）会典馆编纂《大清会典事例》卷一〇〇《吏部·擅责佃户》，商务印书馆，1908。
④ 罗远道：《雍正时期田文镜对河南的治理》，《中国历史博物馆馆刊》1986年（年刊）。
⑤ 田文镜撰，张民服点校《抚豫宣化录》卷三下、卷四，《严禁包揽钱粮》等，中州古籍出版社，1995，第153、266页。

不得轻用酷法严刑、草菅民命。否则，一经访闻或者告发立即飞参。①

严饬清理监狱。此类饬令多在天气异常时发布以求上感天和，或者针对特殊季节发布以重人命。前者如雍正三年（1725）三月，田文镜针对天气亢旱少雨专门发布文移，要求除将钦部命盗大案重犯加谨看守外，严饬狱吏禁卒人等务必将监牢勤加打扫，案犯镣肘不时洗刷，毋致秽污薰蒸。地方官加给囚粮，捐备草席，病则给予医药，不许狱卒凌虐。至于户婚、田土、钱债、赌博、斗殴等细事涉及犯证，概行保释。应审结者即行审结，毋得滥禁在狱，班房羁铺亦不得押禁一人。② 后者如雍正三年五月，针对夏季炎热时节案犯麇集监牢逼仄之地，田文镜发布文移要求狱卒勤加打扫牢房以重民命。多备苍术、白芷不时熏蒸，人犯锁钮镣铐不时洗涤。另用大缸多贮凉水，以供渴饮。每犯赏给凉席一床、粗扇一柄，如有患病尤其是重症要提出监牢拨医调治。③

同时，针对豫省各地重犯越狱事件频发，田文镜分析指出深层原因并提出举措。他认为直接原因是狱卒作祟，或受贿借机纵放，或百般凌虐人犯，后者不堪其辱趁机脱逃，而地方官为逃避失察之责多方瞻徇庇护，多以"监毙"名义简单上报了事。④ 对此，雍正四年十月、五年闰三月田文镜连续两次发布饬令，要求加强监牢管束，狱吏勤加巡视，在加固牢房的同时不得无故放松重犯镣铐，闲杂人等不得随意进出，人犯常用物品须由狱吏亲自更换，砖石枕头等一概严禁。"倘敢视为具文，阳奉阴违，越狱初报

---

① 田文镜撰，张民服点校《抚豫宣化录》卷三上《严饬慎用大刑以全生命事（不许轻用大刑）》，中州古籍出版社，1995，第85页。

② 田文镜撰，张民服点校《抚豫宣化录》卷三上《饬查狱囚以示轸恤事（监廒勤加打扫）》，中州古籍出版社，1995，第123页。

③ 田文镜撰，张民服点校《抚豫宣化录》卷三上《清理监狱以重民命事》，中州古籍出版社，1995，第134页。

④ 从告示具体行文来看，田文镜等地方大员对其中的狱卒贿纵、官员瞻徇庇护细节很是熟悉："或关通在外之捕役得钱卖放；或商同在内之重囚听许财物，松其镣铐，去其桎梏，临晚而故不收风，开门而故不下锁，监墙低矮故不禀修，禁卒旷班故不禀究；或伺印官因公出境而乘机脱逃；或因兵役防范少疏而偷空遁逸。此皆提牢禁卒为之传消递息也。彼既贿纵，又恐官长识破，或故将头颅打伤，饰为反狱之形，或假称偶尔睡熟，装点不觉之状。而畏避处分之庸吏，有不堕其术中，唯唯从命者哉？"参见田文镜撰，张民服点校《抚豫宣化录》卷三下《再行严饬加谨防范监狱重地以保无虞事（加谨防范监狱）》，中州古籍出版社，1995，第189页。

文书一到，本都院即以溺职题参，决不听尔等支饰。"①

（五）注重日常教化以正人心

田文镜抚豫期间，各地奏报屡有争抢斗殴、娼赌盛行、自杀轻生等不良事件发生。对此，巡抚田文镜注重从源头上匡正社风民俗，以正风俗、厚人心，并从源头上预防命盗重案。一方面，注重奖励善行以彰风化，因之"为政之道莫大于劝惩，而赏善之事当先于罚恶"。如雍正三年九月发布文移，大力旌奖多地缙绅举贡生监耆民，他们"或立品端方，或持躬谨饬，或传经授业，或闭户读书，或天生纯孝，乡党皆称；或乐道安贫，非公不至"，深为乡民推重。"君子之德风，小人之德草，草上之风必偃"。希望借此引导小民百姓奉法行善、共乐升平，而把持衙门、武断乡曲、抗粮唆讼之辈幡然悔悟。②

另一方面，对不端社风民俗恩威并施反复劝惩、谆谆教化。（1）严禁斗殴。针对各属报到命案以谋故斗殴者居多，田文镜反复发布文移、告示再三严饬，要求道府州转饬所属将民间斗殴之事设法严禁，小刀、库刀、背扎刀等凶器一应查缴，地方乡保邻佑人等遇有打架即行喝散，地方官准理斗殴词状验系伤多者，在行凶之人名下追罚银两。③ 而在雍正二年发布的告示中，特别动之以情、晓之以理，循循善诱，"尔小民谁无父母，谁无妻子，奈何不忍一时之忿，以致身投法网，使父母日夕悬心、妻子悲号惨目耶"？劝导百姓要退让谦和，勿因一言争角，勿以小怨挟仇。对于年轻气盛的少年，父兄尊长应特别注意训饬管约。④（2）严禁赌博。如雍正二年九月，田文镜站在根治命盗重案根源的高度，发布告示严饬禁止赌博，因为赌博而索取赌账、剥衣夺物、斗殴致命者有之，或者无力偿还逃往他乡、

---

① 田文镜撰，张民服点校《抚豫宣化录》卷三下《再行严饬加谨防范监狱重地以保无虞事（加谨防范监狱）》，卷三下《再行严饬慎重等事（监狱重地务须防范谨严）》，中州古籍出版社，1995，第189、210页。

② 田文镜撰，张民服点校《抚豫宣化录》卷三下《为奖励善行以彰风化事》，中州古籍出版社，1995，第157页。

③ 田文镜撰，张民服点校《抚豫宣化录》卷三上《再行严饬勤加劝谕以重人命事（设法严禁民间斗殴）》，中州古籍出版社，1995，第145页。

④ 田文镜撰，张民服点校《抚豫宣化录》卷四《严禁逞凶斗殴以恤民命事（严禁少年好斗责令父兄劝阻）》，中州古籍出版社，1995，第231页。

短见自尽者亦有之。而且愈贫愈赌、愈赌愈贫，开始鼠窃狗偷，继则纠伙行劫，也会引致不法捕役、乡约地方徇庇抽取规例，贻害无穷。因此发布告示劝诫军民人等各安生业，否则赌犯按照定例枷责，放头、抽头之人加倍治罪，场屋入官。捕官捕役、乡约地方须不时严查，有犯必报，不得仍前庇护谋利。地方官须实力查拿严究，否则照溺职例飞参。告示最后再次强调其爱恤民命、杜绝盗源的一片苦心。① 并且，一体防治，反复申饬绅衿兵役不得窝贼窝娼窝赌。②（3）苦心劝谕妇女勿得轻生。田文镜在雍正二年十一月的告示中指出，访闻豫省妇女多有轻生殒命者，多起于一时之忿。而夫婿父兄平时不能悉心劝导，事发后甚至挟命图赖，后复有不法讼师挑拨兴讼，弄小成大、案久不结。对此，告示一方面督促民间各家夫婿父兄勤加劝导宽慰妇女，忿怒易消，人身难得，切忌逞刁撒泼、短见轻生。若仍前愚蠢无知，只是白白自戕生命。另一方面，严饬尸亲不得捏情呈控、希图诈财，否则按法惩究。若借病死之人、无主之尸混行控告，将原告照光棍例从重治罪。③ 其后，雍正三年十二月，更是直接发布告示《劝诫短见轻生以重民命事》，至为详细地分析女性轻生的种种诱因，"或因公婆一言不合，或与丈夫半语不投，或姻姓相争，或邻居吵嚷，或嫌夫丑陋，或妒夫娶妾，或夫家贫苦不能守耐，或夫欠银钱不能清还，或儿女与人争骂护短寻死，或鸡犬被人伤残咒詈亡生，或借邻人物件不得应手，或往娘家来迟举家撕闹，或街上儿童戏言引为己耻，或平日搬斗口舌招对含羞，或佃妻仆妇愤主欺凌，或挈眷逃荒择肥图赖，甚至和奸被人撞遇借称强逼，丈夫赌博输钱亦为拼命。种种短见，往往轻生"。对此，专门用本地俚语编成斗方告示，站在当事人立场上苦口婆心再三劝导，"蝼蚁尚且贪生，岂有人不畏死"，"缢死之人要变牛马，脖颈带系一绳……何若放了好人不做、好景不乐，倒去变牛马受鞭笞呢"？"万一气忿能自己做主的时候，抬头看见这张纸，亦可猛然省悟人身是难得的，死了也是白死的"，用心良

---

① 田文镜撰，张民服点校《抚豫宣化录》卷四《严禁赌博以杜命盗之源事（令印官实力查拿）》，中州古籍出版社，1995，第 232 页。

② 田文镜撰，张民服点校《抚豫宣化录》卷三下《再行严饬等事（申饬绅衿兵役不许窝贼窝娼窝赌）》，中州古籍出版社，1995，第 159 页。

③ 田文镜撰，张民服点校《抚豫宣化录》卷四《严禁借命诈财以杜刁风以安民生事（自尽人命不许措勒恐吓）》，中州古籍出版社，1995，第 242 页。

苦跃然纸上！①

此外，还发布有禁逐流娼土妓、严禁窝贼窝娼窝赌、严禁倚尸图诈、禁止暴露枯骨、禁止迎神赛会等文移、告示，皆意在匡正社风民俗，以正人心、厚风俗，从根本上杜绝命盗根源。② 以上，正如其政书《抚豫宣化录》之名，重在日常承宣圣意、化民成俗，而非简单事后尽法惩治了事。

三　无独有偶的雍正朝三大名臣与世宗政治

列宁指出："在分析任何社会问题时，马克思主义理论的绝对要求，就是要把问题提到一定的历史范围之内。"③ 雍正朝称为"模范督抚"的除了河南巡抚田文镜，还有李卫和鄂尔泰两人。他们均在雍正新政中立下了汗马功劳，与雍正帝君臣关系亲近，被称为雍正朝三大宠臣。④

李卫，同田文镜一样，非科甲名流出身，甚至以捐纳出仕。康熙末年捐职兵部员外郎，后转为户部郎中。与科举出身的官员相比，雍正更看重其生性耿介，操守廉正，敢于任事，也不厌其烦对其多加调教。李卫生性颇为耿直，执行新政时只认是非、不讲情面，整顿吏治对朝廷大吏也不放过。雍正十一年（1733），户部尚书兼步兵统领鄂尔奇营私，李卫不顾其兄鄂尔泰眷宠远过自己而大胆揭发，雍正称赞他"毫不瞻顾，毅然直陈""嘉许之怀，笔莫能罄"。在浙江，他整饬纷繁复杂的盐务，打击了大批黑社会性质的盐枭，并擒拿了当时浙江影响最大的盐犯，让雍正帝激赏不已。事实证明，李卫确实是推行新政的干将，是世宗政治路线的坚定拥护者和积极践行者。此外，在刑名司法方面，他还善于巧妙布置抓捕案犯，"所辖地方，不逐娼妓，不禁樗蒲，不扰茶坊酒肆，曰：'此盗线也。绝之，则盗难踪迹矣'"。巡抚浙江时，让捕快乔装潜伏混入盗窝，几十年前的旧案均得以侦破。雍正六年（1728），雍正帝特意将江苏所属七府五州一切盗案都交给李卫处理。任直隶总督时，李卫一如既往长于治盗，虽盗贼隐匿于山泽

---

① 田文镜撰，张民服点校《抚豫宣化录》卷四《劝诫短见轻生以重民命事（令父兄夫男训导勿轻生自尽）》，中州古籍出版社，1995，第269页。

② 田文镜撰，张民服点校《抚豫宣化录》，中州古籍出版社，1995，第156、159、93、253页，等等。

③ 《论民族自决权》，《列宁选集》第二卷，人民出版社，2012，第375页。

④ 马东玉：《雍正帝与他的"模范督抚"》，《紫禁城》1998年第1期。

间难于缉拿，必令人千方百计察访踪迹擒拿归案，直隶地面故多无大盗。因此，雍正帝曾多次下谕让各省官吏学习，"督抚中能察究匪类，惟李卫为第一，尔当仿效之"，称誉他是"国家伟器"。①

鄂尔泰，满洲镶蓝旗人。举人出身，亦非科甲名流，为人十分耿介。在康熙政坛沉浮 20 余年，仅是内务府员外郎的微职，四十二岁时感怀仕途际遇"揽镜人将老，开门草未生"，"看来四十犹如此，便到百年已可知"②。雍正在亲王府邸时，鄂尔泰为内务府郎官，当时雍正有所请托，竟被他以"皇子不可交结外臣"为由严词拒绝。雍正即位后，赞扬他刚正不阿，"以郎官之微而敢上拒皇子"③，堪当大任，遂外放江苏布政使，在实践中考验造就人才。雍正三年（1725）升为广西巡抚，赴任之时又追署云贵总督事务，旋又实授总督并加兵部尚书衔，令其主持云贵地区的改土归流，这也是雍正朝新政的重大改革举措。此前，康熙朝改土归流已多次试行，由于土司各霸一方，兼之地形复杂、语言不通等种种困难，无果而终，多年无人再敢过问。鄂尔泰出任云贵总督后，改土归流策略方案设计周全详尽，雍正阅看后大为感佩，认为他是天赐奇臣，此后全力支持他改土归流，尽管其间经历曲折、磨难重重，却最终成就了雍正朝的一大政绩。他提出，清除云贵地区盗乱之源，要在施行传统的保甲制度，"除生苗外，无论民彝，凡三户起，皆可编为一甲。不及三户者，令迁附近地方，不许独住。逐村清理，逐户稽查，责在乡保甲长，一遇有事罚先及之，一家被盗，一村干连……盗贼来时，合村百姓鸣锣呐喊，互相守望，互相救护，即有凶狠之盗，不可敌当"④。不同于通常的十户编甲，鄂尔泰则将三户编为一甲，认为保甲之法若发挥功效，盗贼将无所遁形。同时，鄂尔泰强调充分发挥捕快及汛兵的职责与功用。比较而言，雍正对鄂尔泰的倚重信任远超田文

---

① 以上，参见赵尔巽等《清史稿》卷二九四《李卫列传》；王钟翰点校《清史列传》卷一三《李卫传》；陈康祺《郎潜纪闻》三笔，卷七、卷八等。另参马东玉《雍正帝与他的"模范督抚"》，《紫禁城》1998 年第 1 期；赵立波《雍正帝的三大宠臣》，《文史天地》2018年第 7 期。

② 袁枚：《随园诗话》卷一，乾隆小仓山房刊本，人民文学出版社，1982。

③ 昭梿撰，冬青点校《啸亭杂录》卷十《宪皇用鄂文端》，中华书局，1997。

④ 《奏为分别流土考成以专职守以靖边方事》，台北故宫博物院藏《雍正朝宫中档》，文献编号：402006195。转引自陈维新《鄂尔泰与雍正对云南改土归流的"君臣对话"——台北故宫博物院所藏朱批奏折选件》，《思想战线》2018 年第 4 期。

镜与李卫①。他是雍正朝受提拔最快、最受宠信的大臣,被雍正帝倚为心膂股肱重臣,并被雍正帝钦点死后配享太庙。据统计,雍正帝要求各省各级官员向鄂尔泰学习的谕旨不下二百余条。加之其满洲出身,在雍正帝眼里,鄂尔泰不啻是唯一倾心的大臣,名列三大宠臣之首。②

以上,不难窥见田文镜、李卫和鄂尔泰三人的一些共同特征:非科甲出身,生性耿介直爽,在康熙朝仕途不济,官职较低。在雍正新政雷厉风行亟需用人之际,获得世宗赏识而一再受破格提拔,位列封疆、位高权重。感恩戴德之下,他们坚定拥护君上政治路线,是雍正朝诸多改革大政的积极实践者和成就者,并且很大程度上集能吏与酷吏于一身(田文镜最甚)。他们的人生际遇和行政风格,也是雍正朝大刀阔斧、雷厉风行革除时弊的最好注脚。君臣之间,一个主角,三个配角;一篇正文,若干注脚;共同成就了雍正朝"严"字当头、务求"实"效的政治特征。对比之下,也在很大程度上凸显了此前康熙朝"尚宽"、此后乾隆朝"宽猛相济"的治理特点。而在为政以"实"方面,则是康乾时期乃至马上民族出身的爱新觉罗王朝的鲜明风格,只是在雍正朝表现得更为淋漓尽致,这既是时势(康熙晚年积弊甚重)使然,或许也是个人性格所至。

第三节　晚清中兴名臣曾国藩的刑名思想

以曾国藩为首的晚清中兴名臣,皆是儒家出身,并有任职督抚大员的仕宦经历。在具体法律思想及其行政实践、军事行动中,曾国藩秉承儒家"一秉于礼"传统,同时注重礼法结合,倡导以法治吏、治军。面对晚清种种内外统治危机,对于各种民间起义和反抗,曾国藩坚持"乱世用重典",用严刑峻法处罚屠杀百姓以维护清廷统治,不遗余力充当镇压行动的急先锋并因此成就功业。同时,其法律思想也体现在对外交涉以及现代意义上

---

① 正如日后乾隆帝所言,"鄂尔泰、田文镜、李卫皆皇考所最称许者,其实文镜不及卫,卫又不及鄂尔泰",参见赵尔巽等《清史稿》卷二九四《田文镜列传》。

② 以上,参见赵尔巽等《清史稿》卷二八八《鄂尔泰列传》;袁枚《小仓山房文集》卷八《武英殿大学士太傅鄂文端公行略》;昭梿撰,冬青点校《啸亭杂录》卷十《宪皇用鄂文端》。另参马东玉《雍正帝与他的"模范督抚"》,《紫禁城》1998 年第 1 期;赵立波《雍正帝的三大宠臣》,《文史天地》2018 年第 7 期。

的财政经济领域。

一　晚清"中兴名臣"的仕宦际遇及其左右时局的重大影响

曾国藩（1811—1872），初名子城，字涤生，湖南湘乡（今娄底市双峰县）人。道光十八年（1838）进士，后改翰林院庶吉士，二十年散馆授检讨，并成为军机大臣穆彰阿的得意门生。至道光二十九年（1849），累官至内阁学士、礼部右侍郎，此后数年遍署兵、工、刑、吏各部侍郎，号称"五部侍郎"。其间道光二十年（1840），理学大师、太常寺卿唐鉴"再官京师，倡导正学"，曾国藩遂与倭仁、吴廷栋、何桂珍等一批理学名士师从左右，治义理之学，论学则兼综汉、宋，谓之"先王治世之道"。

咸丰二年（1852）六月，典试江西，因母丧回籍丁忧，次年以在籍侍郎身份会同湖南巡抚张亮基办理湖南团练，募集朴实健壮农民朝夕训练，以诸生为将领，通过师徒、亲戚、好友等人际网络，建立了一支颇具战斗力的地方武装——湘勇，镇压太平军起义。咸丰四年（1854）二月，湘军倾巢出动，曾国藩发表《讨粤匪檄》，声称太平军"荼毒生灵"，接着号召"凡读书识字者，又乌可袖手安坐"？站在道德制高点动员了当时广大士人，为日后军事行动打下了舆论基础，十月取武昌、汉阳，因功赏二品顶戴，署湖北巡抚。咸丰十年（1860），破陈玉成于太湖，授两江总督，并以钦差大臣身份督办江南军务。次年，攻陷安庆，加太子太保衔，总理浙江、江苏、安徽和江西四省军政，巡抚、提镇以下悉归节制，并创办中国近代史上第一个洋务企业——安庆内军械所，拉开清末洋务运动帷幕。同治元年（1862），奉旨任两江总督、协办大学士。同治三年（1864），攻克太平天国都城天京，加太子太傅，封一等毅勇侯，是为有清一代首位封侯文官，朝野称贺，而曾国藩功成不居，并自请裁撤湘军。是时，每简任督抚多密询其意见，亦不自专，谓之"疆臣既专征伐，不当更分黜陟之柄"。同治四年（1865），在容闳协助下建立江南制造总局，是为洋务派开设的规模最大的近代军事企业，同时也是近代中国最大的军火工厂。

同治七年（1868），调任直隶总督，以练兵、饬吏、治河三端为要务，次第兴革，设清讼局、礼贤馆，政教大行。同时，奉命前往天津，办理天津教案，考量当时局势，没有与法国开战，在对方的要求下，处死为首者20人、充军流放25人，并将天津知府张光藻、知县刘杰革职充军发配到黑龙江，赔偿损失白银 46 万两，并由崇厚率使团至法国道歉。对此，朝廷士人及民众舆论均甚为不满，忍辱负重背负骂名。同治九年（1870），再任两江总督。同治十年（1871），与李鸿章联衔会奏《拟选子弟出洋学艺折》，建议派遣幼童出洋留学，提出在美国设立"中国留学生事务所"，在上海设立幼童出洋肄业局。同治十一年（1872）逝世，追赠太傅，谥号"文正"，祀京师昭忠、贤良祠，各省建立专祠。①

曾国藩生前身后，虽然背负"曾剃头"滥杀无辜及处理天津教案求和卖国的骂名，然而时人及后世亦多有推崇赞誉之词。同为中兴名臣、湘军重要将领的胡林翼说，"曾公素有知人之鉴，所识拔多贤将"。其得意门生、晚清名臣李鸿章，称其"内安外攘，旷世难逢天下才"。除了故旧亲朋，太平军名将石达开也认为，曾国藩"虽不以善战名，而能识拔贤将，规划精严，无间可寻，大帅如此，实起事以来所未见也"。20 世纪以来，梁启超甚至认为"曾文正者，岂惟近代，盖有史以来不一二睹之大人也已；岂惟我国，抑全世界不一二睹之大人也已"。毛泽东青年时期研习《曾文正公全集》，致信友人黎锦熙说"予于近人，独服曾文正"②。国民党方面蒋中正也认为，"曾公乃国人精神之典范"。

综观曾国藩一生，既是理学名臣，更是力挽狂澜的中兴名臣，与李鸿章、左宗棠、张之洞并称"晚清中兴四大名臣"，左右时局无出其右。作为洋务派领袖，倡办安庆军械所和江南制造总局，首倡派遣留学生，亦可谓现代化道路的先驱。同时，他严格修身律己、教育子侄，颇多心法，亦多被后世推崇。

二　曾国藩礼法、治军、经济、外交多位一体的刑名思想

"每一时代的社会经济结构形成现实基础，每一个历史时期由法的设施和政治设施以及宗教的、哲学的和其他的观念形式所构成的全部上层建筑，归根到底都是应由这个基础来说明。"③曾国藩是近代中国左右时局的重要政

① 以上曾国藩仕宦经历，参见赵尔巽等《清史稿》卷四〇五《曾国藩传》；王钟翰点校《清史列传》卷六七《唐鉴传》，中华书局，1987，第 5400 页。
② 《毛泽东 1917 年 8 月 23 日致黎锦熙信》，《毛泽东早期文稿》，湖南人民出版社，1990，第 85 页。
③ 马克思、恩格斯：《马克思恩格斯选集》第三卷，人民出版社，1995，第 739 页。

治人物，其活跃的历史时代，恰是清王朝内忧外患，加速走向没落并且民族危机急剧加深之际。此时的曾国藩，既是儒家传统的卫道者和清王朝统治秩序的坚定维护者，同时又是洋务运动的积极倡导者和实践者。其法律思想既折射了时代背景，也是人生经历的某种淬炼，带有鲜明的个人色彩。因此，其法律思想既是晚清特定历史时代的产物，更是儒家传统长期熏陶和人生阅历交互影响的结果。① 涉及曾国藩法律思想的研究论著不少，有论者从其"剿匪"过程中杀人如麻的重刑实践出发，认定主基调是"保守和反动""凶残和虚伪"，甚或持全盘否定态度。对此，还是应从唯物史观出发，结合其时代背景和个人仕宦经历进行全面深入的考察。

概括而言，曾国藩刑名法律思想的核心是"礼法结合"，主张在"一秉于礼"的前提下，通过"执法秉公"和"任法不如任人"实现以法治吏、以法治民的目的，最终实现以"仁""义"治天下。同时，曾国藩在治军、对外交涉和财政经济方面也有丰富的法律思想。

（一）礼法结合

这是曾国藩法律思想的核心。主张"一秉于礼"，同时认为"法"必不可少，并且一以贯之。无论是在湖南办团练和镇压太平军时坚持"重典救时"，招致"曾剃头"骂名；还是主政两江提出审慎执法；以至后来担任直隶总督，亲自主持拟定直隶《清讼事宜十条》《清讼限期功过章程》等制度文件清理积案，均体现了他一以贯之"一秉于礼"的法律思想。②

多年儒家文化的浸染，让曾国藩"纲常礼义治国"的信念根深蒂固。后来在京居官十余年，他又追随理学名家唐鉴讲习理学，修身养性，颇有清望。此后，曾国藩平生更是以宋儒义理为主，以儒家道统的继承人自居，极力维护传统纲常名教的礼治。他强调"古之君子所以尽其心、养其性者，不可得而见。其修身、齐家、治国、平天下，则一秉乎礼，自内者舍礼无所谓道德，自外者舍礼无所谓政事"③。

---

① 周阳：《论曾国藩的法律思想及其实践》，硕士学位论文，华东政法大学，2011，第4～5页。
② 周阳：《论曾国藩的法律思想及其实践》，硕士学位论文，华东政法大学，2011，第9页。
③ 曾国藩：《曾文正公全集》第三册，吉林人民出版社，1996，第1506页。莫永明、华友根：《曾国藩尚礼崇法思想浅论》，《江苏社会科学》1996年第3期。

曾国藩主张"一秉于礼",兼重"以礼自治"和"以礼治人",两者相辅相成。一方面需要发挥"礼"的自律作用,以礼来检束自己,在"四方多难,纲纪紊乱"之际,更要谨守伦常与法纪"互相规劝";同时,又须发挥礼作为法的强制作用,用以治理国家、管理百姓,用以"辟异端""正纲纪"。正是基于此,他认为太平军破坏传统礼教纲常伦纪,乃中国数千年未有之异端,要维护君臣父子、上下尊卑的秩序,就必须对其予以镇压,这也正是其"一秉于礼"法律思想的实质。[①]

曾国藩虽然主张"治国以礼为本",但也认为要真正实现天下大治,同样离不开法制,需要礼法结合,施用严法是为了保证礼治的实施。他赞同周敦颐的观点,"圣人之法天,以政养万民,肃之以刑。民之盛也,欲动情性,利害相攻,不止则贼灭无论焉,故得刑以治",甚至把唐虞以后的五刑称作为"不易之典"。[②] 他主张严刑峻法,用严刑惩治奸猾之徒,对官吏则要清除腐败之风;认为法是国之名器,立法和执法都应该慎重,立法必须严肃、不可儿戏,"凡立一法,出一令,期在必行。若待而不行,尔后更改,则不如不轻议法令为好"[③],继之必须严格依法执行,"以精微之意,行吾威厉之事,期于死者无怨,生者知警,而后寸心乃安"[④]。

因此,当太平天国起义危及清王朝统治秩序之际,曾国藩主张治乱民须"严刑以致刈安",对一般农民百姓也要"以严刑为是",决不宽宥。为此,他不惜背负"残忍严酷之名"。[⑤] 审理案件用严刑重法,敢于法外用法、法外用刑。为了在战时收取钱粮、维持军费开支,还主张用"严刑重责"来强迫百姓交粮纳税,如有拖欠者,"三日一比,严刑重责,幽之囹圄之中,治以军流之罪"。

曾国藩虽然主张对威胁清王朝统治的"造反"行径大开杀戒,对于一般的讼诉纠纷,却主张有法必依,审慎执法,并对因官吏治政不勤、审断不公造成的冤狱积案很是不满。如其《备陈民间疾苦疏》所言:"一家久

---

① 周阳:《论曾国藩的法律思想及其实践》,硕士学位论文,华东政法大学,2011,第11页。
② 曾国藩:《曾文正公全集》第五册,吉林人民出版社,1996,第3165页。
③ 曾国藩:《曾文正公全集》第三册,吉林人民出版社,1996,第1344页。
④ 曾国藩:《曾文正公文集·书信一·复李翰章》,岳麓书社,1990,第138页。莫永明、华友根:《曾国藩尚礼崇法思想浅论》,《江苏社会科学》1996年第3期。
⑤ 曾国藩:《曾文正公全集》第二册,吉林人民出版社,1996,第385页。

讼，十家破产；一人沉冤，百人含痛。往往有纠小之案，累年不结，颠倒黑白，老死囹圄，令人闻之发指者。"① 为了防止冤狱和积案的发生，他严禁私自关押，要求关押的犯人必须依法从速处理，州县关押犯证必须及时立牌告知百姓，内容包括姓名、日期、理由等。为此，还专门拟订了《清讼事宜十条》、《四种四柱格式》、《清讼限期功过章程》及《劝戒浅语》等，用制度作出具体要求。不仅针对清理积案，而且对于处理一般诉讼案件的具体程序、相关方法、时间期限以及官吏奖惩都作出了明确具体的规定。曾国藩直隶清讼效果显著，据统计自同治八年（1869）五月至十二月，在其亲自主持督促下，全省共审结注销同治七年（1868）以前的旧案 12074 起、同治八年新案 28121 起，基本上解决了直隶长期以来存在的积案问题。②

（二）治军思想

湘军是成就曾国藩"中兴名臣"基业的重器。相对于八旗和绿营兵，湘军纪律性、战斗力强，这和曾国藩的依法治军思想密切相关。他强调儒家"仁"与"礼"的教化濡染作用，认为用恩莫如用仁，用威莫如用礼。这里"仁"的内涵包括"己欲立而立人，己欲达而达人"等，"礼"意指无众寡、无大小、无敢慢等。由此他认为，恪守"仁""礼"原则来治军，首先是爱兵，同时加以限制和约束，"虽蛮貊之邦行矣，何兵勇之不可治哉"？③

在强调"仁""礼"的同时，曾国藩认为治军之道，赏罚严明尤其重要，主张以法严格约束，如其所言"当此沓泄成风，委顿疲玩之余，非振之以猛，不足以挽回颓风。与其失之宽，不如失之严！法立然后知恩，威立然后知感！以菩萨心肠，行霹雳手段，此其时矣"④。即在以仁礼加以教育引导的同时，施行既猛又严的法律。依法赏罚，根据律令行军打仗，是

① 曾国藩：《曾文正公全集》第二册，吉林人民出版社，1996，第 376 页。莫永明、华友根：《曾国藩尚礼崇法思想浅论》，《江苏社会科学》1996 年第 3 期。
② 曾国藩：《曾国藩全集·奏稿十一》，岳麓书社，2011，第 296 页。
③ 《曾文正公全集·治兵语录》第八章《仁爱》，转引自莫永明、华友根《曾国藩尚礼崇法思想浅论》，《江苏社会科学》1996 年第 3 期。
④ 《曾文正公全集·治兵语录》第六章《严明》，转引自莫永明、华友根《曾国藩尚礼崇法思想浅论》，《江苏社会科学》1996 年第 3 期。

曾氏以法治军的重要内容。为了加强军纪，曾国藩规定了种种禁令：禁止洋烟，营中有吸食洋烟者尽行革责，营外有烟馆卖烟者尽行驱除；禁止赌博，凡有打牌押宝等事，既耗钱财又费精神，一概禁革。禁止奸淫，和奸者责革，强奸者斩决；禁止谣言，造言谤上、离散军心者严究，变乱是非、讲长说短使同伴不睦者严究，张皇贼势、妖言邪说、摇惑人心者斩；禁止结盟拜会，兵勇结盟拜会、鼓众挟制者严究，结拜哥老会、传习邪教者斩。① 对于战争中诈功冒赏者，责四十棍，革职除名；临阵退缩者，斩首，杀假冒功者，枭首示众。对于战场上英勇杀敌者重赏，可奖银、记功、补官。以上可见，奖惩分明是曾氏以法治军的重要内容。②

（三）经济思想

曾国藩首开"经济"门，因嫌秦蕙田《五礼通考》缺食货，特意辑补盐课、海运、钱法、河堤等六卷，并主持制定了一系列章程如《江北冬漕海运章程十条》《淮盐西岸认运章程》《淮盐运行楚岸章程》《金陵房产告示八条》等等，注重以法管理、约束钱粮、盐务、房产等各项事宜，保证国家财政收入。③ 下文将以钱粮为例简要说明。

钱粮是当时国家财政的主要收入，缴纳钱粮是黎民百姓承担的基本义务，对此曾国藩主张严格以法催缴钱粮。他认为皇恩浩荡断不可负，抗欠之罪断不可恕，下手谕、贴布告劝谕士绅民人互相劝勉监督，早日完缴国课，并主张好言告诫于前、刑法惩责于后，"如有不赶紧完纳者，饬各州县三日一比，严刑重责；幽之囹圄之中，治以军流之罪。如有游民、痞棍倡为莠言，谓世界已乱，不必完粮者，一经拿获，即行正法"④ 继之，为保证钱粮及时完纳并安全运抵京师，拟订了钱粮漕运章程，如同治六年制定《江北冬漕海运章程十条》，对于钱粮征收要求、运输过程、验收措施等环节加以制度化、法律化，既从实际出发，又有专人负有连带责任，如遇风暴等特殊情况也能特殊处理，并且奖惩结合，从而切实保证了钱粮完纳，某

---

① 李翰章辑《曾国藩文集·杂著二·禁洋烟等事之规》，九洲图书出版社，1997，第349页。
② 莫永明、华友根：《曾国藩尚礼崇法思想浅论》，《江苏社会科学》1996年第3期。
③ 周阳：《论曾国藩的法律思想及其实践》，硕士学位论文，华东政法大学，2011，第9页。
④ 唐浩明编《曾国藩诗文集·杂著》，岳麓书社，2015，第384~385页。

种程度上也促进了南北通商贸易。①

（四）外交思想

曾国藩在办理外交务和洋务实践中，逐步形成了以"中外交涉，条约为凭"为核心的外交法律思想，认为"夷务本难措置，然根本不外孔子忠、信、笃、敬四字。笃者，厚也。敬者，慎也。信，只不说假话耳，然却难。吾辈从此一字下手，今日说定之话，明日勿因小利害而变"②，对晚清时局影响颇深。

这一思想的渊源大体有二。首先也是最关键的原因，是清醒认识到中外双方实力的巨大差距。故而，曾国藩不赞成"清流"派在对外交涉中一贯强硬的态度，认为"驭夷之法，以羁縻为上，诚为至理名言"③，主张对外交涉中虚与委蛇、妥善应对，尽量不与西方列强撕破脸。通过创设一个相对和平的环境，加快自强求富，最终实现强国御侮之目标。其次，也与他同外洋打交道的切身感受有关。在与洋人交涉的过程中，曾国藩发现列强虽然倚仗"坚船利炮"非常蛮横，却较为遵守与中国签订的各种条约，提出的要求也往往以条约为依据。为避免给欧美列强以挑衅之机，再次引发中外战争，他将"诚"字奉为处理外交的首要原则，用"诚"来与外国交往，主要是严格遵守已经签订的中外条约。④

正是在这一思想影响下，鸦片战争后中外签订了一系列不平等条约，严重损害了国家主权，加速了中国半封建半殖民地社会的形成。然而，客观地说，不能求全责备批判其一味退让投降，这很大程度上是在当时客观环境下（中外实力的巨大落差以及农民起义此起彼伏）的无奈选择，背后是"隐忍徐图"的自强动机。而且，曾国藩选择了严格遵守条约的办法，不轻言战事，意在避免战争、获得相对和平的环境，以求为中国自强求富争取更多的时间。同时，遵守中外条约，一定程度上也能抑制西方列强其他的不合理要求。需要说明的是，如果西方列强的要求超出了条约内容的

---

① 华友根：《曾国藩法律思想述略》，《史林》2001 年第 3 期。
② 李鼎芳：《曾国藩及其幕府人物》，岳麓书社，1985，第 65 页。
③ 曾国藩：《曾国藩全集·书信十·复李鸿章书》，岳麓书社，2011，第 31 册第 416～417 页。
④ 周阳：《论曾国藩的法律思想及其实践》，硕士学位论文，华东政法大学，2011，第 25 页。

约定，曾国藩也曾据理力争，采取积极措施。①

　　1870 年对天津教案的处理②，当是曾国藩对外法律思想的集中反映，也折射出其内心的矛盾焦灼。曾国藩认为，当时的中国正处于洋务运动如火如荼"渐图自强"关键时期，断不可轻开战端，最好在"坚守条约"的前提下据理力争，并做好了承受非议的精神准备，如其所言"天津事尚无头绪，余所办皆力求全和局者，必见讥于清议。但使果能遏兵，即招谤亦听之耳"。结果，处死为首杀人者 20 人、充军流放 25 人，天津知府张光藻、知县刘杰革职充军发配，赔偿损失 46 万两白银，并派崇厚出使法国道歉。对此，朝廷士人及民众舆论均甚为不满。曾国藩本人多次感慨"内疚神明，外惭清议"，然而在奏折中也一再表示，之所以"低首下心曲全邻好者"，意在"以大局安危所系"。最终，"中兴名臣"声望一落千丈，"谤讥纷纷，举国欲杀"，一年多后即在巨大的精神压力下撒手人寰。

三　中兴名臣曾国藩与李鸿章、左宗棠法律思想比较

　　曾国藩与李鸿章、左宗棠皆为晚清中兴名臣，而且皆有任职督抚大员

---

①　譬如，1862 年清政府采纳曾国藩的建议，遣散"阿思本舰队"。咸丰十一年（1861），为镇压太平军起义，清政府委托时任中国海关总税务司的李泰国向英国购买军舰。李泰国却在购买了八艘英国军舰后，自行任命英国海军上校阿思本为舰队司令，还招募了 600 名英国海军官兵担任水手。两年后，又在清政府不知情的背景下，自作主张签订了《合同十三条》和《英中联合海军舰队章程》。依据这些条约的内容，阿思本不但是这支舰队的司令，甚至还成了中国的海军总司令，清朝的所有海军都要受其节制。由于李泰国背后有英帝国撑腰，清朝对此不禁有点投鼠忌器。曾国藩获悉相关事宜后，向朝廷上疏表示反对，并联合李鸿章等人一起建议解散阿思本舰队，遣返英国军舰和招募的水手，并要求趁势将无视中国主权的李泰国革职。最终，在曾国藩等人的强硬要求下，清政府遣散了阿思本舰队，撤销了李泰国的职务。转引自周阳《论曾国藩的法律思想及其实践》，硕士学位论文，华东政法大学，2011，第 26~27 页。

②　此案起于同治九年（1870）五月，法国天主教育婴堂所收养的婴儿突然死亡三四十名之多，当时天津附近州县不断发生迷拐幼儿的案件，遂有不少百姓怀疑教堂有意虐杀中国婴儿。后来，有个叫武兰珍的拐犯被抓，供称受教民王三指使，王三其人是个开药铺的商人，依仗教会势力多行不法，早已引起公愤。此事哄传出去后，人心大愤。天津府、县见民情激愤，先通过外交途径令教堂交出罪犯王三，遭到拒绝后，天津道、府、县官带同武兰珍去教堂查验对质，却发现查无此人。天津地方官走后，围观群众同教堂人员发生争执，最终引起了双方的口角斗殴。对此，法国驻天津领事丰大业两次要求三口通商大臣崇厚派兵镇压，被拒绝后恼羞成怒，对迎面相遇的天津知县刘杰开枪，愤怒的群众当场打死丰大业和护兵西蒙，并涌向法国天主堂、育婴堂和外国人在天津设立的其他机构，先后打死外国人二十名、中国信徒三十余名，焚毁了多处教堂和房舍，是为"天津教案"。

的仕宦经历。在法律思想及其行政实践、军事行动中，均十分重视礼义德教，同时主张"出礼入刑"，提倡以法治吏、治军。在现代意义上的财政经济领域，又注重发挥法律对粮、盐、漕等项事宜的规范作用。对于各种民间起义和反抗，则坚持"乱世用重典"，严刑峻法处罚屠杀百姓以维护清廷统治，不遗余力充当镇压行动的急先锋并因此成就功业。

举人出身的左宗棠虽在用严刑峻法对待民众反抗与起义方面，较之曾国藩、李鸿章有过之而无不及，然而其法律思想与行政实践中有两方面更胜一筹：对外交涉中尤其是订约和处理教案方面，主张既要遵循条约，又当反对不平等条约，抵制损害国权民利的传教，强调按照"国际公法"办事；财政经济领域，更多关注小民百姓的生计利益。

与外洋订约方面，曾国藩认为总宜坚持条约，条约所无之事，"彼亦未便侵我权利"，并对于中国近代史上第一个丧权辱国的不平等条约中英《南京条约》予以热烈歌颂。李鸿章继承其师衣钵，认为条约不仅政府要照办，老百姓也得严格遵守，其更是签订了一系列卖国条约，不仅丧权辱国、割地赔款，还从中大量受贿。[①] 相较之下，左宗棠虽也同意遵守条约、坚持条约，但对于如何签订条约、承认怎样的条约看法则大相径庭。他坚决反对1879年崇厚与沙俄签订的丧权辱国、割地赔款的《里瓦几亚条约》[②]，既反对割地，也不同意大量赔款，对于条约内容几乎逐条驳斥。特别提出割地尤不可轻许，因之俄借地不还在先，复又挑衅在后，应与之针锋相对，先礼后兵，"令其就我范围"。若谈判不成功则做好打仗的一切准备，并表示要亲自率兵，与俄国决一雌雄。这种捍卫国家主权、领土完整的决心，自

---

① 《沙俄政府对李鸿章进行贿赂的密件》，《中国近代对外关系史资料选辑（1840—1949）》上卷第二分册，上海人民出版社，1977，第91页，转引自华友根《左宗棠的法律思想以及与曾、李比较研究》，《政治与法律》2005年第1期。

② 1871年，沙俄借阿古柏侵略中国新疆而出现的边疆危机，悍然出兵侵占伊犁地区，并由此向周边渗透。清政府击败阿古柏后，于1878年派满洲贵族崇厚为钦差大臣抵达圣彼得堡谈判。次年八月崇厚在沙俄胁迫下，在克里米亚半岛的里瓦几亚擅自与沙俄代理外交大臣吉尔斯签订了《里瓦几亚条约》十八条（即崇约）。主要内容包括：一、中国仅收回伊犁城，但伊犁西境霍尔果斯河以西、伊犁南境特克斯河流域以及塔尔巴哈台（今新疆塔城）地区斋桑湖以东土地却划归俄属，二、赔偿"代收代守"伊犁兵费及恤款五百万卢布（合银二百八十万两）等等。条约名义上把伊犁归还中国，但却将伊犁南境的特克斯河流域和西境霍尔果斯河以西的大片领土割让给沙俄，其西境、南境仍被俄占，处于北、西、南三面受敌的境地，伊犁成为孤城。条约还规定：将喀什噶尔及塔尔巴哈台两处的双方边界作有利于沙俄的修改，以及赔偿军费、免税贸易、增辟通商线路和增设领事等。

是难能可贵，亦为曾国藩、李鸿章所不及。

对于教案尤其是"天津教案"的态度，左宗棠也与曾、李大不相同。前任直隶总督的曾国藩与后任直隶总督的李鸿章，均责怪天津官吏与百姓，把引起教案的传教士迷拐幼孩、挖眼剖心，说成是"徒凭纷纷谣言"，因此只惩罚天津官民，而对法国传教士的罪行熟视无睹，并对法赔款道歉。与此不同，左宗棠主张对教案进行具体如实分析，既能维护国家的权益，也能保护天津官民生命财产，并指出了法国侵略者的罪行。①

在其他对外交涉中，左宗棠主张按"万国公法"（国际法）办事，行政实践中也是如此行事，如中法之间，关于中越边界、红河通商问题；又如中俄之间，关于俄国藏匿我国的叛贼、修改《伊犁条约》等，均秉持不亢不卑、针锋相对的原则，维护国家主权与领土完整。

在倡导洋务求富求强方面，作为洋务派代表人物的左宗棠、曾国藩、李鸿章，都重视发展军火工业、重要的民用工业，以巩固国防，维护清朝的封建统治。在此之外，左宗棠注意到典商的利息制度与捐税制度，这直接关系到贫民的利益与生存。又在新疆鼓励开垦农桑与发展纺织业，并欲实行"一条鞭法"，这对我国西北边疆的开发，繁荣新疆经济，减轻无地少地农民负担，鼓励他们的生产积极性均有重要意义。

---

① 华友根：《左宗棠的法律思想以及与曾、李比较研究》，《政治与法律》2005 年第 1 期。

第九章　空间政治视野下的中国传统衙署法律文化

　　"民非政不治，政非官不举，官非署不立。"① 衙署，《周礼》称官府，汉代称官寺，唐代以后称衙署、公署、公廨、衙门，明清以来民间俗称衙门。② 它因政治权力而生发，是官员权力的典型象征，是官员处理日常行政事务的场所，亦是调处息讼、坐堂审案之地。总之，衙署是政治权力、日常行政和刑名司法的多重复合权力空间。③ 德国思想家尼采曾说："建筑是一种权力的雄辩术！"英国建筑评论家迪耶·萨迪奇也指出建筑与权力之间存有千丝万缕的关系，如其所言，"几乎所有的政治领袖都发现他们对建筑的利用带有政治目的"，而且无论民主体制抑或极权主义，皆有"可能利用建筑作为管理国家的工具"④。这种空间的复合性在基层州县衙署表现得最

---

①　《邓州志》卷九《创设志》，嘉靖四十三年（1564）刊本。

②　衙门，本作"牙门"，表示军营之门，古代营门树立旗帜，因两边刻绘成牙状而得名牙旗，被称为"牙门"，后来逐渐讹为"衙门"并代指官署。例如，《南史·侯景传》载："侯景为垂相，居于西州，将率谋臣，朝必集行列门外，谓之牙门。"又如，《北史·宋世良传》载："郡无一囚，每日牙门虚设，无复诉讼者。"至于讹转原因，唐代封演的《封氏闻见记》言及，"近俗尚武，是以通呼'公府'为'公牙'，'府门'为'牙门'，字稍讹变转而为'衙'也。"罗会同：《"衙门"本来作"牙门"》，《咬文嚼字》2001年第12期。李启成：《从衙门到法庭——清末民初法庭建筑的一般观念和现状》，《中外法学》2009年第4期。《辞源》（合订本），商务印书馆，1988，第1525页。

③　法国思想家福柯（Michel Foucault）在其著作《规训与惩罚》中首先提出了"权力与空间"的概念，即权力运作物质形式的空间概念，认为权力空间中的"权力"（Power）不仅指国家、专政机构等权力，还包含一系列策略、机制、关系、技巧的运作，并泛化到社会生活的各个方面。在对权力空间的表述中，衙署建筑直观而集中地揭示了权力空间的作用，成为权力运作重要的空间场所。参见曹国媛、曾国明《中国古代衙署建筑中权力的空间运作》，《广州大学学报》（自然科学版）2006年第1期。

④　徐忠明：《建筑与仪式：明清司法理念的另一种表达》，载中国政法大学法律古籍整理研究所编《中国古代法律文献研究》第十一辑，社会科学文献出版社，2017，第350～425页。认为明清衙署等司法空间及其司法仪式，不仅涉及司法权力的建构和运作，（转下页注）

为充分，对于省级督抚衙署则更多呈现出"统而不管"的抽象特征。因此，本章意欲从衙署建筑空间入手，以现存最完整的省级衙署建筑群——河北保定清代直隶总督署和现存规模最大、最完整的县级衙署建筑群——河南南阳内乡县署为中心，尝试探讨中国传统衙署法律文化，这也是目前学界尚未充分关注的问题。

第一节　中国传统衙署法律文化的生成及其历史转型

衙署中国传统社会自古有之，法律文化的概念却是个"舶来品"。如若归纳概括中国传统衙署法律文化的内涵及其特征，必须首先廓清衙署法律文化这一组合而来的全新概念得以成立的基本前提，即中国传统衙署法律文化何以成立。

一　中国传统衙署法律文化的生成与内涵

美国学者弗里德曼作为西方法律文化研究领域最具影响力的学者，1969年在其《法律与社会发展》一书中最先提出，法律文化是指"与法律体系密切关联的价值与态度，这种价值与态度决定法律体系在整个社会文化中的地位"，虽然后来他对法律文化的表述有所变通，但总体上坚持了这一基本含义。[①] 当前，普遍认为法律文化指一个民族或国家、地区在长期共同生活过程中所认同的、相对稳定的、与法和法律现象有关的制度、意识与传统学说的总体，包括法律意识、法律制度、法律实践，是法的制度、法的实施、法律教育和法学研究等活动中所积累起来的经验、智慧和知识，是人们从事各种法律活动的行为模式、传统、习惯。[②]

衙署和法律文化能够产生交集，源于中国历史上深刻的政治文化传统。

其一，刑名司法是地方行政的应有之义。对于中国历史上地方行政与

（接上页注④）还包含了司法观念的修辞和象征。日本学者柄谷行人则认为作为"隐喻"的建筑，还有更为深刻和广泛的哲学意义。李启成则考察了清末民初修律改制背景下从传统衙署到现代法庭的艰难转型，参见氏著《从衙门到法庭——清末民初法庭建筑的一般观念和现状》，《中外法学》2009年第4期。

① 高鸿钧：《法律文化的语义、语境及其中国问题》，《中国法学》2007年第4期。
② 张文显：《法理学》，高等教育出版社、北京大学出版社，1999，第360页。

司法的关系①，法学界普遍的观点是行政与司法合一，地方官兼理司法。②
事实上，更准确的表达应该是司法是行政的应有之义，刑名与钱粮共同构
成地方行政的基本要务，并没有与"行政"相对的"司法"。换言之，司
法是地方行政应有的职责，而且基本上是一级行政一级司法，地方各级主
官主持本地区一切政务，既是本地最高行政主官，也是本地最高大法
官。③ 对此，瞿同祖先生有过精彩的描述："州县官听理其辖区内所有案
件，既有民事也有刑事。他不只是一个审判者。他不仅主持庭审和作出判
决，还主持调查并且讯问和侦缉罪犯。用现代的眼光来看，他的职责包括
法官、检察官、警长、验尸官的职责。这包括了最广义上的与司法相关的
一切事务，未能依法执行这些职务将引起正如许多法律法规所规定的惩戒
和处罚。"④ 及至明清两代，司法审判更是正印官独享的权力，佐贰官不得
染指。⑤

其二，家国同构是地方行政运行的典型特征。家国同构不仅是中国古
代宗法社会的内核所在，而且寓于地方行政实践中，体现于衙署建筑中是
前衙后邸，体现于地方官行政理念中是国事与家事合一。现存的衙署建筑
多是前衙后邸，大堂、二堂为地方主官办公之所，二堂之后是私宅，体现
了前朝后寝的礼制思想。就具体的使用功能来看，三堂是主官起居室及眷
属居住之地，东厢为官员与夫人居室，西厢为侍从住所，也是其行政司法

---

① 中央层面中国古代社会司法权对于行政权的依附或服从，请参沈家本的经典表述。他认为，
　周代以迄汉唐，中央的行政权与司法权是分离的，自宋代开始发生微妙的变化，元代两者
　有渐合之势，明代完成了彼此之间的混合，至清沿袭不改。沈家本撰，邓经元、骈宇骞点
　校《历代刑法考·历代刑官考下》，中华书局，2006，第四册第 2017 页。

② 详细论述参阅张中秋《中西法律文化比较研究》，南京大学出版社，1999；林乾《中国古
　代权力与法律》，中国政法大学出版社，2004；瞿同祖《瞿同祖法学论著集》，中国政法大
　学出版社，1998；杨雪峰《明代的审判制度》，黎明文化事业公司，1978；那思陆《清代
　州县衙门审判制度》，文史哲出版社，1982；何勤华主编《法的移植与法的本土化》，法律
　出版社，2001；〔日〕滋贺秀三等：《明清时期的民事审判与民间契约》，王亚新·梁治平
　编，王亚新、范愉、陈少峰译，法律出版社，1998。

③ 以上观点，请参见郑秦《清代司法审判制度研究》，湖南教育出版社，1988，第 35 页；吴
　吉远《清代地方政府的司法职能研究》，中国社会科学出版社，1988，第 3 页；魏淑民
　《清代乾隆朝省级司法实践研究》，中国人民大学出版社，2013，绪论第 9～10 页。

④ 瞿同祖：《瞿同祖法学论著集》，中国政法大学出版社，1998，第 443 页。张洪涛：《习惯
　法在我国司法中制度命运的制度分析——一种纯理论的探讨》，载谢晖、陈金钊主编《民
　间法》（第八卷），山东人民出版社，2009。

⑤ 韦庆远、柏桦编著《中国政治制度史》，中国人民大学出版社，2005，第 329 页。

的场所。这种建筑格局也彰显了地方官将国事与家事合一的内在行政理念。首先，比较廉明的地方官视民事如自家事，给予极大的重视。如曾国藩任直隶总督时，曾作劝诫州县官的对联："长吏多从耕田凿井而来，视民事须如家事；吾曹同讲补过尽忠之道，凛心箴即是官箴。"① 其次，州县官视国事如家事，以类似百姓处理家务事的模式来申冤平讼。衙署楹联中常常有这样的表述："民心即在吾心，信不易孚，敬尔公，先慎尔独；国事常如家事，力所能勉，持其平，还酌其通。"其中下联明确提出"国事常如家事"，意思就是说国家的事就像家事一样，尽力去做，公正对待，还须考虑两者的相通之处。家事与国事合一，充分彰显了中国社会治理家国同构的本质特征，家国一体，家政即国政，齐家治国是个有机整体。

这一深刻的政治文化传统，赋予地方各级（尤其是基层州县）主官及其衙署多种复合法律功能，几乎涵括了当代中国司法系统中公安局、法院、检察院以及司法局的所有职能。（1）三班衙役中皂班系内勤负责站堂行刑，快班（步快、马快）负责缉捕人犯、维持社会治安。他们尤其是后者承担的相当于今天公安局的主体职能。（2）各级主官（知县、知府、督抚）等责任更为重大，兼有法院、检察院、司法局的职能。他们既是本地最高行政长官，也是本地最高大法官，负责审理（非审判）各类民刑案件。师爷只能充当幕后智囊，坐堂审案、向上级和君上呈报案情卷宗的是而且只能是地方主官一人。坐堂审案主要在衙署内的大堂和二堂。这相当于承担了今天法院的职责。在清代逐级审转覆核审判制度之下，州县徒刑及以上案件自动报知府、按察使、督抚、刑部以至君上覆核，查核事实认定是否清楚、法律适用及定罪量刑是否妥当，这样各级主官及其衙署部分具有检察院的职能。此外，地方官员还有统管监狱（监狱就在衙署之内）、普法教育（朔望之日于衙署门前宣讲圣谕、衙署门前建有惩恶扬善的旌善亭与申明亭）等职能，相当于今天的司法局。总之，地方主官对关系地方安全稳定的所有事宜负总责。在集权制发展到登峰造极的清代，地方主官的司法职能更是无所不包，所辖地面所有一切已经发生和可能发生的威胁朝廷和地方安全的不稳定因素俱在职责范围之内。②

---

① 吴逢辰主编《江南第一衙——浮梁县署》，江西人民出版社，2002，第 30 页。
② 魏淑民：《儒者之刑名：清代省例立法基础的再思考》，《史学月刊》2020 年第 9 期。

衙署的多重复合法律功能又处处体现在衙署建筑中。衙署内专设的监牢自不待言，衙署中轴线上的三大主体建筑亦是如此。州县衙署大堂不仅是州县官迎接圣旨、发布政令、举行重大仪式的要地，同时也是他们听讼断狱，特别是公开审理较重大命盗案件的地方。二堂是他们接待上级官员、商议政事的主要场所，同时也是处理一般民间自理词讼的地方，是调处息讼和一些大案要案预审、大堂审案时退思和小憩之所。再如，三堂是州县官正常办公议政和接待上级官员的地方之一，同时也审理一些事关机密或隐私的案件。①

关于衙署法律文化的概念，目前学界并无相关研究和表述，笔者尝试总结概括，即现存衙署建筑的形制格局、内部陈设、匾额楹联以及相关民间谚语与传说等体现出来的中国传统社会中相对稳定的礼制思想、法律意识、法律制度、法律实践等。

二 从"全能衙署"到"法治政府"的现代转型

以史为鉴可以知兴替。研究中国传统衙署法律文化的现实意义究竟何在？一言以蔽之，即推动实现从传统社会中统揽司法的全能衙署到全面依法治国方略下的法治政府的实质性转变，真正实现国家治理体系和治理能力的现代化。对地方各级领导干部尤其是一把手而言，要站在全面依法治国的战略高度，切实担当好推进地方法治建设第一责任人，对此必须以史为鉴，克服历史上长期以来行政兼理司法的强大惯性，不得干预司法活动、插手具体案件处理，不得以言代法、以权压法、徇私枉法，确保司法机关依法独立公正行使职权。党的十八届四中全会聚焦全面依法治国，提出建立完善"领导干部干预司法活动、插手具体案件处理的记录、通报和责任追究制度"。据此，2015 年 3 月中共中央办公厅、国务院办公厅印发《领导干部干预司法活动、插手具体案件处理的记录、通报和责任追究规定》，筑起防止干预司法活动的制度屏障。② 中央政法委从 2015 年 11 月多次通报各

---

① 黄晓平：《古代衙门建筑与司法之价值追求——考察中国传统司法的一个特别视角》，《北方法学》2009 年第 6 期。

② 详参党的十八届四中全会《中共中央关于全面推进依法治国若干重大问题的决定》；中共中央办公厅、国务院办公厅《领导干部干预司法活动、插手具体案件处理的记录、通报和责任追究规定》。朱孝清：《检察官相对独立论》，《法学研究》2015 年第 1 期。

级领导干部和司法系统内部违规干预司法活动的典型案例。地方层面，河南、安徽等省已经出台具体的实施方法并开始通报本地区违规干预司法活动的典型案例。以上首开其端，需要以踏石留印、抓铁有痕的劲头抓下去，善始善终、善做善成，只有成为全社会的普遍行动、普遍信仰，方能真正实现法治国家、法治政府和法治社会的有机统一，实现国家治理体系和治理能力的现代化。

第二节　现存衙署建筑反映的传统法律文化

通过衙署建筑这种复合空间，不仅可以窥见亲民、教化、息讼等中国传统司法价值追求，亦可呈现中国传统礼制一以贯之的思想和实践，如坐北朝南、居中而治、前朝后寝、左文右武等等。

一　衙署建筑与中国传统司法价值追求

价值追求是中国传统衙署法律文化的基本命题。通过对河南等处衙署建筑式样、功能的深入考察，可归纳总结出亲民、教化、息讼三个相辅相成、相互渗透的方面，他们是儒家政治伦理与民本思想在司法场域中的体现，也是司法制度和司法实践所要实现的最终目标。[①] 然而由于时代和阶级的局限性，这些颇有理想色彩的司法价值追求在具体的行政和司法实践中时常表现出种种背离，从而与普通民众的社会心理产生严重反差，这无疑是现代法治社会建设的历史镜鉴。

（一）亲民

"民为贵，君为轻，社稷次之。"民本思想是中国传统社会高度推崇并大力倡导的政治思想，亲民是对各级官员的基本要求，正如清人汪辉祖所说，"治民以亲民为要"[②]。对基层州官员更是如此，清人徐栋作《牧令书》

---

① 徐忠明：《建筑与仪式：明清司法理念的另一种表达》，载中国政法大学法律古籍整理研究所编《中国古代法律文献研究》第十一辑，社会科学文献出版社，2017，第 352 页。并且，文中将衙署建筑蕴含的核心价值理念也归结为三点，与本处表述略有不同，一是"亲民"或"爱民"，二是"廉洁"与"明察"，三是"无为"与"公正"。
② 汪辉祖：《学治臆说》卷上《治以亲民为要》，商务印书馆，1936。

专门强调："州县乃亲民之官，为之者别无要妙，只 '亲'字认得透彻，做得透彻，则万事沛然，无所窒碍!"因此，古代州县官常以"父母官"自居。既然为民父母，必然要亲民爱民。传统中国司法既然是地方行政的一部分，州县官必然会使司法成为亲民的重要途径，司法应追求亲民，亦如汪辉祖所言"亲民在听讼"①。

1. 衙署建筑样式彰显亲民理念

古代地方官署多坐北朝南，大门左右分列两道砖墙，沿门侧呈斜线往左右前方扩散开去，形成"八"字形状，大门敞开不闭，砖墙似乎也变成了两扇门板的延伸，这就是"衙门八字朝南开"的由来。现存的清代河南内乡县署、叶县县署等就是这样的建筑格局。该建筑格局的初衷在于，宣示衙署大门是敞开的，有了冤屈和纠纷，若民间无法解决，可前来告官。这种开放的姿态，体现了司法亲民的理念。②

吊诡的是，尽管这种设计初衷用心良苦，然而在百姓心目中往往变异成一句经典习语"衙门八字朝南开，有理无钱莫进来"，呈现出表达与实践的严重背离。究其根源，一些地方官员的贪污纳贿、胥吏群体的勒索侵渔导致司法不公，百姓冤屈未能尽得洗雪。可见，亲民爱民的理想司法价值追求，须时时处处体现在地方行政实践中。

2. 衙署建筑功能蕴含亲民理念

以衙署三堂为例，既是审理事关机密案件的地方，亦是民间"正月十六看太太"的场所，即百姓和州县官及其眷属近距离接触的场合。旧时一般百姓除了可以被允许进入大堂旁听审案外，官署的其他部分是不得随意出入的，但是据说在每年正月十六，衙内张灯结彩，仪门大开，所有妇女和儿童都可以入内到三堂看官太太。是日知县和夫人早早端坐在三堂前檐下和父老乡亲见面，并拿出水果、点心招待民众，围观的人你争我抢，煞是热闹，细心的民众还要趋前窥视知县太太的脚是不是"三寸金莲"。③ 这

---

① 汪辉祖：《学治臆说》卷上《亲民在听讼》，商务印书馆，1936。黄晓平：《中国传统司法的公开模式及其对当代中国的借鉴意义——以宋代以来州县司法为中心的考察》，载中南财经政法大学法律文化研究院编《中西法律传统》（第七卷），北京大学出版社，2009。
② 黄晓平：《古代衙门建筑与司法之价值追求——考察中国传统司法的一个特别视角》，《北方法学》2009 年第 6 期。
③ 王晓杰主编《解读内乡古衙》，华艺出版社，2005，第 45 页。

样做的目的不在于民风民俗，意在昭示州县官亲民爱民的姿态。

需要特别说明的是，亲民只是衙署建筑司法价值追求中官民关系的一个侧面，另一个侧面则是威慑以至恫吓。州县官作为一方父母官，对治下黎民百姓不仅有"亲"的一面，更有"威"的一面。百姓既是"亲"和"爱"的对象，更是"牧"与"宰"的对象，它们是一体两面的关系。通过衙署建筑格局和种种陈设细节的威慑以至恫吓，体现在司法过程中，从大处看可以充分彰显司法的公平正义并警示其余，从小处看则是通过催生惧讼、厌讼的情绪或多或少发挥息讼的作用。因此，亲民和息讼这两种司法价值追求也是彼此交融、相互关联的。

（二）教化

儒家经典主张以文化人、化民成俗，强调教化为本。《论语·为政》强调："道之以政，齐之以刑，民免而无耻；道之以德，齐之以礼，有耻且格。"[1] 意思是说，如果用政令治理百姓，以刑法整顿他们，那么老百姓只能免于因犯罪而受惩罚，却没有廉耻之心；如果用道德引导百姓，用礼制去同化他们，则百姓不仅会有羞耻之心，而且有归服之心。所以中华法系在礼法关系上讲求德主刑辅、明刑弼教，亦如《后汉书·陈宠传》所言"礼之所去，刑之所取，失礼则入刑，相为表里者也"。传统小农社会，人们安土重迁，渴望天下太平，这既是民众的期待，更是官方的追求。地方州县官多注重礼治先行，宣讲上谕、兴办官学、旌表孝子节妇等等俱是教化之道，司法亦是其中一环，必不可少却不大力提倡，教化的理念却无处不在。

1. 审理民刑案件强调教化为本

对一般田土户婚等自理词讼和轻微命盗案件，州县官重视调处息讼，调处多以宗法伦理为原则，晓之以理，动之以情，其本身就是教化的过程。若不能调处才会进行正式审理，教化同样贯穿全过程，尤其注重以司法公开的形式来实现教化的目的。如重大命盗案件地方官无终审权，但死刑执行仍然在基层州县。对普通人犯的死刑执行公开进行，这是一贯的司法传

---

[1] 杨伯峻译注《论语·为政》，中华书局，2009，第11~12页。

统，远在周代业已如此。《礼记·王制》记载："刑人于市，与众弃之。"
是日，州县官亲往法场监斩，万人空巷，前去围观。其初衷既是为了折辱
罪犯，更是为了起到杀一儆百的作用，让民众感受众目睽睽之下罪犯引颈
就戮的血腥和恐惧，警醒和教育民众不要轻易违法犯罪，其教化目的不言
而喻。①

2. 衙署建筑体现教化理念

首先，从衙署外开始已然在处处以司法教化民众。以内乡县署为例，
在照壁和大门之间的斗拱式牌坊为宣化坊，是为宣讲圣谕、教化百姓之所。
古代每月朔望之时，地方官都要在宣化坊下宣讲皇帝圣谕、教化百姓，明
代宣讲的内容是明太祖朱元璋的《圣谕六言》，清代主要是清圣祖康熙皇帝
的《圣谕十六条》等，核心要义是倡导孝敬父母、尊敬师长、团结乡里、
守法纳粮等，用以塑造忠义烈士、孝子节妇。州县衙署在大门和照壁之间
均建有对称的申明亭和旌善亭，一惩恶一扬善，文字颜色一黑一红，也是
教化当地民众的专门之所。

更重要者，衙署大堂是实现司法教化民众的主场。不少勤政爱民的州
县官在衙署大堂公开审理重要案件，允许民众旁听。这种司法公开的模式，
显然不是为了保障权利和防止司法腐败，而是重在教化民众，让众多旁听
者感同身受，从而以后不会轻易兴讼甚或违法犯罪。遇有审理比较有教化
意义的案件，有些州县官更会欢迎民众前来旁听。清人汪辉祖在其《梦痕
余录》中记载，在他审案时常有三四百人包括外地商人前来观看。针对有
些州县官不愿意在大堂审案的现象，他极力强调大堂听讼断狱所具有的重
要教化作用，"顾听讼者，往往乐居内衙，而不乐升大堂……不知内衙听
讼，止能平两造之争，无以耸旁观之听。大堂则堂以下，伫立而观者，不
下数百人，止判一事，而事相类者，为是为非，皆可引申而旁达焉。未讼
者可戒，已讼者可息"②。由上可以看出，民众进入大堂后，在诉讼的过程
中接受教化，其实是衙署外教化活动的延续。

---

① 黄晓平：《古代衙门建筑与司法之价值追求——考察中国传统司法的一个特别视角》，《北
　方法学》2009 年第 6 期。
② 汪辉祖：《学治臆说》卷上《亲民在听讼》，商务印书馆，1936。

（三）息讼

1. 传统司法推崇无讼息讼

《论语》中孔子说："听讼，吾犹人也，必也使无讼乎。"① 《礼记·大学》篇进一步阐发："无情者不得尽其辞，大畏民志，此谓知本。"现代著名社会学家费孝通也指出，一个负责地方秩序的父母官，维持礼治秩序的理想手段是教化，而不是折狱。② 无讼息讼是中国古代的司法传统，究其根源，和小农经济结构、家国同构的社会治理模式以及简约的地方政府构造息息相关，而与重视教化的司法价值追求又是一体两面的关系。息讼是古代州县官普遍的司法心理，民事司法中尤为如此，乡诉讼制度、批呈词制度、断由制度、调处制度等设计的主要旨趣均是减讼息讼。③ 比如，批呈词时州县官往往会明确表示自己的息讼追求，有一对夫妇吵架被邻居告到官府，县官不予受理，批词中体现的司法逻辑是："夫妻反目，常事；两邻首告，生事；捕衙申报，多事；本县不准，省事！"④ 批词将州县官断案不如息案、努力为之的心理展现无遗。

为达到无讼息讼目的，地方官员也会时常借助司法的公开过程，设法使百姓"惧讼"，不敢随意兴讼。州县官既是所谓的"父母之官"，同时也是"牧民之令"，对其治下黎民百姓不仅有亲的一面，更有威的一面，德刑并用、恩威兼施是其统治百姓的一贯策略，司法的过程也无不体现这一两手策略。州县官为了减少诉讼，审案时曾有不成文的规矩，无论原告、被告只要上了公堂均先要各打四十大板，这就是先给两造乃至旁听的民众来

---

① 杨伯峻译注《论语·颜渊》，中华书局，2009，第127页。

② 费孝通：《乡土中国》，北京大学出版社，1998，第54页。刘华：《马克思主义与教化——以儒家教化理念为视角反思马克思主义社会教化的缺失》，《思想政治教育研究》2011年第1期。

③ 在上述传统观点而外，黄宗智先生从清代官方话语表达（representation）和实际运作的背离与矛盾（paradox）出发，提出州县官对大量发生的民事诉讼系依法判决。他认为在州县自理词讼中，州县官一般都依法断案、是非分明，很少像官方一般表达的那样。以情调解使得双方和睦解决纠纷，这是儒家的理想和官方话语的描述，不是实际运作之中的情况。并且，在依法判决的正式制度和出于情理调整的非正式制度之间，存在相互作用的"第三领域"或"中间领域"。参见氏著《清代的法律、社会与文化：民法的表达与实践》重版代序，上海书店出版社，2001。

④ 黄晓平：《古代衙门建筑与司法之价值追求——考察中国传统司法的一个特别视角》，《北方法学》2009年第6期。另参见颜绍元《天下衙门：公门里的日常世界和隐秘生活》，中国档案出版社，2006，第10页。

个下马威，让人惧怕诉讼。审案的过程中，更少不了刑讯，尽管各朝律典对此有严格的规定，但事实上州县官违制拷讯的现象比比皆是。另外，还有一种比较柔性的让民众惧怕诉讼的手段"赢捐输罚"，即赢了官司的捐钱，输了官司的罚钱，所得钱财用于公务需要，使得两造不论输赢都要因官司破财，足见州县官无讼息讼的深意。①

2. 衙署建筑处处折射无讼息讼的司法价值追求

古代地方衙署多位于城市显要地带，坐北朝南，充分彰显出衙署的威严。从衙署建筑布局看，多采用对称的院落布置办法，按功能分区，依用途和重要程度区别等差，有节奏地安排建筑物的体量和空间形式，大堂、二堂、三堂按使用功能区别，采用天井间隔，两侧又用回廊相连，且建筑台基一座比一座高一步至三步，乃"步步高升"之意。人们从大门进入后，一门又一门、一院又一院，深切感受到官衙的深邃与威严，"衙门深似海"，让人望而生畏。衙署大门东梢间虽然置有"喊冤鼓"，然而无故击鼓会受到严厉惩罚，以防小民随意兴讼。大门西梢间置有"诬告加三等""越讼杖五十"两块碑刻。可见，衙署大门敞开不闭虽然体现了对前来诉讼民众开放的姿态，但同时也在明确提醒百姓不可随意兴讼。当然，衙署大堂最能体现衙署威严乃至恐怖的一面，其不仅是"亲"民之堂，也是"吓"民之堂，这一点无论对两造及相关一干人等，还是旁听的民众都如此。② 因此，明清时期衙署建筑设计及其司法仪式，很大程度上是公堂之"威"与两造之"畏"的辩证结合，反映官员之"支配"与诉讼两造之"屈服"的权力结构，隐含了政治与道德的双重内涵。③

清代康熙年间，河南卫辉府④新乡县在县署右侧还专门建造有"息讼亭"，用以"宣上德而欲民无讼"。其依据主要是清康熙帝《圣谕十六条》，

---

① 内乡县署的最后修造即"赢捐输罚"的典型例证。县署始建于元朝，但中间屡建屡毁，现存建筑大多是清光绪二十年（1894）知县章炳焘主持营造的，其资金来源除了地方豪绅富贾捐助外，重要来源之一是其审案时"赢捐输罚"的结案方式，其人力来源之一也是审案时"以工代捐"。

② 黄晓平：《古代衙门建筑与司法之价值追求——考察中国传统司法的一个特别视角》，《北方法学》2009 年第 6 期。

③ 徐忠明：《建筑与仪式：明清司法理念的另一种表达》，载中国政法大学法律古籍整理研究所编《中国古代法律文献研究》第十一辑，社会科学文献出版社，2017，第 352 页。

④ 卫辉府，明清河南府名，始设于明初，辖六县，明中期辖十一县，清辖九县。范围为大致今河南新乡与鹤壁所辖地域，府治汲县（今河南省卫辉市卫辉古城内）。

尤其是"相乡党以息争讼""息诬告以全良善"等，其息讼途径除反复宣讲圣谕外，遇有百姓争讼则动之以情、晓之以理，即"谕之以礼让，晓之以祸患"，以收明刑弼教、刑期无刑之功效。① 乾隆年间，曾任碾伯（今青海海东市乐都区）知县的徐志炳作为父母官曾亲笔写下《息讼歌》教化百姓，"听人教唆到衙前，告也要钱，诉也要钱。差人奉票有捕签，锁也要钱，开也要钱。投到州县细盘旋，走也要钱，坐也要钱。约邻干证日三餐，茶也要钱，酒也要钱。三班人役最难言，审也要钱，扣也要钱。自古官廉吏不廉，打也要钱，罚也要钱。……民众切记此歌言，行也安然，坐也安然"②，字字句句设身处地，劝解百姓遇到纠纷不要轻易到衙门告官，可谓用心良苦！现存河南南阳府署大堂仍存有劝民息讼的楹联，"莫寻仇莫负气莫听教唆，到此地费心费事费钱就胜人终累己"，同样警示劝诫百姓，不要寻仇不要负气，更不要听人教唆到衙门打官司，否则费心、费事、费钱，就算最终打赢了官司也会使自己身心疲累以至倾家荡产。

综上所述，衙署建筑内蕴的三大司法价值追求，即亲民、息讼和教化三者之间是彼此交融、相辅相成的。他们作为理想层面的价值追求，在具体的行政实践中又滋生出种种南辕北辙的背离，从而与普通民众的社会心理产生某种以至严重反差。这种背离和反差也是现代法治社会建设的历史镜鉴素材。

二 衙署建筑格局与中国传统礼制思想

中华法系的本质特征是引礼入法、礼法合治。礼的渊源是祭祀（字形从玉、从鼓）。早在西周时期，周公在今天的洛阳制礼作乐，《周礼》不仅是社会生活的基本规范，更是西周法的基本形式，是为引礼入法的开端。汉武帝"罢黜百家，独尊儒术"进一步开启法律儒家化进程，对后世影响深远。代表中华法系最高成就的《唐律疏议》更以"一准乎礼"为立法要义。众多史书包括历朝《刑法志》中也常常出现这样的表述，"礼之所去，刑之所取""德主刑辅""明刑弼教"。总之，"礼"是防患于未然之前，刑

---

① （康熙）《新乡县续志》卷九《艺文志·息讼亭碑记》，（台北）成文出版社，1976 年影印。
② 林中厚：《碾伯知县徐志炳与〈息讼歌〉》，《中国土族》2011 年第 3 期。

是惩治于既然以后，失礼则入刑，两者相为表里。①

礼法合治的中华法系基本特征亦充分体现在衙署建筑中，尤其是整体建筑布局中。现存古代地方衙署约有三十余处②，虽级别、规模不一，然而建筑布局与形制高度一致，充分彰显了明清时期地方衙署坐北朝南、居中而治、前朝后寝、左文右武的传统等礼制思想。下文将重点以"天下第一衙"——内乡县署为例详细介绍阐述。

内乡县署位于今南阳市内乡县城东大街，现存建筑占地总面积 40000 平方米，有房屋 280 余间，为多进四合院式官署建筑群。坐北面南，规模宏大，布局错落有致、主次分明，前呼后应，左右对称。整体建筑以明清地方衙署规制为依据，自南向北沿中轴线依次排列，布局合理，集中体现了旧时官署庄重、肃穆的威严气势（见图 9-1）。

坐北朝南。内乡县署为亥巳向，西南偏东 29 度。③ 衙门口向南而开，寓意正大光明、破除黑暗，符合"圣人面南而听天下，向明而治""圣人南面而立，而天下大治"的礼制传统，亦象征官爵和权力的威严。另外，也和我国尤其是北方的自然地理气候条件有关。④

居中而治。首先体现于衙署的地理位置上，一般位于治所所在城池的中心。官署作为一方行政中心，地位至关重要，多位于城池中心位置，象征受命管理四方百姓，从北京故宫到州县衙署概莫能外。⑤ 具体到内乡县署，清康熙年间《内乡县志》记载"县治居城之中，元大德八年（1304）县尹潘逵始建厅堂廨舍"⑥，以后明清两代多次修缮也多是在原址基础之上

---

① 与此相应，当下全面建设社会主义法治社会，讲求以德治国和依法治国相结合，德润人心，法安天下。

② 主要有河南内乡县署、密县县署、叶县县署、南阳府署、开封府署，河北保定直隶总督署，山西平遥县署、霍州府署，山东即墨县署，江西浮梁县署、江苏淮安府署等等。

③ 刘鹏九编著《内乡县衙与衙门文化》，中州古籍出版社，1999，第 6 页。

④ 我国位于北半球中部，地形西北高而东南低。东南多雨，夏季有台风，西北部冬春两季受强烈的西北气流控制。人们为了抵御严寒，北方房屋多朝南，以便阳光照射。参见刘鹏九编著《内乡县衙与衙门文化》（增订版），中州古籍出版社，2015，第 206 页。

⑤ 当然，由于不同区域地理环境有山区、平原和丘陵之别，衙署不一定都正好处于中心位置，却多居于各自城市的显要位置，被认为是该地的风水宝地。参见李启成《从衙门到法庭：清末民初法庭建筑的一般观念和现状》，《中外法学》2009 年第 4 期。

⑥ 中国人民政治协商会议河南内乡县委员会文史资料委员会编《内乡县文史资料》第 8 辑《内乡县衙专辑》，第 50 页。

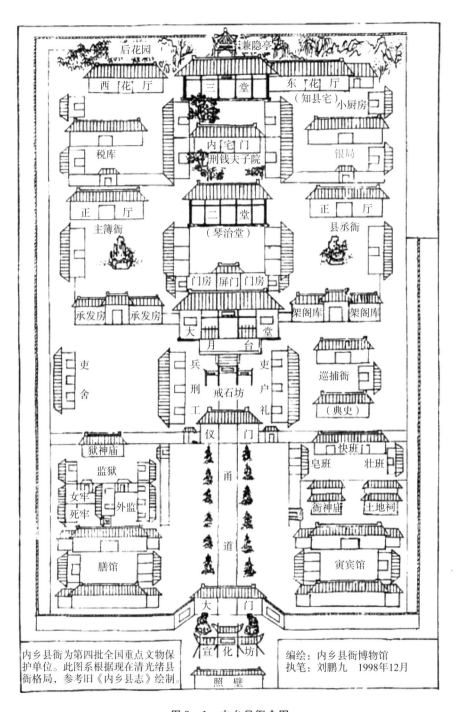

图 9－1　内乡县衙全图

资料来源：刘鹏九编著《内乡县衙与衙门文化》，中州古籍出版社，1999，第 7 页。

进行。其次，衙署建筑群本身以中轴线为核心，分布服务于主官的主体建筑，其中大堂又是中轴线的核心。其实，轴线本身不是目的，轴线上不同点位标出的伦理或权力级别的高低，才是中国传统正式建筑不断强化轴线的根源所在。[①] 仍以内乡县署为例，建筑群总的平面布局分为东、中、西三路，中路建筑为主体，从南到北依次为大堂、二堂和三堂，使用功能均与审案有关。其中大堂院落占地面积最大、地位最为尊崇，集中了衙署的公务处理功能，是整个衙署建筑群的中心。整个县署中轴线建筑自南而北依次是照壁、宣化坊、大门、仪门、戒石坊、六房、大堂、门房、屏门、二堂及两厢、刑钱夫子院、穿廊、三堂及两厢以及后花园。[②] 中轴线东西两侧为辅线建筑。[③] 各轴线均有院落数进，每进院落以主要建筑为中心，左右对称分布次要建筑，构成四合院式的布局特征。四合院式样的布局方式适合中国古代社会的宗法和礼教制度，便于安排家庭和机构成员的位置，使尊卑、长幼、男女、主仆之间有明显的区别，在衙署建筑中则充分彰显出地方主官的尊崇地位和庄严肃穆的气氛。

左文右武。县署大堂前设有作为主要办事机构的六房，站在大堂前面南而立，左侧为吏房、户房、礼房，右侧为兵房、刑房、工房，分别掌管人事、民政财政、文化教育、兵事、刑名以及工程营造等事，与大堂、仪门等形成公开办事的"外衙"[④]。这种"左文右武"的六房分布格局，符合"以左为尊"的中国古代礼制传统。《礼记》有载，"尊者以酌者之左为上尊""凡与客入者，每门让于客……主人入门而右，客入门而左""执主器，操币圭璧，则尚左手，行不举足""车上贵左，故仆在右""男子设弧于门

---

① 聂影：《轴线与对称》，参见氏著《观念之城：建筑文化论集》，中国建材工业出版社，2007，第 30 ~ 31 页。李启成：《从衙门到法庭：清末民初法庭建筑的一般观念和现状》，《中外法学》2009 年第 4 期。

② 东辅线自南向北依次为寅宾馆、衙神庙、土地祠、皂壮快三班院、巡捕衙、架阁库、县承衙、东库院（银局）、东花厅。西辅线自南向北有膳馆、监狱、吏舍、马王庙、承发房、主簿衙、西库院（税库）、西花厅等。

③ 刘鹏九编著《内乡县衙与衙门文化》（增订版），中州古籍出版社，2015，第 6 ~ 15 页。

④ 作为地方衙署大堂东西两侧的办事机构，"六房"只是统称，具体设置依据政务繁简程度有所差异。对于简僻的州县，六房辅以承发房即可正常运转。而在冲繁州县，则需要作出进一步分工。明代一些州县已分化出更为细密的房科，如从刑房分出了"招房"，专司审讯人犯时记录口供；从"户房"分出"粮房"或"漕房"等，专司漕粮收交。据万历《钱塘县志》记载，浙江杭州府钱塘县衙署"分二十五房科"（《纪制·公署一》）。转引自郭润涛《明清州县衙门的格局与体制》，《文史知识》2008 年第 5 期。

左，女子设帨于门右"，宴饮、祭祀、车马、男女等多以左为尊。①

前朝后寝。中国古代地方衙署多是官署与私邸合一的模式，主官办公起居之地多集中于衙署建筑群的中轴线上。以内乡县署为例，大堂、二堂（雅称琴治堂）系主体办公区。三堂（雅称三省堂）则是县令的私宅，两侧有东、西花厅，是知县及眷属居住之处，后面还有一个小花园雅名"天香园"，是知县与眷属们回避政事燕居赏玩之所。② 当然，"前朝后寝"的格局在明清故宫中表现最为典型。以乾清门为界限，此门之前以三大殿（太和殿、中和殿及保和殿）为中心属于"前朝"，处理国家机要大事。之后为"内廷"，包括皇帝的寝宫（乾清宫）以及妃嫔居住的东西六宫等。前朝后寝的礼制传统，也体现了国家、家事合一的典型特征。

总之，以上衙署建筑格局形制及其内蕴的礼制传统，上承北京明清故宫"五门三朝九重天"的整体布局③，下接普通百姓居住的四合院，一以贯之。尤其是衙署和故宫都属于官方建筑范畴，格局形制高度一致，可以说衙署就是一个具体而微的故宫，故宫就是放大了的衙署。正如著名建筑学家梁思成先生所言，④ 民居与象征政权的宫殿、衙署和府邸，实际上属于同一类型的建筑，只有大小繁简之别。所谓"同一类型"，应指它们实用功能

---

① 以上，分别参见《礼记》之《少仪第十七》、《曲礼上第一》、《曲礼下第二》以及《内则第十二》等篇。然而，必须承认的是由于历史的演变，尊左还是尚右仍是一个存有争议的问题。在古籍记载中，多有言及尊左者，如老子《道德经》有云"吉事尚左，凶事尚右。君子居则贵左，用兵则贵右"，又有思慕贤才而"虚左以待"的说法，但亦又见尚右者，似无一定之规。故有研究提出，秦汉以前主要是以右为尊的，因之符合人体以右为主的生理特点，秦汉以后开始有所变化。在官制上，汉以右为上，右丞相高于左丞相。可是在以后的一些朝代里，却反了过来，如左右仆射、左右丞相、左右司、左右曹等，皆以左为尊。由于历史、社会的发展变化，各个民族之间文化的融合，尊右尊左的特殊习尚的色调也随之日趋浅化。参见常林炎《尊右、尊左辨》，《北京师范大学学报》1989 年第 5 期。所言尤其是秦汉以前因顺应人体生理特点而尚右的说法似乎不无道理，然而《礼记·礼器第十》同时有云："礼也者，反其所自生。"

② 刘鹏九编著《内乡县衙与有衙门文化》（增订版），中州古籍出版社，2015，第 209 页。

③ 所谓"五门"，即大明门（前门）、承天门（天安门）、端门、午门、奉天门（后改皇极门，即今太和门）。所谓"三朝"，即外朝的午门，是宫城正门；中朝是以奉天殿（后改皇极殿，即今太和殿）、华盖殿（后改中极殿，即今中和殿）、谨身殿（后改建极殿，即今保和殿）三殿为主；内朝，也称内廷，是以乾清宫、交泰殿、坤宁宫为主。"五门三朝"沿着一个中轴线展开，从大明门起到皇帝日常起居所在的乾清宫，正好九重，故称天子所在为"九重天"。参见柏桦《明代州县衙署的建制与州县政治体制》，《史学集刊》1995 年第 4 期。

④ 刘鹏九编著《内乡县衙与衙门文化》（增订版），中州古籍出版社，2015，第 208 页。

与建筑结构上的相似性，大小繁简之别则意味着彼此之间在礼法规制与政治地位上的差异。[1]

第三节　保定直隶总督署政治法律空间探析

清代直隶主辖今京津冀地区，以及今内蒙古赤峰、辽宁朝阳地区与山东、河南部分区域，是为畿辅重省，因此直隶总督在清代督抚群体中政治地位最高，被称为"八督之首、疆臣领袖"。[2] 晚清以降，直隶总督更是权重位显，集军事、行政、盐业、河道及近代的北洋大臣权力于一身，权力已大大超过直隶省范围。其衙署亦因此成为清代省府第一衙。

一　保定直隶总督署历史沿革

严格说来，直隶总督署议建于雍正二年（1724），上行可以溯源到金代。是年，直隶巡抚李维钧升任直隶总督[3]，原直隶巡抚署升格为总督署，仍驻节保定。因原巡抚衙署偏处省城西北，"湫溢庳陋，观瞻不肃"，清廷遂决定相度地势，重新修建衙署。雍正七年（1729）春正式动工，由钦天监监正、满族人明图和户部主事管志宁勘定基址，以城中的参将署[4]为基础，由怡贤亲王允祥传谕署理直隶总督杨鲲庀材鸠工，并动用国库帑银，于当年年底竣工（1730年1月）。

对此，当时署理直隶总督的唐执玉曾勒石纪念并亲书《建成保定总督公署碑记》，大体介绍了新建衙署的建筑规模及主体建筑物："其东西之广

---

[1] 梁思成：《凝动的音乐》，百花文艺出版社，1998，第49页。徐忠明：《建筑与仪式：明清司法理念的另一种表达》，载中国政法大学法律古籍整理研究所编《中国古代法律文献研究》第十一辑，社会科学文献出版社，2017，第353页。柏桦：《明代州县衙署的建制与州县政治体制》，《史学集刊》1995年第4期。

[2] 杜家骥：《清代直隶总督的执掌及其作用》，《光明日报》（理论版）2021年3月15日。

[3] 由此，直隶形成督抚一体的治理体制，究其原因大致有二。其一，直隶邻近京师，皇帝可以随时获取关于直隶总督的相关信息，此外大量官员往来京师必经直隶，会向皇帝奏报沿途所见所闻，可以加深皇帝对直隶总督辖区治理状况的了解。其二，出于维护京师安全的考虑。直隶总督兼兵部尚书衔，可节制直隶提督及全省绿营军队，保证了军事指挥的统一性。另外山东、河南两省毗连直隶不设总督，一旦发生动乱，直隶总督可兼管三省军务。衣长春：《清代直隶总督与辖区直隶》，《光明日报》（理论版）2021年3月15日。

[4] 该建筑始建于元，明初为保定府衙，明永乐年间改作大宁都司署，清初改作参将署。

度以丈四十有二,南北之深几倍焉,周垣崇闳,庭阶轩敞。自治事之堂、燕私之居,文武将吏岁时公宴之所,朝夕听事之厅,以及合乐之轩,教射之圃,材官之次,众隶之舍,府厩斋厨,细大毕具。"[1] 可见,新建总督署结构功能完备,包括处理重大政务和典礼的大堂、朝夕治事的二堂、总督及眷属居住的内宅、岁时节令文武将吏公宴的厅堂、公聚娱乐的场所、操演练兵的场地、低级武官及差役的住所以及厨房、马厩等,一应俱全。

此后至宣统年间,历经雍正、乾隆、嘉庆、道光、咸丰、同治、光绪、宣统八朝180余年,此处一直是直隶总督衙署所在,历任总督多坐镇于此处理畿辅军政要务。据统计,从雍正二年李维钧首任直隶总督起,到宣统三年(1911)张镇芳署理直隶总督止,187年间共计直隶总督74人、99任次[2],包括李卫、李绂、孙嘉淦、唐执玉、方观承、刘墉、高斌、琦善、曾国藩、李鸿章、袁世凯等历史名人,其中实授38人、署理30人、护理6人,是为有清一代历史的缩影,故有"一座总督衙署,半部清史写照"之誉。民国年间曾是直系军阀曹锟的大本营。抗日战争和解放战争期间,是日伪和国民政府河北省政府所在地。现存直隶总督署,位于今河北省保定市裕华路,是中国目前保存最为完整的一所清代省级衙署,1988年被国务院公布为第三批全国重点文物保护单位。[3]

二 保定直隶总督署建筑格局与特色

据《钦定大清会典》规定,各省衙署治事之所为大堂、二堂,外有大门和仪门,大门之外又有辕门,燕居之所为内室、群室,吏攒办事之所为科房。保定直隶总督署的格局与此吻合,具有北方官署建筑的普遍特征,同时又彰显了直隶总督"畿辅重臣"的尊崇政治地位,并体现了督抚"统而不管"的司法职能特征。

直隶总督署建筑群整体坐北朝南,中轴对称,中轴线上从南到北依次分

---

① 李逢源修,诸崇俭纂《清苑县志》卷一五,同治十二年(1873)刻本。衡志义、吴蔚:《浅谈直隶总督衙署的建筑》,《文物春秋》1997年第4期。

② 另一个说法是73人、100任次,参见黎仁凯等《清代直隶总督与总督署》,中国文史出版社,1993,第16页。

③ 衡志义、吴蔚:《浅谈直隶总督衙署的建筑》,《文物春秋》1997年第4期。黎仁凯等:《清代直隶总督与总督署》,中国文史出版社,1993,第22~28页。

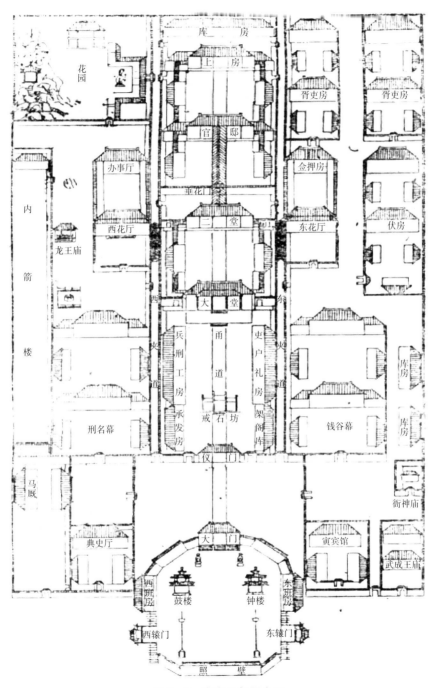

图 9 − 2　直隶总督署全图

资料来源：黎仁凯等：《清代直隶总督与总督署》，中国文史出版社，1993，第 213 页。

布有大门、仪门、大堂、二堂、官邸、上房等，多为青砖灰砌，做工精良，布瓦顶，迄今基本保存完好。

总督署大门为黑色三开间，位于一米多高的台基上，上方正中的匾额题有雍正皇帝手书的六个白底黑色大字"直隶总督部院"。清代直隶总督一般兼有兵部尚书、都察院右都御史职衔，系从一品大员，地位显要，故而朝臣往往尊其为"部院大人"，衙署门匾亦书写"总督部院"字样，以示尊崇。大门外原来还有东西班房、东西辕门、照壁、旗杆、鼓亭及炮台等附属建筑。这些建筑组成的封闭格局及其威严气氛使得普通人不能窥探总督署大门内外情形，而且互相烘托，生发出威严庄重、令人望而生畏之感。其中，辕门①系督抚和道、府、镇衙署专有，基层州县衙署因级别较低，大门外不允许设立。在辕门内东西两侧原有木质旗杆，据光绪七年所修《保定府志》，总督衙署、布政司署、按察司署及贡院门前均有旗杆两根，尤以总督署旗杆最高。② 可见，清代省级衙署大门外两侧均有两根旗杆，是为省级衙署的重要标志，也是威权的象征。

进入衙署大门，沿甬道向北即是仪门，取自"有仪可象"之意。仪门是总督迎接贵宾的地方，正上方有匾额撰文曰"威抚畿疆"，两侧楹联为李鸿章担任直隶总督时题写"昔为畿辅，今控严疆，观政得余闲，一壑一丘亲布置；近接太行，远临渤海，豪情留胜概，亦趋亦步许追随"，无不彰显了直隶作为畿辅重地的独特政治地位。

经过仪门向北走，就是衙署最显要的主体建筑——大堂。大堂五开间，前有抱厦3间，4根平行楹柱上悬挂有醒目的楹联，最引人注目者当属曾国藩亲题亲书：

> 长吏多从耕田凿井而来，视民事须如家事
> 吾曹同讲补过尽忠之道，凛心箴即是官箴

堂内正中悬挂着雍正皇帝亲笔题赠直隶总督唐执玉的匾额"恪恭首牧"。因

---

① 在雍正朝河南巡抚（总督）田文镜的政书《抚豫宣化录》中，也可以看到有关辕门的记录，但多是相关禁约而非直接介绍，如禁止辕门书役借端需索、严禁抄写辕门报单等，参见田文镜撰，张民服点校《抚豫宣化录》，中州古籍出版社，1995，第273、283页。
② 衡志义、吴蔚：《浅谈直隶总督衙署的建筑》，《文物春秋》1997年第4期。

为直隶省地处清王朝统治腹心，为天下首善之区。雍正皇帝对直隶总督寄予厚望，希望他能做好"天下第一总督"。① 匾额下面有公案桌、太师椅和屏风，是总督处理重要公务的地方。屏风上绘有丹顶鹤面对海潮图，寓意为当朝一品。公案桌右侧为诰封架，上面摆放有圣旨和官印。在屏风、公案桌两侧摆放着各类古代兵器和刑仗，以及肃静、回避牌等。

直隶总督署大堂是总督举行隆重贺典和重大政务活动的地方。与基层州县衙署大堂的听断审问功能不同，作为地方最高政权的总督衙署大堂，因一般不直接受理基层案件，只是举行隆重庆典和重大政务活动的场所，如承接谕旨、拜发奏折、颁布政令、秋审过堂、新任原任总督交接，平时闲置不用，非公莫入，是封疆大吏无上权威的象征。②

由大堂穿厅而进是二堂，又称"退思堂""思补堂"，有遇事深思熟虑助其不足之意，又称"琴治堂"，取《吕氏春秋》中宓子贱弹琴理案的典故。二堂是总督接见外地官员僚属、举行一般性典礼并审理案件之所。据曾国藩同治八年（1869）督直期间的记载，曾于八年八月二十七日"坐二堂，囚犯过堂讯供凡十三起，中有一起翻供"。次年正月初一，文武官员百余人前来拜年，"均在二堂行礼"。③

二堂向里有花墙区隔，穿过带顶的直廊和垂花门即为内院，一般由亲信家人值守，外人不得随意进入。内院包括三堂（官邸）、四堂（上房）两进院落，均为正房五间、左右耳房各两间、左右厢房各三间。其中，官邸是总督处理日常政务、批阅公文的地方，两侧是书斋。上房是总督及其眷属日常起居之所。

总督署东路建筑从南到北主要有寅宾馆、武成王庙、幕府院（钱谷幕）、东花厅等。其中，最南部与中路大门平行相邻的是寅宾馆。按八卦方位东南为巽地，主尊贵，用以招待宾客。寅宾馆东侧为武成王庙，是祭祀周朝开国名将武成王黄飞虎并奉祀历代统兵名将之所，始创于唐开元年间，历代从祀者多有变化，清代从祀者有孙武、田穰苴、管仲、乐毅、张良、诸葛亮、郭子仪等十人。每年元旦，直隶总督多身着礼服、率领一众将弁

① 吴禄煊：《直隶总督署联匾赏析》，《文物春秋》1997年第4期。
② 张平一、衡志义主编《直隶总督署趣话》第一辑，花山文艺出版社，1994，第23页。
③ 《曾国藩全集·日记三》，岳麓书社，1989，第1616、1713页。

行香祭神。中部的幕府院系总督个人延请的幕友居住和公干之处，虽房舍、院落相对窄小，然廊庑、彩画俱备，仍不失体面，其中东侧为钱谷幕（对面西路院落为刑名幕）。靠北侧的东花厅是直隶总督与眷属、幕友、亲朋宴饮聚会的地方。最北部则是厨房以及杂役人等居住互动之所。

其西路建筑自南到北主要有马厩、吏舍、旗纛庙、幕府院（刑名幕）、小校场以及花园等。其中，靠南的吏舍是文武胥吏居住之地。中部与大堂平行的建筑物是旗纛庙，清代定例，各地总督、巡抚、提督、总兵等统兵官员须致祭旗纛，并举行较大规模的阅兵仪式。继续向北穿过刑名幕府院，又有小校场供总督即武将习武操演。最北部的花园多有亭台楼阁、奇花异草，是总督及其眷属燕居赏玩所在。[1]

耐人寻味的是，直隶总督虽政治地位尊崇，然其衙署建筑形制、装饰并无奢华之气，不仅严格符合官方标准，甚至有些低调简单。房屋、门楼均为青砖灰砌的起脊小硬山式建筑，占地面积不大，主体建筑以五开间面阔为主，进深较小，一般不超过 10 米，布瓦顶，彩绘级别较低，更无琉璃瓦、和玺彩绘等豪华装饰。这是因为雍正初年清廷为了维护皇权的需要，曾三令五申严禁私自扩大官式建筑的规模、形制。直隶总督系地方督抚之首，其衙署又系皇帝特谕建造，且保定与京师近在咫尺，故其建筑形制甚至瓦活、彩绘等，自然不能越轨半步，更无丝毫奢华之气。[2] 不妨做个对比，现存清末重修的内乡县署为 4 万平方米、房舍 280 余间，其规模较之一品大员的直隶总督署竟然有过之而无不及。其间虽然有从清初到清末衙署形制标准趋于宽松的可能性，然而当时主持重修内乡县署的知县章炳焘，从内乡调任中牟后即被以"穷奢极糜"之名革职，无疑和此前大兴土木修缮衙署密切相关。两相对此，"官不修衙"的传统如紧箍咒一般成为官员开衙理政的基本理念。

三　晚清名臣曾国藩督直期间坐镇衙署的"清讼"活动

第二次鸦片战争后，曾国藩奉命出任直隶总督，此时直隶到处是一派

---

① 黎仁凯等：《清代直隶总督与总督署》，中国文史出版社，1993，第 29 ~ 35 页。
② 衡志义、吴蔚：《浅谈直隶总督衙署的建筑》，《文物春秋》1997 年第 4 期。成晓军、宋素琴主编《燕赵文化纵横谈》，中国文联出版社，1999，第 211 页。

破败不堪的景象，加之吏治腐败，武备废弛，社会秩序极端混乱。曾国藩任职时间虽不足两年，然致力于练兵、吏治与河工等大政，着意整饬。其整顿吏治的一项重要举措即是清理狱讼，对长期积压的各类民刑案件进行了审理，曾国藩曾向清廷奏报，"直隶讼案繁多，听断稍稽，即虞积压。自咸丰初年军兴以来，地方官或办理防堵，或供应兵差，未能专治讼事……日积月累，年复一年，截至同治八年三月底止，通省未结同治七年以前之案积至一万二千起之多"①。对此，他到任不久就制定了《清讼事宜十条》《清讼期限功过章程》，挽留本应调往山西的前任按察使张树声，并积极督责属员实力奉行，因此"清讼"成为曾国藩督直期间各项大政中最为醒目的政绩之一。

按照其在同治九年二年的奏报，"计自上年四月开办起至十一月底止，共八个月，历据各属审结，并注销、息销七年以前旧案一万二千零七十四起，又结八年新案二万八千一百二十一起。此外尚存未结旧案仅止九十五起，或紧要犯证无获，或隔省关查未复，均已咨部展限。又未结八年新案二千九百四十起，不足一月新收之数，不难渐就清理"②。客观地说，曾国藩督直期间的清讼活动，虽难免存在急于求成、监牢犯证瘐毙较多并因此模糊奏报等问题，但对于刑名司法本身和直隶通省吏治还是一件颇见实效的要务。③

剖析此次直隶"清讼"活动的前后过程，对象是刑名司法范围内的积案，而积案的成因却又是政治形势的紧急需要，官员接受临时军事差委而影响了正常履行法定的行政职责。进行"清讼"的手段，也超越了刑名司法的狭隘范畴。能够成功挽留本应调往山西的前任按察使张树声和直隶总督的政治地位息息相关，而能够雷厉风行督责属员实力奉行清讼章程清理大量积案，更是总督政治威权的结果。

四　晚清天津直隶总督行馆

同治九年（1870），清政府裁撤三口通商大臣，任命李鸿章为直隶总督

---

① 《曾国藩全集·奏稿十一》，岳麓书社，2011，第 295 页。
② 《曾国藩全集·奏稿十一》，岳麓书社，2011，第 296 页。
③ 董丛林：《曾国藩督直期间的"清讼"处置》，载朱诚如、徐凯主编《明清论丛》第十五辑，故宫出版社，2015，第 188 ~ 195 页。

兼北洋大臣，并在上谕中指出，因洋务事务繁剧，直隶总督每年海口春融开冻后移扎天津，冬令封河后再回省城。倘遇有紧要事件必须回省料理，亦准许其暂行回省，事情办理完竣后仍回天津。此后，直隶总督每年夏秋两季甚至更长时间在天津处理洋务及相关事宜，并在天津设立直隶总督行馆（或称行署）。行馆即原来天津县城外三岔河北岸的三口通商大臣署，也就是过去的长芦盐政衙署。① 关于其内外格局，曾有外国人记载："照例是有两个张着大嘴的鬣毛的海狮子在大门的两边，里面是一个院子……穿过了一道又一道的院子，总督与官员们的房间与办公室在各个院子周围。院子里有奇花异草点缀着，相当美丽，此外不有铜瓶、宫灯与香炉。"②

光绪二十六年（1900），义和团运动在各地风起云涌，天津成为重要活动中心。八国联军群起进攻天津，7月破城并大肆洗劫，直隶总督行馆也遭到严重破坏，正如后来袁世凯奏称："天津文武各衙署自遭兵燹，大都扫地无存，从前北洋大臣驻扎行辕亦大半焚毁。"③ 八国联军占领天津后，设立了殖民统治机构——天津都统衙门，并占据了原直隶总督行馆办公，直到1902年8月袁世凯接收天津。袁世凯接收天津后，由于原行馆破败不堪，遂将新行馆临时设置在新浮桥北旧海防公所内。总之，自同治九年（1870）直隶总督将行馆设立在天津之后，基本上每年都遵守定例，大部分时间在天津，唯冬令封河后回省城保定。④

五 庚子之厄：英法德意联军在直隶总督署审讯枪毙中国官员的恶行

直隶总督署不仅是有清一代历史文化的缩影，也是近代中国落后屈辱的见证。1900年，庚子事发，直隶藩司廷雍、城守尉奎恒、淮军将领王占奎等三人，被攻占保定的英法德意联军拘捕，在昔日的直隶总督署大堂审讯，并根据西法当场枪毙。时任保定府知府、后来的法律近代化之父沈家本也被绑赴法场，虽然在李鸿章百般斡旋之下侥幸逃生，却被长期软禁在

---

① 黎仁凯等：《清代直隶总督与总督署》，中国文史出版社，1993，第28页。
② 《八国联军在天津》，齐鲁书社，1980，第221页。
③ 廖一中等整理《袁世凯奏议》中册，天津古籍出版社，1987，第622页。周辰：《强制与诱敌：近代直隶中心城市转移——以天津、保定为例》，《科学经济社会》2020年第2期。
④ 黎仁凯等：《清代直隶总督与总督署》，中国文史出版社，1993，第28~29页。

总督署中，次年 2 月才重获自由。

此事源于 1898 年保定法国北关教堂被毁。此前慈禧太后调西北董福祥部甘军入京，以制衡维新一党，与袁世凯所部及北洋各军等一并听从军机大臣、练兵钦差大臣荣禄节制。甘军经过保定时捣毁北关教堂，打伤外国传教士及工役。对此，时任保定知府沈家本积极调解，表示愿划拨新址重建教堂，受伤工役每人赔偿百金，受伤教士自医。而军机大臣荣禄怕引起更大纠纷，另派专员前往保定，结果除答应重建教堂外，还将每名受伤工役赔偿款增加到五万金。对此沈家本据理力争，提出划拨的新址附近有坟地，属于私产不得占用。

1900 年 8 月，八国联军攻陷北京。联军以保定曾经杀害传教士、个别漏网之徒仍窝藏城内为名，声言兴师问罪。公推英国提督介斯星率领英、法、德、意四国士兵，于 10 月 12 日（闰八月十九日）从京津同时拔队前往，17 日攻破直隶首府保定。清廷守军撤离，臬司廷雍等率领一众官员出郊迎接。联军开始并无动作，仅令廷雍回署等待，而以骑兵三百名入城，游历城垣四厢，遍插四国旗帜。翌日，便将臬司廷雍、城守尉奎恒、淮军将领王占奎等三人拘拿。就在昔日威严的直隶总督署大堂内设置公案，四国统帅列坐，令三名中国官员跪于阶下，一如平时总督覆审命盗重案，历讯何故杀害传教士，并当即按照西法枪毙，并将各城门楼及城墙东北角城隍庙、三圣庵等处轰毁，以示罪城之意。①

其间，曾与沈家本争执的北关教堂传教士杜保禄趁机告状，称其"附和拳匪"，沈家本因此被拘，枪毙廷雍时还被拖上了刑场。经李鸿章极力斡旋，因沈家本确无伤害洋教士之实，不久被放出，却软禁在衙门中，直到次年 2 月才获得自由，转任山西按察使。

本书一直在探讨清代省级司法与地方行政、君臣政治的互动关系，如果放在更广阔的视野下，司法更是中西国力角逐的缩影。堂堂畿辅重地的直隶总督署，庄严肃穆的大堂，在八国联军侵华时期竟然成为侵略者审讯甚至枪毙直隶文武大员的地方，不禁让人痛惜愤慨！

略感欣慰的是，劫后余生的沈家本后来致力于修律改制，成为开启中

---

① 吉田良太郎、八咏楼主人编《西行回銮始末记》卷一《保定失守记》，（台湾）学生书局，1973，第 34～35 页。

国法律近代化的奠基人。1901 年，清政府启动"新政"，次年发布上谕"着派沈家本、伍廷芳将一切现行律例，按照交涉情形，参酌各国法律，悉心考订，尽为拟议，务期中外通行，有裨治理"。深谙律例的沈家本主持修订了《大清民律》《大清商律草案》《刑事诉讼律草案》《民事诉讼律草案》等系列法典，虽然因清廷覆亡未及实施，却从此开启中国法律近代化之路。

历史，就是这样高深莫测，令人沉潜其中。

结　语

　　本书基于中国古代地方政区变迁视野研究清代"省"制，虽然从表象看其萌芽、形成、完善于少数民族入侵中原之际（金、元、清），却基本秉承了历史上政区及职官设置由中央而地方、由虚而实、由临时而常设的基本规律。在中国古代地方行政制度变迁视野下考察清代法律制度，地方各级主官的审理权、判决权、执行权等司法权限，自秦汉、中经唐宋迨至明清逐渐上移，坐实了中央集权和君主专制不断强化并达到顶峰的总体分布。今日中国仍有"政法委""政法工作"等说法，从司法、行政、政治互动的视角审视清代司法尤其是承上启下的省级司法，有利于在更为开阔的地方行政背景下，探析更为深刻的君臣关系、中央与地方关系以及时局递嬗的本质属性，对于今日不断深化全面依法治国、实现国家治理体系和治理能力现代化更具深层镜鉴意义。

　　清代省级司法主体不仅包括作为地方行政主官兼最高大法官的总督巡抚和作为一省"刑名总汇"的按察使，亦包括负有部分司法职责的布政使、学政，广义上也应包括负有地方安全与稳定专责的提督、总兵，因之省级司法的实际管辖甚为广泛，在司法审判之外，所辖地面所有一切已经发生和可能发生的威胁朝廷和地方安全的不稳定因素俱在职责范围之内。这也和中央存在除"三法司"而外的众多司法审判机关有契合之处。各直省地方具体的司法实践，已然超越就司法论司法的窒碍，渐次上行到地方行政以至君臣政治、中央与地方关系的高度。

　　地方行政层面，督抚等封疆大吏面对司法实践中出现的具体问题，往往会根据现实需要、地方实际以及基层奏报，因地、因时制宜酌量调整变通。在推动中央定例调整的同时，也形成大量各具特色的省例，各省之间时有相互援引。在此一过程中，督抚大员往往基于地方行政大局，对具体而微的刑名技术问题做大而化之的处理，有时也会出现否决按察使刑名建议的特殊情况，以谋求地方行政大局的稳定，其中或许还蕴含有某种对地方政绩、个人前途的考量。更或有一些讲求经世致用之道的督抚，面对层出不穷的刑名问题，努力从地方行政以至吏治角度探求正本求源性质的根本解决之道，然而由于制度、时代局限仍不免心余力绌。相较而言，按察使的举动更多具有较为明显的就事论事的刑名技术色彩，这是督抚和司道官员因为身份、立场不同而产生的差异化特征。

由此，君臣关系、中央与地方关系的生动画面悄然呈现。典型者莫如身处清代各项制度定型期、完备期的乾隆皇帝，他虽以"乾纲独断"著称并垂意刑名，擅长以法制求吏治，借助具体而微的刑名司法事件，动辄兴师动众敲打、整饬吏治全局，以便紧握官僚机器的缰绳。然而其"乾纲独断"更多体现在决策领域，在决策之后的执行过程中更多是君臣互动，共同左右整饬行动的方向和结果。面对各省地方督抚群体多年的"反行为"（如回应秋审谕旨中虚词惶恐的回避策略、缉捕逃犯过程中"劳"而无获的过程策略和不了了之的结果策略等），他在不断叮嘱、申饬甚或震怒之余，也存有些许无奈甚或哀怨，甚至向作为"自己人"的满洲官员委屈地诉说"外省习气终难化诲，奈何"！这既跨越了对乾隆皇帝"乾纲独断"的传统认识，更深刻折射出外省督抚和乾隆皇帝之间君臣关系的复杂而微妙状态。然而，一些源于刑名小事件的政治大风波（譬如江苏捐赎案引发巡抚庄有恭过山车式的仕途际遇，又如因刑部书办一时失误而引发的直隶官场冲击波等）又提醒我们，需要冷静看待君上和外省督抚关系的全面内涵，切不可矫枉过正。这不是倒退回到原点，更像是某种认识论上的螺旋上升。

在中央和地方关系方面，地方各省在适用、解释、补充中央制定法过程中，整体上以统一于中央法框架为基本前提，同时又时有变通甚或较大偏离，从而形成某种程度的地方离心力。问题的关键在于不同时期中央对地方离心力的掌控能力不同。显然，在康乾时期这种地方离心力处于皇权和中央政府的基本控制之下，迨至晚清随着地方势力的崛起、坐大而逐渐式微。如太平天国事发、咸丰军兴之际，"就地正法"制度的出现，形式上是对逐级审转覆核法律制度的破坏，本质上是地方离心力在司法权限上打开的缺口，地方对中央军权、财权和司法权力的全面侵夺，使得晚清中央与地方的关系一度呈现"外重内轻"局面。而清末民初，从按察使到提法使的艰难转型，更是当时复杂政治时局的集中映射。

　　以上地方行政和君臣关系两个方面对于督抚等省级大员，在本质上并不矛盾，而是一体两面的关系。督抚群体在司法实践和地方行政中因地、因时制宜酌量变通的"积极"举动，其或如陈宏谋等人的经世举动，和他们应对君臣关系的种种"艺术"并不完全冲突，因为那些"艺术"大多来自规避风险的本能、官僚体系的遗传基因和当时同僚之间的相互影响。而且，事实一再证明，把君上疾风骤雨式的政治发难，纳入地方日常行政的轨道是安全而稳妥的处理方式，而这种行政化的处理方式恰恰也是督抚大员最擅长的路数。①

　　唯有正视历史上长期以来根深蒂固的行政兼理司法、政治统摄行政的深刻传统，克服行政统揽司法的强大惯性，推动实现从传统社会中统揽司法的全能衙署到全面依法治国方略下法治政府的实质性转变，方能真正实现国家治理体系和治理能力的现代化。对地方各级领导干部尤其是一把手而言，须站在全面依法治国的战略高度，切实担当好推进地方法治建设第一责任人，对此当以史为鉴，切实克服全能政府的历史惯性，依法行政，法无授权不可为，尤其不得干预司法活动、插手具体案件处理，不得以言代法、以权压法、逐利违法、徇私枉法，确保司法机关依法独立公正行使职权。

　　十八大以来，党和国家进行了一系列改革推进司法独立、司法公正。自2013年11月起，推动省以下法院、检察院人财物统一管理，探索司法管辖与行政区划适当分离。十八届四中全会聚焦全面依法治国，推进以司法责任制为核心的法官员额制等系列改革举措，让审理者裁判、由裁判者负责，赋予法官更大的独立审判权。2015年3月中共中央办公厅、国务院办公厅印发《领导干部干预司法活动、插手具体案件处理的记录、通报和责任追究规定》，筑起防止干预司法活动的制度屏障。2016年11月，最高人民法院又在原来沈阳、深圳巡回法庭的基础上，增设重庆、西安、南京、郑州巡回法庭，进一步破解司法审判尤其是重大案件的地方保护和干扰问题。十九届三中全会通过《深化党和国家机构改革方案》，提出进一步深化

---

① 对此，恰如卡尔·曼海姆所言，"官僚思维的基本倾向是把所有的政治问题化约为行政问题"，参见氏著《意识形态和乌托邦：知识社会学导论》，转引自〔美〕孔飞力《叫魂——1768年中国妖术大恐慌》，陈兼、刘昶译上海三联书店，1999，第285~286页。

省级以下公检法人财物统一管理，切实推进司法公正独立。

以上改革举措，集中于司法系统自身和中央自上而下的改革。历史的经验教训一再提醒我们，解决司法体制问题的钥匙往往不在司法系统内部，而且中央举措在各级地方政府的贯彻落实，古往今来常常面临"上有政策、下有对策"的执行难困境。唯有以系统论的思路综合治理，以踏石留印、抓铁有痕的劲头善始善终、善做善成，方能逐渐深化全面依法治国，实现法治国家、法治政府和法治社会的有机统一，实现国家治理体系和治理能力的现代化。

参考文献

元典类

阮元:《十三经注疏》，中华书局，1979。

王文锦:《礼记译解》，中华书局，2001。

周振甫:《诗经译注》，中华书局，2002。

朱熹:《四书章句集注》，中华书局，2003。

杨伯峻:《论语译注》，中华书局，2009。

杨伯峻:《孟子译注》，中华书局，2010。

工具书

杜佑:《通典》，清乾隆武英殿刻本。

郑樵:《通志》，清乾隆武英殿刻本。

马端临:《文献通考》，清乾隆武英殿刻本。

钱实甫:《清代职官年表》，中华书局，1980。

郑鹤声:《近世中西史日对照表》，中华书局，1981。

李鹏年:《清代六部成语词典》，天津人民出版社，1990。

乾隆官修《皇朝通典》，浙江古籍出版社，2000。

乾隆官修《皇朝通志》，浙江古籍出版社，2000。

乾隆官修《皇朝文献通考》，浙江古籍出版社，2000。

刘锦藻:《皇朝续文献通考》，浙江古籍出版社，2000。

档案类

《宫中档乾隆朝奏折》，（台北）故宫博物院，1982～1986。

《康熙朝汉文朱批奏折汇编》，档案出版社，1984、1985。

张伟仁主编《明清档案》,"中央"研究院历史语言研究所,1986。

《雍正朝汉文朱批奏折汇编》,江苏古籍出版社,1991。

《乾隆朝上谕档》,档案出版社,1991。

四川省档案馆编《清代巴县档案汇编》(乾隆卷),档案出版社,1991。

郑秦:《清代服制命案——刑科题本档案选编》,中国政法大学出版社,1999。

《乾隆起居注》,广西师范大学出版社,2002。

《清桌署珍存档案》(全六册),全国图书馆文献微缩复制中心,2004。

冯尔康、杜家骥主编《清嘉庆朝刑科题本社会史料辑刊》,天津古籍出版社,2008。

《清代四川巴县衙门咸丰朝档案选编》,上海古籍出版社,2011。

段自成主编《清代河南巡抚衙门档案》,中国社会科学出版社,2012。

《龙泉司法档案选编》(1—4辑),中华书局,2012~2020。

《清代四川南部县衙门档案》,黄山书社,2016。

中国第一历史档案馆藏《宫中朱批奏折·法律类》。

中国第一历史档案馆藏《清代内阁大库现存清代汉文黄册·刑部》。

中国第一历史档案馆藏《刑部档案》。

赖惠敏:《内阁汉文题本专题档案:刑科婚姻类提要》(电子版)。

官书类

文孚纂修《钦定六部处分则例》,(台北)文海出版社,1969。

赵尔巽等:《清史稿》,中华书局,1977。

席裕福编《皇朝政典类纂》,(台北)文海出版社,1983。

《清实录》,中华书局,1986。

王锺翰点校《清史列传》,中华书局,1987。

《大清会典》,(台北)文海出版社,1990。

《大清会典事例》,中华书局,1990。

律例刑案判牍类

《刑部比照加减成案》,道光十四年刊本。

全士潮等校刊《驳案新编》,(台北)成文出版社,1968。

刚毅辑《秋谳辑要》,(台北)文海出版社,1968。

蓝鼎元：《鹿洲公案》，（台北）文海出版有限公司，1976。

《大清律例会通新纂》，（台北）文海出版社，1987。

薛允升著，胡星桥等主编《读例存疑点注》，中国人民公安大学出版社，1994。

田涛、郑秦点校《钦定大清律例》，法律出版社，1999。

徐士林：《徐公谳词——清代名吏徐士林判案手记》，齐鲁书社，2001。

祝庆祺、鲍书芸、潘文舫等编《刑案汇览》，北京古籍出版社，2004。

沈家本撰，邓经元、骈宇骞点校《历代刑法考》，中华书局，2006。

樊增祥著，那思陆、孙家红点校《樊山政书》，中华书局，2007。

省例政书类

《河南省例》，清抄本五册，雍正二年（1724）至同治六年（1867）。

吴达善纂修《湖南省例》，雍正五年（1727）至嘉庆六年（1801）刻本。

《湖南部驳成案》，乾隆二年（1737）至嘉庆五年（1800）。

《山东宪规》，乾隆四年（1739）到乾隆四十二年（1777）。

《豫省城例》，清抄本一册，乾隆十六年（1751）至乾隆五十八年（1793）。

《西江政要》，乾隆十六年（1751）至道光十三年（1833）官撰刻本。

万维翰辑《成规拾遗》，乾隆三十九年（1774）芸晖堂刻本。

刚毅等辑《晋政辑要》，乾隆五十四年（1789）山西布政使司刊本。

《治浙成规》，乾隆刻本。

《治浙成规》，乾隆观察使衙门刻本，同心堂藏板。

《西江政要》，乾隆西江布政使衙门刊本。

朱枟辑《粤东成案初编》，道光十二年（1832）刊本。

《治浙成规》，道光十七年（1837）刻本。

黄恩彤辑《粤东省例新纂》，道光二十六年（1846）广东藩署刻本。

《西江政要》，咸丰十年（1860）至光绪十八年（1892）官撰刻本。

《江苏省例初编》，江苏书局同治八年（1869）刊本。

《江苏省例续编》，江苏书局光绪元年（1875）刊本。

《江苏省例三编》，江苏书局光绪九年（1883）刊本。

刚毅等重辑《晋政辑要》，光绪十四年（1888）山西布政使司刊本。

《江苏省例四编》，江苏书局光绪十六年（1890）刊本。

《直隶现行通饬章程》，光绪十七年（1891）保定臬署刻本。

钟庆熙辑《四川通饬章程》，四川谳局本，光绪二十七年（1901）。

《福建省例》，（台北）大通书局，1964、1987。

《福建省例·续·再续》，上海图书馆本。

《广东省例》，清抄本。

《粤东省例》，清抄本。

《东省通饬》，清抄本，中国社会科学院法学研究所图书馆藏本。

《苏藩政要》，抄本。

冯煦主修、陈师礼总纂《皖政辑要》，手抄稿本。

杨朝麟辑《西江政略》，刻本。

《西江政要》，江西按察使司衙门刻本。

《湖南省例成案》，东京大学东洋文化研究所藏本。

《（陕西）省例》，线装抄本（据甘肃省图书馆编《陕西地方文献书目》）。

《治浙成规》，清末刻本。

官箴书类

凌焘：《视臬西江纪事》，乾隆八年剑山书屋刻本。

贺长龄辑《皇朝经世文编》，道光刻本。

盛康辑《皇朝经世文续编》，光绪刻本。

田文镜撰，张民服点校《抚豫宣化录》，中州古籍出版社，1995。

不著撰人：《治浙成规》，《官箴书集成》本（册六），黄山书社，1997。

陈宏谋：《从政遗规》，《官箴书集成》本（册四），黄山书社，1997。

戴兆佳：《天台治略》，《官箴书集成》本（册四），黄山书社，1997。

刚毅：《牧令须知》，《官箴书集成》本（册九），黄山书社，1997。

何耿绳：《学治一得编》，《官箴书集成》本（册六），黄山书社，1997。

黄六鸿：《福惠全书》，《官箴书集成》本（册三），黄山书社，1997。

刘衡：《州县须知》，《官箴书集成》本（册六），黄山书社，1997。

陆陇其：《莅政摘要》，《官箴书集成》本（册二），黄山书社，1997。

田文镜：《州县事宜》，《官箴书集成》本（册三），黄山书社，1997。

万维翰：《幕学举要》，《官箴书集成》本（册四），黄山书社，1997。

汪辉祖：《学治续说》，《官箴书集成》本（册五），黄山书社，1997。

汪辉祖：《学治臆说》，《官箴书集成》本（册五），黄山书社，1997。

汪辉祖：《佐治药言》，《官箴书集成》本（册五），黄山书社，1997。

徐栋：《牧令书》，《官箴书集成》本（册七），黄山书社，1997。

文集笔记类

陈宏谋：《培远堂偶存稿》，乾隆三十年陈氏培远堂刻本。

张应昌：《清诗铎》，中华书局，1960。

朱彭寿：《旧典备征》，（台北）文海出版社，1968。

昭梿：《啸亭杂录》，中华书局，1980。

蒋良骐：《东华录》，中华书局，1980。

福阁：《听雨丛谈》，中华书局，1984。

徐珂：《清稗类钞》，中华书局，1984。

赵翼：《檐曝杂记》，中华书局，1984。

曾国藩：《曾国藩全集》，岳麓书社，2018。

近人专著

陶希圣：《清代州县衙门刑事审判制度及程序》，（台北）食货出版公司，1972。

〔法〕白晋：《康熙皇帝》，赵晨译，黑龙江人民出版社，1981。

王亚南：《中国官僚政治研究》，中国社会科学出版社，1981。

谭其骧：《中国历史地图集》，中国地图出版社，1982。

张伟仁：《清代法制研究》，"中央"研究院历史语言研究所，1983。

冯尔康：《雍正传》，人民出版社，1985。

薛梅卿：《中国监狱史》，群众出版社，1986。

〔德〕马克斯·韦伯：《新教伦理与资本主义精神》，三联书店，1987。

怀效锋：《嘉庆专制政治与法律》，湖南教育出版社，1998。

张晋藩、郭成康：《清入关前国家法律制度史》，辽宁人民出版社，1988。

郑秦：《清代司法审判制度研究》，湖南教育出版社，1988。

〔美〕卡尔·A. 魏特夫：《东方专制主义——对于极权力量的比较研究》，徐式谷等译，中国社会科学出版社，1989。

〔英〕崔瑞德，〔美〕费正清主编《剑桥中国史》，中国社会科学出版社，1992。

戴逸：《乾隆帝及其时代》，中国人民大学出版社，1992。

〔美〕S. N. 艾森斯塔得：《帝国的政治体系》，阎步克译，贵州人民出版社，
　　1992。

黎仁凯等：《清代直隶总督与总督署》，中国文史出版社，1993。

李治安、杜家骥：《中国古代官僚政治》，书目文献出版社，1993。

白新良主编《康熙皇帝全传》，学苑出版社，1994。

高翔：《康雍乾三帝统治思想研究》，中国人民大学出版社，1995。

〔德〕马克斯·韦伯：《儒教与道教》，商务印书馆，1995。

周远廉：《乾隆皇帝大传》，河南人民出版社，1995。

靳润成：《明朝总督巡抚辖区研究》，天津古籍出版社，1996。

李兴盛：《中国流人史》，黑龙江人民出版社，1996。

李治安主编《唐宋元明清中央与地方关系研究》，南开大学出版社，1996。

梁治平：《清代习惯法：社会与国家》，中国政法大学出版社，1996；广西
　　师范大学出版社，2015。

吴吉远：《清代地方政府的司法职能研究》，中国社会科学出版社，1998；
　　故宫出版社，2014。

李治亭：《清康乾盛世》，河南人民出版社，1998。

〔德〕马克斯·韦伯：《论经济与社会中的法律》，中国大百科全书出版社，
　　1998。

〔法〕皮埃尔·布迪厄、〔美〕华康德：《实践与反思——反思社会学导
　　引》，李猛、李康译，邓正来校，中央编译出版社，1998。

杨光斌主编《政治学原理》，中国人民大学，1998。

张晋藩主编《清朝法制史》，中华书局，1998。

张晋藩：《清代民法综论》，中国政法大学出版社，1998。

周振鹤：《中国历代行政区划的变迁》，商务印书馆，1998。

〔日〕滋贺秀三等：《明清时期的民事审判与民间契约》，王亚新、梁治平
　　编，王亚新、范愉、陈少峰译，法律出版社，1998。

戴逸主编《18 世纪的中国与世界》，辽海出版社，1999。

华友根：《薛允升的古律研究与改革——中国近代修订新律的先导》，上海
　　社会科学院出版社，1999。

〔美〕孔飞力：《叫魂——1768 年中国妖术大恐慌》，陈兼、刘昶译，上海
　　三联书店，1999。

刘鹏九编著《内乡县衙与衙门文化》，中州古籍出版社，1999。

〔英〕S. 斯普林克尔：《清代法制导论——从社会学角度加以分析》，张守东译，中国政法大学出版社，2000。

〔美〕爱德华·W. 萨义德：《东方学》，王宇根译，三联书店，2000。

〔德〕柯武刚、史漫飞：《制度经济学：社会秩序与公共政策》，韩朝华译，商务印书馆，2000。

苏亦工：《明清律典与条例》，中国政法大学出版社，2000、2020。

黄宗智：《清代的法律、社会与文化：民法的表达与实践》，上海书店出版社，2001。

廖斌、蒋铁初：《清代四川地区刑事法律制度研究——以巴县司法档案为例》，中国政法大学出版社，2001。

钱穆：《中国历代政治得失》，三联书店，2001。

钱穆：《中国历史研究法》，三联书店，2001。

郭成康：《乾隆大帝》，中国华侨出版社，2003。

瞿同祖：《清代地方政府》，范忠信、晏锋译，法律出版社，2003。

李显冬：《从〈大清律例〉到〈民国民法典〉的转型》，中国人民公安大学出版社，2003。

刘伟：《晚清督抚政治——中央与地方关系研究》，湖北教育出版社，2003。

沈亚平编著《行政学》（第二版），南开大学出版社，2003。

王东平：《清代回疆法律制度研究（1759—1884年）》，黑龙江教育出版社，2003。

王志强：《法律多元视角下的清代国家法》，北京大学出版社，2003。

张晋藩：《中国近代社会与法制文明》，中国政法大学出版社，2003。

〔日〕滋贺秀三：《中国家族法原理》，张建国、李力译，法律出版社，2003。

白新良等：《正说乾隆》，上海古籍出版社，2004。

李国忠：《民国时期中央与地方的关系》，天津人民出版社，2004。

〔美〕D. 布迪、C. 莫里斯：《中华帝国的法律》，朱勇译，江苏人民出版社，2004。

林乾：《中国古代权力与法律》，中国政法大学出版社，2004。

那思陆：《明代中央司法审判制度》，北京大学出版社，2004。

那思陆：《清代中央审判制度研究》，北京大学出版社，2004。

孙镇平：《清代西藏法制研究》，知识产权出版社，2004。

尤志安：《清末刑事司法改革》，中国人民公安大学出版社，2004。

张晋藩主编《中国司法制度史》，人民法院出版社，2004。

侯强：《社会转型与近代中国法制现代化：1840—1928》，中国社会科学出版社，2005。

〔美〕史景迁：《王氏之死——大历史背后的小人物命运》，上海远东出版社，2005。

〔美〕史景迁：《中国皇帝——康熙自画像》，上海远东出版社，2005。

王晓杰主编《解读内乡古衙》，华艺出版社，2005。

韦庆远、柏桦编著《中国政治制度史》，中国人民大学出版社，2005。

薛冰、梁仲明、程亚冰编著《行政学原理》，清华大学出版社、北京交通大学出版社，2005。

〔美〕曾小萍：《州县官的银两——18 世纪中国的合理化财政改革》，董建中译，中国人民大学出版社，2005。

〔美〕埃里克·弗鲁博顿、〔德〕鲁道夫·芮切特：《新制度经济学：一个交易费用分析范式》，姜建强、罗长远译，上海三联书店、上海人民出版社，2006。

那思陆著，范忠信、尤陈俊勘校《清代州县衙门审判制度》，中国政法大学出版社，2006。

萧一山：《清代通史》，华东师范大学出版社，2006。

徐忠明：《案例、故事与明清时期的司法文化》，法律出版社，2006。

杨光斌：《制度变迁与国家治理——中国政治发展研究》，人民出版社，2006。

李景屏、康怡：《乾隆君临天下六十年》，农村读物出版社，2007。

彭信威：《中国货币史》，上海人民出版社，2007。

蒲坚：《中国古代行政立法》，北京大学出版社，2007。

沈大明：《〈大清律例〉与清代的社会控制》，上海人民出版社，2007。

孙家红：《清代的死刑监候》，社会科学文献出版社，2007。

翁有为：《专区与地区法制研究》，人民出版社，2007。

徐忠明：《众声喧哗：明清司法文化的复调叙事》，清华大学出版社，2007。

〔美〕詹姆斯·C. 斯科特：《弱者的武器》，郑广怀等译，译林出版社，2007。

张帆：《行政史话》，商务印书馆，2007。

张小也:《官、民与法:明清国家与基层社会》,中华书局,2007。

封丽霞:《中央与地方立法关系法治化研究》,北京大学出版社,2008。

吕宽庆:《清代立嗣继承制度研究》,河南人民出版社,2008。

杨晓辉:《清朝中期妇女犯罪问题研究》,中国政法大学出版社,2009。

〔美〕黄宗智、尤陈俊主编《从诉讼档案出发:中国的法律、社会与文化》,
　　法律出版社,2009。

孟姝芳:《乾隆朝官员处分研究》,内蒙古大学出版社,2009。

张千帆、〔美〕葛维宝编《中央与地方关系的法治化》,译林出版社,2009。

陈捷先:《乾隆写真》,(台北)远流出版公司,2010。

李治安主编《中国五千年:中央与地方关系》,人民出版社,2010。

吴云:《元明清时期的傣族法律制度及其机制研究》,人民出版社,2010。

李典蓉:《清代京控制度研究》,上海古籍出版社,2011。

孙守朋:《汉军旗人官员与清代政治研究》,人民日报出版社,2011。

杨小云:《新中国中央与地方关系沿革》,世界知识出版社,2011。

高王凌:《乾隆十三年》,经济科学出版社,2012。

梁启超:《梁启超论中国法制史》,商务印书馆,2012。

苗月宁:《清代两司行政研究》,中国社会科学出版社,2012。

翁有为:《行政督察专员区公署制研究》,社会科学文献出版社,2012。

吴于廑:《士与古代封建制度之解体·封建中国的王权和法律》,武汉大学
　　出版社,2012。

杨一凡、刘笃才:《历代例考》,社会科学文献出版社,2012。

张世明:《法律、资源与时空建构:1644—1945 年的中国》,广东人民出版
　　社,2012、2022（增订本）。

高王凌:《马上朝廷》,经济科学出版社,2013。

高王凌:《乾隆晚景》,经济科学出版社,2013。

林乾:《传统中国的权与法》,法律出版社,2013。

刘凤云:《权力运行的轨迹:17—18 世纪中国的官僚政治》,党建读物出版
　　社,2013。

孙家红:《关于"子孙违犯教令"的历史考察:一个微观法史学的尝试》,
　　社会科学文献出版社,2013。

〔法〕托克维尔:《旧制度与大革命》,商务印书馆,2013。

王云红：《清代流放制度研究》，人民出版社，2013；中国书籍出版社，2020。

魏淑民：《清代乾隆朝省级司法实践研究》，中国人民大学出版社，2013。

吴佩林：《清代县域民事纠纷与法律秩序考察》，中华书局，2013。

周蓓：《清代基层社会聚众案件研究》，大象出版社，2013。

钱泳宏：《清代"家庭暴力"研究——夫妻相犯的法律》，商务印书馆，2014。

史新恒：《清末提法使研究》，社会科学文献出版社，2014。

宋国华：《清代缉捕制度研究》，法律出版社，2014。

孙洪军：《清代按察使研究》，合肥工业大学出版社，2014。

徐忠明：《明镜高悬：中国法律文化的多维观照》，广西师范大学出版社，2014。

周振鹤：《中国地方行政制度史》，上海人民出版社，2014。

苏力：《法治及其本土资源》，北京大学出版社，2015。

陈兆肆：《清代私牢研究》，人民出版社，2015。

李文生：《清代职务犯罪问题研究》，中国监察出版社，2015。

〔美〕本杰明·卡多佐：《司法过程的性质》，苏力译，商务印书馆，2015。

和卫国：《治水政治：清代国家与钱塘江海塘工程研究》，中国社会科学出
    版社，2015。

刘广安：《清代民族立法研究》（修订本），中国政法大学出版社，2015。

吕虹：《清代司法检验制度研究》，中国政法大学出版社，2015。

闵冬芳：《清代的故意杀人罪》，北京大学出版社，2015。

吴正茂：《清代妇女改嫁法律问题研究》，中国政法大学出版社，2015。

高中华：《清朝旗民法律关系研究》，经济管理出版社，2015。

张田田：《清代刑部的驳案经验》，法律出版社，2015。

杨一凡、〔日本〕寺田浩明主编《日本学者中国法制史论著选：明清卷》，
    中华书局，2016。

〔加〕卜正民主编《哈佛中国史》，中信出版社，2016。

何勤华主编《外国法制史》（第六版），法律出版社，2016。

王静：《清代理藩院的法律功能研究》，中国社会科学出版社，2016。

吴杰：《清代"杀一家三人"律、例辨析》，法律出版社，2016。

〔古希腊〕亚里士多德：《政治学》，陈虹秀译，台海出版社，2016。

周飞舟、谭明智：《当代中国的中央地方关系》，中国社会科学出版社，2016。

贾芳芳：《宋代地方政治研究》，人民出版社，2017。

吕宽庆、郑明月：《清代寡妇权益问题研究》，郑州大学出版社，2017。

邱澎生、陈熙远编《明清法律运作中的权力与文化》，广西师范大学出版社，2017。

王志强：《清代国家法：多元差异与集权统一》，社会科学文献出版社，2017。

周振鹤主编《中国行政区划通史》，复旦大学出版社，2017。

苏力：《大国宪制：历史中国的制度构成》，北京大学出版社，2018。

杜文忠：《王者无外：中国王朝治边法律史》，上海古籍出版社，2018。

杜正贞：《近代山区社会的习惯、契约和权利——龙泉司法档案的社会史研究》，中华书局，2018。

高学强：《服制视野下的清代法律》，法律出版社，2018。

侯旭东：《宠：信—任型君臣关系与西汉历史的展开》，北京师范大学出版社，2018。

李细珠：《地方督抚与清末新政——晚清权力格局再研究》（增订版），社会科学文献出版社，2018。

胡震：《清代省级地方立法：以"省例"为中心》，社会科学文献出版社，2019。

梁治平：《论法治与德治：对中国法律现代化运动的内在观察》，九州出版社，2020。

梁治平：《为政：古代中国的致治理念》，三联书店，2020。

谢元鲁：《唐代中央政权决策研究》（增订本），北京师范大学出版社，2020。

〔美〕劳伦斯·弗里德曼：《碰撞：法律如何影响人的行为》，邱遥堃译，侯猛校，中国民主法制出版社，2021。

刘凤云：《钱粮亏空：清朝盛世的隐忧》，中国社会科学出版社，2021。

翁有为：《近代中国之变轴——军阀话语建构、省例变革与国家》，人民出版社，2022。

学术论文

傅宗懋：《清代督抚职权演变之研析》，《"国立"政治大学学报》（台北）1962年第6期。

刘海年：《云梦秦简〈语书〉探析——秦始皇时期颁行的一个地方性法规》，《学习和探索》1984年第6期。

罗远道：《雍正时期田文镜对河南的治理》，《中国历史博物馆馆刊》1986 年（年刊）。

王跃生：《关于明清督抚制度的几个问题》，《历史教学》1987 年第 9 期。

王光越：《试析乾隆时期的私铸》，《历史档案》1988 年第 1 期。

郑秦：《皇权与清代司法》，《中国法学》1988 年第 4 期。

林乾：《近十年来明清督抚制度研究简介》，《中国史研究动态》1991 年第 2 期

王跃生：《清代督抚体制特征探析》，《社会科学辑刊》1993 年第 4 期。

吴吉远：《清代的赎刑与捐赎》，《历史大观园》1993 年第 11 期。

张民服：《从〈抚豫宣化录〉看田文镜抚豫》，《史学月刊》1994 年第 5 期。

桂署钦：《陈宏谋吏治思想刍议》，《柳州师专学报》1995 年第 1 期。

柏桦：《明代州县衙署的建制与州县政治体制》，《史学集刊》1995 年第 4 期。

刘凤云：《清代督抚与地方官的选用》，《清史研究》1996 年第 3 期。

莫永明、华友根：《曾国藩尚礼崇法思想浅论》，《江苏社会科学》1996 年第 3 期。

胡国台：《皇权、官僚和社会秩序——清代乾隆朝湖北张洪舜兄弟盗案研究》，《"中央"研究院近代史研究所集刊》第 25 期，1996。

常建华：《清代治理"老瓜贼"问题初探》，《南开学报》（哲学社会科学版）1997 年第 3 期。

衡志义、吴蔚：《浅谈直隶总督衙署的建筑》，《文物春秋》1997 年第 4 期。

张小也：《清代盐政中的缉私问题》，《清史研究》2000 年第 1 期。

阎晓君：《略论秦汉时期地方性立法》，《江西师范大学学报》（哲学社会科学版）2000 年第 3 期。

王志强：《清代的丧娶、收继及其法律实践》，《中国社会科学》2000 年第 6 期。

邹逸麟：《从我国历史上地方行政区划制度的演变看中央和地方权力的转化》，《历史教学问题》2001 年第 2 期。

张世明：《清代盐务法律问题研究》，《清史研究》2001 年第 3 期。

王志强：《论清代的地方法规：以清代省例为中心》，载刘东主编《中国学术》2001 年第 3 辑，商务印书馆，2001。

郭成康：《宁用操守平常的能吏，不用因循误事的清官——雍正对用人之道的别一种见解》，《清史研究》2001 年第 4 期。

王志强：《中国传统法的地域性论略》，《复旦学报》（社会科学版）2002 年第 3 期。

哈恩忠编选《乾隆朝管理军流遣犯史料》（上），《历史档案》2003 年第 4 期。

哈恩忠编选《乾隆朝管理军流遣犯史料》（下），《历史档案》2004 年第 1 期。

李景屏：《陈宏谋与〈从政遗规〉》，《清史研究》2004 年第 1 期。

刘凤云：《从康雍乾三帝对督抚的简用谈清代的专制皇权》，《河南大学学报》（社会科学版）2004 年第 3 期。

胡祥雨：《清代京师涉及旗人的户婚、田土案件的审理——兼谈〈户部则例〉的司法应用》，《云梦学刊》2004 年第 5 期。

李强：《清乾隆年间制钱的流通与政府应对》，《学术探索》2004 年第 5 期。

刘炳涛：《清代发遣制度研究》，中国政法大学硕士学位论文，2004。

华友根：《左宗棠的法律思想以及与曾、李比较研究》，《政治与法律》2005 年第 1 期。

周玉英：《论清前期平抑钱价政策》，《福建师范大学学报》（哲学社会科学版）2005 年第 5 期。

曹国媛、曾国明：《中国古代衙署建筑中权力的空间运作》，《广州大学学报》（自然科学版）2006 年第 1 期。

张世明：《清代班房考释》，《清史研究》2006 年第 3 期。

张小也：《清代的坟山争讼——以徐士林〈守皖谳词〉为中心》，《清华大学学报》（哲学社会科学版）2006 年第 4 期。

高王凌：《十八世纪，二十世纪的先声》，《史林》2006 年第 5 期。

王志强：《制定法在中国古代司法判决中的适用》，《法学研究》2006 年第 5 期。

徐忠明、杜金：《清代司法官员知识结构的考察》，《华东政法学院学报》2006 年第 5 期。

和卫国：《理学官僚杨锡绂与 18 世纪理学经世》，《兰州学刊》2006 年第 7 期。

张小也：《从"自理"到"宪律"：对清代"民法"与"民事诉讼"的考察——以〈刑案汇览〉中的坟山争讼为中心》，《学术月刊》2006 年第 8 期。

李霞：《清前期督抚制度研究》，博士学位论文，中央民族大学，2006。

高王凌：《18 世纪经世学派》，《史林》2007 年第 1 期。

胡祥雨：《清前期京师初级审判制度之变更》，《历史档案》2007 年第 2 期。

刘华政：《陈宏谋法律思想初探》，《广西教育学院学报》2007 年第 3 期。

孙家红：《视野放宽：对清代秋审和朝审结果的新考察》，《清史研究》2007 年第 3 期。

高鸿钧：《法律文化的语义、语境及其中国问题》，《中国法学》2007 年第 4 期。

孔祥文：《陈宏谋吏治思想研究》，《兰州学刊》2007 年第 6 期。

陈兆肆：《清代法律：实践超越表达——以衙役群体运作班房为视角》，《安徽史学》2008 年第 4 期。

娜鹤雅：《清末"就地正法"操作程序之考察》，《清史研究》2008 年第 4 期。

刘亮红：《陈宏谋研究综述》，《文史博览》（理论）2008 年第 10 期。

孙家红：《批判与反思：百年以来中国有关秋审之研究》，〔韩〕《中国史研究》第 52 辑（2008）。

夏丽华：《中国共产党处理中央与地方关系思想的发展》，《毛泽东思想研究》2009 年第 1 期。

李启成：《从衙门到法庭——清末民初法庭建筑的一般观念和现状》，《中外法学》2009 年第 4 期。

魏淑民：《清代地方审级划分的再思考——乾隆朝行政实践下的动态变通性和相对稳定性》，《清史研究》2009 年第 4 期。

常建华：《清朝治理"老瓜贼"问题续探》，《南开学报》（哲学社会科学版）2009 年第 5 期。

李文海：《清代积案之弊》，《中国党政干部论坛》2009 年第 8 期。

高王凌：《怎样看待传统政治理念》，《读书》2009 年第 11 期。

黄晓平：《古代衙门建筑与司法之价值追求——考察中国传统司法的一个特别视角》，《北方法学》2009 年第 6 期。

陈二峰：《清代河南地方司法实践研究》，博士学位论文，河南大学，2009。

刘凤云：《十八世纪的"技术官僚"》，《清史研究》2010 年第 2 期。

陈兆肆：《清代自新所考释——兼论晚清狱制转型的本土性》，《历史研究》2010 年第 3 期。

侯杨方：《清代十八省的形成》，《中国历史地理论丛》2010 年第 3 期。

胡祥雨：《清代刑部与京师细事案件的审理》，《清史研究》2010 年第 3 期。

刘凤云：《两江总督与江南河务——兼论 18 世纪行政官僚向技术官僚的转变》，《清史研究》2010 年第 4 期。

傅林祥：《政区·官署·省会——清代省名含义辨析》，《中国历史地理论丛》2011 年第 1 期。

郝英明：《乾隆帝"干誉"理念初探》，《史林》2011 年第 1 期。

林中厚：《碾伯知县徐志炳与〈息讼歌〉》，《中国土族》2011 年第 3 期。

杜金：《清代皇权推动下的"官箴书"的编撰与传播——以〈钦颁州县事宜〉为例》，《学术研究》2011 年第 11 期。

杜金：《清代高层官员推动下的"官箴书"传播——以陈宏谋、丁日昌为例》，《华东政法大学学报》2011 年第 6 期。

周阳：《论曾国藩的法律思想及其实践》，硕士学位论文，华东政法大学，2011。

张世明：《清末就地正法制度研究》（上）、（下），《政法论丛》2012 年第 1、2 期。

魏淑民：《君臣之间：清代乾隆朝秋审谕旨的政治史解读》，《中州学刊》2012 年第 6 期。

张玉娟：《明清时期河南省级官员施政研究》，博士学位论文，河南大学，2012。

刘凤云：《雍正朝清理地方钱粮亏空研究——兼论官僚政治中的利益关系》，《历史研究》2013 年第 2 期。

魏淑民：《司法·行政·政治：清代捐赎制度的渐进式考察——以乾隆朝江苏省朱捐赎大案为中心》，《中原文化研究》2013 年第 5 期。

魏淑民：《张力与合力：晚清两司处理州县小民越讼的复杂态度——以樊增祥及其〈樊山政书〉为例》，《河南社会科学》2013 年第 8 期。

华林甫：《中国政区演变层级之两大循环说》，《江汉论坛》2014 年第 1 期。

阿凤：《明代府的地方地位初探——以徽州诉讼文书为中心》，载中国政法
　　大学法律古籍整理研究所编《中国古代法律文献研究》第八辑，社会
　　科学文献出版社，2014。

郑小悠：《"吏无脸"——清代刑部书吏研究》，《河北法学》2015 年第
　　2 期。

郑小悠：《清代法制体系中"部权特重"现象的形成与强化》，《江汉学术》
　　2015 年第 4 期。

郑小悠：《清代刑部司官的选任、补缺与差委》，《清史研究》2015 年第 4 期。

郑小悠：《清代刑部满汉官关系研究》，《民族研究》2015 年第 6 期。

魏淑民：《清代司法实践中督抚和按察使的差异化行为特征》，《中州学刊》
　　2015 年第 6 期。

郑小悠：《清代刑部堂官的权力分配》，《北京社会科学》2015 年第 12 期。

董丛林：《曾国藩督直期间的"清讼"处置》，载朱诚如、徐凯主编《明清
　　论丛》第十五辑，故宫出版社，2015。

薛亚玲、华林甫：《渐变与突变：中国历史上高层政区演变的分析》，《开发
　　研究》2016 年第 2 期。

郑小悠：《清代刑部官员的法律素养》，《史林》2016 年第 3 期。

刘凤云：《清代督抚在清理"钱粮亏空"中的权力、责任与利益》，《中国人
　　民大学学报》2016 年第 2 期。

郑小悠：《清代刑部之堂司关系》，《史学月刊》2017 年第 1 期。

熊帝兵、朱玉菠：《陈宏谋研究综述补》，《宜春学院学报》2017 年第 2 期。

高王凌：《清朝官员的"反行为"》，《读书》2017 年第 3 期。

郭漫：《陈宏谋研究史述评》，《玉林师范学院学报》2017 年第 6 期。

张玉娟：《论清代河南省级官员的司法作为》，《郑州大学学报》（哲学社会
　　科学版）2017 年第 4 期。

魏淑民：《河南传统衙署法律文化引论》，《中州学刊》2017 年 11 期。

徐忠明：《建筑与仪式：明清司法理念的另一种表达》，载中国政法大学法
　　律古籍整理研究所编《中国古代法律文献研究》第十一辑，社会科学
　　文献出版社，2017。

杜金：《清代法律体系的多重叙述与重构——评王志强〈清代国家法：多元
　　差异与集权统一〉》，《交大法学》2018 年第 4 期。

刘凤云：《乾隆初政与钱粮亏空案的清理》，《求是学刊》2018 年第 4 期。

娜鹤雅：《晚清中央与地方关系下的就地正法之制》，《清史研究》2018 年第 1 期。

娜鹤雅：《晚清"就地正法"的"变例"性考察》，《内蒙古大学学报》（哲学社会科学版）2018 年第 5 期。

赵立波：《雍正帝的三大宠臣》，《文史天地》2018 年第 7 期。

张旭、王亚民：《河南巡抚田文镜与地方社会治理》，《兰台世界》2018 年第 8 期。

田珍芳：《清代地方法规研究》，硕士学位论文，华东政法大学，2018。

翁有为：《清末民初省与中央关系刍议》，《济南大学学报》（社会科学版）2019 年第 1 期。

翁有为：《中国近代制度转型中的省制刍论》，《史学月刊》2019 年第 3 期。

张晋藩：《中华法文化的传统与史鉴价值》，《求是》2019 年第 7 期。

杨露：《清抄本乾隆〈河南省例〉整理与研究》，硕士学位论文，暨南大学，2019。

刘正刚：《清代地方经济立法探析——以孤本同治〈河南省例〉为例》，《安徽师范大学学报》（人文社会科学版）2020 年第 2 期。

魏淑民：《儒者之刑名：清代省例立法基础的再思考——基于儒家元典对〈福建省例〉的文本解读》，《史学月刊》2020 年第 9 期。

杜家骥：《清代直隶总督的执掌及其作用》，《光明日报》（理论版）2021 年 3 月 15 日。

衣长春：《清代直隶总督与辖区直隶》，《光明日报》（理论版）2021 年 3 月 15 日。

邓建鹏：《清代州县司法实践对制度的偏离》，《法学研究》2022 年第 2 期。

外文书目

William T. Rowe, *Saving the World*, *Chen Hongmou and the Elite Consciousness in Eighteenth-Century China*, Stanford University Press, 2001。

R. Kent Guy, *Qing Governors and Their Provinces*: *The Evolution of Territorial Administration in China*, 1644 – 1796, University of Washington Press, 2010.

后　记

　　国家社科基金青年项目"清前期省级司法与地方行政、君臣关系互动研究"从立项（13CZS025）到结项（20193695）前后历时六年，后期打磨修改、出版准备又经过三载春秋。2022年夏天，小书终于可以付梓，不禁感慨良多。既有自己治学的几点心得体会，更有对师友亲朋的诚挚谢意，借此机会一一写就。

　　2022年，于我而言，是进入史学研究大门整整二十年的纪念，2002年考入中国人民大学清史研究所中国古代史专业攻读硕士学位的情景依然历历在目。如果追溯到小学时代的一句"妄言"，就有三十多年的"故事"了！记得是上四五年级的时候，同学之间相互聊起长大后的想法，隐隐约约记得自己竟然说要当"史学家"或者"翻译家"，这自是孩童不知天高地厚的"妄言""戏言"，而且记不清楚当时是否已经上过"历史"课了（自然、思想品德课肯定是有的），却由此悄悄种下一颗"历史学"的种子。日后长大不断求学，虽有十余年时间看似渐行渐远，中间修习过城镇园林、金融学专业，还获得经济学学士学位，但冥冥之中好像总有一股强大的磁场，把自己吸引回史学的园地。其间虽然也曾当过师范学校的历史教师、出版社的社科编辑，终究在2009年人大清史所博士毕业后回到哲学社会科学专业机构，专门从事史学研究工作。时至今日，倍感自己在博大厚重、名家云集的史学研究领域仍是一个知之甚少的"小学生"，不断求索之余仍是战战兢兢，诚惶诚恐，从不敢存有任何成名成家的妄想，唯愿以学界前贤为榜样，以学术为志业，同时秉持传统士大夫经世致用的深厚传统，观照家国天下，努力让自己的理论研究对民生日用有所裨益。

　　二十年对学术研究来说时日不长但也不短，借此做个简单的回顾与小结，有几个重要节点值得特别说明。第一个节点是2002年进入人大清史所读书补课。虽然自小喜欢习学历史，读研之前还阴差阳错当过数年师范学校历史老师，但终究是以经济学学士身份跨专业报考中国古代史专业研究生，在庆幸被录取的同时感到空前的压力，遂玩命一般在清史海洋中遨游，在老师课堂中寻思想体系、问题意识，在一遍遍翻阅实录、奏折、笔记史料中找题目、找感觉，现在仍清楚记得 2002 年冬天与硕士班同学一起在清史所资料室查阅几十本朱批奏折，"瓜分"十八行省写作清代耗羡归公制度小论文的情形，还有博士阶段寝室书架上整整齐齐码放的七十五本《宫中档乾隆朝奏折》刑名司法类内容复印本。得益于清史所浓厚的学术氛围、老师们的悉心指点尤其是导师的耳提面命，硕士阶段从经济史切入，完成学位论文《乾隆朝早期粮政的再探讨》。博士阶段则延伸至政治史与法律史交叉领域，完成学位论文《清代乾隆朝省级司法职能研究》。正是这一阶段严格而密集的学术训练，使得自己逐渐成长为"准"史学研究者，感受到史学专业研究的魅力与艰辛，同时也在某种程度上保持了跨专业特点的开放性、敏锐性，并把清代政治史与法律史交叉研究作为至今主要的研究方向。

第二个节点应该是 2013 年以后把清代省级司法研究从纯粹的政治史、法律史理论研究，上升到国家治理高度进一步深化。2009 年博士毕业到河南省社会科学院工作后，我开始逐渐成为真正意义上独立的史学研究工作者。2013 年有幸以博士论文为基础立项国家社科基金青年项目，仍然倍感幸运与压力并存，所幸是有十几万字的学位论文可资依托，更大的压力是在内容拓展深化基础上需要有更深厚的理论视野支撑。2013 年 11 月，中共十八届三中全会提出"国家治理体系和治理能力现代化"的重大命题，在单位集体政治理论学习基础上自己也逐渐意识到，站位国家治理高度深化清代省级司法互动研究的必要性、可行性。在传统政治法律思想与制度影响下，行政、立法、司法统一于帝制时代王朝的中央与地方国家治理实践。中国特色社会主义新时代，科学立法、严格执法、公正司法、全民守法统一于全面依法治国的实践。换言之，在古往今来中国的国家治理语境中，行政、立法、司法三者既自成体系又相辅相成是鲜明的中国特色，而非西方国家治理的三权分立模式，这或许一定程度上也源于中国传统哲学"和而不同"的内在逻辑。站位国家治理，坚定了自己从省级司法与地方行政、君臣关系互动视角深化国家课题研究的理论自信，体现到本书内容设计上，不仅绪论部分在中国古代地方政区变迁视野下切入清代"省"制、在中国古代地方行政制度变迁视野下观照清代法律制度，主体内容更着重剖析督抚两司等省级司法主体在处理地方词讼命盗事宜时大而化之的状态，其中有对地方行政大局尤其是吏治民风的整体考量，有出于君臣关系考量形成的复杂互动，有行政、立法与司法互动形成的地方省例，等等。而且从省级司法出发，继续跟进州县、府、中央各级的行政、司法及立法相关研究，可以构建更为系统的国家治理系列研究体系。

第三个节点是 2017 年以后重读中华元典文献，追根溯源回望明清法律史研究、人文社科研究。2017 年秋，由于孩子进入以国学为特色的河南少年先锋学校读书，作为家长，我开始系统重读《周易》《诗经》《老子》《论语》《孟子》《大学》《中庸》《黄帝内经》等中华元典文献，四五年间坚持听、读原文，最熟练的时候大体能够全文背诵《论语》。此时，再反观明清法律史研究，感觉豁然开朗，开始体悟到中国传统法律政治制度与思想的源头活水，尤其是明刑弼教、德主刑辅、礼法合治等传统国家治理特征的要义，也认识到当下德治、法治融合在中国共产党领导下全面依法治国的要义，对于汗牛充栋的明清（法制）史料也慢慢找到某种统驭灵魂、透过套路看本质的感觉。反映到学术研究中，2020 年发表的关于清代省例立法基础的论文是一个开端（具体请参见本书第七章第二节），基于儒家元典视角，通过对福建等地方省例的比较分析，发现督抚、两司等省级司法主体对闽省民风习俗很是重视，相关告示禁约基于儒家伦理往往具有浓郁的教化色彩，在申饬教化的同时甚或存有某种同情之理解。并且，研究方法上积极倡导在尽可能广泛搜求史料基础上，多依据元典深入史料进行文本细读，如此方能更好地与历史当事人的精神世界同频共振，这或许也是现代社科研究者亟须补足的功课，对较为晚近的明清史研究更是如此。大而化之，重新发现、回到元典对于新时代构建中国特色学科体系、学术体系、话语体系具有更为重大的"培根铸魂"作用，唯有扎根中华优秀传统文化沃土的人文社科成果，才有与西方学者平等对话的底蕴，发出更强的中国声音。这一点，应该引起广大人文社会科学工作者的高度重视，只有自身在坚持马克思主义指导地位基础上深扎元典文献的根基，坚定中华文化自信，才能真正发挥为全社会培根铸魂的作用。

以上三点，之所以说是"节点"而不是"阶段"，意在强调彼此相互作用至今仍在发挥影响，尤其是后面两点，越是深入研读元典文献越能领悟到古今中国国家治理的鲜明特色。

在上面几点疏浅的个人小结之外，我要表达的更多是对学界师友亲朋的深深谢意。个人的每一步成长，虽有自身的努力，更多是有幸得了太多无私的帮助、提携与指导！平时总是有些羞于当面致谢，请容我借此机会诉诸笔端。

感谢人大清史所诸位老师以开放包容的情怀接纳入学，并在学术研究之路上悉心指导，老师们不拘一格的授课风格让我受益良多。郭成康老师的清史研究课修习最早，让学生查朱批奏折写论文，分省探讨清代耗羡归公制度践行情况，老师还用当时自己完成不久的刘兴祚、杨名时研究论文现身说法，手把手教大家如何在复杂政治场景下刻绘历史人物，并对我们撰写的蔡珽习作一一圈画批改，短短一个学期下来感觉收获很大，先生现在八十多岁仍体健遐龄，躬耕在清史纂修研究前沿，并出版了新作《清代政治论稿》，衡论有清一代近三百年制度得失，感谢并祝贺先生！张研老师主讲清代经济社会史课程，精力特别旺盛，有一次上 8：00—10：00 的课，老师无意中提到当天凌晨四点多才休息、不到七点就又起床准备上课了，但是精神十足毫无疲惫之态，在座的青年学生都叹为观止，可惜天不假年，因长期积劳成疾于 2014 年溘然辞世，年仅 66 岁，怀念老师！当时黄兴涛老师、杨念群老师、夏明方老师的读书课都很受一众硕士生、博士生的欢迎，准研讨会（seminar）的形式很能调动青年学子的读书热情，讨论热烈深入，时光流转，当年的少壮派也都成了著作等身的长江学者。当 2015 年参加山东济南举办的世界历史科学大会看到夏明方老师代表中国学者做主题发言时，自己作为清史所毕业的学生感到很是激动！不只是在课堂上，老师们在开题、答辩及毕业后论文写作、课题论证等方面给予了诸多无私的指导和帮助，特别感谢张世明老师、华林甫老师、张永江老师、刘文鹏老师、孙喆老师、董建中老师、丁超老师，其中张世明老师不仅评阅博士学位论文并出席答辩，2012 年还特别赠送了五卷本的大作《法律、资源与时空建构：1644—1945 年的中国》。班主任颜军老师、曹雯老师在宝贵的科研教学时间中分身有术，对大家的学习、生活关爱有加，师生其乐融融，至今难忘同游植物园、香山的快乐时光！办公室黄玉琴老师、王奇民老师，资料室王绪芬老师为人亲和，做事颇具章法，有条不紊，效率不输教授博导，为找的求学时光带来了很多温馨的回忆，感谢老师！

接下来，请允许我特别感谢清史所的两位导师：高王凌老师、刘凤云老师。高老师是耿直率性、特立独行的思想者，将知青插队的"当身历史"与理论研究结合，正面贯通清代经济史、租佃关系、新中国统购统销与包产到户研究，独树一帜。而且待学生亲如孩子，经常请一众学生到人大东门对面的燕山饭店吃自助餐，自己作为老师的第一个研究生是极其幸运的！2010 年后老师退而不休，不仅受聘清华大学历史系特聘教授，而且著作迭出，连续出版《乾隆十三年》《马上朝廷》《乾隆晚景》《超越史料学派》等著作。让人痛心的是，老师在 2018 年夏与世长辞，年仅 68 岁，想念高老师！同样是令人敬重的学者，博导刘凤云老师是另外一种风格，踏实严谨，和风细雨，治学为人令人钦佩，对学生影响深远。老师于清代政治史尤其是官僚政治研究用力颇深，特别强调从动态政治运行视角正面评价官僚政治的积极价值，而不对其全然否定，从《权力运行的轨迹：17—18 世纪中国的官僚政治》等论著中可窥斑见豹。新近出版的大作《钱粮亏空：清朝盛世的隐忧》则基于国家政治的高度，通过钱粮亏空案揭示皇权与官僚、官僚与官僚之间的政治关系，阐发清朝国家在解决国家财政、反腐惩贪等重大问题上的成败得失。刘老师对学生特别宠爱，每年教师节聚餐的时候，总是专门多点一些"大鱼大肉"给"如狼似虎"的学生们改善生活，上研究指导课不仅传授为学之道，还独具匠心带着各种茶点营造轻松氛围，师生品茶论道的画面还宛如昨日。老师连续主持国家社科和教育部重大项目，时间紧、任务重，遇有毕业的学生请求修改论文、论证课题、书稿题序，一如在学校时不辞辛劳、精益求精。今年老师马上就要 70 岁了，衷心希望老师在享受驾轻就熟、随心所欲的学术自由时，顾念身体，多一些将养休息！

河南大学历史文化学院翁有为教授是在职博士后阶段的导师。平心而论，这一时期自己由于工作、家庭和健康之故，不是一个很勤快的好学生，但已然对老师的治学深为震撼、钦佩！翁老师主治中国近现代史尤其是制度史研究，多个国家项目围绕国家治理主题，从行政督察专员区公署制度、南京国民政府县政制度、近代省制等不同行政层级顺次深入，整体架构愈发完备。尤其是 2020 年立项的国家社科重大项目"近代中国省制变革与社会变迁研究"用宏取精，纵横捭阖，从三个维度（省权制度变革、省级组织现代化科层职能设置及治理效能、边疆省区整合与国家治理），顺次深入论证清末、北洋政府、南京国民政府、中国共产党红色政权等四个阶段省制变革与社会变迁的复杂互动，读申请书的时候被强烈震撼，原来学术气象可以如此盛大！翁老师在《中国社会科学》《历史研究》《近代史研究》《中共党史研究》等史学权威刊物发表论文多篇并常被转载，治学精神和方法令学生钦佩不已，虽不能至心向往之！在河南大学中国史专业博士后流动站学习期间，还有幸得到多位名师大家的悉心指导，包括史学理论大家李振宏教授，先秦史大家李玉洁教授，宋史大家程民生、贾玉英教授，明清史大家牛建强与汪维真教授伉俪，近现代史大家郭常英教授、赵金康教授、马小泉教授，衷心感谢诸位老师！同时，历史文化学院副院长展龙教授（已调任中国历史研究院历史理论研究所）、张礼刚教授及段自成教授、柳岳武教授、王娜老师，对于进出站政策、博后基金申请、出站报告写作、财务报销等方面都给予了很多无私的帮助，在此一并致以深深的谢意！

感谢工作单位河南省社会科学院领导与同事多年以来的指导和帮助！河南省社会科学院是河南省哲学社会科学综合研究机构，四十余年春华秋实，名家辈出，成果丰硕。自己到院工作十三年来，每一个小小的进步与成长，都离不开社科院大平台的培养与成全。特别值得庆贺的是，2022年2月25日单位喜迁位于郑州新区白沙片区的社科研究基地，院容院貌焕然一新，蔚为壮观，衷心祝愿已然跨越不惑之年的河南社科院明天更加美好！在院工作期间有幸历经多个部门，在科研处短暂历练后，由《中州学刊》杂志社而中原文化研究中心，2013年夏回到历史与考古所，前后结识了很多可亲、可敬、可爱的同事，工作和生活中得到了大家长期以来的悉心指导和帮助，再次深表谢忱！感谢科研处、办公室、人事处、财务处、文献信息中心诸位领导老师，为科研工作保驾护航！感谢《中州学刊》《中原文化研究》杂志社诸位师友，琢玉成器刊发论文提携成长！历史与考古研究所是院里历史悠久的一个大所，可以追溯到1958年成立的河南省历史研究所，是新中国成立以来河南省第一个人文社会科学研究机构，也是后来河南社科院建立最早的研究所。六十余年以来，涌现了嵇文甫、孙海波、朱芳圃、王天奖、程有为、任崇岳、张新斌等学术名家，形成了中国思想史、辛亥革命史、生态环境变迁与文明形成、河南地方史、姓氏文化、河洛文化、中原历史文化资源开发利用等学科优长，并积淀形成了潜心治学、淡泊宁静的学风。十余年来，有幸得到所里良好学风的濡染，得到诸位领导老师的提携、指导与帮助，取得些许成长与进步，在这里特致谢忱！

感谢法史法理、法律文化研究领域的各位领导、老师和"小伙伴"！由于从博士学位论文开始从事政治史、法律史交叉研究，2008 年偶然参加了第二届全国法律文化博士论坛，由此开启了在法史法理、法律文化学术圈"打酱油"的神奇之旅，而且一直持续到现在，衷心感谢老师们的接纳、邀请与指导！法学学科切中现实的问题意识、研讨会热烈的互动交流甚或碰撞交锋的氛围，都让我受益匪浅！十余年间，有幸得到中国政法大学法律史学研究院、中国人民大学法学院、复旦大学法学院、中南财经政法大学、华东政法大学、西南财经政法大学等学府多位老师的指点，这里请允许一并特致谢忱！特别感谢中国政法大学法律史学研究院林乾教授和中国人民大学法学院赵晓耕教授，两位老师都是全国法律史研究的名家，不仅拨冗参加了博士学位论文的评审、答辩，而且在毕业后继续提携帮助，时至今日自己仍在浏览老师朋友圈时获得学术上的滋养。除了全国法律史学界师友，河南省法学会更是包容提携，其法律文化研究会、法理法史研究会兼收并蓄吸纳我为常务理事，还特别委以《河南法律史》起草修改提纲、全书通稿、撰写绪论后记的重大任务，得以和来自郑州大学法学院、河南大学法学院、河南财经政法大学及河南省社会科学院法学研究所等高校研究机构的二十余位专家学者一起，合力撰写出版河南第一部法律通史《河南法律史》，该书更有幸得到著名豫籍法学家刘海年、张文显、赵秉志、付子堂、郝铁川、陈景良的审阅指导，实在是幸运之至！因此，特别感谢法律文化研究会李庚香会长、李新年副会长，感谢法理法史研究会石茂生会长、宋四辈副会长、梁凤荣副会长，感谢河南省法学会研究部马永钊主任、刘晓娜副主任！此外，必须向几位河南法史界"小伙伴"表示感谢，包括郑州航空管理学院文法学院吕宽庆教授、河南科技大学人文学院王云红教授、河南大学杨松涛教授、郑州轻工业大学法学院钱泳宏教授。特别是松涛教授，热情介绍认识海内外法律史研究专家才俊，介绍加入中国法律与历史国际学会，同时他丰沛的学术热忱、开阔的国际学术视野和会议召集能力，让我非常敬佩、受益良多！

还有一份特别的感谢送给河南先锋教育。他们不仅让孩子从小系统接受国学教育的濡染熏陶，还让自己在不惑之年得以重读中华元典文献。四五年来收获颇丰，政治理论学习和学术研究方面开始隐隐约约找到某种追根溯源、前后贯通的感觉，还纾解了生活中的不少困惑。中和书院的几位老师授课风格独特，和学术报告大为不同，他们的听众有来自各行各业的家长、传统文化爱好者，有七八十岁的长者、全职妈妈，也有教师和研究者，授课内容从经典中生发又紧密结合工作生活实际，大家都听得津津有味，想来这既是个人学养的魅力，更是中华文化的魅力，感谢侯超主任、贤莲老师、一叶老师和王向东老师！这里，衷心祝愿先锋教育在新时代继续乘着中华优秀传统文化创造性转化和创造性发展的东风，为更多的孩子"培根铸魂"，让更多的家长"二次成长"！

还要感谢挚爱的父母亲人！父母都是令人尊敬的师范学校数学老师，用自己一辈子的言行诠释了学高为师、身正为范的丰富内涵，尤其是母亲自强不息的人生阅历，对我和兄长的影响至深且远。母亲是 1966 年毕业于当时河南省十九所重点中学之一的"河南省道口中学"，因为"文革"未能正常高考并入大学，后来当了民办老师逐渐转正，70 年代初因为家庭原因也没有获得工农兵子弟推荐上大学的机会。待到 1977 年恢复高考又被当年出生的"我"拖了后腿，直到 1980 年才得以重读大学，却由于本地教育部门的土政策只能上专科学校。所幸，由于"老三届"优秀毕业生的基础扎实，走到哪里都是响当当的数学老师。1988 年调入濮阳第二师范学校后，又积极响应新形势、新要求，四十多岁劲头十足学本科、练普通话（用母亲自己的话说，是"撇"普通话），多次被评为学校和濮阳市的模范教师。2009 年夏，又做了食管癌的大手术，当时很虚弱不足七十斤，仍以顽强的毅力克服疼痛，风雨无阻坚持在东风渠畔锻炼身体，因此几年后基本恢复正常了，现在状态越来越好！父母是最好的老师，家风是无言的传承，我和哥哥也是极其幸运的。现在父母已是七十多岁将近八十岁的长者了，身体、精神状态都挺不错，真是人生幸事并祝福他们！除了父母双亲，感谢姑姑对我孩子多年的照看，对我和先生操心惦念不已！感谢兄嫂、姐姐一直以来的关爱帮助，感谢先生和孩子的朝夕相守、相濡以沫！

最后，特别感谢院学术委员会专家评审通过，小书得以纳入"中原学术文库"出版。感谢科研处王元亮老师，在作者、社科院、出版方之间往来筹划，付出了很多时间精力。感谢社会科学文献出版社李淼老师专业、细致的工作，精益求精，不厌其烦，让小书能够以更加合宜的面貌问世，接受学界师友的检阅。

以上纸短情长，言不尽意，满腔的谢意付诸文字总觉大打折扣，且难免有所遗漏，这里先行表示歉意！此外，书稿虽然历时较长，然由于个人能力、阅历所限，仍多有疏浅舛误，企望各位方家师友不吝赐正。

魏淑民

2022 年 6 月 19 日于郑州云溪斋

图书在版编目（CIP）数据

清代省级司法与国家治理研究 / 魏淑民著 -- 北京：
社会科学文献出版社，2022.6
（中原学术文库. 青年丛书）
ISBN 978 - 7 - 5228 - 0333 - 3

Ⅰ.①清… Ⅱ.①魏… Ⅲ.①司法制度 - 法制史 - 研
究 - 中国 - 清代 Ⅳ.①D929.49

中国版本图书馆 CIP 数据核字（2022）第 109804 号

中原学术文库·青年丛书
清代省级司法与国家治理研究

著　　者 / 魏淑民

出 版 人 / 王利民
组稿编辑 / 任文武
责任编辑 / 李　淼
责任印制 / 王京美

出　　版 / 社会科学文献出版社·城市和绿色发展分社（010）59367143
　　　　　　地址：北京市北三环中路甲 29 号院华龙大厦　邮编：100029
　　　　　　网址：www. ssap. com. cn
发　　行 / 社会科学文献出版社（010）59367028
印　　装 / 三河市尚艺印装有限公司

规　　格 / 开　本：787mm × 1092mm　1/16
　　　　　　印　张：25.5　字　数：412 千字
版　　次 / 2022 年 6 月第 1 版　2022 年 6 月第 1 次印刷
书　　号 / ISBN 978 - 7 - 5228 - 0333 - 3
定　　价 / 98.00 元

读者服务电话：4008918866